DOSSIÊS DEOPS/SP:

Radiografias do Autoritarismo Republicano Brasileiro

Volume 2

A CONSTÂNCIA DO OLHAR VIGILANTE:

A preocupação com o crime político

Famílias 10 e 20

Arquivo do Estado de São Paulo
R. Voluntários da Pátria, 596 – Santana
CEP: 02010-000 – São Paulo – SP
Fone/Fax: (11) 6221-4785
www.arquivoestado.sp.gov.br
arquivoestado@sp.gov.br

Imprensa Oficial do Estado
Rua da Mooca, 1.921 – Mooca
CEP: 03103-902 – São Paulo – SP
Tel.: (11) 6099-9800
Fax: (11) 6692-3503
SAC 0800-123 401
www.imprensaoficial.com.br
divulgacaoeditoriais@imprensaoficial.com.br

Foi feito o depósito legal na Biblioteca Nacional (Lei nº 1.825, de 20/12/1997)

Maria Aparecida de Aquino,
Maria Blassioli de Moraes,
Marco Aurélio Vannucchi Leme de Mattos &
Walter Cruz Swensson Jr

DOSSIÊS DEOPS/SP:

Radiografias do Autoritarismo Republicano Brasileiro

A CONSTÂNCIA DO OLHAR VIGILANTE:

A preocupação com o crime político

Famílias 10 e 20

Arquivo do Estado
Imprensa Oficial do Estado
São Paulo
2002

Coordenação editorial
LAURO ÁVILA PEREIRA
MARIZA ROMERO

Editora responsável
JULIANA PADUA MELO ALKMIN

Assistente editorial
FERNANDO F. DE SOUSA LIMA

Capa
FERNANDO F. DE SOUSA LIMA

Revisão dos textos
ADRIANA DE MATOS
ALEXANDRE MICHELLIN TRISTÃO
ANA PAULA DE FREITAS SANCHEZ
LÍLIA RAMADAN VERÍSSIMO DE LIMA
MARCELA MITIE DE SOUZA MAGARI

Diagramação
FERNANDO F. DE SOUSA LIMA
PAULO F. M. DE BORGIA

Co-edição
ARQUIVO DO ESTADO DE SÃO PAULO
IMPRENSA OFICIAL DO ESTADO

Apoio Técnico:
CEETEPS
CENTRO DE EDUCAÇÃO TECNOLÓGICA PAULA SOUZA
GOVERNO DO ESTADO DE SÃO PAULO

Ficha Catalográfica elaborada por Izolina Maria Junqueira de Assis — CRB – 8 N. 2971

C774 A constância do olhar vigilante: a preocupação com o crime político. Famílias 10 e 20 / Maria Aparecida de Aquino, Maria Blassioli de Moraes, Marco Aurélio Vannucchi Leme de Mattos e Walter Cruz Swensson Jr. (org.). – São Paulo : Arquivo do Estado, Imprensa Oficial do Estado, 2002.

224 p. : il. (Dossiês Deops – São Paulo: radiografias do autoritarismo Republicano brasileiro, 2).

Bibliografia, 214 P.
ISBN: 85.8672.642-7 (Arquivo do Estado)
ISBN: 85.7060.127-1 (Imprensa Oficial do Estado)

1. Polícia política – São Paulo (Estado). 2. DEOPS: Departamento de Ordem Política e Social 3. Crime político – São Paulo (Estado) – séc. 20. 4. Populismo – São Paulo (Estado) – séc. 20. 5. São Paulo (Estado) – História – séc. 20. I. Aquino, Maria Aparecida de II. Moraes, Maria Blassioli de III. Mattos, Marco Aurélio Vannucchi de IV. Swensson Jr., Walter Cruz V. Título VI. Série.

CDD 323.49098161
CDU 351.746.1(816.1)

Sumário

Apresentação

*Maria Aparecida de Aquino**

A coleção *Dossiês DEOPS/SP: Radiografias do Autoritarismo Republicano Brasileiro*, realizada com o empenho do Arquivo do Estado de São Paulo em conjunto com a Imprensa Oficial do Estado de São Paulo (IMESP), refere-se essencialmente ao projeto "Mapeamento e Sistematização do Acervo DEOPS/SP: Série Dossiês (1940-1983)". Esse projeto só pôde ser realizado através do financiamento da Fundação de Amparo à Pesquisa no Estado de São Paulo (FAPESP) que, dotada de raro espírito de auxílio à pesquisa neste país, financiou os esforços de nossa equipe[1] entre fevereiro de 1998 e março de 2002.[2]

---

* Professora de História Contemporânea do Departamento de História da Faculdade de Filosofia, Letras e Ciências Humanas da Universidade de São Paulo (DH-FFLCH-USP), especialista nos estudos sobre as relações Estado-Sociedade no regime militar (1964-1985). Coordenou o projeto "Mapeamento e Sistematização do Acervo DEOPS/SP: Série Dossiês (1940-1983)" entre 1998 e 2002.

[1] A FAPESP concedeu, logo após a aprovação do Projeto, bolsas de estudo de Nível Técnico para que pudéssemos realizar o imenso trabalho que se fazia necessário. Foram oferecidas seis bolsas de Nível III (para profissionais já graduados) e duas bolsas de Nível I (para graduandos). Essas bolsas, com a duração máxima de dois anos, foram preenchidas inicialmente por: graduados - Elen Cristina Dias Moura, Eduardo Ochi, Janaína de Almeida Teles, Luiz Lima Vailati, Marco Aurélio Vannucchi Leme de Mattos e Sidney de Oliveira Pires; graduandos – Sebastião Vargas Neto e Tatiana Carlotti. Com o desligamento de dois bolsistas, a equipe recebeu mais dois graduados: Admar Mendes de Souza e Ivani Maia. Quando venceram os dois anos dos demais bolsistas, a equipe precisou ser recomposta. Além dos dois bolsistas em substituição, foram contratados: graduados – Ana Elisa Peres, André Yasbek, Camila Sampaio Chaves e Lucimar Almeida de Araújo; graduandos – Ana Hutz, Camila Saraiva Lacreta, Marystela Pinheiro de Oliveira, Orion Barreto da Rocha Klautau Neto, Patrícia Barlak, Renata Pedroso de Araújo e Ricardo Ishiyama Martins. Durante esse processo, houve a desistência de três bolsistas graduados, o que nos fez optar pela ampliação do número de bolsistas graduandos. Colaborou também conosco a Mestre em História Social pelo DH-FFLCH-USP Letícia Nunes de Góes Moraes. Para coordenar a equipe de bolsistas contamos com o concurso dos Mestres em História Social pelo DH-FFLCH-USP: Marco Aurélio Vannucchi Leme de Mattos e Walter Cruz Swensson Júnior.

[2] Nossos esforços não teriam sido coroados de êxito não fosse o concurso de duas instituições: a Faculdade de Filosofia, Letras e Ciências Humanas da Universidade de São Paulo, que atuou como instituição-sede

Temos a honra de mostrar um dos resultados de nosso trabalho, após esses quatro anos de pesquisa: uma coleção composta por vários volumes, que dividirão com o público leitor o prazer de nossas descobertas e o amadurecimento de nossas reflexões que, acreditamos, representam uma importante contribuição para os estudos e as pesquisas em História do Brasil Republicano.

Para que o leitor possa familiarizar-se com o sentido da coleção e do que o espera nesses volumes, é necessário que se remeta rapidamente aos objetivos de nosso Projeto, apontando para a sua especificidade, que o torna pioneiro no campo da pesquisa em Brasil Contemporâneo.

O projeto "Mapeamento e Sistematização do Acervo DEOPS/SP: Série Dossiês (1940-1983)" começou a ser montado em 1995, a partir de pesquisas desenvolvidas com parte da documentação que compõe o acervo DEOPS/SP, a Série Dossiês. Imediatamente, de um lado, percebeu-se a riqueza documental e, de outro, sua dificuldade de consulta, tanto no que se referia ao acesso como no que dizia respeito ao que se obtinha finalizada a pesquisa.

Embora algumas possibilidades temáticas de consulta a assuntos específicos existissem, seu enorme fichário (aproximadamente 1.100.000 fichas remissivas), em sua maioria, correspondia ao acesso nominal. Isto quer dizer que o pesquisador que não possuísse os nomes dos personagens a serem consultados e chegasse ao acervo munido apenas de um tema específico teria muitas dificuldades em acessá-lo.

Além disso, as fichas remetem à documentação espalhada em 9.626 pastas com quantidade documental variada e relacionadas a um complexo código alfanumérico, até aquele momento não decifrado. Por vezes, finda a consulta a um personagem no qual o pesquisador estivesse interessado, ele teria passado por grande quantidade de pastas, cada qual contendo um ou mais documentos nos quais o seu personagem aparecia citado, ou era alvo de comentários de agentes infiltrados, destacados para sua vigilância ou do grupo a que pertencia, ou mesmo do evento do qual participara. Assim, essa fragmentação do personagem em diversos documentos em pastas distintas, das quais os assuntos

---

do Projeto junto à FAPESP, e o Arquivo do Estado de São Paulo, onde está alocada a documentação. Desde as primeiras idéias para o lançamento do projeto, tivemos a colaboração, como parte da equipe inicial que o montou, da Profa. Dra. Zilda Márcia Grícoli Iokoi (DH-FFLCH-USP). Parte integrante desse processo foi o Arquivo do Estado de São Paulo, na figura de seu diretor, Dr. Fausto Couto Sobrinho, e da equipe que o assessora, particularmente o historiador Lauro Ávila Pereira (Mestre pela PUC-SP), a arquivista responsável pelo Arquivo, Yeda Pimenta Bernardes, e os historiadores e técnicos que trabalham junto ao fundo DEOPS/SP, Alfredo Moreno Leitão e Débora Cristina Santos da Silva. Tiveram cooperação fundamental para o conjunto do processo as equipes de conservação, microfilmagem, informática e o Setor de Publicações do referido Arquivo.

que as instruíam eram ignorados, poderia ser transmitida ao pesquisador que, no final do processo, não conseguia vislumbrar sequer qual era o olhar que o órgão (DEOPS/SP) possuía sobre a pessoa investigada.[3]

Tais dificuldades inerentes a essa documentação fizeram entrever a necessidade de, de fato, fazer com que a riqueza documental que essa parte do acervo inevitavelmente possuía se transformasse em algo mais concreto para os pesquisadores interessados nessa importante fase da História do Brasil Republicano (1940-1983).[4] Desse modo, estruturou-se um projeto para abarcar toda a documentação da Série Dossiês (cerca de 1.100.000 fichas, remetendo a aproximadamente 2.000.000 de documentos, distribuídos em 9.626 pastas).

Ao longo da realização do Projeto, o objetivo prioritário foi o de constituir instrumentais de pesquisa que dotassem o pesquisador de novas formas de acesso a essa documentação. Ao lado disso, houve a preocupação com a manutenção e conservação desse material. Por fim, a contribuição para a formação de pesquisadores que atuassem dentro da equipe de bolsistas. O Projeto não se desenvolveu em torno de pesquisas específicas, seja da parte da coordenação, seja da parte da equipe de bolsistas. Todo o tempo, os esforços canalizaram-se em torno da documentação, da crença em sua importância e da preocupação com o desenvolvimento das pesquisas dentro da História do Brasil Republicano.

Como resultados concretos do Projeto temos a descrição de todas as pastas pela equipe de bolsistas que preencheu as fichas especialmente criadas para essa descrição. Criou-se um banco de dados com essas informações acumuladas e com os *links* para facilitar a consulta: por exemplo, alguém que queira pesquisar a ação do aparato repressivo contra estudantes vinculados ao comunismo durante a década de 1950 pode associar o tema (estudantes comunistas) ao período (anos 50) e verá como resultado uma lista de pastas que poderá acessar (antes de solicitá-las) no próprio banco, conhecendo assim os dados de sua descrição. Constituiu-se um vocabulário controlado para os assuntos que figuram no banco de dados. Adquiriu-se a infra-estrutura material,

---

[3] Esclarecemos que o problema descrito ocorria em situações determinadas. De maneira geral, na sua fase inicial (início da década de 1940 quando foi criada, até a década de 1960), a documentação da série encontrava-se organizada no formato de prontuários, que concentravam a documentação de uma pessoa ou tema em um dossiê. Já, a partir da década de 1960, os dossiês reúnem documentos de assuntos mais amplos e aumenta a quantidade de dossiês com número elevado de pastas. Para o pesquisador, antes da decodificação, torna-se, portanto, mais difícil a consulta e surge a questão da fragmentação observada.

[4] Essas datas correspondem, respectivamente, à criação da série Dossiês – embora o documento mais antigo que se localizou na série date do período entre 1942 e 1943 - dentro do acervo maior do DEOPS/SP e ao momento em que se encerram as atividades do órgão, com a sua extinção.

que se encontra em processo, para o desenvolvimento da microfilmagem das pastas. A equipe de bolsistas, ao lado da equipe de conservação do Arquivo do Estado de São Paulo, procedeu à conservação do material (troca de pastas por poliondas, desmetalização, limpeza da documentação, acomodação em papel de pH. neutro para evitar a alcalinização e deterioração). Realizou-se a formação de cerca de 20 bolsistas, que participaram do Projeto nos quatro anos de sua efetivação.

Encontra-se disponibilizado em rede no Arquivo do Estado de São Paulo e no Departamento de História (FFLCH-USP) o banco de dados que permite o acesso a essa documentação.

O lançamento da Coleção *Dossiês DEOPS/SP: Radiografias do Autoritarismo Republicano Brasileiro* representa mais um dos frutos desse profícuo trabalho. O primeiro volume da série, lançado em 2001, intitulado *No coração das trevas: o DEOPS/SP visto por dentro*, buscou ampliar o conhecimento acumulado sobre o órgão e seu acervo documental, através do estudo da legislação que o instruiu e da mostra de trabalhos de pesquisadores que já consultaram esse material e ali constituíram seus trabalhos acadêmicos. Neste ano, lançamos mais quatro volumes da coleção: *A constância do olhar vigilante: a preocupação com o crime político. Série Dossiês, DEOPS/SP: Famílias 10 e 20*; *O dissecar da estrutura administrativa do DEOPS/SP – o anticomunismo: doença do aparato repressivo brasileiro. Série Dossiês, DEOPS/SP: Famílias 30 e 40*; *O DEOPS/SP em busca do crime político. Série Dossiês, DEOPS/SP: Família 50* e *A alimentação do Leviatã nos planos regional e nacional: mudanças no DEOPS/SP no pós-64. Série Dossiês, DEOPS/SP: Família 50.* Esses volumes priorizaram a apresentação dos catálogos das Famílias,[5] bem como a análise que se pôde fazer acerca do órgão, da série Dossiês e do significado de seu complexo processo de arquivamento, uma vez findo o projeto de mapeamento e sistematização desse acervo.

Parece-nos particularmente oportuno o lançamento desta coleção quando se torna cada vez mais claro para nós que o Autoritarismo não é algo circunscrito a momentos históricos determinados (o Governo Vargas – 1930-1945 e o

[5] Família é o termo sugerido pela assessoria arquivística do Projeto para a denominação mais geral do tema do código. Cada código se inicia com uma dezena: 10, 20, 30, 40 e 50 à qual corresponde um tema geral. Por exemplo, a família 30 corresponde ao arquivamento de documentação que envolve a perseguição a suspeitos de atividades Comunistas, Socialistas e Anarquistas. Cada família armazena uma grande quantidade de pastas e, conseqüentemente, de documentação, pois, ela se subdivide em subfamílias, ou seja, em números derivados da dezena inicial. Por exemplo: a família 10 subdivide-se nas subfamílias 10, 11, 12, 13, 14 e 15. Para uma compreensão mais apurada dessa questão ver AQUINO, Maria Aparecida de. "DEOPS/SP: visita ao centro da mentalidade autoritária", artigo presente em cada um dos quatro volumes lançados em 2002.

Regime Militar – 1964-1985) de nossa História Republicana e sim algo profundamente incrustado em nossa sociedade. Além disso, acentuamos a crença no velho dito popular: *O hábito do cachimbo faz a boca torta.* Ou seja, a cada momento de Autoritarismo explícito (1930-1945 e 1964-1985), novas características autoritárias juntam-se às que já permeiam nossas relações sociais. Assim, proliferam em momentos de vigência de Estado Democrático, os velhos hábitos de infiltração de agentes que, à revelia da legislação, continuam a exercer suas funções espúrias, comprometendo o delicado e tênue exercício da Democracia em nosso país.

Temos clareza que, para nos libertarmos das amarras desse Autoritarismo social crônico, é necessário trazer à luz tudo aquilo que, durante tanto tempo, proliferou em meio às trevas, desvendando sua trama tecida no obscurantismo. Isto nos faz confiantes na importância deste trabalho para o desenvolvimento das pesquisas e para a ampliação do conhecimento sobre a História do Brasil Contemporâneo.

A constância do olhar vigilante: a preocupação com o crime político Famílias 10 e 20

Maria Aparecida de Aquino

A coleção *Dossiês DEOPS/SP: Radiografias do Autoritarismo Republicano Brasileiro* foi inaugurada com o volume intitulado *No Coração das Trevas: o DEOPS/SP visto por dentro* (São Paulo: Arquivo do Estado/Imprensa Oficial, 2001). Este segundo volume dá início a uma subsérie no interior da coleção.

Formada por 4 volumes (respectivamente, os volumes 2, 3, 4 e 5) essa subsérie busca apresentar ao público leitor, prioritariamente, o resultado da descrição documental das 9.626 pastas que compõem parte do acervo do DEOPS/SP denominado de Dossiês. Transformada em catálogo, esta monumental descrição foi dividida em partes que agora se apresentam agrupadas. O segundo volume ocupa-se, principalmente, das chamadas *famílias*[1] 10 e 20.

Neste volume, o leitor irá encontrar, além dos textos de apresentação da coleção e do volume em especial, um texto geral que acompanha a subsérie de 4 volumes, escrito por Maria Aparecida de Aquino, intitulado *DEOPS/SP: visita ao centro da mentalidade autoritária.* O texto procura, após 4 anos de desenvolvimento do Projeto "Mapeamento e Sistematização do Acervo DEOPS/SP: Série Dossiês (1940-1983)", lançar um olhar que abarque tanto o órgão que produziu esse gigantesco acervo como a série documental denominada Dossiês, sobre a qual, especificamente, se debruçou o projeto. Aqui estão problematizados o significado do órgão e os momentos de sua criação e de sua extinção. Procuramos desvendar ao leitor a composição da série Dossiês em toda sua complexa engenharia codificada e agora, finalmente, desvelada.

[1] Para maiores esclarecimentos sobre o termo, consultar o artigo de Apresentação da coleção e AQUINO, Maria Aparecida de. DEOPS/SP: visita ao centro da mentalidade autoritária, artigo presente nos quatro volumes (2, 3, 4 e 5, respectivamente).

Tentamos traçar hipóteses que nos permitam analisar, através do trabalho de imersão na série Dossiês, o sentido do trabalho rotineiro realizado pelos agentes infiltrados do DEOPS/SP, o qual entendemos como uma *visita ao centro da mentalidade autoritária.*

A constância do olhar vigilante: a preocupação com o crime político. Série Dossiês, DEOPS/SP: Famílias 10 e 20 traz, também, um texto redigido por Walter Cruz Swensson Júnior,[2] em que o autor procura analisar a constituição das chamadas famílias 10 e 20, apresentando os principais dados estatísticos dessas famílias, bem como de suas divisões, as chamadas subfamílias. O leitor será imediatamente colocado frente a uma das principais questões que desafiam o estudioso desse acervo e dessa série em especial: sua enorme variedade e a capacidade camaleônica do processo de arquivamento documental. A título de exemplo: enquanto a chamada família 10 se caracteriza pela vigência quase que exclusiva, durante os anos 40, da preocupação com a perseguição aos estrangeiros (especificamente os alemães, italianos e japoneses) no contexto da II Guerra Mundial, a família 20 aloja uma documentação que abrange todo o período da série e que se preocupa prioritariamente com os movimentos sociais de resistência à ordem política instaurada.

Na seqüência, o leitor vai se deparar com o texto produzido por Maria Blassioli de Moraes.[3] A autora pesquisou a fundo o *Dossiê*[4] 20-F-1, além de mais algumas pastas esparsas.[5] Esse *Dossiê* se refere ao ex-governador de São Paulo Adhemar de Barros,[6] alvo de vigilância do DEOPS/SP durante cerca de

---

[2] Mestre em História Social pelo DH-FFLCH-USP, com Dissertação de Mestrado defendida em 2002, versando sobre as crônicas produzidas por Sérgio Porto (o *Stanislaw Ponte Preta*) entre 1961 e 1964. Coordenador da equipe de bolsistas do Projeto "Mapeamento e Sistematização do Acervo DEOPS/SP: Série Dossiês (1940-1983)". Doutorando em História Social (DH-FFLCH-USP).

[3] Mestranda em História Social pelo DH-FFLCH-USP, onde desenvolve trabalho sobre os conflitos existentes entre militantes leigos e membros institucionais da Igreja Católica em Santo André, entre as décadas de 50 e 60.

[4] Denominamos de *Dossiê*, para efeito de classificação documental do acervo consultado, ao trio formado pelos três primeiros elementos que compõem o código alfanumérico que se apresenta ao pesquisador nas fichas remissivas da série. Representa um tema específico e, segundo nossos estudos, a verdadeira unidade temática da série. Para maiores esclarecimentos, consultar: AQUINO, Maria Aparecida de. DEOPS/SP: visita ao centro da mentalidade autoritária, artigo presente neste volume.

[5] A coordenação do Projeto convidou quatro pesquisadores a se dedicarem ao estudo de dossiês específicos que apresentassem um grande desafio por sua quantidade documental e/ou por sua importância no quadro geral das preocupações do aparato repressivo, por conter, de algum modo, alguma representatividade no panorama nacional ou local no momento de vigência da atividade do órgão. Cada um dos pesquisadores foi instado a produzir um artigo sobre o alvo consultado, com a finalidade de mostrar ao público leitor as imensas possibilidades que um acervo dessa dimensão e importância contém. O resultado, como o leitor poderá conferir, é extremamente alentador. Cada um dos volumes (2, 3, 4 e 5) apresenta um desses artigos.

[6] Adhemar de Barros foi figura de grande destaque local (Estado de São Paulo) e nacional, principalmente entre o final dos anos 40 (embora sua carreira política tenha se iniciado em 1938 com o papel de

20 anos de sua atividade política, entre os anos 1940 e 1960. As pastas esparsas consultadas pela autora mostram as atividades do PSP (Partido Social Progressista), partido de militância do ex-governador. O Adhemar de Barros que emerge da suspeição sobre ele lançada por meio do trabalho dos agentes infiltrados lembra os epítetos que o marcaram profundamente: o chamado populismo[7] e a suspeita de corrupção.

O leitor será também contemplado com uma seqüência fotográfica extraída da enorme quantidade de fotos armazenadas na série Dossiês, especificamente, enfatizando as famílias (10 e 20) e os temas tratados neste volume.

Para finalizar, uma parte significativa deste volume é dedicada ao catálogo descritivo das famílias 10 e 20. Aqui se encontra presente a descrição completa dos 1.790 dossiês e das 2.486 pastas que compõem essas famílias. No caso das pastas, os dados explorados na ficha descritiva elaborada pela equipe de bolsistas do Projeto que se encontram acessíveis no catálogo são: assunto geral, data inicial e final de arquivamento da pasta (quando disponível), data inicial e final de produção documental (quando disponível) e existência de material incomum arquivado (fotografias, periódicos e objetos variados).

As famílias 10 e 20, alvos privilegiados deste volume, formam um microcosmos bastante representativo do enorme acervo da série Dossiês. Podemos identificar, através delas, a *constância do olhar vigilante*, voltado para a preocupação central com o chamado *crime político*, a grosso modo, o crime ou a intenção de crime (e, portanto, alvo de suspeição do órgão) contra o Estado – seja esse crime entendido na modalidade da *sabotagem, espionagem* de *membros do Eixo* dos anos 40, seja ele entendido através da expressão de resistência dos movimentos sociais durante o período da chamada *abertura política*.

Interventor em São Paulo) e a primeira metade dos anos 60. Assim como Carlos Lacerda, foi um dos articuladores do golpe de 1964 e, como ele também, um dos que foram consumidos pelo Estado resultante desse processo. Hoje, é uma figura praticamente desconhecida das gerações pós-60. Nossa incidência sobre sua figura tem um pouco a finalidade de trazer à tona o panorama que permitiu sua emergência política e de mostrar a atividade do DEOPS/SP durante um período de vivência democrática (1945-1964).

[7] Conceito bastante caro aos cientistas sociais, principalmente, entre os anos 60 e 70, utilizado no estudo das práticas políticas comuns entre os anos 40 e 60, em diferentes países da chamada América Latina. Há trabalhos clássicos sobre o tema, como os de Octávio Ianni e os de Francisco Weffort, bem como estudos mais atuais como os de Guita Grün Debert e os de Jorge Ferreira.

DEOPS/SP:
visita ao centro da mentalidade autoritária

Maria Aparecida de Aquino

"Arendt trabalha sobre fatos e traz a banalidade do mal ao nível do cotidiano: o Eichmann que se apresenta não é um perverso, nem um tipo criminoso cínico e atrevido, não é um ambicioso, capaz de matar ou de fechar os olhos para progredir, mas é apenas alguém que jamais teria imaginado o que realmente estava fazendo. Note-se que isto não parece à autora como sinônimo de obtusidade ingênua. Eichmann não era um simplório, um tolo, sabia muito bem o que fazia. O que o caracterizava era um *vazio de pensamento* que não quer dizer ser tolo, mas que o predispôs a tornar-se o grande criminoso que acabou sendo. E aí está toda a banalidade referida."

Tércio Sampaio Ferraz Júnior
Apresentação de *Eichmann em Jerusalém: um relato sobre a banalidade do mal*, de Hannah Arendt.

1. Percalços do aparato repressivo estadual – o DEOPS/SP

O objetivo deste artigo é tentar tornar um pouco mais claras as práticas políticas de um dos órgãos do chamado aparato repressivo do Estado, existente em diferentes Estados brasileiros desde as primeiras décadas do século XX até praticamente o término do chamado regime militar brasileiro (1964-1985). Portanto, parte desse aparato encontra-se intrinsecamente vinculado à História Republicana brasileira, nos seus períodos mais explicitamente autoritários:

- a primeira fase republicana, também chamada de Primeira República ou "República Velha";

- o primeiro governo de Getúlio Vargas (1930-1945) mais especificamente na sua fase mais brutal, o chamado "Estado Novo" (1937-1945);
- o regime militar, inaugurado com o golpe de Estado que derrubou o presidente constitucionalmente eleito, João Goulart, em 1964, instalando os militares no comando do poder Executivo, para dele somente se afastarem ao término do governo do General João Baptista de Oliveira Figueiredo, em 1985;

bem como na sua chamada fase democrática, que abrange o período de 1945 a 1964, em que instrumentos considerados característicos do "Estado de Direito" encontravam-se minimamente presentes.

Conhecidos principalmente como DOPS, especificamente durante o regime militar, em que para aterrorizar as pessoas bastava-se dizer *"cuidado, desse jeito você vai ser fichado no DOPS"*, esses órgãos proliferaram pelos diferentes Estados brasileiros, sendo geralmente vinculados às suas respectivas Secretarias de Segurança Pública. Embora as denominações que receberam fossem diferentes (apesar da alcunha unificadora que os identificou), as suas funções eram sempre as mesmas. Eram, fundamentalmente, voltados para "estar à disposição dos governos quando estes decidissem vigiar e/ou aprisionar certos indivíduos, combater determinados comportamentos e estigmatizar grupos inteiros (imigrantes, dissidentes políticos, pobres das cidades) tidos sempre como 'nocivos' e perigosos para a ordem pública e a segurança nacional".[1] Em suma, em nossa opinião, voltados para exercer as funções da chamada "polícia política".

Eis um termo que possui uma interminável lista de conceituações. Nesse terreno, preferimos ficar com uma que se direciona especificamente para a realidade nacional. Segundo Marília Xavier:

> "O termo 'polícia política' tem sido utilizado, tradicionalmente, para designar um tipo especial de modalidade de polícia que desempenha uma função preventiva e repressiva na história do Brasil, tendo sido criada com fins de entrever e coibir reações políticas adversas, armadas ou não, que comprometessem a 'ordem e a segurança pública'.
> Dentro desse enfoque, a polícia política seria resultante de um processo de 'especialização' dos órgãos da instituição policial, surgindo, formalmente, em 1933 com a criação, na antiga Polícia Civil do Distrito Federal, da Delegacia Especial de Segurança Política e Social (DESPS) a qual, com a Seção de

---

[1] SOMBRA, Luiz Henrique. Departamento Federal de Segurança Pública: ruptura ou permanência?. In: *DOPS: a lógica da desconfiança.*Rio de Janeiro: Secretaria de Estado da Justiça, Arquivo Público do Estado, 1996, p. 37-41.

Segurança Política e a Seção de Segurança Social, encarregou-se dos chamados crimes políticos e sociais."[2]

Marília Xavier refere-se de modo específico à realidade do Rio de Janeiro que, na primeira metade do século XX, concentra a função de Distrito Federal e sede do governo da República brasileira. Embora as preocupações com uma polícia política, independente de uma polícia administrativa e judiciária, tenham se originado no início do século referido, é com a criação da Delegacia Especial de Segurança Política e Social (DESPS), subordinada à Polícia Civil do Distrito Federal, sob a superintendência do Ministério da Justiça e Negócios Interiores, que se organizam com mais clareza as funções desse exercício que permite, no âmbito do esclarecimento de suas funções, pensar as estreitas margens que separam os chamados "crimes políticos" dos "crimes sociais", ambos alvos desses órgãos do aparato repressivo.

Um relatório anual de um delegado, datado de 1943, identifica, entre as funções da DESPS:

> "a Seção de Segurança Política é encarregada de 'inibir a reorganização dos serviços de espionagem e observar os suspeitos de serem espiões eixistas e de evitar a sabotagem econômica, além de observar os movimentos políticos dos inimigos do Governo';
> à Seção de Segurança Social cabe a observação e fiscalização do 'problema trabalhista', encarado como as vicissitudes do movimento sindical que, com o retorno do país ao regime instituído pela Constituição de 1934, fizeram recrudescer as atividades extremistas de esquerda e direita que volveram suas vistas para a massa operária numa infiltração nociva contraproducente. O que muito concorreu para os ensaios de desagregação foi o contingente de elementos alienígenas;"[3]

No início do nosso artigo, referimo-nos ao objetivo de procurar tornar mais claras as práticas políticas do DOPS. Isto porque, em todos os campos do território nacional, o local social onde tais práticas proliferaram e fizeram viger sua esfera de atuação foi o dos recantos escuros e sombrios da vigilância sobre os cidadãos considerados "suspeitos". E aí, segundo o período vivenciado, a margem poderia ser relativa ou atingir quase a totalidade da sociedade, sem que esta tivesse conhecimento. Protegem-se com e beneficiam-se das sombras

---

[2] XAVIER, Marília. Antecedentes Institucionais da Polícia Política. In: *DOPS: a lógica da desconfiança.* Rio de Janeiro: Secretaria de Estado da Justiça/Arquivo Público do Estado, 1996, p. 32.

[3] *Os Arquivos das Polícias Políticas: reflexos de nossa história contemporânea.* Rio de Janeiro: Arquivo Público do Estado do Rio de Janeiro, FAPERJ, 1996, p. 12.

que os envolvem, permitindo que se infiltrem capilarmente nos mais recônditos cantos das relações sociais, espalhando o temor e a desconfiança.

Esse mundo de "trevas" vem sendo cada vez mais revelado a partir da década de 90 quando, em meio ao processo de luta pelo restabelecimento das liberdades democráticas em nosso país, boa parte dos acervos, longamente acumulados por esses órgãos, passou a tornar-se pública, sendo devolvida à sociedade a qual assiste atônita ao que o autoritarismo foi capaz de produzir.

Nosso alvo de estudo é o órgão correspondente em São Paulo, que chamaremos doravante de DEOPS/SP, uma vez que essa sigla refere-se à última denominação que recebeu pela também última legislação que alterou sua constituição, em 1975, através da qual passou a chamar-se Departamento Estadual de Ordem Política e Social. Esse órgão foi criado pela Lei nº 2.034, de 30 de dezembro de 1924 - quando recebeu o nome de Delegacia de Ordem Política e Social (DOPS) -, sendo extinto pelo Decreto nº 20.728, de 04 de março de 1983. As circunstâncias de sua criação e extinção merecem nossa atenção.

Em 1924, quando o DEOPS/SP foi criado, o governador de São Paulo era Carlos de Campos, e o presidente do Brasil era Artur Bernardes. Ambos encontravam-se mergulhados em profundas crises que colocavam em risco sua própria governabilidade.

Desde julho de 1922, quando explodiu no Rio de Janeiro o conflito conhecido sob o nome de *Revolta dos 18 do Forte de Copacabana*, Epitácio Pessoa, presidente eleito após o interregno governamental de Delfim Moreira - vice de Rodrigues Alves, morto inesperadamente antes de sua posse oficial -, havia decretado estado de sítio. Essa situação foi prolongada, e Artur Bernardes já assume com o país em estado de sítio, mantido durante todo seu governo (1922-1926).

As dificuldades envolvendo sua posse começam na campanha, quando concorre com o carioca Nilo Peçanha, que se sentira preterido pela escolha sucessória das oligarquias rurais. Uma parcela dos militares apóia Nilo Peçanha por várias razões, que iam desde a nomeação de ministros civis para ocupar pastas militares durante a gestão de Epitácio Pessoa até o descontentamento da baixa oficialidade articulada em torno do Clube Militar, que lutava pela elevação salarial e pelo reaparelhamento do Exército. Essa revolta acaba sendo canalizada para a luta contra a política oligárquica, através de uma bandeira de "moralização das instituições políticas".

O movimento da baixa oficialidade (basicamente capitães e tenentes), que acabou criando um tema bastante caro à historiografia brasileira, conhecido sob o nome de *Tenentismo*, vivenciou vários episódios conflituosos, sendo o primeiro *Os 18 do Forte de Copacabana*, no Rio de Janeiro, e o último a *Coluna Prestes – Miguel Costa*, que percorreria o Brasil entre 1924 e 1927.

Entretanto, parte dessa mobilização passou por São Paulo, onde, a partir de julho de 1924, houve um movimento, considerado o maior de todos, quando os revoltosos, liderados pelo General Isidoro Dias Lopes, conseguem durante certo tempo, assumir o controle da cidade, forçando o governador Carlos de Campos a fugir do Palácio dos Campos Elíseos para os arredores da cidade, em Guaiaúna (Zona Leste de São Paulo). A luta encarniçada dos revoltosos contra as tropas legalistas fazem com que a chamada *Coluna Paulista* adentre pelo interior do Estado e chegue ao Paraná. Isidoro Dias Lopes e Miguel Costa já estavam com suas tropas estacionadas em Foz do Iguaçu. Assim se dá o encontro com a *Coluna Prestes* que vinha do Rio Grande do Sul, após a revolta de outubro no Estado.[4]

Evidentemente, a conturbação desse período também pode ser explicada pela famosa "questão social", considerada como "caso de polícia" pelas autoridades governamentais. Desde o final da década de 1910, vários movimentos sociais reivindicatórios de melhorias nas condições de trabalho tinham sacudido os grandes centros urbanos com intensas mobilizações grevistas. A força do anarquismo e do chamado "anarco-sindicalismo", e o fortalecimento do movimento comunista com a criação do Partido Comunista do Brasil (PCB) em 1922 constituíam elementos de grande preocupação para o governo que responde com a legislação repressiva.

Nesse contexto, a criação do DEOPS/SP em 1924 pode ser explicada como parte do aparato repressivo do Estado, voltado, essencialmente, para a vigilância sobre os considerados "suspeitos" de desordem política e/ou social.

Em 1974, quando assume a presidência o General Ernesto Geisel, este o faz com o propósito de liderar um processo, conhecido inicialmente como "distensão" e, posteriormente, no Governo do General João Baptista de Oliveira Figueiredo (1979-1985), com o nome de "abertura política". A intenção desse processo, cujas negociações têm início ainda dentro do Governo do General Emílio Garrastazu Médici, era a de uma lenta "devolução pacífica e ordeira" do poder aos civis e do país ao chamado "Estado de Direito".[5] Deste processo fez parte a retomada das eleições diretas para os governos estaduais, realizadas em 15 de novembro de 1982, com posse para os novos governadores eleitos em 15

---

[4] CARONE, Edgard. *A República Velha – Evolução Política.* São Paulo: Difusão Européia do Livro, 1971, p. 352-377.

[5] A esse respeito consultar: STEPAN, Alfred. *Os Militares: da Abertura à Nova República.* Rio de Janeiro: Paz e Terra, 1986; DUARTE, Celina Rabello. *Imprensa e Redemocratização no Brasil: um estudo de duas conjunturas, 1945 e 1974-1978.* São Paulo, 1987. Dissertação (mestrado) – Pontifícia Universidade Católica de São Paulo; ALVES, Maria Helena Moreira. *Estado e Oposição no Brasil: 1964-1984.* Petrópolis: Vozes, 1984; D'ARAÚJO, Maria Celina et alii (org.). *A Volta aos Quartéis. A memória militar sobre a abertura.* Rio de Janeiro: Relume-Dumará, 1995.

de março de 1983. É, portanto, interessante atentarmos para a data do decreto que propõe a extinção do DEOPS/SP: 04 de março de 1983, apenas a alguns dias da posse do governador eleito por São Paulo, Franco Montoro.

É importante esclarecer que essas eleições deram como resultado, nos grandes Estados, vitórias maciças da oposição: exemplos claros são a eleição em São Paulo do governador Franco Montoro, naquele momento, vinculado ao PMDB (Partido do Movimento Democrático Brasileiro), - oriundo do antigo MDB (Movimento Democrático Brasileiro) -, partido de "oposição" durante o regime militar, e a difícil vitória de Leonel de Moura Brizola no Rio de Janeiro pelo PDT (Partido Democrático Trabalhista).

Os guardiões do regime militar, imbuídos que estavam de tentar impedir quaisquer revisões de seus atos autoritários, ou do que chamavam de "revanchismo", preocupavam-se que acervos de órgãos do aparato repressivo viessem parar em mãos "inadequadas" (as de governadores de oposição). Desse modo compreende-se a extinção do DEOPS/SP dias antes da posse de Franco Montoro no Governo de São Paulo e a passagem de seu imenso acervo documental para a agência paulista da Polícia Federal, onde permaneceu "bem guardado" até o ano de 1991. Na ocasião de sua extinção, o Estado de São Paulo era governado por José Maria Marin, governador em substituição ao último dos indicados pelo regime militar: Paulo Maluf, que se desincompatibilizara de suas funções.[6]

Em 1991, devolvido o Brasil ao "Estado de Direito", elaborada uma nova Constituição (1988) e eleito diretamente, desde o golpe de 1964, o primeiro presidente da República, o acervo do DEOPS/SP foi entregue à guarda da Secretaria da Cultura do Estado de São Paulo que o destinou ao Arquivo Público do Estado de São Paulo, onde se encontra até hoje.

Entre 1991 e fins de 1994, esse acervo somente pode ser consultado por membros da Comissão de Familiares de Mortos e Desaparecidos Políticos do Regime Militar e por cidadãos interessados em conhecer o material que o órgão possuía armazenado sobre sua pessoa, direito garantido pela Constituição de 1988, sob o título de *habeas-data* ("tenhas a tua informação").[7]

Dois questionamentos ocorrem normalmente quando se toca nesses aspectos: o que teria acontecido com a documentação entre 1983 e 1991, período em que permaneceu sob a guarda da agência paulista da Polícia Federal?

---

[6] A esse respeito ler: ARAÚJO, Lucimar Almeida de et alii. O Acervo DEOPS/SP. In: AQUINO, Maria Aparecida de et alii (orgs.) *No Coração das Trevas: o DEOPS/SP visto por dentro.* São Paulo: Arquivo do Estado, Imprensa Oficial do Estado, 2001, p. 23-35.

[7] A Constituição de 1988, ao garantir a todos os cidadãos o direito do *habeas-data,* permitia o acesso às informações acumuladas pelos órgãos do aparato repressivo.

Por que a demora em democratizar à população a consulta a esse acervo entre 1991 e 1994?

O primeiro dos questionamentos, geralmente, é motivado por aqueles que colocam em dúvida a importância desse acervo documental, entendendo que, naquele período, ele teria sido depurado de sua documentação mais significativa (aquela que permitiria o acesso a informações mais relevantes e descobertas mais importantes sobre o autoritarismo estatal brasileiro, particularmente, o do regime militar). Afinal de contas, em oito anos, a Polícia Federal teria tido tempo suficiente para destruir o material mais "perigoso" sob o ponto de vista dos defensores do autoritarismo, entregando, em 1991, um acervo asséptico que em pouco contribuiria para as pesquisas realizadas sobre a História do Brasil Contemporâneo.

A documentação existente - e que pode ser consultada - permite perceber que, durante sua permanência na Polícia Federal, ela foi objeto de muitas pesquisas[8] e que existem lacunas entre os documentos. Entretanto, como pesquisas intensivas e extensivas cobrindo toda a documentação ainda não foram realizadas, não há condições de se estabelecer com clareza quanto e o quê teria sido depurado. Independente dessa depuração, o trabalho que foi realizado até hoje possibilita-nos afirmar que a documentação disponível no momento é de riqueza incontestável para a compreensão das relações entre Estado e Sociedade durante o período abrangido pela existência do órgão: 1924-1983.

O segundo questionamento passa por questões que envolvem o momento específico em que essa discussão foi travada, bem como o tipo de acervo de que se trata e a sua contemporaneidade tão presente.

O momento em que se inserem essas discussões surge juntamente com a Lei 8.159/91, a qual "dispõe sobre a Política Nacional de Arquivos Públicos e Privados, privilegiou a conceituação e filosofia do acesso e liberdade de informação, responsabilizando o usuário pelo uso e divulgação das informações, resguardando-se o direito de indenização pelo dano material ou moral decorrente da violação da intimidade, da vida privada, da honra e da imagem das pessoas".[9] Essa Lei, entretanto, que definia a Política de Arquivos Públicos e Privados em nível nacional, até o momento em que se davam esses debates não havia ainda sido regulamentada. Além disso, seu artigo 21 estabelece que "legislação estadual, do Distrito Federal e Municipal definirá os critérios de organização e vinculação

[8] Na série Dossiês, arquivadas sob o código 52-Z-0, as pastas de 549 a 583 referem-se a pedidos de informações solicitados por outros órgãos de repressão sobre várias pessoas a respeito das quais elaboraram-se resumos. Entretanto, as datas de elaboração desses resumos são posteriores ao fechamento do DEOPS/SP. A esse respeito ver: ARAÚJO, Lucimar Almeida de et alii, op. cit., p. 25-26.

[9] *Os Arquivos das Polícias Políticas: reflexos de nossa história contemporânea*, op. cit., p. 12.

dos arquivos estaduais e municipais, bem como a gestão e o acesso aos documentos, observado também o disposto da Constituição Federal".[10] Desse modo, estavam liberadas as unidades da Federação para resolver de forma autônoma a sua organização arquivística.

Quando se fala em preservação documental e em formas de abertura à consulta da documentação, costumam ser divergentes as posturas adotadas por arquivistas e por historiadores. Além desse elemento estimulador de tensões, houve outro a temperar as discussões que foram travadas em São Paulo: a preocupação, não só dos elementos implicados no regime militar e nos órgãos do aparato repressivo, mas também dos cidadãos objetos da vigilância desse órgão, os quais temiam que as informações retiradas à sua revelia pudessem ser deturpadas, divulgadas e utilizadas indevidamente, prejudicando sua imagem social ou a de seus familiares (no caso de falecidos). Por inicativa do governo estadual, constituiu-se uma "comissão de notáveis", formada por historiadores, arquivistas, juristas, representantes governamentais e de entidades de defesa dos direitos humanos a qual, finalmente, em 1994, recomendou a abertura total do acervo à consulta pública, mediante a assinatura por parte do consulente de um termo de compromisso, através do qual se comprometia publicamente pela divulgação que viesse a dar às informações recolhidas na documentação consultada. Está implícito que ele pode ser alvo de processo judicial, caso a divulgação de determinada informação seja considerada, pela pessoa envolvida ou seus familiares, como desabonadora de sua moral pública. A partir desse momento, então São Paulo, em relação aos acervos dos demais órgãos de mesma função no Brasil, também colocados sob a tutela de instituições arquivísticas (é o caso do Arquivo Público do Estado do Rio de Janeiro, que recebeu documentação semelhante em 1992), tomou, em nossa concepção, a medida mais adequada ao desenvolvimento da pesquisa em nosso país, particularmente em relação a uma documentação que possui informações preciosas acerca de nossa história recente.

O acervo DEOPS/SP é composto por 101 livros de Registro de Inquéritos Policiais. Esses inquéritos antes estavam sob a guarda da Academia de Polícia de São Paulo que, tempos depois do acervo ter sido enviado ao Arquivo Público do Estado de São Paulo, resolveu também enviar esse material, o qual permite uma excelente análise da atividade inquisitorial e da relação entre as Delegacias, as quais exerciam a atividade policial, sendo responsáveis, através de seus inquéritos formalizados, pelas denúncias de criminalidade, e o Ministério Público, responsável pelo âmbito da justiça propriamente dita, sendo o receptor

---

[10] Idem, p. 37.

dessas denúncias que, se aceitas, transformavam-se em processos judiciais. Esses livros de Registro contêm os inquéritos instaurados pelas diversas Delegacias que compunham o DEOPS/SP.

Além disso, o acervo também possui quatro séries documentais que se diferenciam (entre outros elementos) pelo fato de terem sido produzidas por setores diferentes dentro do órgão. O conjunto dessas quatro séries forma um acervo da seguinte magnitude: 1.500.000 fichas remissivas e 163.000 pastas.

A série *Prontuários* é formada por cerca de 163.000 fichas remissivas e 150.000 pastas-prontuários que podem ser referentes a pessoas ou entidades e temas. É a série mais antiga, datando do início do órgão (1924) e somente se encerrando com a sua extinção (1983). O material que armazena originou-se do Arquivo Geral do DEOPS/SP.

A série *Dossiês* é formada por 1.100.000 fichas remissivas e por 9.626 pastas codificadas. Data dos anos 40 e se extingue com o término do órgão em 1983. O material armazenado originou-se inicialmente do chamado Serviço Secreto, criado em 1940, sendo mais tarde denominado Serviço de Informações e, posteriormente, em 1975, Divisão de Informações.

A série *Ordem Social*, cujo material se origina da Delegacia de Ordem Social, inicia-se em 1945 - antes dessa data a documentação era armazenada, principalmente, no Arquivo Geral do DEOPS/SP-, e se encerra em 1983. É composta por 115.000 fichas remissivas e 2.321 pastas, sendo uma parte significativa delas –547- originada de material gerado por Delegacias do Interior.

A série *Ordem Política* é a última a ser iniciada, tendo seu surgimento em 1948 e sua extinção também em 1983. Seu material origina-se da Delegacia de Ordem Política, que anteriormente também enviava seu acervo, principalmente, para o Arquivo Geral do DEOPS/SP. Essa série possui 120.000 fichas remissivas, as quais remetem a 1.582 pastas.[11]

Nosso estudo envolveu especificamente a série *Dossiês*, possuidora de um acervo documental de magnitude espantosa – cerca de dois milhões de documentos armazenados -, e caracterizada por um complexo código alfanumérico que acompanhou suas pastas, bem como por uma extrema variedade documental. Além disso, embora tenha uma farta documentação desde os anos 40, a maior parte de seus documentos abrange o regime militar a partir de 1964 até a extinção do órgão em 1983. É a essa série que dedicaremos agora nossa atenção.

---

[11] Para uma descrição pormenorizada do Acervo DEOPS/SP, consultar ARAÚJO, Lucimar Almeida de et alii, op. cit., p. 26-35.

2. A série *Dossiês* do acervo DEOPS/SP

Nossa história envolvendo a pesquisa ao acervo DEOPS/SP se inicia em 1991, data de seu recebimento pelo Arquivo Público do Estado de São Paulo. Vinda de uma dissertação de Mestrado em que o alvo fora a censura à imprensa no período do regime militar,[12] imaginei poder realizar uma pesquisa, para o Doutorado, no referido acervo, envolvendo jornalistas eventualmente "vigiados" pelo DEOPS/SP durante o regime, para construir, ao mesmo tempo, o olhar do órgão sobre a imprensa paulista e a resistência desses jornalistas ao regime autoritário. Cheguei a enviar ao Secretário de Cultura da época uma solicitação de pesquisa ao acervo, que não foi respondida. Baldados esforços foram feitos na tentativa de conseguir realizar o intento. Acabei abandonando essa linha de trabalho e realizei o Doutorado, defendido em 1994.[13]

Com a abertura do acervo à consulta, iniciei, em 1995, finalmente minha pesquisa, tendo sido aconselhada a trabalhar com a série *Dossiês,*[14] esbarrei na primeira dificuldade. A série é constituída de fichas remissivas e pastas documentais. Possui 33 conjuntos de fichários, distribuídos, em sua grande maioria, em nomes ou sobrenomes de pessoas ("comuns", "incomuns" e "vulgos") e um número menor de fichários semitemáticos, como "sindicatos", "placas de veículos" e "jornais".

Na situação em que me encontrava, como não possuía a relação prévia dos jornalistas que tivessem sido alvos de suspeição pelo órgão no período, debati-me na tentativa de encontrar solução para o problema de como acessar a série, uma vez que um temário não havia sido constituído. As 9.626 pastas, por sua vez, possuíam, cada uma delas, um complexo código alfanumérico que deveria ter uma significação e, provavelmente, remeter a um temário, mas que, naquele momento, não se encontrava decodificado.

O percurso percorrido foi o de recorrer, inicialmente, à única possibilidade "temática" que se me apresentava. Acessei as fichas correspondentes ao Sindicato dos Jornalistas Profissionais no Estado de São Paulo, localizando um total de cinqüenta e uma fichas, cujos documentos aos quais remetem foram consultados.

---

[12] Refiro-me à Dissertação de Mestrado defendida em História Social pelo Departamento de História da Faculdade de Filosofia, Letras e Ciências Humanas da Universidade de São Paulo (FFLCH/USP), publicada sob o título *Censura, Imprensa, Estado Autoritário (1968-1978).* (Bauru: EDUSC, 1999).

[13] A menção refere-se ao trabalho defendido em História Social pelo Departamento de História da FFLCH/USP, intitulado *Caminhos Cruzados: Imprensa e Estado Autoritário no Brasil (1964-1980).*

[14] Conforme afirmado anteriormente, a série *Dossiês* possui o maior volume de material referente ao período do regime militar. Já a série *Prontuários*, a mais antiga de todas, e que acompanha o órgão de seu início à sua extinção, embora possua material referente à fase posterior a 1964, tem a maior parte de seu acervo concentrada no primeiro Governo Vargas (1930-1945).

Para percorrer uma relação de nomes passíveis de "suspeição" no DEOPS/SP, foi necessário recorrer a uma outra estratégia que me pareceu igualmente válida.

Durante a realização do Doutorado, tive a oportunidade de entrar em contato com o chamado Projeto "Brasil Nunca Mais". Trata-se, talvez, do mais instigante projeto de pesquisa vivenciado no Brasil Contemporâneo. Advogados de presos políticos, religiosos progressistas, personalidades da resistência ao regime militar, em 1979, nas circunstâncias propiciadas pela anistia, durante seis anos, levaram avante a mais arrojada e corajosa iniciativa de que se tem notícia. Sabedores da existência do arquivo do Superior Tribunal Militar (STM), que congregava todos os processos movidos contra civis e militares que teriam atentado contra a Lei de Segurança Nacional, resolvem, com base numa brecha do sistema,[15] duplicar todos os seus autos e, com isso, constituir uma preciosa radiografia das concepções de Segurança Nacional quando colocadas em prática, ou seja, no âmbito da Justiça Militar. Em suma, uma amostra preciosa de um dos pilares do regime militar. Entre 1964 e 1979, foram copiados e microfilmados aproximadamente 707 processos, o que corresponde à totalidade dos autos dessa natureza produzidos no período.

Esse impressionante material foi submetido a uma sofisticada metodologia de análise, daí resultando em 12 volumes – chamados de Projeto "A" – com todos os resultados apurados no extenso levantamento de dados realizado. Posteriormente, foram contratados dois jornalistas para realizarem uma síntese do material, que saiu publicada no volume intitulado *Brasil: Nunca Mais*[16] - conhecido como Projeto "B". Dentre as inúmeras tabelas constantes do Projeto "A", existe a relação dos denunciados (réus) dos processos, incluindo a profissão de cada um deles. Assim, chega-se a uma lista de 147 jornalistas denunciados nos processos que passaram pelo STM entre 1964 e 1979.

Pareceu-me que essa lista de jornalistas era bastante representativa, dando uma boa amostra da resistência ao regime militar e boa possibilidade de conter uma parcela significativa dos "suspeitos" na ótica do DEOPS/SP.

O ponto de partida, portanto, foi a lista de jornalistas processados, base para as pesquisas às fichas remissivas da série *Dossiês*. Descobriu-se uma variedade de situações: desde jornalistas com apenas uma remissão até aqueles que possuíam mais de uma centena de fichas em seu nome. As fichas são indicativas do código que remete às pastas e faz chegar a um documento determinado dentro de uma delas.[17]

---

[15] Era permitido aos advogados dos réus implicados nos processos requisitarem os autos dos mesmos junto ao STM e com eles permanecerem durante 24 horas. Tempo suficiente para que fossem copiados.

[16] ARQUIDIOCESE de São Paulo. *Brasil: Nunca Mais*. Petrópolis: Vozes, 1985.

[17] Mais referências sobre a realização dessa pesquisa estão em AQUINO, Maria Aparecida de. Jornalistas/ Militantes na mira do DEOPS/SP. In: AQUINO, Maria Aparecida de et alii (orgs.), op. cit., p. 181-197.

No caso de jornalistas com grande variedade de remissões a documentos, certamente chegava-se a um número considerável de pastas (às vezes, cada documento colocado em uma determinada pasta). Além de representar um trabalho insano, processava-se para o pesquisador um verdadeiro quebra-cabeças.

Por vezes, o documento apresentava o nome da pessoa alvo da pesquisa, citado em meio a um depoimento, por exemplo. Em outros casos, ocorria a referência à pessoa como participante de um congresso de um partido. Essas são algumas das possibilidades encontradas.

Para compreender alguma coisa o pesquisador necessita ler o documento como um todo a fim de entender a circunstância na qual a citação dessa pessoa foi feita. Além disso, precisa observar a pasta na qual está localizado o documento, comparando com os outros documentos que a compõem, para ver se consegue visualizar um quadro do porquê aquela unidade documental ali se encontra arquivada. Nem sempre isso é possível. Os documentos contidos nas pastas são extremamente variados, o que é uma característica dos *Dossiês*.[18] Muitas vezes, após uma pesquisa que consome dias de trabalho, o resultado é uma colcha de retalhos que não se emendam. Permanece fragmentado, não dando condição de reconstituir o olhar do órgão sobre o "suspeito", bem como sobre a resistência por ele travada.

Isso me fez concluir ser absolutamente fundamental a construção de outras formas de acesso aos pesquisadores, chegando-se a um temário a partir da decodificação dos códigos de entrada das pastas.

Desse modo, em novembro de 1996, foi enviado um projeto[19] à Fundação de Apoio à Pesquisa do Estado de São Paulo (FAPESP), dedicado especificamente a cuidar do tratamento da série *Dossiês* do Acervo DEOPS/SP. Aprovado em fevereiro de 1998, foi desenvolvido ao longo de 4 anos com o auxílio de pesquisadores variados[20] e de duas equipes de bolsistas que, em março de 2002, entregaram os resultados à instituição financiadora:

- equipamento para a FFLCH/USP, instituição sede do projeto (computadores e impressoras);

---

[18] Segundo o *Dicionário de Terminologia Arquivística* (CAMARGO, Ana Maria de Almeida; BELLOTTO, Heloísa Liberalli (coord.). São Paulo: Associação dos Arquivistas Brasileiros (Núcleo Regional de São Paulo)/Secretaria de Estado da Cultura, 1996), *Dossiê* significa "unidade documental em que se reúnem informalmente documentos de natureza diversa" (p. 32).

[19] Trata-se do Projeto "Mapeamento e Sistematização do Acervo DEOPS/SP: série Dossiês (1940-1983)".

[20] O projeto foi coordenado pela Profª Drª. Maria Aparecida de Aquino (DH/FFLCH/USP) e teve o acompanhamento das equipes de bolsistas realizado pelos mestrandos em História Social (DH/FFLCH/USP) Marco Aurélio Vannucchi Leme de Mattos e Walter Cruz Swensson Jr.

- equipamento para o Arquivo do Estado de São Paulo (servidores, rede de computadores e impressoras, material de conservação, material de microfilmagem e máquinas de microfilmagem);
- processo de conservação documental das 9.626 pastas;
- processo de microfilmagem de cerca de 50% do acervo, com o compromisso de continuidade pela instituição (Arquivo do Estado de São Paulo);
- formação de uma equipe de cerca de 20 pesquisadores, entre graduandos e graduados em História, os quais representaram as duas equipes de bolsistas que acompanharam o projeto nos dois primeiros anos e nos dois anos restantes;
- descrição das 9.626 pastas do acervo, com a decodificação dos códigos, criando-se um temário/assunto para as mesmas. Essa descrição foi realizada através de fichas especialmente criadas pela equipe de bolsistas, as quais contêm as seguintes informações: assunto geral da pasta, datas iniciais e finais de arquivamento das pastas, datas iniciais e finais da produção documental quando estivessem disponíveis (um documento pode ser produzido numa data e arquivado posteriormente), descritores ou palavras-chave da pasta, existência de material incomum anexado (fotografias, periódicos, objetos variados) para o caso de pesquisas específicas a esses materiais que poderiam localizar as pastas que os contêm;
- normatização e criação de um vocabulário controlado dos termos utilizados no processo de descrição das pastas;
- montagem de um banco de dados que permite ao pesquisador/consulente formas de acesso variado a essa documentação, cruzando-se informações (como, por exemplo, o tema da pesquisa/consulta e a data) chegando-se às pastas (e a sua descrição) onde essas informações encontram-se alocadas;
- lançamento da série de volumes intitulada *Radiografias do Autoritarismo Republicano Brasileiro*,[21] que se debruça exatamente sobre os resultados do projeto.

---

[21] Em novembro de 2001, foi lançado o primeiro volume da série (*No Coração das Trevas: o DEOPS/SP visto por dentro*), que contém um estudo sobre toda a legislação que amparou o órgão durante sua existência, uma primeira reflexão sobre o DEOPS/SP e artigos de pesquisadores que se dedicaram a essa documentação. Para novembro de 2002, está previsto o lançamento de mais quatro volumes da mesma série, que devem conter todo o catálogo com a descrição das 9.626 pastas, uma reflexão sobre o significado dos códigos e das famílias que compõem a série e artigos de pesquisadores sobre temas instigantes contidos nessa documentação.

Neste longo percurso de construção de novas formas de acesso aos pesquisadores em relação ao acervo, alguns elementos foram sendo estabelecidos, chegando-se o mais próximo possível, no momento, de uma definição da série *Dossiês*.[22]

O código alfanumérico é composto de três elementos e de um número de ordem para a remissão documental no interior da pasta. Para melhor exemplificar e colocar o leitor em contato com essa documentação, mostro a seguir dois documentos pesquisados por ocasião da consulta às fichas do Sindicato dos Jornalistas Profissionais no Estado de São Paulo.

O primeiro deles aparecia na ficha remissiva com a seguinte notação **20–C–44–20.411**. Trata-se de um relatório não assinado de agente infiltrado, datado de 27 de outubro de 1981. Possui um carimbo *Confidencial*. O timbre indica *Secretaria de Segurança Pública – Polícia Civil de SP – Departamento Estadual de Ordem Política e Social – Divisão de Informações*. Seu título é *Relatório*. Refere-se à cerimônia de entrega do Prêmio Jornalístico "Vladimir Herzog de Anistia e Direitos Humanos", prêmio este criado pelo Sindicato e pela Comissão Executiva Nacional de Movimentos de Anistia. A cerimônia foi realizada na Sede do Sindicato em São Paulo.

Detalhadamente, o agente relaciona todas as entidades que patrocinaram o evento naquele ano. Explica por que foi criado o prêmio, como foi realizada a sua distribuição para o referido ano, em que consistiu, qual foi a comissão julgadora e quais os critérios para a indicação dos premiados. Descreve a cerimônia, a composição da mesa e as personalidades presentes. Ao destacar os discursos, o agente assim se pronuncia:

> "timbraram pelo mesmo chavão de combater a repressão ditatorial do regime militar, que por força dos esforços deles tinha chegado à conclusão que precisava dar esta pequena abertura política, que foi dada e que promete ser enganosa como tudo que vem do atual regime.(...)
> De ponderável, apenas as palavras ditas por Ricardo Kotscho, que ao receber o prêmio foi muito aplaudido, quando falou que estava com medo da posição que os companheiros vinham adotando de considerar estas cerimônias, bem como as reuniões de debates ou auto-críticas, mesmo sem que disso se apercebessem, como um ritual rotineiro do qual nada se extraía. Disse que nestas reuniões, infelizmente está predominando um espírito de divisão, onde

[22] Encontramo-nos em fase final da reflexão acerca da série, do órgão e de sua relação com a sociedade. Existem, entretanto, alguns elementos ainda ambíguos, bem como a interpenetração e interdependência dos elementos que compõem os *Dossiês* é uma característica que dificulta o estabelecimento de definições taxativas, o que talvez seja uma permanência com a qual tenhamos de continuar lidando.

as ambições de poder e as pretensões partidárias estão levando os companheiros a uma situação de divisão interna que só beneficia ao regime e dificulta o progresso de luta pela derrubada do mesmo."

O agente prossegue apontando outras personalidades presentes como, por exemplo, Caio Prado Jr. e as "cabeças de um tal Conselho Mundial das Igrejas, dois reverendos: um de nome 'Charles' e outro 'Jaime Wright'. Também já de idade, a Madre Cristina, entregou prêmios." Segue dizendo que se encontra anexada (comprova-se que há de fato) uma Declaração de compromisso[23] e uma "pequena biografia de um tal Antonio Benetazzo".[24]

O outro documento ao qual desejamos fazer referência aparece na ficha remissiva com a seguinte notação: **30–C–1–25.011**. É também um relatório de agente infiltrado, sem assinatura.[25] O timbre indica *Secretaria de Segurança Pública – Polícia Civil de SP – 3ª. Delegacia da Divisão de Informações – DEOPS.* O texto é que o segue:

> "São Paulo, 02 de dezembro de 1981.
> Assunto: Lançamento do Livro o PCB em São Paulo – Documentos de 1974-1981 [sic].
> Senhor Delegado Chefe do DOPS [sic]:
> Cumprindo ordens emanadas por Vossa Senhoria, estivemos no Sindicato dos Jornalistas, sito à Rua Rego Freitas, 530, onde seria realizada [sic] o lançamento do livro PCB em São Paulo: documentos 1974-1981.

---

[23] A referida Declaração aparece remetida pelo código **20–C–44–20.408**, tratando-se de uma declaração de compromisso de luta pelos Direitos Humanos, a qual relembra as mortes e torturas e afirma que esses crimes não podem ficar impunes. Protesta contra todas as formas de violência e repressão, manifestando repúdio. Proclamam a data do Dia da Defesa dos Direitos Humanos dos trabalhadores e conclamam todos os setores da sociedade para assumirem o mesmo compromisso de luta.

[24] Biografia sob o código **20–C–44–20.409**, dizendo que Antônio Benetazzo foi um militante, professor e artista plástico, preso pelo regime militar em 28/10/1972, assassinado (alegando-se atropelamento) em 30/10/1972. Para maiores informações sobre o militante Antônio Benetazzo, consultar: *Dossiê dos mortos e desaparecidos políticos a partir de 1964.* (São Paulo: Imprensa Oficial do Estado, 1996) e MIRANDA, Nilmário; TIBÚRCIO, Carlos. *Dos filhos deste solo: Mortos e desaparecidos polìticos durante a ditadura militar: a responsabilidade do Estado.* (São Paulo: Boitempo, 1999).

[25] Não deve causar espanto ao leitor o fato de fazermos questão de afirmar "sem assinatura". Muitos relatórios de agentes infiltrados são assinados por nomes ou codinomes. Um documento codificado com a notação **20–C–44–11.246** é um relatório do agente que assina Durval "Sc(ilegível)ieri" e é dirigido ao Sr. Delegado de Plantão da Equipe "C" do DEOPS, Dr. Edison Geraldo Schiavinato, datado de 29/06/1980. Outro Relatório de agente, com a notação **30–B–38–1.307**, é um relatório de serviço das 23h00 do dia 25/05/1979 às 6h00 do dia 26/05/1979. Às 23h05, a informação parte de "Gama – 7"; às 3h16, o informe é de "Delta – 11". A notícia sobre a Assembléia é assinada por "Carlos". Esse documento em especial é um relatório de cobertura da greve dos jornalistas ocorrida nesse período e vigiada de perto pelos agentes infiltrados do DEOPS/SP que cobrem as atividades no Grupo Folhas, no Sindicato dos Jornalistas de SP e na sede paulista da Associação Brasileira de Imprensa (ABI).

Não foi realizado o lançamento como estava previsto no auditório 'Vladimir Herzog', segundo uma nota distribuída à Imprensa, por falta de segurança uma vez que houveram [sic] vários comunicados de ameaça de bomba no local.
Além disto foi distribuído um texto de um discurso que seria pronunciado por DAVID CAPISTRANO FILHO.
Foi efetuada a venda do livro acima descrito e dos documentos acima citados [sic].
Após a compra os presentes retiraram-se em seguida do local não havendo manifestações.
Estavam presentes: Marco Aurélio Nogueira, David Capistrano Filho e Cláudio Guedes.
Era o que tínhamos a informar.
Atenciosamente."

A riqueza que esses documentos apresentam dá-nos uma pequena amostra da importância dessa documentação, do papel desses agentes infiltrados e de seus relatórios pormenorizados. Ao mesmo tempo, demonstram uma infiltração cuidadosamente construída a ponto de conhecer os meandros dos locais sobre os quais exercem vigilância, resvalando em opiniões pessoais acerca do evento e de seu transcorrer, bem como apontam para uma quantidade de informações oferecidas, dependendo das circunstâncias, minuto a minuto, que podem redundar em pouca consistência para os objetivos do órgão, dada a sua inutilidade estrutural.

Entretanto, neste momento, não nos deteremos numa análise mais detalhada dessa documentação. Queremos tomar os elementos do código para desvendar o que foi possível construir sobre eles até o momento.

Tomando-se como ponto de partida a interpenetração e interdependência dos elementos dos códigos, que podem estar presentes ou se repetirem em diferentes locais, é preciso lidar com a fluidez que os caracteriza, o que é natural se levarmos em conta o fato de que foram criados na década de 40 e acompanharam a História do Brasil nos 40 anos subseqüentes. Portanto, sofreram a mutação do tempo, dos objetivos governamentais e da própria noção de "suspeição", que varia de acordo com os interesses desse ou daquele período.

Ao primeiro elemento do código chamamos de *Família*,[26] correspondendo a um tema geral e apresentando-se em cinco dezenas: as *famílias* **10, 20, 30, 40, 50**.

A *família* **10** refere-se à suspeição lançada contra estrangeiros por ocasião da II Guerra Mundial, a partir de 1942, quando o Brasil declara guerra ao Eixo. A perseguição atinge prioritariamente os alemães, italianos e japoneses,

---

[26] Essas denominações foram construídas de comum acordo com a nossa Assessoria para Arquivística, constituída, num primeiro momento, pela Profª. Drª. Ana Maria de Almeida Camargo e, num segundo momento, acompanhada por um ex-orientando seu: o Prof. Dr. André Porto Ancona Lopez.

mas também abrange outras nacionalidades. Por vezes, aproveita-se para "tomar uma carona" na suspeição contra os "eixistas" e vigiar os "suspeitos de sempre"[27] (comunistas e socialistas principalmente).

A *família* **20**, de modo genérico, refere-se à vigilância aos membros envolvidos com a Política Nacional, vista no sentido amplo e sob o aspecto institucional (partidos, políticos, etc), enfocando particularmente o panorama das eleições.

A *família* **30** enfatiza a perseguição aos "suspeitos" de atividades comunistas, socialistas e anarquistas.

A *família* **40** reúne documentação das diferentes Delegacias que compõem o DEOPS/SP: Armas, Munições e Explosivos; Ordem Econômica; Ordem Política; Ordem Social; Estrangeiros.[28]

A *família* **50** é a de mais difícil definição. É a maior de todas. Sozinha, corresponde a 5.121 pastas, num universo de 9.626. Há uma grande variedade de temas no seu interior, observando-se nessa família um constante fenômeno de migração de códigos, ou seja, um código criado na década de 40 com um significado determinado pode sofrer alterações de sentido no período do regime militar. Ali se encontram constantemente referências à suspeição sobre estrangeiros e ao acompanhamento do panorama eleitoral ao longo do tempo, sendo que a maior parte de seu acervo refere-se à fase pós-1964 com seus interesses específicos, vinculados à chamada Doutrina de Segurança Nacional.[29]

As *famílias*, por sua vez, subdividem-se em *subfamílias* que correspondem a subtemas dentro do tema geral.

---

[27] Referimo-nos à célebre frase do Chefe de Polícia do filme *Casablanca* que, ao presenciar o assassinato de um nazista, ordena ao seu subordinado que "prenda os suspeitos de sempre".

[28] É importante observar que essas Delegacias mudaram de nome com o tempo. Tomamos a sua denominação mais comumente utilizada.

[29] A também conhecida como Doutrina de Segurança Nacional e Desenvolvimento vincula o binômio Segurança + Desenvolvimento, segundo o qual, só com Segurança – leia-se "ordem política e social" – é possível o Desenvolvimento Econômico do país. Foi gestada prioritariamente na Escola Superior de Guerra (ESG), uma entidade fundada em 1949 e voltada para a formação de militares e civis, dentro dos princípios e orientações que os militares brasileiros, principalmente os participantes da II Guerra Mundial, apreenderam com os EUA e seus preceitos sobre Segurança Externa e Interna. Prende-se às circunstâncias típicas da chamada Guerra Fria que opôs o capitalismo ao comunismo. Não se pode dizer que forma um corpo de idéias coeso e coerente, representando mais uma declaração de intenções, muitas vezes, extremamente vagas e contraditórias. Dela são os termos ambíguos de "Guerra Revolucionária", "Guerra Psicológica Adversa", "Setor Psicossocial" e outros. Preocupa-se centralmente com o "inimigo interno" colocado dentro das fronteiras. Desloca a idéia de segurança da Nação, da preocupação com o "inimigo externo" para o próximo, mas oponente, portanto, alvo de perseguições e punições. Os Manuais Básicos da ESG dão uma idéia do que tenta ser sua confusa e pouco conceitual "teorização". Um trabalho bastante amplo sobre o tema foi realizado por Maria Helena Moreira Alves. *Estado e Oposição no Brasil (1964-1984).* Petrópolis: Vozes, 1984.

A *família* **10** apresenta-se assim subdividida nas seguintes *subfamílias*:

- **10** – preocupação com a vigilância a atos de sabotagem. Apesar de perseguir diferentes nacionalidades, na sua maioria, atinge os japoneses.
- **11** – preocupação com a vigilância a atos de espionagem. Apesar de perseguir diferentes nacionalidades, na sua maioria, atinge os alemães.
- **12** – preocupação com a vigilância a suspeitos de vinculações com o Nazismo e com o Fascismo de modo geral. Atinge os membros oriundos de países do Eixo, mas também de outras nacionalidades.
- **13** – perseguição a organizações estrangeiras, sendo que, embora a preocupação seja especialmente com os nazistas e os fascistas, aproveita-se para exercer vigilância sobre movimentos libertários de resistência, na sua maioria de origem italiana.
- **14** – perseguição às atividades de contrabando.
- **15** - preocupação com a vigilância a suspeitos de realizarem comunicação em idioma estrangeiro.[30]

A *família* **20** apresenta-se assim subdividida nas seguintes *subfamílias*:

- **20** – é a mais abrangente e com o maior número de pastas dessa *família*. Genericamente dedica-se à Política Nacional pensada na vigilância às atividades dos partidos, dos políticos, dos estudantes, dos sindicatos, das igrejas e das universidades.
- **21** – Assim como a *subfamília* **20**, dedica-se à política nacional, além de dedicar-se à política estadual, preocupando-se mais intensamente com as atividades partidárias e dos políticos. Figuras constantemente presentes são as de Getúlio Vargas, Adhemar de Barros e Armando de Salles Oliveira.
- **22** – dedicada à vigilância das atividades políticas das cidades do interior. É interessante observar que essa preocupação se repetirá em outras *subfamílias*, como é o caso específico da **50**.
- **23** – preocupação com a vigilância às atividades separatistas. Entretanto, é necessário frisar que essa subfamília possui exclusivamente uma pasta contendo as atividades separatistas de duas pessoas. Documentação produzida em 1940 e arquivada pelo órgão em 1945.

---

[30] É importante observar que nem todos os números da dezena encontram-se representados, sendo o **15** a última *subfamília* da *família* **10**. Isto se deve ao fato de que este tipo de código foi criado para poder crescer mais do que cresceu definitivamente. As possibilidades de combinações não atingiram a totalidade de expansão do código, o qual mediante a necessidade, poderia ampliar-se. O mesmo aconteceu com as outras *subfamílias*.

• 24 – preocupação com a vigilância às atividades do Integralismo e de seus membros, os integralistas.

A *família* 30 encontra-se assim subdividida nas seguintes *subfamílias*:

• 30 – perseguição a pessoas, jornais, entidades suspeitas de atividades vinculadas ao Comunismo ou ao Socialismo. É de grande magnitude em termos de quantidade de documentação armazenada.
• 31 – preocupação com a vigilância aos suspeitos de atividades relacionadas com o Anarquismo.

A *família* 40 encontra-se assim subdividida nas seguintes *subfamílias*:

• 40 – documentação produzida pela Delegacia de Armas, Explosivos e Munições.
• 41 – documentação produzida pela Delegacia de Estrangeiros.
• 42 – documentação produzida pela Delegacia de Ordem Econômica.
• 43 – documentação produzida pelas Delegacias de Ordem Política e Ordem Social.

A *família* 50 encontra-se assim subdividida nas seguintes *subfamílias*:

• 50 – grande variedade documental. Aponta a preocupação com a vigilância sobre as atividades desenvolvidas pelos estrangeiros (com bastante semelhança ao ocorrido na *família* 10). Destaca a preocupação com a vigilância às atividades políticas das cidades do interior (semelhante ao tema desenvolvido na *subfamília* 22). Enfatiza a preocupação com as atividades dos políticos de uma maneira geral. Representa as preocupações típicas dos interesses dos governos do regime militar.
• 52[31] – apresenta resumos da documentação armazenada sobre diferentes assuntos e pessoas, mediante solicitação de outros órgãos.

Às *subfamílias*, por sua vez, agregam-se as letras (o segundo elemento do código) para a formação do tema específico. Denominamos as letras de *setores*,

[31] Essa é a única *subfamília* em que se observa um salto, da 50 para 52, que é a final e que, não à toa, apresenta resumos ou sínteses de informações coletadas em toda a série. É o encerramento dos *Dossiês*. Em nossa opinião, deixou-se ainda a brecha para a introdução, mediante a necessidade, de uma *subfamília* 51, o que acabou não ocorrendo.

na medida em que, de maneira geral, elas representam um determinado setor da sociedade. Nem todas as letras do alfabeto foram utilizadas pela mesma razão observada em relação aos números das *subfamílias*, ambos foram criados para crescer muito. Durante a vida da série, as suas possibilidades totais não foram usadas. Os *setores* encontram-se assim subdivididos:

- A – preocupação com a vigilância às atividades desenvolvidas por proprietários, aqui encarados no sentido amplo, abrangendo desde donos de empresas até seus diretores ou executivos.
- B – preocupação com a vigilância às atividades desenvolvidas por funcionários, também entendidos no sentido amplo. Embora a maioria atinja funcionários de baixo escalão, por vezes, a suspeição poderia atingir gerentes, executivos, ou até mesmo donos de pequenos estabelecimentos.
- C – preocupação com a vigilância às atividades desenvolvidas pelos estudantes e intelectuais.
- D – preocupação com a vigilância às atividades desenvolvidas pelos militares.
- E – preocupação com a vigilância às atividades desenvolvidas por órgãos e pessoas, ou com as relações travadas no interior das representações diplomáticas.
- F – preocupação com proprietários de imóveis, além de pequenos comerciantes. Sua linha limítrofe com o *setor* A não encontra precisão.
- G – preocupação com a vigilância às atividades desenvolvidas por religiosos.
- H – preocupação com a vigilância às atividades desenvolvidas pelos funcionários públicos.
- I – também bastante imprecisa, refere-se à suspeição a negociantes, de maneira geral, não vinculados a nenhuma empresa em especial, e a pessoas que vivem de rendas. Também se refere a grandes proprietários de imóveis.
- J – preocupação com a vigilância às atividades desenvolvidas no interior de associações, clubes e partidos políticos.
- K – preocupação com a vigilância às atividades desenvolvidas por profissionais liberais.
- L – preocupação com a vigilância às atividades desenvolvidas por editoras e editores.
- Z[32] - compreende a vigilância a setores não especificados. Tudo o que não se enquadra nos setores anteriores aparece arrolado aqui.

---

[32] Do mesmo modo que entre 50 e 52 houve um salto para encerrar as *subfamílias*, com os *setores* observa-se o mesmo, depois do setor L pula-se para a última letra: setor Z.

O terceiro elemento do código também é numérico. O seu significado mais comum remete a uma ordem cronológica de abertura das pastas, de modo que, por exemplo, no caso da *subfamília* **50**, temos o seguinte:

- **50–A–1:** sua primeira pasta foi aberta em 24/01/1944.
- **50–A–2:** a pasta foi aberta também em 24/01/1944.
- **50–A–3:** a pasta foi aberta em 31/01/1944.
- **50–A–4:** a pasta foi aberta em 01/02/1944.

E assim por diante, até que:

- **50–A–267:** (o último número do **50–A**. Daí para frente entraremos no **50 – B**) sua primeira pasta foi aberta em 27/06/1977.

Algumas observações, entretanto, devem ser feitas. Alguns códigos se iniciam não com o número 1, mas com o número 0. É o caso do seguinte exemplo: o **50–B** que começa, na realidade, com o **50–B–0**. Quando isso ocorre, verifica-se praticamente a mesma questão observada em relação ao *setor* Z (não identificado), o qual compreendia a vigilância a todos os setores sociais que não se enquadravam nas letras anteriores. Neste caso, o número 0 não segue necessariamente a ordem cronológica, rompendo por vezes a lógica do número mais baixo para o mais alto. No exemplo destacado **50–B–0**, a pasta foi aberta em 01 de dezembro de 1943, enquanto que, na seqüência, o **50–B–1** tem sua primeira pasta aberta, anteriormente, em 24 de novembro 1943. Ali se localizam investigações que, não apresentam necessariamente relações diretas com a temática do código. É como houvesse dúvida onde colocar e se acabasse alocando no **0**.

Outro aspecto do terceiro elemento se relaciona com os códigos que, com o passar do tempo, sofrem alterações, na maior parte das vezes, relacionadas com as circunstâncias do momento.

Por exemplo, em momentos determinados, a suspeição sobre atividades comunistas assumia uma característica específica, sendo a chamada classe operária o alvo prioritário das investigações. Isso ocorre principalmente entre as décadas de 40 e 50. Entretanto, a partir dos anos 60, o comunismo se converte, em primeiro lugar, em "comunismos", abrangendo uma diversidade de siglas e práticas políticas diferenciadas. O perfil do militante se transforma brutalmente, atingindo as chamadas "classes médias" e tendo a categoria dos estudantes muito bem representada numericamente. Portanto, a abordagem da suspeição modificou, e suas preocupações, idem.

Os códigos precisam se adaptar aos novos tempos. Ocorrem, desse modo, as migrações de códigos. Nesses casos, geralmente, o terceiro elemento deixa de ter apenas o perfil cronológico para se transformar em mais um aspecto de definição do tema, na direção de cruzamento e afunilamento de seu sentido.

Temos chamado até agora esse conjunto formado por três elementos de *código*. Porém, para efeito de uma maior precisão arquivística, o nome que eles receberam em nosso banco de dados e em nosso catálogo é *Dossiê*, o que subentende que eles é que representam de fato a unidade dessa série.

Uma vez esclarecidos esses elementos, necessitamos atentar para um aspecto importante que é o da quantidade de pastas no interior de cada *Dossiê*. Dentre 9.626 pastas, possuímos um total de 5.207 *Dossiês*, o que quer dizer que existem *Dossiês* que possuem mais de uma pasta. Nesses casos, também é válido o critério cronológico, sendo que a primeira pasta do *Dossiê* é aberta anteriormente em relação à subseqüente, e assim prosseguindo num encadeamento cronológico linear crescente.

A distribuição de dossiês e de pastas em família e subfamílias está apresentada no quadro abaixo:

Família	Número de dossiês	Número de pastas
10	1.232	1.304
20	558	1.182
30	842	1.381
40	493	638
50	2.082	5.121
Total	**5.207**	**9.626**

Do total de *Dossiês*, existem 437 que possuem pastas duplicadas, sendo, portanto, a imensa maioria de pastas unitárias. Para o caso dos *Dossiês* com pastas duplicadas, a quantidade de pastas em cada um é bastante variável. Existem *Dossiês* com pastas duplicadas, mas que possuem apenas 2 pastas. Porém, há os que possuem um grande número de pastas. O *Dossiê* mais numeroso é o **52–Z–0**, que conta com 583 pastas. Conforme já foi explicado, a partir da decodificação da *subfamília* 52 (acrescente-se o *setor* Z – não especificado, e o terceiro elemento **0** – também não especificado), esse *Dossiê* é composto de resumos de todas as informações existentes na série sobre assuntos e pessoas, obtidas mediante solicitações de outros órgãos. Por isso, pode-se medir a intensa comunicação entre os órgãos de informação e repressão na procura de mais informes sobre seus objetos de "suspeição".

Assim, chegamos ao quarto elemento, que não compõe o *Dossiê* no sentido de contribuir para definir um assunto, mas que representa um número de remissão indicativo para a busca da informação no interior de uma pasta. Tomemos, por exemplo, os dois documentos que destacamos: o **20–C–44–20.411** e o **30–C–1–25.011**. Pelo elevado número de remissão do quarto elemento (**20.411** e **25.011**) percebe-se que se trata de *Dossiês* com um grande número de pastas e com uma enorme quantidade de remissões documentais a elas. No primeiro caso, pelo menos 20.000 e, no segundo, mais de 25.000. O *Dossiê* **20–C–44** possui um total de 242 pastas e o **30–C–1**, 176 pastas.

Ainda a esse respeito é preciso que se esclareça que há um número variável de remissões nas pastas. Existem pastas que possuem apenas uma folha de papel, correspondente a uma remissão e existem pastas que possuem mais de duzentas remissões documentais, ou seja, existem pastas extremamente finas e outras extremamente volumosas.

Temos, constantemente, nos referido a remissões documentais e não a unidades documentais. Exemplificando: imaginemos uma unidade documental representando um depoimento de um preso político que, inicialmente, prestou informações no DOI-CODI (Destacamento de Operações de Informações, Centro de Operações de Defesa Interna)[33] e, posteriormente, foi enviado ao DEOPS/SP para prestar novos depoimentos e ter realizada a formalização de seu inquérito.[34] O depoimento, prestado no DOI-CODI em duas cópias - uma de próprio punho, que o preso era obrigado a fazer, e outra (a sua cópia) datilografada pelo órgão - era enviado ao DEOPS/SP. Há uma imensa

---

[33] Os DOI-CODIs foram criados em 1970, correspondendo, em termos numéricos, a cada uma das divisões administrativas das Forças Armadas. Surgiram, tomando por base a experiência piloto construída em São Paulo, intitulada Operação Bandeirantes (OBAN), em 1969, considerada bem sucedida. Sua finalidade era a de se constituir num braço armado e ágil da repressão, dispensando as formalidades burocráticas, para destruir as organizações clandestinas que procuravam, por intermédio da luta armada, acabar com o regime militar. Caracterizavam-se por congregar diferentes órgãos das forças de segurança/repressão/informações. Deles participavam policiais civis e militares estaduais, a Polícia Federal, membros do Exército, da Marinha e da Aeronáutica. O comando pertencia ao Exército da divisão administrativa correspondente. Para explicações pormenorizadas do funcionamento desse e de outros órgãos repressivos do regime militar, ver: ARQUIDIOCESE de São Paulo. *Brasil: Nunca Mais.* Petrópolis: Vozes, 1985; D'ARAÚJO, Maria Celina et alii. (orgs.) *Os anos de chumbo. A memória militar sobre a repressão.* Rio de Janeiro: Relume-Dumará, 1994; FICO, Carlos. *Como Eles Agiam.* Rio de Janeiro: Record, 2001; HUGGINS, Martha K.. *Polícia e Política: relações Estados Unidos/América Latina.* São Paulo: Cortez, 1998.

[34] O Inquérito formalizado será a base para a denúncia ao Ministério Público que, se aceita, servirá para a montagem inicial dos autos do Processo Judicial. Nos casos dos presos políticos do regime militar, trata-se dos Processos do âmbito da Justiça Militar aos quais nos referimos, relativos ao Projeto "Brasil Nunca Mais".

quantidade de depoimentos dessa natureza.[35] Nesses depoimentos, pode haver referências a um grande número de pessoas com as quais contatou o depoente na sua história de militância, bem como indicações de eventos dos quais o depoente participou como militante e apontamentos sobre panfletos ou jornais lidos ou produzidos pela organização a que pertence. Cada uma dessas pessoas, eventos, panfletos e jornais pode representar uma remissão anotada numa ficha. Desse modo, uma mesma unidade documental pode corresponder a um grande número de remissões nas fichas. Não se deve, portanto, confundir o número de remissões com o número de unidades documentais constantes nas pastas.

Antes de passarmos às nossas considerações finais, queremos exemplificar com a decodificação de alguns *Dossiês* recorrentes em nossas pesquisas realizadas no acervo DEOPS/SP e de outros que se fizeram destacar por sua importância histórica ou por sua magnitude. O leitor, assim, poderá ter alguma idéia do que pode ser encontrado nesta série, apesar da pequena amostragem:

- **20–C–43: 55 pastas** - Documentação do Serviço Nacional de Informações[36] (SNI) para ser divulgada à Comunidade de Informações (DEOPS, DOI-CODI, SSP/SP).[37] Solicitação de informações do SNI ao DEOPS/SP.
- **20–C–44: 242 pastas** - Movimentos sociais no contexto da abertura política em fins da década de 70 e início da década de 80: movimentos estudantis, religiosos, sindicais, grevistas e político-partidários.
- **21–Z–14: 148 pastas** - Resumos de informações sobre pessoas e instituições. Relatórios elaborados por agentes infiltrados da Divisão de Informações do DEOPS/SP no período de 1976 a 1983. Esses relatórios contêm informações referentes a diversos setores, entre os quais destacam-se: movimentos estudantis, político-partidários e religiosos.
- **30–B–38: 17 pastas** - Investigações sobre jornais e jornalistas. Tema da censura à imprensa.

---

[35] Portanto, parte da documentação produzida no DOI-CODI já se encontra disponível através dos depoimentos arquivados no DEOPS/SP. Os DOI-CODIs fazem parte dos acervos produzidos durante o regime militar que ainda não se encontram à disposição do público. Existe uma luta da chamada sociedade civil para que essa documentação seja disponibilizada a fim de se conhecerem os meandros desse período autoritário do nosso país.

[36] Foi criado em junho de 1964, sob a égide do General Golbery do Couto e Silva, para servir como um Serviço de Informações que assessoraria diretamente a Presidência da República. Sobre o SNI, ver BAFFA, Ayrton. *Nos Porões do SNI. O retrato do monstro de cabeça oca.* Rio de Janeiro: Objetiva, 1989; FICO, Carlos. *Como Eles Agiam.* Rio de Janeiro: Record, 2001.

[37] Secretaria de Segurança Pública de São Paulo.

• **30–C–1: 176 pastas** - Investigações sobre quaisquer setores (por exemplo, sindicatos e estudantes) sobre os quais se constituísse suspeita de envolvimento com o comunismo ou com países comunistas.
• **30–Z–9: 40 pastas** - Investigações sobre as atividades (comunistas) de Luiz Carlos Prestes, secretário-geral do PCB (Partido Comunista do Brasil).
• **30–Z–156: 2 pastas** - Investigações sobre a Frente Nacionalista[38] e sobre o PCB.
• **30–Z–160: 119 pastas** - Investigações sobre os movimentos de oposição armada ao regime militar. Atividades de guerrilha rural e urbana de diversas agremiações clandestinas.
• **30–Z–163: 3 pastas** - Investigações sobre os movimentos de oposição armada ao regime militar. Atividades de guerrilha rural e urbana de diversas agremiações clandestinas.
• **30–Z–165: 4 pastas** - Documentação referente a mortes de militantes da oposição armada ao regime militar.
• **50–K–118: 8 pastas** - Recortes de jornais sobre mortes e torturas de militantes no DOI-CODI e sobre a anistia aos presos políticos.
• **50–Z–9: 229 pastas** - Documentação do II Exército[39] e do DOI-CODI.
• **50–Z–129: 136 pastas** - Relatórios do Serviço de Plantão do DEOPS/SP, contendo ocorrências registradas e listas de presos.

3. A título de conclusão

Como procuramos acentuar ao longo deste artigo, nosso objetivo era tentar esclarecer um pouco mais essa zona de sombras que recobre a sociedade brasileira envolta em seu autoritarismo explícito e implícito.[40] Temos ciência,

---

[38] Criada em junho de 1955 e dirigida pelo Coronel Nemo Canabarro Lucas. Interrompeu suas atividades em 1961, quando entrou em atividade o Partido Nacionalista, seu continuador. Lutava por uma empresa nacional que garantisse a todos trabalho e propriedade, sem distinção entre patrões e empregados. Pregava a eqüidistância do Brasil em relação aos blocos capitalista e comunista. Em 1959, lançou as candidaturas do Marechal Lott para a Presidência da República e de João Goulart para vice, as quais foram posteriormente homologadas pelo PSD (Partido Social Democrático) e PTB (Partido Trabalhista Brasileiro). Naquela época, o candidato a vice-presidente também era votado e poderia sê-lo em chapa contrária à do candidato à Presidência. Assim, o resultado eleitoral deu a derrota a Lott (vencido por Jânio Quadros apoiado pela UDN – União Democrática Nacional) e a vitória a João Goulart.

[39] Região Administrativa do Exército que incluía o Estado de São Paulo, atual Comando Regional do Sudeste.

[40] Estamos nos referindo aos períodos em que o autoritarismo se manifesta de forma explícita através de situações ou regimes autoritários como o primeiro governo Vargas (1930-1945) e o regime militar (1964-1985). Porém, referimo-nos, também, às relações autoritárias que permeiam a nossa sociedade e que permitem a vigência, em períodos democráticos, de órgãos do aparato repressivo como o DEOPS/SP.

entretanto, de que a dimensão do acervo que nos propusemos a estudar é de tal magnitude que, no momento, permite apenas levantar algumas hipóteses.

Durante o período de realização do Projeto "Mapeamento e Sistematização do Acervo do DEOPS/SP: Série Dossiês (1940-1983)", particularmente na sua fase de finalização, em diversas oportunidades, fomos entrevistados por jornalistas e tivemos oportunidade de falar em diferentes ocasiões para públicos acadêmicos ou não de distintos Estados do Brasil. Todos queriam informações sobre as nossas conclusões, especificamente, quais as "descobertas" que havíamos feito, sempre no sentido do "furo jornalístico". Ou seja, qual a "bomba" que essa documentação revelou?

Depois de muito refletir sobre o teor dessas indagações e, também, de deparar com documentos "bombásticos" escondidos nos meandros dessa fantástica massa documental, chegamos à conclusão de que, se há de fato importância nessa documentação – e, creia leitor cético, há – ela se encontra menos nos "furos" e "bombas" que ela possa revelar e mais no procedimento rotineiro de um órgão que teve vida ativa durante quase 60 anos da República Brasileira.

A série *Dossiês* embora se caracterize, como já afirmamos, pela sua imensa variedade documental, constitui-se da documentação produzida pelo Serviço Secreto/Serviço de Informações/Divisão de Informações. Ou seja, é o "coração" do DEOPS/SP, um órgão estritamente voltado para exercer a vigilância sobre o cidadão considerado "suspeito". Portanto, a documentação produzida por esse setor é o que mais caracteriza essa atividade repressiva.

De toda a massa documental, causam maior impressão os relatórios dos agentes infiltrados, dos quais o leitor teve a oportunidade de conhecer dois exemplos. Nesses relatórios, o agente se desnuda em seus comentários pessoais e, ao mesmo tempo, mostra um conhecimento profundo dos meandros das instituições e pessoas que vigia, demonstrando sua capacidade de infiltração e permeio da sociedade à sua atuação. Suas observações denotam também o centro da mentalidade autoritária e o acúmulo de informações inúteis para os interesses do Estado que as produziu e armazenou.

Representam a verdadeira "banalidade do mal".[41] Entretanto, se o mal é "banal", nem por isso precisa deixar de ser contido. Devemos detê-lo com todas as nossas forças e em todas as suas formas de manifestação.

Há poucos anos, fomos surpreendidos por reportagens que davam conta da existência de uma Divisão de Comunicação Social, vinculada à Secretaria de Segurança Pública de São Paulo, que, inclusive utilizando antigos

---

[41] Termo utilizado por Hannah Arendt na magistral obra *Eichmann em Jerusalém: um relato sobre a banalidade do mal.* São Paulo: Diagrama & Texto, 1983.

funcionários do DEOPS/SP, continuava a exercer as mesmas funções do antigo órgão extinto, dando-se ao luxo de vigiar até o Secretário de Justiça de São Paulo, o qual, no passado, havia sido advogado de presos políticos do regime militar. A documentação continuava pelo menos até o ano de 1995, 13 anos após a extinção do DEOPS/SP. Com a divulgação dada ao caso, a referida Divisão foi extinta, sua documentação foi lacrada e entregue ao Arquivo do Estado de São Paulo, onde continua fechada e intocada à espera de tratamento documental. Existirá outro órgão, agora, com nova denominação e função semelhante, exercendo a mesma vigilância aos "suspeitos de sempre"?

Fomos novamente surpreendidos em 2001 com revelações jornalísticas dando conta da atuação da Promotoria que agiu em Marabá, estourando uma casa em que atividades se desenvolveriam em continuidade a um processo que durava há pelo menos 27 anos. Os habitantes da região onde se desenvolveu a chamada Guerrilha do Araguaia[42] continuam atemorizados pelas forças de segurança que vigiam o local e, em troca de pequenos presentes, garantem o silêncio sobre os acontecimentos de que foram palco entre os anos 60 e 70. A casa de Marabá mostrava a atuação desses agentes de segurança junto à população, bem como, apontava para a existência de 19 Escolas de Inteligência Militar, em serviço muito mais avançado do que o apresentado pelo pouco saudoso SNI, e absolutamente desconhecidas do público externo.

Tudo isso vem nos mostrar como é mais fácil derrotar institucionalmente um regime autoritário e devolver, mesmo que de forma "lenta e gradual", as prerrogativas que compõem o chamado Estado de Direito. Difícil é derrubar as intrincadas relações autoritárias que permeiam nosso cotidiano e que possuem uma continuidade que ultrapassa os marcos cronológicos dos autoritarismos explícitos.

A visita a essa documentação, um passeio nas demonstrações cotidianas do ofício de dominação ou um mergulho na mentalidade repressiva que mostra a "banalidade do mal" podem atuar como elementos desarticuladores dessa situação autoritária e como fontes de ruptura dessa continuidade intrincada e capilar que permeia nossa sociedade, mesmo em seus momentos de democracia institucional.

---

[42] Guerrilha rural levada a efeito pelo PC do B (Partido Comunista do Brasil, cisão do PCB, oficializada em 1962), na região do Araguaia, a partir de 1967. Foi descoberta pelas Forças Armadas em 1972. Foram necessárias três incursões do Exército até que a guerrilha fosse completamente debelada em 1974, com a morte de todos os seus participantes, cerca de seis dezenas de militantes. Como a documentação do Centro de Informação do Exército (CIE) não está aberta à consulta e como o assunto é tabu absoluto nas Forças Armadas, esse episódio encontra-se ainda envolto em desconhecimento. Quase todos os mortos encontram-se desaparecidos e seus corpos não foram devolvidos a seus familiares que desconhecem as circunstâncias reais de suas mortes.

Estrangeiros, Política Institucional e Movimentos Sociais: As famílias 10 e 20 da Série Dossiês do Acervo DEOPS/SP

Walter Cruz Swensson Júnior[*]

1. Família 10

Primeira entre as cinco famílias da série Dossiês, a família 10 é composta por 1232 dossiês e 1304 pastas, divididas em 6 subfamílias: 10, 11, 12, 13, 14 e 15. Apesar de possuírem características próprias e funções específicas, as 6 subfamílias têm como objeto de investigação os estrangeiros.

Embora fosse prioritária a perseguição a alemães, italianos e japoneses,[1] todos os estrangeiros estavam sob observação policial, até mesmo as entidades de estrangeiros que lutavam contra o fascismo e o nazismo eram suspeitas. Tal fato deve-se à lógica de investigação do DEOPS/SP, que, prioritariamente, não buscava o criminoso a partir do crime, mas o crime a partir do (potencialmente) criminoso.

Outra característica marcante da família 10 é que a maioria da sua documentação foi produzida e/ou arquivada na década de 1940. Essa concentração de dossiês e pastas decorre de dois fatores.

Em primeiro lugar, porque, ao longo das décadas de 1930 e 1940, a preocupação do governo federal em expandir e melhorar os serviços da polícia

---

[*] Mestre em História Social pela Universidade de São Paulo (USP). Coordenador da equipe de bolsistas do Projeto "Mapeamento e Sistematização do Acervo DEOPS/SP - Série Dossiês (1940-1983) ", realizado entre 1998 e 2003, com financiamento da Fundação de Amparo à Pesquisa do Estado de São Paulo (Fapesp) sob a coordenação da Prof ª Drª Maria Aparecida de Aquino (FFLCH/USP).

[1] A participação do Brasil na Segunda Guerra Mundial tornou os indivíduos oriundos dos países adversários (Japão, Itália e Alemanha) suspeitos preferenciais.

[2] CANCELLI, Elizabeth. *O Mundo da Violência: A polícia na era Vargas.* Brasília: Editora UnB, 1994, p. 49.

política foi grande. O período em que Getúlio Vargas esteve no poder foi o mais importante para a organização da polícia política brasileira.[2]

Entre os primeiros meses do governo Vargas em 1930 e sua deposição em 1945, cerca de 25 leis e decretos reestruturaram a segurança pública paulista. Esse grande número de leis e decretos, vários deles relacionados especificamente ao DEOPS/SP, corresponderam ao objetivo de Getúlio Vargas de centralizar o comando da polícia, uma das principais bases do seu governo. Segundo Elizabeth Cancelli:

> "À centralização do Estado correspondeu igualmente a centralização do aparelho repressivo. (...) Nem os estados tinham o poder de dominar, nem as multidões poderiam tumultuar as ruas do Rio ou de outra cidade qualquer. Tratava-se de exercer a centralização do poder em sua forma radical"[3]

A preocupação em ampliar a vigilância e o controle policial do Estado sobre a sociedade civil brasileira provocou importantes alterações na Delegacia de Ordem Política e Social. Em 1940, foi criado o Serviço Secreto (SS) do DEOPS/SP.[4]

O SS tornou-se, durante sua existência, um setor estratégico do órgão, onde se concentravam as investigações mais importantes e sigilosas. O setor compreendia dezesseis divisões: comunismo, integralismo, fascismo, nazismo, niponismo, estrangeiros de modo geral, armas, explosivos e munições, ordem política, ordem social, ordem econômica, censura telefônica, censura telegráfica, censura à imprensa, censura postal, documentação e estatística e correspondência cifrada.[5]

Dessas, quatro divisões tinham uma íntima ligação com a família 10: fascismo, nazismo, niponismo e estrangeiros de modo geral.[6]

O segundo fator foi o projeto nacionalista de desenvolvimento colocado em prática pelo governo brasileiro a partir de 1938. A implementação desse projeto ocorreu em união a uma política de "abrasileiramento" e de perseguição

---

[2] CANCELLI, Elizabeth. *O Mundo da Violência: A polícia na era Vargas*. Brasília: Editora UnB, 1994, p. 49.

[3] CANCELLI, Elizabeth. *Op.Cit.*, p. 60.

[4] Dois anos antes, a Lei Estadual 9.893-B/38 criava o Serviço Reservado do DEOPS, precursor do Serviço Secreto. Mais tarde, o Serviço Secreto passou a ser denominado Serviço de Informações e, em seguida, Divisão de Informações.

[5] Estas informações constam no Decreto nº 11.128/40 e no relatório arquivado na pasta 1 do código 50-Z-130 da série Dossiês.

[6] Estas informações constam no Decreto nº 11.128/40 e no relatório arquivado na pasta 1 do código 50-Z-130 da série Dossiês.

aos estrangeiros. O imigrante passou a ser considerado um entrave para o desenvolvimento do país.[7]

Em 1938, um conjunto de "leis nacionalizadoras" incidiu sobre os estrangeiros. Essas leis proibiam qualquer atividade de natureza política dos estrangeiros residentes no país. Embora lhes fosse permitido associarem-se para fins culturais, beneficentes ou assistenciais, os estrangeiros não poderiam organizar, criar ou manter sociedades, fundações, companhias, clubes e quaisquer estabelecimentos de caráter político. Também estavam proibidos de induzir a adesão de compatriotas aos ideais ou programas partidários estrangeiros, de ostentar ou portar símbolos, de organizar desfiles, passeatas, comícios ou reuniões de natureza política, ou seja, estavam proibidas quaisquer formas de publicidade e difusão de idéias políticas estrangeiras, fosse pelos meios de comunicação ou pelos indivíduos.

Os estrangeiros tornaram-se suspeitos de antemão pelo fato de possuírem características distintas dos brasileiros: língua, trajes, tradições, relações de amizade, religião, etc.

As medidas federais de vigilância e repressão às atividades de estrangeiros no Brasil tiveram reflexos no DEOPS/SP, que, a partir de 1938, passou a contar com a Delegacia de Fiscalização de Entrada, Permanência e Saída de Estrangeiros,[8] incumbida de investigar e reprimir as atividades dos estrangeiros no Estado de São Paulo.

Com a entrada do Brasil na Segunda Guerra Mundial, a preocupação com os estrangeiros, principalmente com alemães, italianos e japoneses, aumentou. Nesse sentido, em 1° de outubro de 1942, foi decretada a lei federal que definia os crimes militares e os crimes contra a segurança do Estado para os tempos de guerra.[9] Entre os crimes contra a segurança do Estado, devem ser ressaltados os crimes de espionagem, cujas penas variavam entre 20 anos de prisão e a pena de morte.

Os "súditos do Eixo", forma pejorativa pela qual os policiais tratavam os cidadãos italianos, alemães e japoneses, passaram a ser investigados com muito mais rigor. O DEOPS/SP passou a investigar e a reprimir todas as manifestações consideradas favoráveis à Alemanha, à Itália e ao Japão pelas autoridades policiais. Além disso, ficou a cargo do órgão a expedição de salvo-condutos aos estrangeiros para estes realizarem viagens ou mudanças de cidades.

---

[7] PERAZZO, Priscila Ferreira. *O Perigo Alemão e a Repressão Policial no Estado Novo*. São Paulo: Arquivo do Estado, 1999, p. 43.

[8] Decreto n.° 9197, de 31/05/1938.

[9] Decreto n.° 4.766.

1.1 A Subfamília 10

A subfamília 10 é composta por 31 dossiês e por 32 pastas. A maior incidência de documentação ocorre entre os anos de 1944 e 1946. Apesar da última pasta da subfamília ter sido arquivada em 1979, após 1946 o número de registros de documentos produzidos e/ou arquivados na subfamília diminui muito. A grande maioria das investigações dessa subfamília refere-se a suspeitas de sabotagem. Como pode ser observado no quadro I.

Quadro I
Atividades suspeitas

ATIVIDADE SUSPEITA	N.º DE DOSSIÊS	N.º DE PASTAS
Eixismo[10]	1	1
Nazismo	1	1
Niponismo	1	1
Sabotagem	26	26

Outro elemento a ser destacado nessa subfamília é o predomínio da nacionalidade japonesa entre os suspeitos. Conforme mostra o quadro a seguir:

Quadro II
Nacionalidade dos suspeitos

NACIONALIDADE	N.º DE DOSSIÊS	N.º DE PASTAS
Alemã	2	2
Italiana	1	1
Japonesa	14	14
Ucraniana	1	1
Não Especificada	14	14

[10] Os termos *eixismo*, *niponismo*, *nazismo* e *fascismo* eram utilizados pelos policiais para caracterizar a conduta suspeita dos japoneses e estrangeiros acusados de colaborarem com os países adversários do Brasil na II Guerra Mundial.

Portanto, podemos constatar que os dois elementos que caracterizam essa subfamília são a suspeita de sabotagem e a nacionalidade japonesa.

1.2 A Subfamília 11

A subfamília 11 é composta por 159 dossiês e 163 pastas. A maior incidência de documentação ocorre no período de 1943 a 1946.

As atividades suspeitas que aparecem com maior freqüência são a suspeita de espionagem e a suspeita de nazismo. Com um número muito reduzido em relação às duas atividades suspeitas anteriores, aparecem a suspeita de atividade nipônica e a suspeita de fascismo. Conforme podemos observar no quadro III:

Quadro III
Atividades suspeitas

ATIVIDADE SUSPEITA	N.º DE DOSSIÊS	N.º DE PASTAS
Eixismo	8	8
Espionagem	84	88
Fascismo	3	3
Nazismo	55	56
Niponismo	10	10

Outro elemento a ser destacado na decodificação dessa subfamília é a nacionalidade dos suspeitos. Os alemães aparecem em maior número. A incidência de outras nacionalidades, embora ocorra em grande número, é reduzida em relação à quantidade de alemães investigados. Como pode ser observado no quadro IV:

Quadro IV
Nacionalidade dos suspeitos

NACIONALIDADE	N.º DE DOSSIÊS	N.º DE PASTAS
Alemã	77	78
Argentina	4	4
Austríaca	2	2
Brasileira	5	7
Francesa	2	2
Inglesa	1	1
Italiana	5	5
Japonesa	10	10
Polonesa	2	2
Portuguesa	2	2
Uruguaia	1	1
Não Especificada	44	47

Em sua maioria, os investigados são alemães suspeitos de praticarem espionagem e/ou suspeitos de praticarem atividades nazistas. Portanto, os elementos que caracterizam essa subfamília são a nacionalidade alemã e as suspeitas de nazismo e de espionagem.

1.3 A Subfamília 12

A subfamília 12 é a mais numerosa e complexa da família 10. Ela concentra a maioria absoluta de dossiês e de pastas, 958 dossiês e 1002 pastas, agrupando, respectivamente, 77,8 % e 76,8 % do total de dossiês e pastas da família 10.

A maior incidência de documentos produzidos e/ou arquivados ocorre no período de 1944 a 1945. O que caracteriza essa subfamília é a existência de uma grande variedade de nacionalidades e de atividades suspeitas.

Apesar da maior incidência da nacionalidade alemã, a presença de outras nacionalidades entre os investigados é significativa. São 20 diferentes nacionalidades, conforme apresentado no quadro V:

Quadro V
Nacionalidade dos Suspeitos

ORIGEM	N.º DE DOSSIÊS	N.º DE PASTAS
Alemã	324	334
Estadunidense	9	9
Argentina	7	7
Austríaca	24	24
Belga	1	1
Brasileira	69	69
Chilena	1	1
Francesa	5	5
Húngara	5	5
Inglesa	2	2
Italiana	167	179
Japonesa	95	119
Lituana	1	1
Peruano	1	1
Polonesa	2	2
Portuguesa	3	3
Russa	5	5
Suíça	2	2

A subfamília 12 contém investigações sobre várias atividades suspeitas. A suspeita de nazismo é predominante, mas as suspeitas de fascismo, de niponismo, de eixismo e de atividades antinacionais também aparecem em grande número. São investigadas manifestações públicas, divulgação de livros ou idéias nazi-fascistas, posse de aparelhos rádio-transmissores, posse de armas, reuniões secretas, crimes contra a economia popular, desvio de verbas para o exterior e ajuda econômica a países inimigos, expressão de opiniões antinacionais em conversas diárias ou em correspondências e até mesmo porte de objetos suspeitos, como, por exemplo, bandeiras dos países inimigos.

Entre os suspeitos, observamos o predomínio de funcionários e proprietários de empresas de origem estrangeira e de funcionários de entidades vinculadas a alguma comunidade estrangeira, principalmente à alemã, à italiana ou à japonesa. Entre essas empresas, entidades e associações, podemos destacar como aquelas que foram investigadas com maior insistência os consulados alemão, italiano e japonês, o Banco Germânico, o Banco Alemão Transatlântico, a Companhia Brahma, a Schindler do Brasil S/A, a Firestone, a Companhia Antártica Paulista, as Indústrias Matarazzo, o Moinho Santista, a Companhia Vigor, a Siemens, o Clube Pinheiros, a Escola Porto Seguro e a Escola Alemã da Vila Mariana. Também eram muito investigados os proprietários estrangeiros de pensões e hotéis localizados no Estado de São Paulo.

O quadro VI destaca a quantidade de dossiês e pastas de acordo com o tipo de atividade suspeita:

Quadro VI
Atividades suspeitas

ATIVIDADE SUSPEITA	N.º DE DOSSIÊS	N.º DE
Atividades antinacionais	110	PASTAS
Eixismo	122	119
Fascismo	93	137
Nazismo	342	95
Niponismo	31	342
		56

1.4 A Subfamília 13

A subfamília 13 é composta por 40 dossiês e 63 pastas. A maior incidência de documentação ocorre no período de 1942 a 1944. São investigações relacionadas às organizações estrangeiras. É importante notar que são investigados tanto o Partido Nazista do Brasil e as associações fascistas quanto as entidades contrárias às doutrinas autoritárias, como a *Alemanha Livre*, a *Áustria Livre*, o *Comitê França Combatente* e *o Comitê da França Livre no Brasil*. Entre as organizações investigadas, as organizações italianas aparecem em maior número. Conforme podemos verificar no quadro VII:

Quadro VII
Organizações suspeitas

ORGANIZAÇÕES	N.º DE DOSSIÊS	N.º DE PASTAS
Organizações Italianas	7	7
Outras Organizações Estrangeiras	13	14

Podemos destacar também a grande quantidade de pastas referentes às suspeitas de fascismo e de nazismo. Como pode ser observado no quadro a seguir:

Quadro VIII
Atividades suspeitas

ATIVIDADE SUSPEITA	N.º DE DOSSIÊS	N.º DE PASTAS
Fascismo	14	38
Nazismo	7	7
Outras	19	18

Com relação à nacionalidade dos suspeitos, os italianos aparecem em grande maioria, conforme apresentado no quadro IX:

Quadro IX
Nacionalidade dos suspeitos

NACIONALIDADE	N.º DE DOSSIÊS	N.º DE PASTAS
Alemã	5	5
Francesa	1	1
Italiana	16	38
Não especificada	18	19

1.5 A Subfamília 14

A subfamília 14 é dividida em 38 dossiês e 38 pastas. A maior incidência de documentação ocorre no período de 1942 a 1945. São investigações de contrabando de materiais considerados estratégicos durante a Segunda Guerra Mundial, como, por exemplo, pneus, borracha, metais (platina, ouro, cobre e cabos de aço), jóias, combustíveis (gasolina e óleo diesel), armas e munições.

O quadro seguinte destaca a quantidade de dossiês e pastas de acordo com a nacionalidade dos suspeitos.

Quadro X
Nacionalidade dos suspeitos

NACIONALIDADE	N.º DE DOSSIÊS	N.º DE PASTAS
Alemã	3	3
Argentina	5	5
Brasileira	6	6
Italiana	3	3
Polonesa	5	5
Síria	1	1
Uruguaia	1	1
Não Especificada	14	14

1.6 A Subfamília 15

A subfamília 15 é composta por 6 dossiês e 6 pastas. São dossiês e pastas referentes às investigações sobre divulgações, publicações ou comunicações em idiomas estrangeiros (alemão, japonês ou italiano) vetados durante a Segunda Guerra Mundial. As investigações mencionadas são: indivíduos suspeitos de se comunicarem em japonês, um estabelecimento de ensino alemão suspeito de divulgar o nazismo, uma livraria de revistas alemãs "sobre política hitlerista" e idiomas estrangeiros do eixo. O quadro a seguir destaca a nacionalidade dos suspeitos:

Quadro XI
Nacionalidade dos suspeitos

NACIONALIDADE	N.º DE DOSSIÊS	N.º DE PASTAS
Alemã	3	3
Italiana	1	1
Japonesa	2	2

2. A Família 20

A família 20 é composta por 558 dossiês e 1182 pastas, divididos em 5 subfamílias: 20, 21, 22, 23 e 24. A família 20 é um dos melhores exemplos da atuação do Serviço Secreto do DEOPS/SP. Ao contrário da família 10, que teve as suas investigações concentradas nos anos 1940, a família 20 estende-se durante todo o período de existência do Serviço Secreto (SS)[11] do DEOPS/SP (1940-1983). Tal fato deve-se exclusivamente ao tema investigado. Essa família reúne investigações sobre a atividade de políticos, estudantes, trabalhadores, religiosos, movimentos sociais e associações de diversas tendências políticas que representassem qualquer foco de resistência que pudesse ameaçar a ordem política então vigente.

O perfil daqueles que desafiaram os governantes é historicamente datado, por conseguinte, houve, no decorrer do tempo, deslocamentos quanto aos setores privilegiados na ação repressiva do DEOPS/SP. Podemos observar, a partir da análise da documentação, a pluralidade de pessoas e de assuntos investigados pelo DEOPS/SP.

Mesmo com o restabelecimento do regime democrático em 1945, as atividades de vigilância e repressão do Serviço Secreto do DEOPS/SP continuaram. Durante esse período (1945-1964), ocorreu um alargamento dos setores investigados, embora o foco prioritário fosse o comunismo. Pessoas engajadas nos mais diversos movimentos sociais e políticos de todos os partidos, desde a União Democrática Nacional (UDN) até o Partido Comunista Brasileiro (PCB), passaram a ser investigadas pelo SS do DEOPS/SP.

Até meados da década de 1960, a família 20 era composta, em sua maior parte, por dossiês individuais contendo investigações bem delimitadas, como, por exemplo, o dossiê de Jorge Amado (20-K-035), restrito às investigações sobre o escritor. A partir do regime militar de 1964, essa lógica de investigação e arquivamento é alterada. As investigações tornaram-se mais amplas e detalhadas, e os dossiês passaram a conter extensos relatórios sobre vários segmentos sociais e assuntos. Como exemplo podemos citar o dossiê 20-C-044 (220), no qual são investigados o Partido Democrático Trabalhista (PDT), o Cardeal Dom Carlos Humes e Luiz Inácio Lula da Silva.

Em decorrência dessas mudanças, podemos observar que a lógica inicial de arquivamento foi interrompida. Documentos sobre investigações de políticos,

---

[11] Dois anos antes, a Lei Estadual 9.893-B/38 criava o Serviço Reservado do DEOPS, precursor do Serviço Secreto. Em meados dos anos 1960, o Serviço Secreto (SS) tornou-se Serviço de Informações (SI) e, em 1975, sofre a última reestruturação, tendo seu nome alterado novamente para Divisão de Informações (DI).

estudantes, trabalhadores e diversas manifestações sociais de oposição ao governo – movimentos negro, feminista, estudantil, sindical, de luta pela anistia, etc. – , antes dispostos em vários dossiês específicos e individuais, passaram a ser arquivados num mesmo dossiê.

Configuraram-se, dessa forma, no interior da Família 20, dossiês que reúnem uma enorme massa documental, distribuída em diversas pastas de um mesmo dossiê. Assim, encontramos uma extensa massa de documentos versando sobre os mais diferentes assuntos.

Essa mudança pode ser compreendida como decorrência do aperfeiçoamento do aparato repressivo resultante da aplicação da Doutrina de Segurança Nacional, desenvolvida pela Escola Superior de Guerra (ESG), que, após o golpe de 1964, passou a ditar as normas da atuação da polícia política. A preocupação com a segurança nacional passou a dirigir-se aos brasileiros, considerando-se que o inimigo estava infiltrado entre a população. A teoria do "inimigo interno" provocou mudanças significativas na forma de atuação do Departamento de Ordem Política e Social e, conseqüentemente, na do Serviço Secreto. O regime militar criou um aparato de segurança interna ofensiva, capaz de impor sua vontade, de coagir a população e de destruir a oposição. Foi criada ainda uma rede de informações políticas para detectar os "inimigos", aqueles setores da oposição que supostamente estariam infiltrados pela ação comunista "indireta". Os debates, as discussões e os questionamentos passaram a ser vistos como subversão. Dessa maneira, o Estado não tolerava a oposição.

O resultado disso foi que, durante o regime militar brasileiro, os direitos e garantias individuais só existiram, na prática, segundo o arbítrio do Aparato Repressivo do Estado. Todos os cidadãos eram suspeitos até provarem sua inocência.

2.1 A Subfamília 20

A maioria das pastas e dossiês da família 20 está contida na subfamília 20. São 371 dossiês e 817 pastas, que correspondem, respectivamente, a 66,5 % e 67,5 % do total de dossiês e pastas da família. A maior incidência de documentação nessa subfamília ocorre no período de 1943 a 1955. Posteriormente, no período de 1979 a 1980, observamos um novo aumento no fluxo da documentação, decorrente da reestruturação do órgão em 1975.

São investigadas nessa subfamília as atividades de partidos políticos, de sindicatos, de estudantes e da Igreja Católica Romana. As investigações envolvem disputas eleitorais, comícios, manifestações de artistas e intelectuais, atividades de sindicatos, greves e protestos de estudantes. Como podemos observar no quadro a seguir:

Quadro I
Atividades investigadas

ATIVIDADES INVESTIGADAS	N.º DE DOSSIÊS	N.º DE PASTAS
Estudantes	40	308
Sindicatos	10	272
Partidos Políticos	96	445
Igreja	6	249

Uma parcela significativa das pastas é composta por investigações envolvendo importantes figuras da vida artística, intelectual e política brasileira. São investigados entre muitos outros Washington Luiz, Prestes Maia, Julio de Mesquita Filho, Francisco Morato, Pedro Aleixo, Jorge Amado, Mario Schemberg, Tristão de Athaíde, Arthur Bernardes Filho, João Goulart, Adhemar de Barros, Getúlio Vargas e Armando Salles de Oliveira.

Podemos citar como exemplo o dossiê 20-F-1, no qual Adhemar de Barros é investigado entre os anos de 1943 e 1969. O dossiê é composto de 8 pastas contendo relatórios, recortes de jornais com matérias sobre os casos investigados, fotografias das visitas de Adhemar às cidades do interior de São Paulo, panfletos, cartazes e convites para eventos políticos.

São também inúmeras as investigações sobre partidos políticos contidas na subfamília 20. Entre os partidos mais investigados podemos citar: o Partido Trabalhista Brasileiro (PTB), o Partido da Representação Popular (PRP), o Partido Comunista Brasileiro (PCB), a Aliança Renovadora Nacional (ARENA), a União Democrática Nacional (UDN), o Partido dos Trabalhadores (PT) e o Movimento Democrático Brasileiro (MDB). No quadro a seguir, podemos observar a freqüência com a qual eles foram investigados:

Quadro II
Partidos Políticos Investigados

PARTIDOS POLÍTICOS INVESTIGADOS	N.º DE DOSSIÊS	N.º DE PASTAS
ARENA	1	10
UDN	8	20
PTB	9	47
PCB	9	39
PRP	9	12
PT	1	75
MDB	1	32

Outro importante segmento investigado são as faculdades e as universidades. Entre as muitas faculdades e universidades investigadas, aquelas que aparecem com maior freqüência são a Universidade de São Paulo (USP), a Pontifícia Universidade Católica (PUC) e a Universidade Mackenzie. Cabe ainda destacar o grande número de investigações envolvendo a Faculdade de Direito da Universidade de São Paulo e o seu Centro Acadêmico, o XI de agosto.

A subfamília 20 possui três dossiês que não seguem a padronização original de arquivamento da série. Os dossiês 20-C-02, com 12 pastas; 20-C-43, com 57 pastas; e 20-C-44, com 246 pastas. Eles demonstram a ruptura e as mudanças nas formas de investigação e arquivamento de documentos ocorridas durante o regime militar.

As 69 pastas referentes aos dossiês 20-C-02 e 20-C-43 contêm o material proveniente das trocas de informações sobre pessoas, grupos ou instituições entre o Serviço Nacional de Informações (SNI), criado em junho de 1964, e o DEOPS/SP. Podemos encontrar nesses dossiês uma grande diversidade de documentos, tais como: solicitações de atestados de antecedentes, pedidos de busca, informes ou encaminhamentos, planos de policiamento, listagem de nomes, fotos, listas de passageiros de ônibus, aviões e hotéis, artigos de jornais, cópias de livros, boletins informativos do SNI e comunicados internos de confirmação de recebimentos de solicitações ou informes. Três pastas contêm documentos produzidos entre os anos de 1943 e 1964, portanto, antes da criação do SNI, arquivados em 1964. As 66 pastas restantes contêm uma documentação produzida entre 1964 e 1983.

Já o dossiê 20-C-44 contém relatórios da Divisão de Informações (DI) do DEOPS/SP, produzidos por seus agentes infiltrados em organizações de oposição ao governo durante o regime militar, no período de 1979 a 1983. Esses relatórios referem-se às atividades de estudantes, sindicalistas, religiosos, políticos e movimentos sociais. Além dos relatórios, podemos encontrar nas pastas jornais, livros, panfletos, cartazes, fotos, manifestos, entre outros tipos documentais, apreendidos durante as investigações.

2.2 A Subfamília 21

A subfamília 21 é composta por 56 dossiês e 218 pastas. A documentação arquivada e/ou produzida tem uma maior incidência no período de 1943 a 1955. Posteriormente, no período de 1975 a 1979, observamos um novo aumento no fluxo da documentação. Embora a subfamília 21 tenha uma amplitude bem menor e dê um maior destaque às investigações envolvendo partidos políticos, os assuntos investigados nessa subfamília são os mesmos da subfamília 20, tornando, assim, a diferenciação entre elas muito difícil.

São investigados partidos políticos, sindicatos, estudantes, a Igreja Católica Romana e movimentos sociais considerados potencialmente perigosos. Como pode ser observado no quadro III:

Quadro III
Atividades investigadas

SEGMENTOS INVESTIGADOS	N.º DE DOSSIÊS	N.º DE PASTAS
Sindicatos	4	151
Estudantes	4	151
Partidos Políticos	29	191
Religiosos	2	1

São alvos de investigação políticos e intelectuais influentes na vida nacional, como, por exemplo, Adhemar de Barros, Getúlio Vargas e Armando Salles de Oliveira, e partidos políticos como a União Democrática Nacional (UDN), o Partido Trabalhista Brasileiro (PTB) (1945-1966), o Partido da Representação Popular (PRP), o Partido Social Progressista (PSP) e o Partido Comunista Brasileiro (PCB).

A subfamília 21 possui o dossiê 21-Z-1, que não segue a padronização original de arquivamento. Criado em 1975, esse dossiê é composto por 148 pastas e, tal como o dossiê 20-C-44, contém relatórios da Divisão de Informações (DI) do DEOPS/SP, produzidos por seus agentes infiltrados em organizações de oposição ao governo durante o regime militar, no período de 1975 a 1983.

Os dossiês 21-Z-14 e 20-C-44 possuem apenas duas diferenças: a data da criação dos dossiês e a estrutura dos relatórios. No dossiê 21-Z-14, os relatórios apresentam dois itens centrais: *período*, incluindo hora e dia das investigações realizadas, e *ocorrências registradas*. Já o dossiê 20-C-44 apresenta uma estrutura diversa, apresentando sete campos a serem preenchidos: *1. Assunto, 2. Origem, 3. Classificação, 4. Difusão, 5. Referência, 6. Difusão desde a origem, 7. Anexo.*

Os relatórios contidos nos dois dossiês referem-se às atividades políticas contestatórias da sociedade civil e aos movimentos sociais. São investigados todos aqueles (pessoas, entidades, associações, manifestações sociais e partidos políticos) que representassem ou pudessem representar alguma ameaça ao poder constituído.

2.3 A Subfamília 22

Com um total de 10 dossiês e 18 pastas, a subfamília 22 reúne as investigações sobre atividades políticas e movimentos sociais de alguns municípios do interior do Estado de São Paulo no período de 1944 a 1979. Conforme apresentado no quadro seguinte:

Quadro IV
Investigações

INVESTIGAÇÕES	N.º DE DOSSIÊS	N.º DE PASTAS
Atividades políticas e movimentos sociais	9	9
Município de Araçatuba	1	9

Contudo, a quantidade de dossiês e/ou pastas sobre o referido assunto existente nessa subfamília é quase insignificante diante do volume de dossiês e/ou pastas de municípios contido na série Dossiês do DEOPS/SP, composto por 706 dossiês e 1410 pastas.

O grande volume de dossiês e/ou pastas de municípios armazenados na série Dossiês é decorrente da obrigação de todos os delegados do Estado de São Paulo de coletar informações e remetê-las ao DEOPS/SP. Como pode ser observado no *manual de prática policial*, que orientava a atuação desses profissionais:

> "Cumpre à autoridade, nesse setor, manter permanente contacto com o DOPS, permutando informações e solicitando seu concurso sempre que preciso. As questões políticas e sociais ultrapassam, por vezes, os limites do município, interessando a grandes regiões do Estado ou mesmo a todo ele, exigindo em consequência tratamento uniforme que só pode ser traçado e encaminhado pelo DOPS.
>
> Para permitir ao DOPS a visão completa e real do panorama político social, econômico do Estado, cumpre a todas as autoridades policiais comunicar-lhe em ofício, telegrama, ou telefone, conforme a urgência, todos os fatos de seu interesse que ocorram nos respectivos municípios."[12]

2.4 A Subfamília 23

A subfamília 23 é composta por um dossiê com apenas uma pasta, cujos documentos foram produzidos em 1940 e arquivados em 1945. São investigados o escritor Lauro Teixeira Penteado e o funcionário público Wilson Nogueira Lapa, membros da Ação Integralista Brasileira (AIB) e suspeitos de defenderem idéias separatistas.

2.5 A Subfamília 24

A subfamília 24 reúne 120 dossiês e 128 pastas com investigações sobre o Integralismo, no período de 1934 a 1978. A maior incidência de documentação nessa subfamília ocorre entre 1941 e 1945. Ela agrupa as investigações referentes aos membros e aos simpatizantes da Ação Integralista Brasileira (AIB). São investigados tanto as lideranças integralistas, com destaque para Plínio Salgado, Menotti del Picchia e Miguel Real, como os integralistas anônimos. Essa subfamília contém várias listas com relações de nomes de pessoas suspeitas de integralismo em todo o Estado de São Paulo.

---

[12] PEREIRA, Arinos Tapajós Coelho. *Manual de Prática Policial*. São Paulo: Serviço Gráfico da Secretaria de Segurança Pública, 1962.

O quadro V destaca a quantidade de dossiês e pastas de acordo com o setor social dos suspeitos.

Quadro V
Setores Investigados

SETORES INVESTIGADOS	N.º DE DOSSIÊS	N.º DE PASTAS
Estudantes	2	2
Políticos	12	15
Funcionários públicos	13	13
Profissionais liberais	39	39
Outros	52	57

Conclusão

Através da análise das famílias 10 e 20 da série Dossiês, podemos observar a lógica da desconfiança do DEOPS/SP, segundo a qual toda a pessoa ou entidade que pudesse representar algum tipo de perigo para o poder constituído era investigada e perseguida.

Durante os quase 60 anos de atividade do DEOPS/SP, percebemos continuidades e descontinuidades nas suas atividades repressivas. Notamos na família 10 uma descontinuidade determinada pelo contexto histórico. Entre o final dos anos 1930 e meados dos anos 1940, período marcado pelo nacionalismo e pela participação do Brasil na Segunda Guerra Mundial, a grande preocupação do DEOPS/SP foi em relação aos estrangeiros, principalmente alemães, italianos e japoneses. Já na família 20, observamos a continuidade das atividades do DEOPS/SP na repressão às manifestações políticas de oposição ao governo e aos movimentos sociais. Entretanto, nessas duas famílias encontramos a mesma lógica perversa: o Estado procurando controlar e calar os seus opositores.

Adhemar de Barros, o líder populista, e a política nacional através do DEOPS

*Maria Blassioli Moraes**

Introdução

No dia 21 de abril de 2002, uma nota da seção "Mortes" do jornal *Folha de São Paulo* chamava a atenção. Esta convidava parentes e amigos para a celebração de uma missa na Igreja Nossa Senhora do Brasil, em São Paulo, em intenção ao *saudoso*[1] ex-governador Adhemar de Barros, que completaria 101 anos no dia seguinte.

A data, 22 de abril, por si só chama a atenção. Adhemar de Barros tivera a sorte de ter nascido na data em que se comemora o descobrimento do Brasil. Desde o seu primeiro mandato no governo de São Paulo, como interventor (1938-1941), já realizava festividades nessa data e aproveitava para divulgar o seu nome e os trabalhos realizados. Para essa prática Adhemar parecia ter se inspirado em Getúlio Vargas, que também partilhava, com a população simpatizante, a sua comemoração de aniversário.[2] Convites, cartazes, celebrações de missas na Catedral da Sé, comícios, bandas de música e paradas procuravam transmitir para a população a importância daquele líder político para o desenvolvimento da sociedade, da cidade e, até mesmo, da Nação, pois São Paulo era vista como a locomotiva que fazia a economia do país avançar.

---

*Mestranda em História Social pelo Departamento de História da Universidade de São Paulo.

[1] Termo utilizado na nota da Seção Mortes. In: *Folha de São Paulo*. São Paulo, 21/04/2002. Caderno Cotidiano, p. 4.

[2] HAYASHI, Marli Guimarães. *A Gênese do Ademarismo (1938-1941)*. São Paulo, 1996. Dissertação (Mestrado) – Departamento de História da Faculdade de Filosofia, Letras e Ciências Humanas da Universidade de São Paulo, p. 5.

Essa prática de políticos como Getúlio Vargas e Adhemar de Barros é observada por muitos estudiosos como parte de sua política populista. E talvez esta tenha se enraizado em nossa cultura mais do que poderíamos imaginar. A nota, convidando para a missa dos 101 anos de Adhemar de Barros, não é somente uma forma de valorização das práticas daquele *saudoso* ex-governador, mas uma boa oportunidade para repensarmos sobre a construção e o papel dos líderes políticos.

Adhemar de Barros registrou sua ascendente carreira política entre o eleitorado paulista, tanto no espaço urbano como no rural. Nasceu em Piracicaba (SP), em 22 de abril de 1901, e cresceu em meio às fazendas de propriedade de seus pais. Estudou medicina na Universidade do Rio de Janeiro e continuou os estudos na Universidade Popular de Berlim, Alemanha. Após retornar ao Brasil, conheceu Leonor Mendes, com quem se casou. Essa mulher desempenharia uma importante função em sua carreira política, responsabilizando-se pelas obras assistenciais de seus governos.

Adhemar teria participado da Revolução Constitucionalista em julho de 1932 e, após a derrota do movimento pelas tropas do presidente Getúlio Vargas, exilar-se-ia no Paraguai e na Argentina.[3] Seu retorno ao Brasil marcou o fim de sua carreira na medicina e o início de sua carreira na política. Persistiu em sua oposição ao governo de Getúlio Vargas e engrossou as fileiras do Partido Republicano Paulista (PRP). Sob esta legenda foi eleito para o seu primeiro cargo político, em 1934, como deputado estadual, participando da elaboração da Constituição de São Paulo (1935).

Segundo Marli Hayashi, Getúlio Vargas, em 1938, escolheu Adhemar de Barros para a interventoria do Estado de São Paulo devido ao seu anonimato no meio político. Seu nome figurava em último na lista de candidatos, e escolher alguém pouco conhecido traduzia-se na tentativa de desligar as elites tradicionais dos poderes políticos locais, garantindo uma maior centralização do poder ao governo federal.

Porém, conforme afirmou essa mesma autora, Adhemar de Barros tratou logo de construir sua imagem diante do eleitorado, posicionando-se como um administrador dinâmico e realizador de grandes obras. Permaneceu nesse cargo até o ano de 1941, quando foi afastado por Getúlio devido às denúncias de irregularidades observadas em seu governo.

---

[3] Segundo consta no *Dicionário Histórico Biográfico Brasileiro (DHBB)* – BELOCH, Israel; ABREU, Alzira Alves de (coord.). Rio de Janeiro: Forense Universitária, 1984, p. 316-324 –, a participação de Adhemar de Barros na Revolução de 1932 é apresentada como um fato que teria realmente acontecido, entretanto, segundo Marli Hayashi (1996), essa participação não foi comprovada.

Finalizada a ditadura de Getúlio Vargas (1945), e visualizando futuras eleições, o ex-interventor ingressou na União Democrática Nacional (UDN), que agregava a oposição liberal àquele governo. Mas as dificuldades que encontrou ao procurar ascender politicamente dentro desse partido, levou-o a criar, em 1946, o Partido Social Progressista (PSP). Nesse partido, conseguiu candidatar-se ao governo do Estado (1947, 1954, 1958, 1962), sendo eleito duas vezes (1947 e 1962); à prefeitura (1957), quando saiu vitorioso; e à Presidência da República (1955 e 1960), candidaturas nas quais foi derrotado. Em sua carreira, Adhemar atraiu o apoio de diferentes setores da sociedade. Em 1947, obteve o apoio do Partido Comunista Brasileiro (PCB) e, em 1950, conseguiu fazer uma aliança com o Partido Trabalhista Brasileiro (PTB), de Getúlio Vargas.

Em 1964, no período da preparação do golpe militar, Adhemar participou apoiando suas articulações. Mas, logo depois da formação desse governo, percebeu que não teria o espaço desejado no cenário político e passou a criticar as medidas tomadas pelo novo governo. A vigilância do DEOPS ao político datava da década de 1940, sendo que, nos anos 60, persistia a preocupação com a articulação de um movimento de oposição que pudesse representar uma ameaça concreta aos desejos dos militares que estavam no poder.

Além das suspeitas de conspiração contra o governo militar, descritas pelos policiais do DEOPS, outro fato contribuiu demasiadamente para que o governo decidisse reforçar seus poderes: o resultado das eleições para o governo de 11 Estados, realizadas em outubro de 1965, desfavoreceu o governo e deu vitória aos candidatos da oposição. No mesmo mês de 1965 foi editado o Ato Institucional n° 2 (AI-2) "que reabriu o processo de cassações, extinguiu os partidos políticos existentes, instaurou as eleições indiretas para a presidência da República e reforçou as atribuições do Poder Executivo frente ao Legislativo".[4]

O bipartidarismo obrigou os membros do PSP a ingressarem ou na Aliança Renovadora Nacional (ARENA), que reunia membros que apoiavam o governo, ou no Movimento Democrático Brasileiro (MDB), que congregava a oposição. Adhemar e seus companheiros escolheram a ARENA, pois inicialmente estiveram ao lado do movimento militar. Entretanto, as discordâncias que surgiram em torno dos rumos encaminhados pelo presidente Castelo Branco tornaram esse partido um lugar de conflitos entre os interesses governistas e os da oposição. Julgando que a única forma de deter as críticas de

---

[4] ADEMAR DE BARROS. In: BELOCH, Israel; ABREU, Alzira Alves de (coord.). *Dicionário Histórico Biográfico Brasileiro (DHBB)*. Rio de Janeiro: Forense Universitária, 1984, p. 323.

Adhemar fosse o seu afastamento definitivo da política, Castelo Branco, em 1966, cassou seu mandato no governo de São Paulo e suspendeu por dez anos seus direitos políticos. Ameaçado de prisão, Adhemar saiu do país pouco depois dessa determinação e, em março de 1969, faleceu em Paris.

Além da atividade política, Adhemar administrou algumas fábricas como a Indústria de Chocolates Lacta e a Fábrica de Produtos Químicos Vale do Paraíba e tornou-se proprietário de fazendas em São Manuel, Taubaté, Itapeva e Caraguatatuba.

Sua carreira política foi permeada por conflitos, conchavos, vitórias e derrotas que demonstram aspectos da política populista. Foi responsável pela construção de grandes obras públicas como o Hospital das Clínicas, o Hospital do Fogo Selvagem, as vias Anchieta e Anhangüera, a Avenida 9 de Julho e o Aeroporto de Congonhas. Contudo, teve de responder aos inquéritos sobre prováveis irregularidades em seus governos: desvios de dinheiro público, práticas de peculato e negociações com firmas privadas, quando se tratava da construção de obras públicas.

Ao observarmos as particularidades de sua prática política, compreenderemos a importância de sua passagem pelo cenário político do Estado de São Paulo e a relevância que atingiu para as atividades da polícia política do Estado – o DEOPS.

José Álvaro Moisés[5] chamou a atenção para a necessidade de discussão sobre as particularidades dos governos populistas no Brasil e na América Latina. Ele escreveu num momento em que muito se debatia sobre os governos populistas em suas generalidades, quando procuravam nestes traços em comum. Mas, como afirmou Guita G. Debert,[6] a especificidade do populismo existe em sua diversidade, "em relação ao que veio antes e ao que veio depois", ou seja, eram discursos que se modificavam para envolver os trabalhadores, aproximando-os dos centros de decisão do poder. Manter as organizações dos trabalhadores próximas ao Estado era garantia de maior controle social. Essa freqüente reconstrução do discurso foi também o principal motivo do desgaste da política populista.[7]

---

[5] MOISÉS, José Álvaro. *Reflexões sobre o Estudo do Populismo na América Latina.* São Paulo: [s. n.], 1976.

[6] DEBERT, Guita Grin. *Ideologia e Populismo: A. de Barros, M. Arraes, C. Lacerda, L. Brizola.* São Paulo: T. A. Queiroz, 1979, p. 148.

[7] Neste sentido, pensou também IANNI, Octavio em *O Colapso do Populismo no Brasil.* Rio de Janeiro: Civilização Brasileira, 1978. Para esse autor, o populismo – política já em crise no governo de Juscelino Kubitschek (1956-1960) –, durante o governo de João Goulart, obteve maiores dificuldades em atingir seu objetivo: legitimar a participação política das massas trabalhadoras numa sociedade burguesa. O populismo procurava transformar a classe trabalhadora numa massa compacta e sem especificidades, para manipulá-la mais facilmente.

É necessário ressaltar o trabalho desses estudiosos, pois compreender a política desenvolvida por Adhemar de Barros não é algo simples. A especificidade de suas práticas, sua relação com seu partido político (o PSP – Partido Social Progressista), as escolhas e os acordos estipulados com outros partidos em tempos de eleições, ou mesmo com os sindicatos de trabalhadores e, ainda, com grande parte de seu eleitorado que habitava o espaço rural são fatos e situações que nos levam a pensar o populismo não como um conceito fechado, mas, segundo afirmaram Debert e Álvaro Moisés, como um assunto que ainda deve ser alvo de bastante reflexão.

Não procurarei discutir ou redefinir o conceito de populismo. O objetivo deste artigo é apresentar as possibilidades de caminhos de pesquisa, de questões e de problemas que podem ser levantados a partir do trabalho de investigação realizado com um conjunto de documentos da série Dossiês do acervo DEOPS/SP. As reflexões aqui expostas foram elaboradas a partir da análise de oito pastas do dossiê 20-F-1. Tais pastas, que contêm documentos reunidos pela polícia política entre os anos de 1943 e 1969, versam sobre as relações sociais e as práticas políticas desenvolvidas por Adhemar de Barros. Nesse dossiê foquei minha análise. Também recorri a algumas pastas do dossiê 21-Z-09,[8] referentes às investigações das atividades do Partido Social Progressista (PSP), e à pasta 20-Z-57,[9] na qual o investigado, Leandro Ribeiro de Melo, foi ex-Secretário de Propaganda do PSP e suspeito de extorsão de dinheiro angariado para campanha política.

Com a devida atenção, foi observado o olhar de investigação dos agentes da polícia que acompanharam as trajetórias de Adhemar de Barros, anotando o que lhes interessava em determinado contexto político e econômico do país e do mundo. Esses policiais, ao relatarem situações que acompanharam, freqüentemente teciam suas observações e sugestões sobre o que pensavam que deveria ser feito a respeito de determinado caso.

Apontamentos sobre a série documental

Em cada uma das pastas do dossiê 20-F-1, constam em média 250 documentos. Em sua maioria, essas pastas são compostas de relatórios de

---

[8] Desse dossiê fazem parte 13 pastas que discorrem sobre o PSP. Não observamos todas essas pastas, pois realizar esta tarefa nos deslocaria do objetivo proposto, ou seja, o de trabalhar especificamente com as investigações que tiveram como foco principal Adhemar de Barros.

[9] Nesse dossiê figura uma única pasta com 16 documentos que se referem aos anos de 1948 e 1950. Trata-se da investigação sobre Leandro Ribeiro de Melo. Esse interessante e rico material ajuda-nos a perceber como as investigações eram procedidas, possibilitando-nos fazer uma breve comparação entre o tratamento dado ao caso pelo DEOPS e pela imprensa.

investigações redigidos por policiais designados pelos Delegados de Polícia para acompanhar casos específicos da vida política de Adhemar de Barros. Além desses relatórios, existem recortes de jornais com matérias sobre os casos investigados, fotografias das visitas de Adhemar às cidades do interior de São Paulo e alguns panfletos, cartazes e convites de eventos de campanhas políticas.

Ao ler os recortes de jornais e os relatórios dos investigadores, percebemos como um mesmo caso, muitas vezes, foi abordado de forma diversa em cada um desses meios. Essa diferença no modo de olhar um mesmo assunto demonstra um pouco o objetivo de cada órgão. Ao analisar alguns desses documentos, procurarei expor essa diversidade.

Observando-se essa documentação, pôde-se perceber que esta se refere, principalmente, aos anos de 1940 e de 1950, sendo que, no período, sobressaíram investigações dos anos de 1950, 1954, 1957 e 1958. Com referência à década de sessenta, existem relatórios que versam sobre as atividades de Adhemar nos seus primeiros anos, principalmente em 1963 e 1964.

Não por acaso, os anos de maior produção documental, entre 1940 e 1950, foram os de eleições. Nos anos da década de 1960, procurou-se observar a situação política e social no período que antecedeu e no que sucedeu o golpe militar.

Conforme já comentado, entre os documentos observados referentes aos anos de 1940 e de 1950, sobressaíram os relatórios elaborados pelos agentes de investigação das Delegacias de Polícia. Eram relatórios de investigação de diferentes situações, como as de comícios e de reuniões realizados por Adhemar de Barros e por seus companheiros de partido em diversas cidades do interior do Estado de São Paulo; as de movimentação dos políticos pelo Aeroporto de Congonhas; as de reuniões realizadas nas residências de militares e políticos e as de acordos interpartidários que se faziam e se desmanchavam nos períodos de eleições. Entre esses temas, dois tomaram mais o tempo dos investigadores: os relatos sobre a presença de Adhemar de Barros no interior de São Paulo e os acordos políticos que surgiam durante o período de campanha eleitoral.

Outra situação que esteve presente na vida de Adhemar, perseguindo-o desde o período em que foi interventor do Estado de São Paulo e que, não por acaso, foi a causa de seu afastamento deste cargo: a das diversas acusações de práticas ilícitas com o patrimônio público, como as práticas de peculato. Apesar de tais acusações terem sido constantemente denunciadas por seus inimigos políticos, estas não fizeram parte dos relatórios de investigações feitos pelos policiais do DEOPS. Entretanto, elas estão presentes nas matérias dos jornais relacionados pelos agentes, compondo os dossiês. Desta forma, esses recortes adquirem para o pesquisador uma importância fundamental. Por um lado, tal material leva-nos a questionar por que esses problemas não fizeram parte das investigações e por outro, mostra-nos a preocupação da polícia em apreender como esses casos repercutiam entre a sociedade.

Pode-se pensar a ausência de investigações dessas denúncias com base em duas razões. Como bem apontaram Lucimar A. de Araújo, Marco Aurélio V. Leme de Mattos, Orion Klautau Neto e Walter Swensson Jr. no artigo "O acervo DEOPS": "o DEOPS acumulava uma miríade de informações sobre pessoas e setores potencialmente perigosos para, posteriormente, descobrir os crimes por elas cometidos. Prioritariamente, não se busca o criminoso a partir do crime, mas o crime através do (suposto) criminoso."[10] Dessa forma, a partir de denúncias e de informações que indicavam um ato subversivo, instaurava-se inquéritos, pelos quais outro departamento da Polícia era responsável. Em outra possibilidade, estas práticas ilícitas de Adhemar de Barros não perfaziam as preocupações da polícia política no Serviço Secreto, a qual parecia estar mais interessada em acompanhar os discursos propalados pelo líder populista e em investigar como sua prática e ideologia eram refletidas na sociedade. É perceptível essa preocupação do DEOPS quando lemos os relatos dos comícios promovidos por Adhemar. Todos os investigadores, ao concluírem seus textos, escreviam as repercussões do evento entre o público e também registravam como o líder político era recebido no local. Também nos relatos sobre os acordos políticos durante as eleições, procuravam sublinhar a projeção e a popularidade dos políticos entre os diversos setores sociais (trabalhadores urbanos, militares e empresários). Mesmo o ato de selecionar notícias dos jornais, era um meio de conhecer com que olhar a sociedade estava incorporando os casos e os acontecimentos em que se envolveu Adhemar de Barros.

No ano de 1958, investigadores estiveram nas ruas do bairro de Pinheiros (SP), ouvindo a opinião e a reação da população sobre o aumento das tarifas do transporte público, durante a prefeitura de Adhemar.

> "Cumprindo determinações de V.S., procedemos observações no bairro Pinheiros, no que diz respeito aos transportes coletivos, em virtude do propalado aumento de passagens de bondes e ônibus da CMTC,[11] constatando-se o seguinte: (...) Muito embora o bairro de Pinheiros seja bem servido por várias linhas de ônibus, o número de veículos é insuficiente para o transporte da população, principalmente no período da tarde (...). Ouvindo pessoas que diariamente ficam nas filas esperando condução, constatamos que é grande o

[10] ARAÚJO et al. O acervo DEOPS. In: AQUINO, Maria Aparecidade de; MATTOS, Marco Aurélio V. Leme de; SWENSSON JR, Walter Cruz (org.). *No Coração da Trevas: O DEOPS/SP visto por dentro. São Paulo*: Arquivo do Estado/Imprensa Oficial do Estado, 2001, p. 25.

[11] A Companhia Municipal de Transporte Coletivo (CMTC) foi criada pela Prefeitura no ano de 1947.

descontentamento do povo, que julga ser o propalado aumento de passagens um absurdo. Os mais ponderados encaram a situação com calma, esperando que as autoridades resolvam o problema. Os mais exaltados não escondem sua indignação e atacam acerbamente o Sr. Ademar de Barros, dizendo que o aumento das passagens não passa de uma 'vingança' do atual prefeito, por haver sido derrotado no último pleito."[12]

No relato, o policial dividiu a população descontente entre a categoria dos exaltados e a dos ponderados e, de certa forma, justificou o comportamento ao afirmar que o número de veículos para o transporte era insuficiente, fato que resultava na formação de filas. Portanto, teriam que pagar mais caro por um serviço ineficiente. É preciso ressaltar que os investigadores reproduziam as informações que consideravam importante levar ao conhecimento do Delegado de Polícia e que, no ato de selecionar uma informação, deixavam transparecer suas opiniões e valores. É evidente o motivo pelo qual o policial sublinhou o que a população estava dizendo a respeito do prefeito, adversário político do governador. Nesse período, Carvalho Pinto, apoiado por Jânio Quadros, venceu o pleito ao governo do Estado (1958), ao qual Adhemar de Barros concorreu.

O investigador aproveitou a situação para registrar também a reação da população quanto ao custo de vida: "Sondando também a opinião do povo sôbre a alta dos gêneros de primeira necessidade, constatamos que a população está desolada. Constatamos isso não só no meio operário, como também no industrial e comercial."[13]

Ao explicar qual parcela da sociedade estava descontente, usou o termo população e não especificou uma classe social. Já em relação ao custo de vida, inferiu que todas as grandes categorias (operários, trabalhadores do comércio e da administração das fábricas) compartilhavam daquela opinião. Como o próprio investigador fazia parte da população, observamos nesse relatório comentários que na verdade traduziam-se, talvez intencionalmente, em críticas à política econômica do governo.

Em relação aos casos de atos ilícitos de Adhemar de Barros, um desses compõe os dossiês do DEOPS: o sumiço de uma urna funerária marajoara. Desse dossiê, constam depoimentos de envolvidos no caso, fotografias da urna, cópias de correspondências trocadas entre Sérgio Buarque de Holanda, então diretor do Museu Paulista, que deveria ter recebido o objeto, o diretor do Instituto Agronômico do Norte que a enviara e o então governador de São Paulo – Adhemar de Barros. Durante alguns anos, Sérgio Buarque tentou

---

[12] DEOPS/SP, DAESP. Dossiê 20-F-1, 1500. 25/10/1958.

[13] Idem, Ibidem.

resolver o problema sem a interferência da polícia, mas devido a seus fracassados diálogos com Adhemar, o caso foi denunciado ao DEOPS, que abriu inquérito sobre o assunto. De fato, esse caso de investigação é exceção entre a documentação das oito pastas e, como tal caso possibilita-nos interessantes e importantes observações, discorreremos sobre esses documentos mais adiante.

Entre todos os relatórios de investigação produzidos pelos policiais que constam nas pastas, poucos são documentos de tipos diferentes; existem nelas, por exemplo, alguns materiais apreendidos, como panfletos de comícios ou de campanhas eleitorais. É possível encontrar também alguns recortes de jornais, os quais mencionavam denúncias referentes aos atos ilícitos de Adhemar de Barros e de seus companheiros políticos. Esse assunto parecia interessar mais à imprensa e aos seus leitores.

Sobre as visitas que realizou pelo interior do Estado de São Paulo, e que foram sempre muito bem relatadas pelos investigadores, constam algumas fotografias que as retrataram. Essas fotografias eram geralmente recolhidas da imprensa local pelas Delegacias das cidades, pois a polícia não costumava fazer estas imagens. Em muitos relatórios os delegados afirmavam que não dispunham de fotógrafos para fazer tais imagens e que verificariam se o jornal local as havia feito. Alguns relatórios mencionavam que como anexo seriam enviadas fotografias e materiais de propaganda do evento; no entanto, em muitos casos, tais materiais não constam junto aos seus respectivos relatórios.

Para obterem as informações de que necessitavam e para escrever sobre o assunto solicitado pelo Delegado de Polícia, os investigadores[14] recorriam aos informantes. Estes eram pessoas que pertenciam à organização investigada e/ ou tinham alguma relação com o investigado; não se tratando, portanto, de agentes infiltrados. Para acompanhar as atividades de Adhemar de Barros, os investigadores mantinham contatos com membros de seu partido (PSP) e com pessoas que exerceram cargos durante seus mandatos como governador e como prefeito. Uma vez que Adhemar de Barros reuniu muitos inimigos políticos durante sua carreira, não era algo difícil para a polícia conseguir informações sobre suas atividades. Fazia-se necessário, sim, apurar a veracidade das informações recolhidas.

A forma de registro das informações, em relatórios, não apresentava um padrão fechado e definitivo, embora seja possível citar algumas características comuns. Todos os relatórios de visitas de Adhemar de Barros às cidades do interior do Estado traziam elementos em comum, e tal fato permaneceu por

[14] Nos documentos observados, os investigadores responsáveis pela elaboração dos relatórios vinham indicados por um código numérico. Em alguns casos, apareceu o nome ou codinome do investigador.

quase duas décadas (1940 e 1950). Entretanto, no início da década de 1960, ocorreu uma nítida transformação na forma e no conteúdo do registro. Não interessava mais, sobremaneira, as viagens ao interior, mas sim os discursos e as possíveis agitações contra o governo militar. Antes, os relatórios apresentavam detalhadamente o local do evento, seu horário de início e término, o horário da chegada de Adhemar de Barros, seus participantes e a repercussão entre o público, além de apresentar uma síntese do discurso. Após a instauração do golpe militar de 1964, eram anotadas somente as falas proferidas por Adhemar quando estas se constituíam de críticas ao governo ou quando pudessem indicar um movimento "contra revolucionário".[15] Esse outro foco de investigação acabou resultando num outro modo de registro das informações. Sobre essa transformação no modo de vigiar e de investigar os possíveis crimes e seus criminosos, Maria Aparecida de Aquino afirmou que uma particularidade observada nesse período político autoritário, do pós-golpe militar no Brasil, foi a introdução e a aplicação da Doutrina de Segurança Nacional e Desenvolvimento, articulada pelas Forças Armadas Brasileiras.[16]

Populismo ou Coronelismo?

Definido por Octavio Ianni como estratégia política,[17] o populismo desenvolveu-se no Brasil a partir da primeira metade do século XX, num período de forte industrialização e de formação da classe operária brasileira. Característico do espaço urbano, apresentou seus traços marcantes na tentativa de abraçar a crescente classe trabalhadora através de discursos e de práticas que procuravam demonstrar a inserção dessa classe entre as instâncias que detinham o poder de decisão na sociedade. São exemplos importantes desta estratégia a legitimação e a oficialização das entidades sindicais, promovidas nos primeiros anos do governo de Getúlio Vargas, (1930-1945) e que procuraram garantir o controle

[15] Termo usado pelos investigadores e que se refere a toda e qualquer prática visualizada pelo DEOPS que indicasse um movimento contra o governo militar instaurado em março de 1964. Segundo os setores sociais que o apoiaram, o movimento foi uma Revolução.

[16] AQUINO, Maria Aparecida de. Jornalistas/Militantes na mira do DEOPS. In: AQUINO, Maria Aparecida de; MATTOS, Marco Aurélio Leme de; SWENSSON JR, Walter Cruz (org.). *No Coração da Trevas: O DEOPS/SP visto por dentro. São Paulo*: Arquivo do Estado/Imprensa Oficial do Estado, 2001, p. 183. Sobre as transformações por que passou o órgão após 1964, ver também PIMENTA, João Paulo G. Os Arquivos do DEOPS/SP (nota preliminar). In: *Revista de História*, São Paulo, FFLCH/USP, n. 132, 1995.

[17] Octavio Ianni definiu-o como estratégia política. In: IANN, Octavio. *O Colapso do Populismo no Brasil.* Rio de Janeiro: Civilização Brazileira, 1978.

da organização desse setor social. Mas, por outro lado, ao redigir as leis trabalhistas, Vargas possibilitou aos trabalhadores uma série de novos direitos que eram antigas reivindicações da classe. Guita Debert observou no populismo um mecanismo de dominação, mas também de satisfação da classe trabalhadora. Certamente, garantir a satisfação traduzia-se numa forma de estabelecer a dominação.

Acredito que nesse jogo de interesses, em que o governo e a classe empresarial surgiram quase sempre como o lado mais forte, os trabalhadores tiveram oportunidades de negociar seus interesses, realizando alianças.[18]

Geralmente definido como um populista oportunista[19] interessado em ascender politicamente para ocupar a Presidência da República, Adhemar de Barros trazia experiências de vida da cidade onde nascera, Piracicaba. Filho de um proprietário de terras que tinha na plantação de café a origem de sua riqueza, Adhemar deixou temporariamente os braços dessa oligarquia para ingressar na Faculdade de Medicina do Rio de Janeiro.

Na verdade, ele nunca abandonaria a sociedade rural. Todas as vezes em que concorreu a um pleito, procurou fazer uma propaganda forte pelo interior de São Paulo. Segundo Francisco Weffort, nas eleições ao governo (1962), em que Adhemar venceu Jânio Quadros, seus votos tiveram sobretudo origem nas cidades do interior; já na capital atraiu votos da população dos bairros mais antigos e centrais, ou seja, onde não estava localizada a maioria dos trabalhadores operários. Os votos dessa última categoria foram, em grande parte, para seu adversário mais forte, o populista Jânio Quadros. Mas como bem lembrou F. Weffort, a população rural era composta por um grande número de analfabetos que não votavam. Assim, o eleitorado de Adhemar, nesse local, deveria ser o da pequena burguesia rural que, devido às ininterruptas crises com a produção do café, vinha passando por problemas e observando sua renda e padrão de vida caírem.

Mas Weffort não admitiu que Adhemar de Barros trazia consigo heranças do coronelismo. Seu argumento para o resultado e natureza dos votos da eleição de 1962 era o de que, nesse período, Adhemar estava mudando o foco de seu discurso político, quando passou a incorporar os ideais de tranqüilidade, de segurança e de paz – que interessavam à pequena burguesia – e afastou-se do discurso populista.

---

[18] Assim pensou John D. French em seu estudo sobre a classe operária na região do grande ABC paulista entre os anos de 1900 e 1950. FRENCH, John D. *O ABC dos operários. Conflitos e alianças de classe em São Paulo, 1900-1950.* São Caetano do Sul: Hucitec/Prefeitura de São Caetano do Sul, 1995, p. 266.
[19] Foi assim denominado por Francisco C. Weffort em *O Populismo na Política Brasileira* (Rio de Janeiro: Paz e Terra, 1978).

Ainda segundo esse autor, o coronelismo difere do populismo; entretanto, apresentam algumas características em comum. Ambos trazem a identificação pessoal na relação entre o líder e a base. O coronelismo abrange os municípios rurais distantes dos centros de decisão e do poder político; nele não se faz a distinção entre o que é público e o que é privado. As oligarquias rurais baseiam-se no clientelismo[20] para garantir apoio político e votos. Já o populismo, entre outras diferenças, tem a mais marcante no fato de ser uma política posicionada em relação às camadas de trabalhadores urbanos, e essa relação política está vinculada ao Estado, e não ao pessoal, ao particular.

Percebemos a importância das oligarquias rurais através das palavras de José de Souza Martins, que afirmou que, mesmo durante o governo de Getúlio Vargas, as zonas rurais e das cidades interioranas do país mantiveram-se como uma enorme força eleitoral conservadora, "que se tornou o fiel da balança da política brasileira. Força eleitoral, porém, que se realimenta continuamente do clientelismo político e, portanto, de relações institucionais corruptoras"[21]

Observando os documentos do DEOPS referentes a Adhemar de Barros, percebemos facilmente que suas práticas encaixam-se tanto no coronelismo como no populismo, segundo as definições de Francisco Weffort. Nas diversas situações de investigação realizadas pelo DEOPS apresentadas a seguir, procuramos destacar as práticas e relações sociais de Adhemar.

Suspeita de Conspiração contra o governo federal

Nos anos 40, o olhar do DEOPS, prioritariamente, perseguiu japoneses, alemães e italianos, considerados perigosos em decorrência do conflito mundial.[22] Qualquer presença e ato da colônia japonesa, observados nos eventos que Adhemar de Barros fazia pelo interior de São Paulo, eram sublinhados pelos investigadores. Na cidade de Araraquara, um evento realizado no dia 13 de fevereiro de 1949 chamou a atenção da polícia local. "(...) no teatro Municipal reuníram-se elementos da colônia japonesa e os filhos dos japoneses, fundando a sucursal da Bandeira Ademar de Barros, com sede em São Paulo."[23]

---

[20] Tomo emprestada a compreensão de José de Souza Martins sobre essas relações. O clientelismo, no campo, ocorre basicamente entre os *donos* do poder local, fazendeiros e políticos, mas também estende-se à população trabalhadora. Aí, o voto é o instrumento de negociação. MARTINS, José de Souza. *O Poder do Atraso. Ensaios da Sociologia da História Lenta.* São Paulo: Hucitec, 1999.

[21] Ibidem, p. 32.

[22] Ver ARAÚJO et al., op. cit., p. 24.

[23] DEOPS/SP, DAESP. Dossiê 20-F-1, 166. 14/02/1949.

A presença de determinados setores sociais e suas atitudes suspeitas eram destacadas pelos policiais. O suspeito poderia ser um grupo de japoneses ou mesmo o ex-governador Adhemar de Barros que, inclusive, havia assinado o Decreto n.°11.782, de 30 de dezembro de 1940, aprovando o regulamento da Superintendência de Segurança Política e Social do Estado de São Paulo, relativo ao DEOPS/SP.[24]

Durante os primeiros anos da década de 1940, Adhemar foi suspeito de estar ligado a um movimento de conspiração contra o governo federal. Sobre esse caso, mais de um policial foi designado para a investigação, e chegaram a diferentes conclusões.

As suspeitas surgidas em 1942 foram frutos de denúncias de "*E. K.*", o qual passou as informações para os policiais do DEOPS. A partir dessas denúncias, os investigadores *768* e *Samuel Galvão*[25] relataram que o ex-interventor estaria participando de conspiração contra o regime vigente. Integrariam a rede de conspiração o ex-pugilista Valentino; o ex-prefeito de Caraguatatuba, Carlos Rodrigues; oficiais da reserva do exército; Armando de Sales; Miguel Celeste e Antonio Gontijo de Camargo. Nesse grupo, também estavam os ex-integralistas: José Benedito Machado Florence e Marcel Teixeira da Silva Teles, os quais, entretanto, "portavam ideologia que o ex-interventor repelia",[26] e Wanda Brenner, considerada uma espiã nazista.

Segundo o relato dos policiais, alguns locais em São Paulo eram usados para encontros dos conspiradores: o Clube dos 100 (Rua 24 de Maio, n.° 52, 2° andar), o escritório de Adhemar de Barros (Pça. Antônio Prado, n.° 9, 11° andar, edifício do Banco do Brasil), o escritório do capitão Jayme Bueno de Camargo (assistente militar da Secretaria de Segurança Pública) e a casa de Carlos Mac Craken.

Armando de Sales Oliveira foi líder do Partido Constitucionalista, interventor federal em São Paulo de 1933 a 1935 e governador até o ano de 1936. Em 1937, procurou acordos para firmar sua candidatura à presidência, tornando-se adversário de Getúlio Vargas. Em São Paulo, foi uma das principais lideranças de oposição ao governo, juntamente com Flores da Cunha (Rio Grande do Sul), Lima Cavalcanti (Pernambuco) e Juraci Magalhães (Bahia).

[24] AQUINO, Maria Aparecidade de; MATTOS, Marco Aurélio V. Leme de; SWENSSON JR, Walter Cruz (org.). *No Coração da Trevas: O DEOPS/SP visto por dentro. São Paulo*: Arquivo do Estado/Imprensa Oficial do Estado, 2001, p. 46.

[25] Nesse caso, um investigador apresentou-se pelo nome (*Samuel Galvão*) e o outro pelo número 768. A partir das informações que receberam de E. K., redigiram o relatório. DEOPS/SP, DAESP. Dossiê 20-F-1, 75. 08/05/1942

[26] DEOPS/SP, DAESP. Dossiê 20-F-1, 75. 08/05/1942.

Procurando cercear a articulação antigetulista nesses Estados, o general Góes Monteiro, Chefe do Estado-Maior do Exército, determinou a transferência dos altos cargos do exército a comandantes de sua confiança. Afastado o perigo de conspiração, foi edificado o Estado Novo (1937) com o apoio dos generais Eurico Gaspar Dutra e Góes Monteiro.

Depois da instauração do Estado Novo, a Ação Integralista Brasileira (AIB) foi dissolvida (02 de dezembro de 1937) e seus membros ficaram sujeitos às mesmas perseguições das quais os comunistas foram alvo em 1935. Alguns integralistas teriam se juntado a grupos antigetulistas, tornando-se potencialmente suspeitos.

O investigador que denunciou essa rede de conspiração não deixou de exaltar Getúlio Vargas, dizendo que ele era: "o homem que plasmou uma forma única de governo, que por si só basta para imortalizar um estadista, no dizer dos bons patriotas, daqueles que sobrepõe os interesses da Pátria acima de tudo."[27]

Com o passar dos anos, a visão dos policiais em relação aos governantes sofria transformações. Entretanto, os sentimentos que podemos chamar de nacionalismo e de patriotismo mantiveram-se ou tornaram-se mais fortes. Em defesa da Nação, constantemente, acabavam por defender os chefes dos governos estadual e federal em relação às acusações que relatavam. Nos relatórios, os investigadores poderiam chegar a conclusões diversas, mas estes sentimentos e a implícita ou explícita defesa pelo governante transpareciam da mesma forma.

Ainda sobre o caso de conspiração, outro investigador concluiu que Armando de Sales era amigo de Adhemar de Barros e que não havia notícia de que estivessem participando de qualquer conspiração. E sobre o outro relatório escreveu:

> "Verifica-se de tudo isso que esse líbelo é inaceitável. O chefe dessa pretensa conspiração, absolutamente não hostiliza o Sr. Presidente da República e aqueles que colaboram no seu patriótico governo. Antes, pelo contrário, vem trabalhando, desde que deixou o governo, em benefício da economia nacional, visto que ele, o proprietário de uma fábrica de adubos, quer fertilizar a terra já cansada, injetando-lhe sangue novo. Ele, assim como muitos outros, produzindo adubos, procura revitalizar a terra que enfraqueceu porque muito produziu."[28]

Ele relatou que o Clube dos 100 era um clube como outro qualquer e que a mulher identificada como Wanda Brenner chamava-se Margarida Wanda,

---

[27] Idem, Ibidem.

[28] DEOPS/SP, DAESP. Dossiê 20-F-1, 73. s/ data.

e não era alemã nem nazista, sendo na verdade, conhecida na vida boêmia. Escreveu ainda que não conseguira identificar Miguel Celeste e, sobre a amizade de Adhemar com militares, registrou: "Não é possível que tendo o Dr. Adhemar de Barros dirigido os destinos do Estado Bandeirante, pelo espaço de um triênio, deixasse de captar a amizade, não só de oficiais da reserva, como da ativa."[29]

Esse investigador desmontou o esquema de conspiração idealizado pelo outro policial, segundo o qual reuniam-se num só grupo integralistas e nazistas que queriam derrubar o governo. Assim como um outro investigador afirmou que Getúlio Vargas deixava que os interesses pela Pátria adentrassem sua vida particular, este segundo seguiu o mesmo raciocínio para defender Adhemar de Barros. Pelas palavras do policial, o político, que era proprietário de bens como a Fábrica de Produtos Químicos Vale do Paraíba, utilizava-os para o bem comum. Aqui, o policial justificou a confusão que ocorria entre o público e o privado, e mais, legitimou o uso do privado para o bem público. Essas práticas, tão comumente utilizadas no espaço rural, traduzidas como clientelismo, transpareciam com outras roupagens no espaço urbano. Portanto, utilizavam-se de relações semelhantes (entre um líder político e os trabalhadores), mas com discursos distintos, uma vez que se voltavam para públicos diferentes.

Outros relatórios seguiram-se a esses, confirmando discussões contra o Estado Novo travadas entre Adhemar de Barros e os militares. Em 6 de agosto de 1943, o investigador Luiz Apollonio descreveu as palavras que teriam sido proferidas por Adhemar de Barros a respeito da situação nacional. Expôs que o Ministro de Guerra, "Gaspar Dutra estava em desinteligência com o Sr. Getúlio Vargas, o que se resolveria com o afastamento mascarado do Ministro."[30] Escreveu ainda que Adhemar dissera que as informações eram transferidas para o presidente Roosevelt (EUA) através da embaixada. Segundo o relator, o ministro estaria nos Estados Unidos e Adhemar ainda: "Afirmou que dahi depende a estabilidade do Sr. Getúlio, no governo. Disse que a nossa situação interna é gravíssima e que as condições de ânimo do exército são ameaçadoras e perigosas, se bem que, óptimas para a tranformação que se operará em questão de dias."[31]

Nos últimos anos da Segunda Guerra Mundial, podia-se visualizar como a vitória dos aliados influenciava os novos rumos da política brasileira. Getúlio Vargas foi pressionado a democratizar o país: novas eleições presidenciais foram marcadas e o pluripartidarismo foi restituído. Entretanto, o decreto "antitruste",

---

[29] Idem, Ibidem.

[30] DEOPS/SP, DAESP. Dossiê 20-F-1, 19. 06/08/1943.

[31] Idem, Ibidem.

assinado em junho de 1945, através do qual se propunha a estabilização do custo de vida e a proibição da prática do monopólio, provocou a insatisfação da direita brasileira e dos empresários e governantes norte-americanos. Um outro decreto; editado em outubro, antecipou a data das eleições municipais e estaduais, exaltando ainda mais os ânimos da oposição. Gaspar Dutra deixou o Ministério da Guerra, incentivado por Getúlio, para candidatar-se à presidência, e seu substituto Góes Monteiro, não concordou com outra decisão do presidente: a nomeação do irmão, Benjamim Vargas, como Chefe da Polícia do Distrito Federal. Dutra procurou convencer Vargas para que desistisse dessa nomeação, porém Góes Monteiro já estava mobilizando as tropas do exército para investir contra o Presidente. Vargas partiu para o exílio, e Góes Monteiro assumiu a responsabilidade pela deposição.

O relato do investigador demonstrou que Adhemar apresentava certo receio quanto à ação dos militares, mas que ele parecia procurar se convencer de que esta era a melhor opção para o país. Através de suas anotações, os policiais procuravam esclarecer os conflitos que se desenvolviam entre os setores sociais que procuravam manipular o poder.

O ex-interventor ganhou o status de suspeito porque estava se relacionando com grupos suspeitos, como os ex-integralistas e os militares. A partir desses indícios, chegaram à conclusão de que estaria cometendo o crime de conspirar contra o governo federal. Percebemos que, para esses agentes, defender a Nação traduzia-se também em defender seus representantes. Seguindo essa lógica, temos um investigador que defendeu Getúlio Vargas e outro, Adhemar de Barros. Esse mesmo pensamento parece ter persistido nas investigações sobre os atos ilícitos de um ex-Secretário de Propaganda do partido de Adhemar, o PSP.

Investigações sobre Leandro Ribeiro de Melo

Em março de 1950, Leandro Ribeiro de Melo estava sob investigação no DEOPS. Considerado inimigo de Adhemar de Barros, então governador do Estado de São Paulo (de 1947 a 1951), Leandro foi Secretário Geral de Propaganda do PSP e estava sendo acusado de utilizar chancelas com assinaturas do governador para produzir bônus de campanha e vendê-los. Esse caso foi amplamente divulgado na imprensa.

Em um relatório destinado ao chefe de Polícia, o investigador Jonas Ribeiro discorreu sobre seu encontro e sua conversa com Leandro de Melo.

"Dando cumprimento às determinações recentes recebidas do senhor, abaixo relaciono fatos importantes e de suma gravidade relacionados com a vida do indivíduo Leandro Ribeiro de Mello, inimigo sem quintel do Sr. Governador do Estado, e autor de uma série de chantagens e falcatruas, inclusive o roubo de uma chancela do Palácio do Governo. Este cidadão antes de perder a confiança do Dr. Adhemar de Barros, exercia o cargo de Secretário Geral de Propaganda do PSP. No dia 2 do corrente, após ter conversado longamente no vosso gabinete a respeito das minhas funções, me retirei incontinenti para o aeroporto de Congonhas, a fim de regressar ao Rio no avião das 20 horas, e com bastante surpresa para mim, sentou a meu lado numa das poltronas, o indivíduo acima citado, meu conhecido de longa data (4 anos), tendo eu tirado o máximo proveito da oportunidade apresentada, extraindo e obtendo tudo o que se tornava de útil e de interesse para esta chefia...
Motivo da viagem:Foi avisado por um agente do Serviço Secreto do Exército, para deixar S. Paulo dentro das 24 horas, sob pena de ser preso e sofrer castigos corporaes pela Polícia Política.
Objetivo da viagem: Foi ao Rio a fim de conseguir com o Ministro da Guerra e da Justiça garantias contra o governo de S. Paulo.
Pormenores da fuga:Deixou num hotel (omitiu o nome) 1 mala e valise, quando regressava a fim de buscá-las percebeu a presença de 2 investigadores." [32]

Jonas Ribeiro, logo no início de seu texto, tratou de desqualificar seu entrevistado, dizendo que era autor de chantagens, falcatruas, e que perdera a confiança do governador. Adhemar, pelo contrário, recebeu um tratamento de respeito e não estaria, segundo o investigador, pactuando com a atitude do ex-secretário. No final do relatório, voltou a sublinhar a conduta negativa de Leandro, expondo que já tinha planos de golpes futuros, quando incorporaria, na cidade de Santos (SP), alguns prédios de apartamentos, associando-se a um "cidadão paulista de grande fortuna".[33] Também lotearia terrenos de sua propriedade em São Paulo, e o dinheiro angariado seria utilizado em sua futura campanha eleitoral para deputado.

Ao escrever que o Serviço Secreto do Rio de Janeiro avisou o suspeito sobre a possibilidade de o DEOPS/SP executar sua prisão e aplicar-lhe castigos corporais, Ribeiro sugere-nos a existência de algum conflito entre a Polícia do Rio de Janeiro e a de São Paulo, as quais talvez não concordassem com o procedimento das investigações. Demonstra-nos também que a prisão e os tais castigos corporais eram práticas utilizadas pelo órgão e que este era usado pelo governador de São Paulo como instrumento de poder para perseguir inimigos

[32] DEOPS/SP. DAESP. Dossiê 20-Z-57, 14. 02/03/1950.

[33] Idem, Ibidem.

políticos. Assim, Leandro estava indo ao Rio de Janeiro para conseguir garantias contra o governo estadual. Não podemos esquecer que o investigador teria reproduzido o que ouviu do entrevistado, entretanto, reproduziu apenas o que considerou importante. O relatório explicava ainda que Leandro lançaria o livro *Macumba*, no qual mostraria documentos relativos à vida pessoal de Adhemar e diria que o governador era dono de um terreiro de macumba. Ao reproduzir essas palavras, o policial deixou transparecer que, em sua concepção, isto era um fato negativo e, portanto, motivo de repreensão. De maneira que possuir um terreiro de macumba parecia-lhe realmente algo desqualificante.

Um comunicado elaborado a partir das informações de um reservado[34] do Rio de Janeiro, em 15 de abril de 1948, apresentou que: "as oposições pretendem subverter a ordem pública em S. Paulo, fazendo uma propaganda dúbia, deixando em suspenso a opinião pública, que não saberia a quem atribuir a responsabilidade do movimento; se aos comunistas ou se ao próprio governo do Estado ou se a ambos."[35]

Em seguida, o investigador afirmou que as suspeitas de deflagração da ordem pública foram colhidas em conversa de Leandro de Melo com o Deputado Juvenal Sayon (UDN). Explicou no relatório que Leandro era informante da oposição ao governo, e que isto podia estar sendo espalhado em detrimento de seus interesses políticos. Segundo o investigador, havia um conflito entre os homens do governo e os que queriam tomá-lo. Sobre tais fatos apurados, o policial concluiu:

> "Infelizmente, as oposições lograram ter o apoio da grande imprensa do Rio de Janeiro e lançaram, por ela, os boatos mais absurdos sobre a situação em São Paulo, como se vê pelo seguinte: Neste estado reina o terror policial; os cidadãos não tem as suas vidas e propriedades garantidas; as prisões deste DOPS estão superlotadas de elementos que combatem o governo; as indústrias paralisadas devido às greves insufladas por elementos ligados ao governo; o comércio paralisado, por falta de crédito, proveniente da anarquia reinante e muitos outros do mesmo joez. (...) Seria interessante, mesmo como matéria paga dos grandes jornais do Rio (Correio da Manhã, Jornal do Comércio, etc.) o governo

[34] Nesse documento, o reservado do Rio de Janeiro apurou as informações e passou-as ao policial que escreveu o relatório, portanto, o reservado seria um informante. Não foi possível determinar se o reservado era funcionário do DEOPS. O termo reservado foi muito usado nos documentos que se referem às décadas de 40 e 50, e parecia estar atrelado ao Serviço Reservado. O Decreto n.º 9.893, de dezembro de 1938, criou o Serviço Reservado, submetido à Delegacia de Ordem Política e Social. O Decreto n.º 11.128, de 4 de junho de 1940, criou o Serviço Secreto, e, então, o Serviço Reservado deixou de existir. Muitos relatórios também trazem o termo Informação Reservada, indicando que o relatório é confidencial e secreto.

[35] DEOPS/SP, DAESP. Dossiê 20-Z-57, 13. 15/04/1948.

do Estado fazer uma contra propaganda rebatendo os boatos infamantes espalhados por políticos inescrupulosos, que para alcançarem o poder, não titubearão em enxovalhar a sua própria terra querendo reduzi-la à escravidão, esquecidos de que, em 1932, S. Paulo como um só homem, lutou para se desvencilhar aos grilhões que o prendiam ao governo central."[36]

É evidente a indignação do policial ao deparar-se com a difamação e com a falta de crédito em relação ao seu trabalho, em sua função no DEOPS, que era a de estabelecer a ordem. O questionamento sobre a eficácia da instituição levou-o a explicitar que todas as ações da oposição ao governo objetivavam, tão somente, tomar o poder e que, portanto, deveriam ser combatidas. Para tal, sugeriu que o governo colocasse matérias na imprensa, até pagas se necessário fosse, para mostrar à população que nada daquilo estava de fato acontecendo. O governo, através da propaganda, deveria contrapor-se a esses boatos. A imprensa era, em sua visão, um instrumento que fora utilizado pelos inimigos e que deveria também ser utilizado pelo governo. Mesmo antes de apurar a veracidade dos fatos, o policial declarou-os falsos, justamente porque foi questionada a eficácia da polícia.

Num documento anterior, sobressaiu o possível conflito entre o DEOPS de São Paulo e o do Rio de Janeiro. Nesse documento, segundo o policial, vimos um indício de que a imprensa do Rio de Janeiro não estava a par do que estava ocorrendo em São Paulo. Isto demonstra que, possivelmente, existia algum conflito político entre os dois Estados, e talvez um conflito entre setores do governo federal e o governo de São Paulo.

A oposição ao governo do Estado, indicada no documento, referia-se aos seguintes partidos: Partido Social Democrático (PSD), União Democrática Nacional (UDN), Partido Trabalhista Brasileiro (PTB), Partido Republicano (PR) e Partido Republicano Paulista (PRP), que passaram a pressionar Adhemar de Barros, acusando seu governo de corrupção e objetivando a intervenção federal. Aproveitavam também para atrelar seu governo ao Partido Comunista, que o apoiou nas eleições. Em abril de 1948, líderes daqueles partidos enviaram um ofício ao presidente Gaspar Dutra, pedindo que tomasse providências em relação ao governo de São Paulo. A intervenção federal não aconteceu. O presidente Dutra e o Ministro da Guerra, General Canrobert Pereira da Silva, posicionaram-se contra tal intervenção após negociarem com o governador, que se comprometeu em reprimir as atividades do Partido Comunista Brasileiro, tomadas como subversivas e perigosas para a ordem social.

---

[36] Idem, Ibidem.

A imprensa escrita também contribuiu para pressionar o governo central a favor da intervenção em São Paulo. Os policiais do DEOPS arquivaram várias matérias. Uma crônica da "Bancada de Imprensa" do *Diário Carioca,*[37] sob o título "Rocambole, Molière. O gostosão e o Revertere", apontava a ligação de Adhemar de Barros com Leandro de Melo:

> "quem vive sob ameaça de processo é Ademar. Anda neste momento uma Comissão de Inquérito na Assembléia empenhada em apurar as atividades do mercado negro de gêneros de necessidade, criado e cultivado à sombra do governo e em proveito do governador, que precisa de recursos para constituir o fundo eleitoral de suas campanhas e demagogos. Ora, Leandro e Ademar eram a corda e a caçamba. Não tinham segredos. Acumpliciado com o governador nas manobras políticas e negociatas que têm servido de suporte àquelas, Leandro sabe demais. Tornou-se incômodo e perigoso para seu chefe..."[38]

Na crônica do jornal, o personagem principal foi Adhemar de Barros. Entretanto, as investigações do DEOPS estavam sendo procedidas sobre Leandro de Melo. Percebemos que o tom de denúncia da possível cumplicidade entre o investigado e o governador, exposta na imprensa, não constou nos relatórios dos agentes. Esse aspecto, que questionava a honestidade e o trabalho do governo não foi sequer mencionado pelos policiais. Fica claro que a imagem do governador não poderia ser manchada por nenhuma denúncia, pois era o chefe de governo; e sob sua responsabilidade estava a polícia que, sem sombra de dúvida, não deveria estar envolvida em problemas e conflitos. Quando Adhemar era citado nos relatórios, mesmo naqueles de conspiração contra o governo federal, os investigadores referiam-se a ele com respeito.

Outros recortes de jornais fazem parte do dossiê. Uma matéria do *Diário da Noite,* sem data e sem o carimbo de arquivamento, trouxe a machete: "Não foi raptado e sim preso e levado de avião para São Paulo".[39] A matéria explicava que Leandro foi levado do Rio de Janeiro para São Paulo, à sua casa, para apanhar as chancelas e entregá-las à Polícia. A família de Leandro não soube dos motivos de sua viagem. Ele foi levado pela polícia, e percebemos que a intenção era a de que não se soubesse do envolvimento do órgão.

Um relatório do agente Mário Lima, de março de 1948, esclareceu o que as reportagens dos jornais apontaram:

---

[37] Algo semelhante existiu no jornal *Correio da Manhã,* no qual, em 1946, Carlos Lacerda criou a seção "Na Tribuna da Imprensa", em que escrevia crônicas sobre a Constituinte e a política nacional.

[38] DEOPS/SP, DAESP. Dossiê 20-Z-57, 08. s/ data.

[39] DEOPS/ SP, DAESP. Dossiê 20-Z-57, sem numeração de referência e sem data.

"Nada sei sobre o caso Leandro de Melo, porém, desejo dar-lhe minhas impressões do trabalho que achei mal executado:
a) uma das pessoas encarregadas do serviço procurou o indivíduo DUAS VEZES, dizendo-se a mando de Albano da Costa e sem antes se ter certificado se ele realmente estava em casa;
b) ficou de voltar e ainda tagarelou que se tratava de assunto muito importante (deu a pinta);
c) no dia 4 todas as pessoas da família já haviam notado a ronda e a fisionomia dos tiras que eram os mesmos da véspera;
d) quando Leandro saiu de casa para falar com eles, não seguiu direto, (poderiam ter arranjado um ardil qualquer, enquanto outro procuraria se apossar dos documentos ou coisa semelhante), - dizia, não seguiu direto, ainda voltou à casa acompanhado dos tiras;
e) foi o bastante: tanto a gente da família, como pessoas que estavam de visita – ouviram a conversa – entre o preso e os inspetores e, ao vê-lo sair, deram o alarme!
f) Leandro, da polícia, aqui, ou de outro qualquer lugar, ainda pôde telefonar para casa, dizendo onde estava;
g) No aeroporto, comunicou-se, embora rapidamente, com pessoas conhecidas!
h) E a busca, terá sido mesmo bem feita?
O certo é que todos os vespertinos de ontem deram notícia, em destaque na 1ª. página, com fotografias do homem chegando e promessas de sensacionais declarações – matutinos de hoje, recortes juntos.
Note que as declarações de Leandro (possuir documentos comprometedores, etc.) ecoaram com foros de verdade porque, justamente agora, muito se tem falado, os jornais inclusive, de um processo que será instaurado para o impeachment do governador. Os cartolas estão radiantes pois esse escândalo será mais um caso que eles terão para contar ao General, quando voltar do Maranhão."[40]

O agente relacionou uma série de atitudes erradas dos policiais, as quais foram responsáveis, segundo ele, pela repercussão do caso através da imprensa. Faltava-lhes o conhecimento de técnicas de investigação e de apreensão. Segundo o policial, esses acontecimentos ainda poderiam contribuir com a discussão sobre o processo de intervenção. O que parecia um grande absurdo para Mário Lima era o fato de a Polícia, além de ter agido de forma transparente, acabar ajudando a oposição.

[40] DEOPS/SP, DAESP. Dossiê 20-Z-57, 10. 10/03/1948.

O difícil diálogo com Adhemar de Barros – "usucapião " de urna funerária marajoara

Em 22 de junho de 1955, o biólogo Francisco Lane depôs à Secretaria de Segurança Pública a respeito do caso. Explicou que no ano de 1950 estava à disposição da Secretaria da Educação, prestando serviços ao Museu Paulista e que, a pedido de Sérgio Buarque de Holanda (então diretor do Museu), procurou saber porque a urna funerária marajoara, doada pelo Instituto Agronômico do Norte (Manaus), através de Felisberto Camargo, não chegara ao Museu Paulista.

No depoimento, Lane explicou que outro pesquisador, Frederico Barata, foi quem primeiro questionou ao Professor Herbert Balbus, do Museu, a respeito da urna, pois queria vê-la. Este, entretanto, disse que não a recebera e que nem fora notificado de que a receberia.

Frederico Barata esteve em Manaus, de onde enviou uma carta ao Prof. Balbus, em julho de 1950. Descobriu que Felisberto, do instituto manauense, recebeu a visita de um gerente da Aerovias, que portava um telegrama de Adhemar de Barros (então governador de São Paulo). Nesse telegrama, o governador solicitava que o gerente procurasse a peça no Instituto e a lhe enviasse em São Paulo. Portanto, concluiu na carta que o objeto havia sido enviado para São Paulo e que estava em uma agência da Aerovias Brasil, que a transportara.

Diante de tantos equívocos, Felisberto Camargo entrou em contato com o governador de São Paulo por meio de um telegrama, pedindo a ele explicações sobre o ocorrido.

Somente a leitura de algumas cartas trocadas entre Sérgio Buarque, o Prof. Balbus e Felisberto Camargo permite-nos uma tentativa de compreender o que estava acontecendo, e também de entender como essas pessoas tomaram conhecimento daqueles desencontros que se iniciaram no ano de 1950.

Dois meses depois, em setembro, Sérgio Buarque escreveu a Felisberto de Camargo, informando-o de que fora, finalmente, notificado sobre a chegada de uma urna na agência da Aerovias, porém não tinha nenhum documento que pudesse comprovar a doação feita pelo Instituto. Entretanto, foram ver a urna na agência e, após compará-la com uma fotografia que possuíam e que fora trazida pelo Prof. Balbus, perceberam que o objeto diferia totalmente. Um funcionário da agência, após olhar a fotografia, comentou que uma peça igual a da foto já havia passado por eles e fora remetida a Adhemar de Barros. No final da carta, Sérgio Buarque pedia esforços para que pudessem resolver o problema.

Felisberto Camargo escreveu a Adhemar de Barros novamente, dessa vez desculpando-se pela situação e por não ter explicado, mais claramente, sobre o destino da urna. Desabafou que precisaria reparar aquele equívoco, e que ele e Adhemar poderiam oferecer a urna ao Museu Paulista, num evento solene. Uma cópia dessa carta foi enviada a Sérgio Buarque, que, em posse da mesma, voltou a escrever a Felisberto, dizendo, em novembro de 1950, que o problema ainda não havia sido resolvido e, consternado, pedia-lhe que dissesse o que fazer para resolvê-lo. No mês seguinte, o diretor do Museu Paulista escreveu a Adhemar, sem, entretanto, obter resultado positivo em sua tentativa de receber o objeto. Um ano depois, a situação continuava da mesma forma. Adhemar de Barros ignorava qualquer esforço ou questionamento.

Insistente e, sem dúvida, indignado com a situação, Sérgio Buarque apelou a Frederico Barata, sabendo que fora dele a idéia da doação da urna e que ele era amigo de Felisberto Camargo. Em carta de 14 de março de 1951, explicava a situação, dizendo que já até pedira ao próprio Adhemar para que entregasse a referida urna. Na carta dizia:

> "No entanto ainda esse esforço foi baldado. Como V. é, segundo creio, o autor da idéia da doação e além disso amigo de Camargo, eu gostaria se possível que interviesse junto a ele no sentido de nos ser dado algum documento ou cousa semelhante, comunicando que a urna é de propriedade do Museu e autorizando-nos a reclamá-la. Ou isso, ou outra cousa que lhe pareça melhor. O importante é que ela venha às nossas mãos e seja integrada no acervo do Museu antes que algum aventureiro dela se aposse definitivamente, como dizia D. João VI."[41]

Sérgio Buarque foi ainda bastante cordial, pois sabia que o aventureiro já havia se apossado da peça. Ainda, em março de 1951, após aquela carta de Sérgio, em outra ocasião, Felisberto voltou a comprometer-se, afirmando que ele e Adhemar entregariam a urna. Mais uma promessa sem resultados.

Quatro anos depois, nada havia sido resolvido. Em 17 de abril de 1955, Sérgio Buarque escreveu novamente a Felisberto, correspondência na qual fez um resumo cronológico dos acontecimentos e dos diálogos travados sobre o assunto. Nela, relatou que muitos o estavam questionando sobre o ocorrido e que, portanto, aquele registro seria apresentado. Informou-lhe também que, após voltar de uma viagem ao exterior, deparou-se com a falta de todos os documentos referentes a essa questão que tinha em sua posse. Seu dossiê com fotografias e cartas havia desaparecido. Nessa carta pediu ainda, pela terceira vez, que lhe fosse enviado um documento que comprovasse o direito sobre o objeto.

---

[41] DEOPS/SP, DAESP. Dossiê 20-F-1, s/ numeração, pasta n.° 2, 14/03/1951.

Até a referida data sem nenhum resultado que favorecesse o Museu, o inquérito, requisitado pela Procuradoria Geral da Justiça do Estado de São Paulo, iniciou-se em 1955, durante o governo de Jânio Quadros, no Departamento de Ordem Política e Social.

Adhemar de Barros foi ouvido pelo DEOPS e relatou que as acusações pretendiam destruir sua campanha política à Presidência da República e que Sérgio Buarque, o Prof. Baldus e Felisberto tinham interesses político-partidários. Esclareceu que, em um evento que aconteceu no Museu Paulista, solicitaram-lhe que providenciasse a vinda da urna de Manaus para São Paulo, pedido ao qual atendeu prontamente.

Adhemar prosseguiu seu depoimento, afirmando que num outro momento, na ocasião de seu aniversário, recebeu em sua casa fazendeiros da Ilha de Marajó, os quais ofereceram-lhe de presente uma igaçaba marajoara. Este, segundo ele, teria sido o motivo da troca dos objetos. O governador pensou então que aquela primeira urna recebida fosse o seu presente. Um secretário teria recebido do Museu Paulista uma reclamação sobre a urna e, na ocasião, este teria dito que Adhemar não havia recebido nenhum objeto de Felisberto Camargo. Por fim, o ex-governador mostrou-se interessado em resolver o equívoco.

Conforme as informações desses documentos, ficamos sem saber qual foi o desfecho dessa história. Não consta a informação de que o caso teve realmente um fim ou se foi arquivado; nem se a urna foi entregue ao Museu Paulista ou permaneceu sob a posse do ex-governador.

De qualquer forma, o que interessa para este pequeno estudo é, principalmente, o comportamento de Adhemar de Barros. Nesses cinco anos, pelo menos, em que Adhemar esteve com o objeto, e diante de tantas reclamações e pedidos do seu legítimo dono, o líder político procurou não se expor. Não respondia diretamente aos reclamantes. As respostas, quando existiam, vinham de algum funcionário e consistiam em explicações que não responsabilizavam ou culpavam alguém. Mas certamente, o que parecia causar mais angústia em Sérgio Buarque era a falta de explicações e de atenção por parte de Adhemar.

Essa atitude do ex-governador não fugia ao seu comportamento costumeiro. Mais uma vez, em seu depoimento, expôs a boa relação com a oligarquia agrária (os fazendeiros da Ilha de Marajó), a prática do clientelismo e a extensão, ou melhor, a não distinção entre o público e o privado. Devido ao seu cargo político, Adhemar parece ter se visto no direito de determinar o destino dos bens públicos.

O jogo de xadrez da política

A imprensa do Rio de Janeiro e a de São Paulo foram motivos de preocupação para os investigadores do DEOPS. Em março de 1949, dois redatores d'*O Estado de São Paulo* receberam a visita de Carlos de Souza, que procurava obter informações sobre as matérias de difamação ao governo que, freqüentemente, o jornal publicava. Carlos de Souza parecia não fazer parte da polícia. Possivelmente era um informante e mantinha alguma relação com a imprensa, através do contato com jornalistas. Carlos não escreveu um relatório, mas uma carta ao delegado de Polícia, dizendo que esclareceram "os referidos jornalistas de *O Estado de São Paulo*, que tais críticas fazem parte de um plano visando ridicularizar o governo perante a opinião pública, iniciando assim este diário nova campanha de descrédito ao governador, e que além de quotidiano deverá ser violenta."[42]

Pode-se compreender a vigilância constante à imprensa e, em especial, a este veículo, pois durante cinco anos do Estado Novo (1940 a 1945), *O Estado de São Paulo* foi alvo de intervenção, devido às suspeitas de envolvimento em conspiração contra o regime vigente. Por outro lado, o jornal parecia ter razões para atribuir suas críticas a Adhemar, então interventor de São Paulo (1938-1941), nomeado por Getúlio Vargas. Foi o responsável, segundo esse órgão da imprensa, por determinar a invasão de sua sede pela polícia, em 26 de março de 1940. A censura promovida pela ditadura de Vargas cerceou a liberdade da imprensa e impôs ao jornal, uma nova diretoria, comprometida com os interesses governistas. Terminada a ditadura, persistiu o ideal de manutenção da ordem política e social. O DEOPS, além de procurar acompanhar o que acontecia no cenário político do Estado, também parecia se preocupar com a imagem do governador na sociedade.

Para acompanhar os acordos que se firmavam entre os partidos políticos, o DEOPS parecia ter informantes que militavam nessas entidades e que comunicavam regularmente as movimentações que aconteciam no interior das instituições. Na eleição presidencial de outubro de 1950, o PTB de Getúlio Vargas e o PSP de Adhemar de Barros aliaram-se. Adhemar apoiou Vargas como candidato à presidência e em troca pôde indicar o vice na chapa, participar da escolha da composição do Ministério. Além disso, teria o apoio do PTB para sua candidatura à presidência nas eleições de 1955. Essa aliança, vitoriosa nas eleições, deixou o PSD, a UDN e o PR para trás.

Em meio aos diálogos interpartidários descritos pelos investigadores, muitas vezes, notamos um tom de indignação destes ao descreverem as

[42] DEOPS/SP, DAESP. Dossiê 21-Z-9, 147. 23/03/1949.

movimentações e as ambições dos políticos. Assim transpareceu no relato sobre os possíveis acordos para o pleito de 1950. Uma informação reservada do Serviço Secreto[43] expôs:

> "Dizem alguns que o Sr. Adhemar de Barros não tem elemento para se eleger, a não ser que conte com o apoio dos Sr.Getúlio Vargas e dos comunistas, o que, todavia, parece impossível.
> O medo dos seus adversários é tão grande que o Dr. Costa Netto, anda com medo de sua própria sombra, trazendo para a Câmara águas passadas, para ver se consegue mover o seu moinho (a ambição). (...) O número dos admiradores do Sr. Adhemar de Barros, no Rio de Janeiro é muito grande, dada a obra realizada pelo mesmo em S. Paulo.
> Pelo que estamos vendo, vai ser muito interessante o desenrolar da campanha presidencia, não trepidando os nossos inimigos pela infâmia e até pelo ataque à honra pessoal dos adversários, que eles obtenham o objetivo: a vitória."[44]

O investigador ressaltou a popularidade de Adhemar de Barros no Rio de Janeiro e em São Paulo e referiu-se à oposição de Adhemar como "*nossos inimigos*". Nesse momento, Adhemar era governador do Estado e, como chefe da Polícia Política, era defendido por tal órgão. Seus inimigos pareciam ser vistos como adversários das instituições do governo.

Outro relatório traduziu um tom de incompreensão do policial em relação aos acordos políticos construídos entre antigos adversários. Diferentemente do outro documento que não trazia o nome de quem o escrevera ou redigira, este vinha assinado por "Priá", e apresentava a "conclusão em virtude de investigações reservadas procedidas nos meios políticos desta capital",[45] sob o título Momento Político Nacional.

Priá escreveu sobre as reuniões realizadas em São Paulo no apartamento do deputado Waldy Rodrigues (PTB), no Hotel Excelsior. Ele disse que bastava observar:

> "as origens políticas dos componentes dessas reuniões para que se chegue à conclusão lógica de que algo anormal já se esboça no cenário político nacional. E tanto assim é que elementos de projeção da União Democrática Nacional, tais como sejam: Júlio de Mesquita Filho, Nicolau Tuma, Aureliano Leite, capitão Porfírio da Paz, major Newton Santos, Morais Andrade, tudo em franca

---

[43] Ver nota 34.
[44] DEOPS/SP, DAESP. Dossiê 21-Z-9, 146. 04/04/1949.
[45] DEOPS/SP, DAESP. Dossiê 21-Z-9, 140. 28/01/1949.

camaradagem, esquecendo-se de velhos ressentimentos. Já não nos traz dúvida alguma que se prepara uma reunião Getúlio – UDN e Partido Comunista, este muito bem preparado pelo seu velho namorado, e o atual Major Porfírio da Paz".

No trecho acima, Priá parece não conseguir expressar muito bem o que pretendia: membros do PTB estavam em diálogo com o seu principal partido de oposição – a UDN. De acordo com ele, esse partido procurou uma aproximação com Júlio de Mesquita Filho, proprietário d'*O Estado de São Paulo*, que se colocou contra a ditadura do Estado Novo e a favor dos trabalhistas, através da liderança de Newton Santos e de Porfírio da Paz. Parece que o investigador não compreendia como os partidários da UDN poderiam estar em conversação com os petebistas, até então adversários e, ainda, com o antigetulista Júlio de Mesquita. O investigador afirmou que não tinha dúvida quanto à existência de diálogos entre a UDN, o PTB e o PCB; entretanto, adiante concluiu algo diverso sobre o acordo político. Observou um grupo que se arregimentava em torno de Adhemar e outro em torno do udenista Otávio Mangabeira.

> "Duas candidaturas à futura presidência da República já não permanecem em segredo. Neste tabuleiro de xadrez, temos as pedras brancas representadas pelo Dr. Adhemar de Barros. As pedras pretas são jogadas pelos elementos que já começam a topar a candidatura do Dr. Mangabeira. No entanto, também se fala na prorrogação do mandato do Sr. General Eurico Gaspar Dutra, ou lançamento de um candidato militar. Nunca se sabe perfeitamente qual das correntes em luta terá a preferência da política Norte Americana. Daí, uma visita oficial a esse Paiz, em futuro próximo, com observadores e sondadores atilados, dissipando-se as dúvidas existentes."[46]

Nessas aparentes desorganizações e confusões descritas sobre o cenário político a partir de informações que precisavam ser checadas, "Priá" via a ação dos personagens fugir ao seu controle e à sua compreensão. Precisava ou pensava estar por dentro de tudo o que estava acontecendo e, de repente, descobria novas e inesperadas articulações.

Comparar a política ao jogo de xadrez traduzia-se em pensá-la como movimentos de estratégia em que qualquer mudança inusitada das peças poderia inverter o cenário. Apesar de ter feito referência a um terceiro grupo que apoiaria a prorrogação do mandato do então presidente Gaspar Dutra, Priá preferiu descrever o quadro político, destacando a participação de dois grupos opositores.

[46] Idem, Ibidem.

A percepção dessa dualidade encaixava-se perfeitamente na ordem política mundial daquele período, polarizado entre os interesses das nações norte-americana e soviética. Assim, a compreensão do aspecto global estendia-se ao local, e acabava por simplificar uma paisagem que trazia maiores complexidades.

Priá explicitou uma maior proximidade com Adhemar de Barros. Sobre os jogadores com as peças pretas, deteve-se em relatar que são elementos que se aproximariam de Octavio Mangabeira. Entretanto, independentemente de qualquer intimidade com um ou com outro jogador, o investigador destacou a importância desses conflitos frente à política norte-americana. Dessa forma, parecia justificar a importância de seu trabalho, pois essas informações interessavam àquela nação. Acima dessas relações de traições e de acordos inescrupulosos que se aproximavam ao profano, parecia, então, existir uma instância superior e sagrada.

Enfim, o candidato escolhido pela UDN para concorrer ao pleito foi o Brigadeiro Eduardo Gomes. O PSD apoiou Cristiano Machado. Essas candidaturas dividiram os votos da oposição, fato que acabou favorecendo a vitória de Getúlio Vargas.

Para as eleições de janeiro de 1950, Adhemar de Barros poderia aliar-se com os comunistas (como fizera em 1947), com o PTB, ou até mesmo com a UDN. Certamente, interessava-lhe o setor politicamente mais forte e popular, pois objetivava chegar à Presidência da República. Guita Debert lembrou que os discursos dos políticos populistas permitiam-lhes realizar alianças entre diferentes indivíduos, com diversificadas posições sociais, assim como também distintos setores sociais identificavam-se com aquelas palavras. O que parecia mover Adhemar de Barros, realmente, era o seu oportunismo e o seu desejo pessoal. Mesmo as alianças com as organizações de trabalhadores transpareceram, através dos relatos dos policiais, como uma troca de favores e de interesses pessoais.

A classe trabalhadora também participava do jogo de xadrez da política. Um relatório do reservado T. Pires, do Serviço Secreto, de outubro de 1949, destacou a arregimentação de líderes ferroviários paulistas, por iniciativa de Adhemar. Surgiu, então, um conflito entre a categoria, a respeito do apoio ao governador, responsável pelo serviço ferroviário do Estado. Em busca de apoio, Adhemar conversou com um líder da categoria, Núncio Soares Silva, a quem prometeu reintegrar todos os operários demitidos por questões políticas extremistas, por comunismo ou por greve. Para demonstrar que cumpriria suas promessas, determinara à E.F.S.J. (Estrada de Ferro Santos-Jundiaí) que sustasse as fichas dos ferroviários demitidos ou envolvidos em processos administrativos. Entretanto, apesar das investidas, o reservado afirmou:

> "Núncio iniciou os entendimentos na E.F.S.J. com Orestes Giorg e seus companheiros Heitor Lima, Hildebrando Queiroz, Diogo Oliveira Martins e outros. Orestes sendo informado de que Antônio Aranha Arruda e João B. dos Santos exercem certas influências no seio da classe, procurou-os, pondo-os a par daquele movimento, no que estes dois últimos acharam a idéia muito interessante, mas não confiam no Sr. Adhemar de Barros, dizendo ser ele traidor do povo paulista, porém,se houver um compromisso solene e certo, por parte de S.S. apoiarão a idéia.(...) Achando-se em ligação com esses grupos, voltarei ao assunto do que se desenvolver posteriormente."[47]

Apesar de indicar a falta de confiança em relação ao governador, fica evidente que, caso fosse feito um acordo que interessasse aos trabalhadores, poder-se-ia discutir o apoio. Nesse momento, esses trabalhadores estavam participando do tal jogo de xadrez da política, não estando excluídos e nem se opondo às regras da política proposta pelo líder populista.

Os ferroviários tinham como espelho as relações estabelecidas entre as fileiras comunistas e o governador; aquelas foram responsáveis por sua vitória em 1947. O governador, que se comprometera, entre outras coisas, a garantir a legalidade dos partidos políticos, depois de sua vitória, traiu-os, apoiando o governo federal na luta contra os comunistas. No ano seguinte, os mesmos foram procurados para apoiar o governador contra a possível intervenção federal no Estado, obtendo uma resposta negativa. Contudo, o reservado da polícia notou que o Partido Comunista estava por conta própria fazendo campanha contra a intervenção através da imprensa escrita e, ainda, produzindo inscrições nos muros.[48]

Sobre o acordo entre Adhemar de Barros e o Partido Comunista para a eleição de janeiro de 1947, consta no dossiê 21-Z-9 um recorte de jornal, sem o nome do veículo ou da matéria, em que saíram publicadas as cartas de ambos, as quais relatavam o apoio. O PCB pedia em troca desse apoio que Adhemar defendesse a Constituição da República, a legalidade dos partidos políticos e empreendesse uma luta contra a carestia e a inflação. O político respondeu que aceitava as legítimas exigências e mostrou-se admirado pelo fato de o PCB não ter explicitado nenhum maior interesse pelo apoio, como, por exemplo, a negociação de alguma secretaria no governo.

Ainda em 1947, no mês de maio, o governo federal determinou a ilegalidade do PCB, e Adhemar manteve-se neutro nessa questão. Um posicionamento contra essa medida poderia fortalecer a decisão por uma possível intervenção do governo federal no Estado de São Paulo.

---

[47] DEOPS/SP. DAESP. Dossiê 21-Z-9, 114. 18/10/1948.
[48] DEOPS/SP, DAESP. Dossiê 21-Z-9, 105, 31/3/1948.

O cenário de conflitos e de alianças, motivos de preocupação para a manutenção da ordem interna do país, chamou a atenção do DEOPS em meados da década de 1950. A situação de instabilidade política foi amplamente denunciada pelo Departamento.[49] Nesse contexto de agitação social, que contrariava o ideal de estabilidade desejado pelo órgão de segurança, começaram a tornar-se freqüentes as críticas e denúncias dos investigadores sobre as atividades de Adhemar de Barros. A defesa anterior de sua integridade, então apresentada em alguns relatos, aos poucos desaparecia.

Uma informação reservada, de 31 de julho de 1954, apresentou as disputas de Jânio Quadros e Adhemar de Barros (candidatos ao governo do Estado) pelo apoio da Federação dos Trabalhadores. Membros dessa entidade criaram a Frente Popular, justamente com o objetivo de escolher um candidato para oferecer apoio. Segundo a informação, os membros receberam dos candidatos ofertas em dinheiro em troca do apoio. Jânio Quadros ofertou 50 mil cruzeiros, subindo depois sua oferta para 250 mil; Adhemar de Barros ofereceu 2 milhões e 500 mil e, também entregaria a estes trabalhadores a Secretaria do Trabalho; Lucas Nogueira Garcez[50] ofertou 1 milhão e 500 mil.

Adhemar teve sua proposta aceita e também prometeu que cederia 100 mil para cada membro da Frente. O valor oferecido seria pago em duas vezes – sendo a primeira parte paga na ocasião do acordo e a segunda, após as eleições. Em seguida, ressaltou-se que presidentes de federações de trabalhadores estavam agindo contra esse pacto de unidade. Mas esse documento não se apresentou com repreensão às atitudes destes políticos. Após esse documento, consta uma carta da Frente Popular dos Trabalhadores, assinada por Fernando Garcez, Américo G. Novoa e José S. Duran, na qual relatavam os objetivos da Frente. Em relação aos trabalhadores, afirmava: "estamos providenciando a fundação de um organismo capaz de orientá-los para o bom exercício do voto, de modo a tal que os desejos dos trabalhadores sejam concretizados em efetivas melhorias para eles e para suas famílias."[51]

Poderíamos pensar que as críticas a essa atitude recaíam nos trabalhadores reunidos nessa Frente Popular, pois aceitavam essa forma de acordo ao mesmo

---

[49] Quanto à variação na denominação do órgão ver AQUINO, Maria Aparecidade de; MATTOS, Marco Aurélio V. Leme de; SWENSSON JR, Walter Cruz (org.). *No Coração da Trevas: O DEOPS/SP visto por dentro. São Paulo*: Arquivo do Estado/Imprensa Oficial do Estado, 2001, p. 19.

[50] Lucas Garcez, em 1950, era membro do PSP e foi escolhido por Adhemar para disputar as eleições do governo de São Paulo. Durante seu mandato (de 1951 a 1954), Garcez entrou em conflito com as determinações do líder do partido, o que resultou em seu afastamento do mesmo. Na próxima disputa ao governo (1954), Lucas Garcez apoiou Prestes Maia contra Adhemar, que também foi candidato. Nessa disputa Jânio Quadros saiu vitorioso.

[51] DEOPS/SP, DAESP. Dossiê 20-F-1, 254, 31/07/1954.

tempo em que apresentavam seus objetivos como legítimos e honestos. Portanto, as críticas não teriam exatamente recaído nos políticos que fizeram a proposta em troca do apoio.

Mas o que realmente devia chamar a atenção da polícia era a prática de Adhemar de Barros, que parecia não medir esforços para atingir seus objetivos. Aos poucos, Adhemar conquistava o repúdio dos agentes do órgão. Sobre as observações políticas no Comitê Central do PSP, de julho de 1954, afirmaram que Adhemar de Barros: " continuando em seu afã de cercear o prestígio que o Sr. Juvenal Lino de Matos vem obtendo junto ao Partido, mais uma vez trocou a Diretoria do Comitê Central por homens de sua inteira confiança, retirando os que lá estavam e que eram linistas".[52]

Nesse ano, Lino de Matos foi eleito para o senado com larga margem de votos em relação aos seus concorrentes e, no ano seguinte, chegou à Prefeitura de São Paulo. Entretanto, renunciou em 1956, devido às investidas de Jânio Quadros, que incentivou os processos a respeito de irregularidades nos mandatos. O PSP, fundado por Adhemar em 1946, reuniu o Partido Republicano Progressista (PRP) com outros dois partidos pequenos de São Paulo – com o Partido Popular Sindicalista (PPS), de Miguel Reale e José Adriano Marrey Júnior, e com o Partido Agrário Nacional (PAN), de Mário Rolim Teles. O PSP transformou-se em base de sustentação do líder fundador e, em São Paulo, conseguiu sobrepor-se a partidos como UDN e PSD.[53]

Regina Sampaio,[54] estudiosa da relação entre o pessepismo e o ademarismo, afirmou que o PSP se apoiava nas classes médias e baixas na cidade, mas Adhemar de Barros, com seu carisma e discurso, conseguia reunir populações mais diversas, como o eleitorado rural. Dessa forma, como observou Guita Debert, não interessava a definição de um discurso segundo uma ideologia que o identificasse com algum grupo social.

Adhemar de Barros reorganizava o PSP conforme seus interesses, evitando o surgimento de novas lideranças que pudessem desestabilizar sua soberania na instituição. Para tanto, colocou-se como chefe do diretório nacional e do regional. Essas práticas de Adhemar refletiam-se em sua projeção na sociedade. Aos poucos, Adhemar perdia sua popularidade e reunia um número maior de adversários.

---

[52] DEOPS/SP, DAESP. Dossiê 20-F-1, 252. 26/07/1954.

[53] PARTIDO SOCIAL PROGRESSISTA. In: BELOCH, Israrel; ABREU, Alzira Alves de (coord.). *Dicionário Histórico Biográfico Brasileiro (DHBB).* Rio de Janeiro: Forense - Universitária, 1984. p. 2591-2597.

[54] SAMPAIO, Regina. *O Partido Social Progressista em São Paulo.* São Paulo, 1979. Dissertação (mestrado) – Pontifícia Universidade Católica.

Seu oportunismo foi diversas vezes comprovado. No ano de 1953, aproveitando-se da instabilidade política e das agitações de forças políticas que queriam depor o governo Vargas, deu sua contribuição para essa derrubada. Lançou um manifesto através dos jornais, acusando o governo de realizar transações ilícitas e responsabilizando-o pela falta de energia e transporte. Declarou que, em 1954, o povo voltaria a governar por seu intermédio e que só o povo tinha o direito de governar. O DEOPS teve o cuidado de coletar a reportagem do jornal *Diário da Noite*[55] em que saiu publicado o manifesto.

Pouco tempo depois da morte de Getúlio Vargas (24 de agosto de 1954), adotou como discurso político a valorização das práticas que aquele desempenhou ao lado dos trabalhadores e o seu ideal de defesa da Nação acima de qualquer interesse internacional. Adhemar passou a explorar o "nacionalismo" contra o "entreguismo", nos chavões da época. Essa oscilação no comportamento de Adhemar era acompanhada pelo órgão.

Um comício realizado pelo candidato à prefeitura Adhemar de Barros em março de 1957, numa fábrica em São Paulo, no bairro do Sacomã, reuniu, segundo o relator do DEOPS, cinco mil pessoas. O ex-presidente do Sindicato dos Padeiros, em discurso, fez críticas ao governador Jânio Quadros e disse que João Goulart (PTB) mandou apoiar Adhemar. Outro candidato, Prestes Maia, foi acusado pelo líder pessepista de pertencer ao partido – UDN – que "matou" Getúlio. Outra anotação feita pelo investigador foi a respeito da acusação ao governo referente à prática do "entreguismo". Adhemar posicionou-se contra a entrega da Ilha de Fernando de Noronha aos norte-americanos e a favor da soberania nacional; prometeu reivindicar a elevação do salário mínimo e atacou os comunistas por terem aliado-se à UDN, apoiando Prestes Maia.

Nessa situação de campanha política, Adhemar reforçou o seu discurso populista, fazendo promessas aos trabalhadores, visitando fábricas e admitindo-se nacionalista. Era uma boa oportunidade para conquistar o eleitorado de Getúlio Vargas. Criticou o capitalismo, que explorava o trabalhador, condenou a influência norte-americana no país, assim como também condenou o comunismo. Aproximava-se, assim, do discurso católico que criticava o comunismo e a exploração do trabalhador pelo capitalismo.

Adhemar recebeu o apoio do Padre Mário Serra, da Igreja Nossa Senhora Aparecida da Virgem do Ipiranga. O eleitorado do bairro do Ipiranga foi foco de disputa entre os candidatos. Segundo uma informação reservada do DEOPS, mulheres do PCB haviam organizado no bairro um comitê de Prestes Maia,

---

[55] DEOPS/SP, DAESP. Dossiê 20-F-1, Pasta n.° 1, documento sem numeração de arquivamento. Jornal *Diário da Noite,* 31/12/1953.

que ensaiou uma aproximação com Jânio Quadros, buscando seu apoio contra Adhemar. Teriam discutido sobre como afastar o padre da paróquia ou sobre como atraí-lo para apoiar Prestes Maia. Em outro relatório, o investigador esclareceu que compareceu a uma missa do Padre Mário, na qual estava presente Adhemar. Em tom de espanto, relatou que o padre falou claramente a favor do candidato e que incitou os fiéis a exclamarem "viva Adhemar de Barros, profanando o templo sagrado".[56] Depois realizaram um cortejo e o padre ofereceu um coquetel pró-Adhemar em sua casa. Por fim, o investigador constatou que muitos católicos ficaram indignados. Fica registrado que, para ele, política e religião não deveriam se misturar.

As visitas ao interior de São Paulo

Não por acaso, os investigadores do DEOPS pareciam ter mais trabalho e casos para averiguar em anos de eleição. As análises, nesses períodos, giravam em torno das coligações partidárias.

Assim como se tornavam mais seguras as críticas dos policiais aos atos de Adhemar, também aumentava o número de relatórios sobre as visitas que este prefeito, candidato ao governo do Estado de São Paulo (1958), fazia às cidades do interior do Estado. Nessas visitas, realizavam-se comícios e reuniões com políticos, fazendeiros, profissionais liberais e representantes da Igreja Católica – bispos e padres. Freqüentemente, reuniam-se no clube recreativo da cidade com a elite local. Adhemar geralmente estava em companhia de seus assessores e partidários e, nestas viagens, aproveitava para passar por várias cidades.

Sem dúvida, o discurso que fazia nesses lugares era diferente do discurso voltado aos trabalhadores urbanos. Geralmente o Delegado de Polícia de São Paulo solicitava às Delegacias Regionais que enviassem investigadores locais para acompanhar as visitas de Adhemar. Entretanto, em algumas situações, os investigadores de São Paulo seguiam em viagem para as diversas cidades.

Adhemar, ciente de tal fato e, segundo os investigadores, com freqüência avisava a população que assistia ao comício que estavam presentes "tiras do DOPS, encarregados de anotar na íntegra os seus discursos".[57] Nesse ano de 1957, Jânio Quadros governava São Paulo, e Adhemar e seus companheiros políticos indicavam sofrer perseguição de seus adversários. Colocavam-se como vítimas também nos casos dos processos e das denúncias de crimes contra o patrimônio público.

---

[56] DEOPS/SP, DAESP. Dossiê 20-F-1, 430. 08/03/1957.
[57] DEOPS/SP, DAESP. Dossiê 20-F-1, 645. 20/11/1957.

Na cidade de Piraju havia um diretório do PSP, cujo presidente, o médico Luiz Ferreira de Oliveira, segundo o investigador do DEOPS: "é elemento completamente desmoralizado na cidade; pois que passou cheque sem fundo para pagar dívida do Clube 9 de Julho e agora está pagando aos poucos e desfez o lar do chefe da Estação local, pois que seduziu a mulher deste."[58]

Nas diversas cidades em que esteve, Adhemar procurava colocar-se como vítima de supostas perseguições. Denunciava que fiscais da Fazenda teriam invadido o domicílio de uma pessoa e lhe extorquido determinada importância em dinheiro. Assim se referia ao caso de Piraju, mas não nos aspectos acima citados.

Para refazer sua imagem na referida cidade, Adhemar visitou-a em 9 de novembro de 1957. Esteve acompanhado do Bispo Diocesano e, no ginásio do Clube Recreativo, fez seu discurso. Chamou a atenção do investigador a crítica que fez ao governo federal, dizendo que não tinha experiência para lidar com os problemas e que ele sim seria útil na Presidência da República. Afirmou também que em breve descansaria, pois até já reservara um lugar no cemitério e que, certamente, o povo ficaria órfão. Adhemar, mais uma vez, parecia recorrer à história de Getúlio Vargas, objetivando sensibilizar e atrair o eleitorado que havia sofrido com a morte daquele líder. Assim, procurava apelar para que o elegessem rapidamente, antes que fosse tarde. Ao final do relatório, o policial escreveu que a recepção a Adhemar foi fraca, pois somente treze carros estiveram à sua espera no aeroporto, e poucos o acompanharam até a cidade de Assis.

Sobre sua visita a Piraju, constam no dossiê fotografias dos ademaristas em um restaurante e em locais diversos da cidade. Adhemar aparece rodeado por políticos, fazendeiros e representantes do clero. Muitas dessas fotografias trazem no verso os nomes das pessoas que nela aparecem e do lugar onde estavam. Mesmo quando as fotos retratavam os comícios em praças públicas, os protagonistas dessas imagens eram os que estavam no palanque e, raramente, o público.

Em campanha para o governo do Estado (1958), Adhemar aliou-se ao PTB através da deputada federal Ivete Vargas e de José Frota Moreira. Essa aliança não encontrou apoio unânime no PTB, mas esses dois personagens freqüentemente acompanharam seu candidato nas visitas às cidades do interior.

Em maio de 1958, Adhemar esteve na cidade de Taquarituba. Deveria ter sido acompanhado pelos policiais da Ordem Política, mas estes chegaram tarde, e o evento já havia terminado. Pelo que souberam, o comício obteve êxito. Membros do PSP local trouxeram em caminhões os moradores das cidades

---

[58] DEOPS/SP, DAESP. Dossiê 20-F-1, 639. 12/11/1957.

vizinhas. Adhemar de Barros citou as obras públicas que construiu e disse que sua gestão no governo foi melhor do que a atual (de Jânio Quadros). O investigador informou que o prefeito da cidade (membro do PSP) emprestava os caminhões do município para o próprio irmão utilizar, bem como para o uso do partido, e para benefício próprio. O prefeito estava sendo acusado de fraude eleitoral, e o orçamento para 1956 foi rejeitado pela Câmara, pois ele gastara 80 mil em tijolos e em compra de materiais sem comprovantes. Suspeitas de fraudes e de corrupção por parte dos partidários de Adhemar chamavam a atenção dos policiais e tornavam-se mais freqüentes. Estes casos eram apontados nos relatórios, mas não constavam investigações nos dossiês.

Sobre um comício realizado em Mogi Mirim em 14 de julho de 1958, que contou com a presença, entre outros participantes, de Ivete Vargas, de Frota Moreira e de Adhemar de Barros, o investigador escreveu:

> "O comício foi bem concorrido, considerando a hora de sua realização (15:20, embora marcado para as 14:30 horas); cerca de duas mil e poucas pessoas se encontravam presentes, mas é bom esclarecer que, tal aglomeração humana contava com muita gente de municípios vizinhos. Não sentimos vibração cívica e de um modo geral foi um comício frio; o povo, êsse grande sacrificado, está aprendendo a sentir a sinceridade de nossos políticos, dêste ou daquele lado. A verdade é que, os oradores não dizendo aquilo que realmente sentem no coração, não conseguem, por mais que se esforcem, a receptividade necessária dos seus ouvintes. Um povo profundamente emotivo como o nosso, sentirá, temos certeza o candidato ideal, principalmente agora, que esse povo está ficando amadurecido..., mas haverá no momento o candidato ideal?"[59]

O investigador explicitou, ainda, sua opinião sobre o político em questão e sobre seus companheiros, indicando que seu discurso não era sincero e que pretendia somente atrair o eleitorado. Segundo ele, nenhum candidato estava sendo realmente sincero, e o povo estava percebendo seus reais interesses. Ao observar os comícios e anotar o que os oradores diziam, os policiais estavam preocupados com a política desenvolvida, ou seja, com os acordos políticos e com a orientação política e ideológica dos partidos, e também com a influência dessa política na população. O discurso poderia levar à agitação e à desordem e, portanto, qualquer prática que fugisse à ordem era relatada. Os relatórios sempre descreviam as repercussões do evento em determinado lugar e informavam se esse evento obtivera sucesso ou fracasso. Anotavam quem eram os oradores e suas respectivas falas.

[59] DEOPS/SP, DAESP. Dossiê 20-F-1, 1068, 14/07/1958.

Nos discursos realizados nas cidades e registrados pelos policiais, Adhemar de Barros prometia diminuir o imposto territorial, dar subvenções para as colheitas, mudar a política voltada ao cultivo do café editada pelo governo federal e, ainda, criticava o governo pela política de valorização do dólar e pela elevação do custo de vida. Eram palavras que procuravam atingir o produtor e o proprietário rural, e não os trabalhadores mais desfavorecidos.

Já o discurso no espaço urbano referia-se, principalmente, ao trabalhador. Os tópicos eram: o transporte coletivo, a educação, a saúde e, enfim, as grandes obras públicas. Quando Adhemar falava à população trabalhadora urbana, explorava suas obras – a pavimentação de ruas, a construção de hospitais e maternidades, a construção de grandes ruas e de avenidas, a iluminação pública, o incremento do transporte público – e reservava menor espaço para falar dos direitos trabalhistas e das questões salariais.

O PTB e o PSP, aliados nessa eleição, utilizaram a vida – e também a morte – de Getúlio Vargas em suas propagandas. Era slogam: "Getúlio deu as leis trabalhistas, Jango (João Goulart) e Adhemar as defendem".[60] Esses partidos formaram a Frente Populista, repetindo a fórmula de 1950, que deu vitória a Getúlio Vargas. Em convenção do PTB realizada em 26 de julho de 1958 para votação dessa aliança, Ivete Vargas e Frota Moreira permitiram a entrada dos partidários que tivessem uma posição clara sobre o candidato Adhemar de Barros. Segundo o investigador do DEOPS, muitos petebistas ficaram de fora; até mesmo a imprensa não conseguira entrar, e o próprio policial encontrara certa dificuldade, mas conseguiu entrar. Isso, afirmou o investigador, era um desrespeito ao estatuto do partido. Ele criticou a falta de liberdade de opinião dos membros do partido e a pressão que os líderes estavam imprimindo às bases. Através dos relatos dos agentes do DEOPS, percebemos que estes possuíam um ideal de sociedade, no qual não deveria existir acordos políticos que contrariassem a ideologia das instituições; e ainda repudiavam atos de corrupção e o uso indevido do patrimônio público.

A "Revolução"[61] de 1964 e as novas suspeitas de conspiração

Adhemar de Barros, inicialmente, apoiou o movimento militar de 1964, mas nem por isso deixou de ser vigiado, uma vez que o consideravam perigoso. Havia demonstrado, segundo os policiais, que poderia mudar de lado conforme

[60] DEOPS/SP, DAESP. Dossiê 20-F-1, 779, 16/04/1958.

[61] Termo utilizado pelos investigadores do DEOPS para designar o movimento militar que instituiu a ditadura em março de 1964.

lhe interessasse. Nos anos que se sucederam ao golpe, os investigadores passaram a anotar todas as palavras que Adhemar proferia contra o governo e que inspirassem alguma conspiração ou subversão.

As denúncias de conspiração relatadas pelos investigadores pareciam ter contribuído para que o governo militar optasse pelas cassações de mandatos políticos e pelas intervenções nos governos dos Estados. Os órgãos da imprensa, sem sombra de dúvida, contribuíram com essa decisão. O DEOPS selecionou do jornal *O Estado de São Paulo*, de propriedade de Júlio de Mesquita Filho, uma matéria publicada em 17 de outubro de 1964 e intitulada "Denúncia contra o governador paulista".[62] Ocupando metade da página do jornal, a matéria resumiu os processos de atos ilícitos em que Adhemar de Barros estava envolvido: a compra irregular de automóveis Chevrolets, a exploração dos jogos de azar, o desvio de verbas e a finança deficitária da Companhia Municipal de Transporte Coletivo (CMTC). Depois de citar estes casos, concluiu:

> "Está aí senhor presidente, a razão pela qual o povo não compreende como uma revolução, que se disse saneadora, poupou um homem cujo passado e presente denigre o poder público e envilece uma Nação. Porque os dispositivos do ato institucional praticamente não foram aplicados em São Paulo (...) Assim, a revolução passou uma esponja sobre tão negro passado(...)"[63]

O jornalista voltou-se diretamente ao presidente da República para exigir medidas práticas e definitivas em relação ao governador Adhemar de Barros. O motivo para essa oposição, segundo o veículo, era a atitude desonesta e corrupta do governador. Em razão de ações saneadoras, *O Estado de São Paulo* legitimava práticas autoritárias e antidemocráticas que poderiam ser tomadas pelo novo regime. Esse veículo, em nome de uma leitura muito peculiar de democracia e de liberalismo, transformava esses ideais que o teriam movido a contribuir com a derrubada do governo democraticamente instituído de João Goulart (1961-1964). Nele, denunciavam a "interferência demasiada do governante e usurpação dos direitos naturais dos indivíduos, portanto, como alvo de resistência da sociedade civil."[64] Paralelamente, estes mesmos ideais levavam os proprietários do jornal a se voltarem contra o governo militar no período do seu fechamento à sociedade civil e da implementação mais dura da censura e da repressão.

---

[62] DEOPS/SP, DAESP. Dossiê 20-F-1, 1801. 17/10/1964.

[63] Idem, Ibidem.

[64] AQUINO, Maria Aparecida de. *Censura, Imprensa, Estado Autoritário (1968-1978)*. O exercício cotidiano da dominação e da resistência. O *Estado de São Paulo* e *Movimento*. São Paulo, 1990. Dissertação (mestrado) – Departamento de História da Faculdade de Filosofia, Letras e Ciências Humanas da Universidade de São Paulo, p. 13.

Adhemar de Barros outrora apoiou o movimento militar, assim como o grupo Mesquita. Uma vez instaurado o regime, *O Estado de São Paulo* voltou a defender posições anteriormente demonstradas, uma vez que, há dez anos, as críticas à Adhemar já se esboçavam.

Um relatório do DEOPS, de 7 de abril de 1965, apresentou que a origem do conflito teria motivos políticos e pessoais, sendo que, segundo o investigador, as razões pessoais já eram conhecidas.

> "A direção de *O Estado* resolveu que as condições, que a obrigaram, de forma a ligar-se com o governador Adhemar de Barros, visando a vistoria do movimento de março, já caducaram. Por êsse motivo decidiu também entrar numa fase de luta aberta contra o Sr. Adhemar de Barros. Desta sorte, os primeiros editoriais de crítica ao governador paulista, já publicados por aquele jornal, representam apenas o início de uma nova campanha contra o Sr. Adhemar de Barros, que será intensificada de forma acentuada. Os motivos dessa nova campanha não são apenas os tradicionais, e já por demais conhecidos de pessoal inimizade entre o Sr. Júlio de Mesquita Filho e sua família e o governador, como principalmente a posição crítica contra a atual política econômico-financeira do govêrno que abertamente o Sr. Adhemar de Barros vem adotando o desenvolvimento em quase todos os seus pronunciamentos.
> *O Estado* defende e defenderá a todo custo a orientação adotada pelo Sr. Roberto de Oliveira Campos. Mesmo o Sr. Carlos Lacerda quando se insurge contra ela é criticado pelo jornal. Com relação ao Sr. Adhemar de Barros acresce que o jornal vê nele uma espécie de Papa da corrupção."[65]

A política econômica implementada pelo Programa de Ação Econômica do Governo (1964-1966), da qual participou Roberto de Oliveira Campos (Ministro do Planejamento) e Octávio Gouvea de Bulhões (Ministro da Fazenda), deveria incentivar o investimento estrangeiro e o aumento da taxa de acúmulo de capital. Esse programa atraiu críticas do setor empresarial, pois atingiu o desenvolvimento industrial, através da elevação dos impostos, da inibição de crédito ao setor privado e do rígido controle salarial.[66] As oposições à política econômica, segundo o investigador, foram motivadoras da reação do jornal contra Adhemar e até mesmo contra Carlos Lacerda, governador da Guanabara, que, por vezes, escreveu n'*O Estado de São Paulo*. Dessa forma, o documento do DEOPS justificou que a campanha contra Adhemar de Barros acontecia em decorrência da defesa da política econômica do governo, em

---

[65] DEOPS/SP, DAESP. Dossiê 20-F-1, 1790. 26/07/1966.

[66] Ver ALVES, Maria Helena M. *Estado e Oposição no Brasil (1964-1984)*. Petrópolis: Vozes, 1984, p. 74.

detrimento dos interesses de um suposto conflito existente entre a família Mesquita e o governador; até mesmo em detrimento de outro motivo, o da prática de corrupção. Possivelmente, os desentendimentos entre Adhemar e Júlio de Mesquita originaram-se em fatos observados na década de 1940, quando o jornal sofreu intervenção federal e responsabilizou o político pela invasão da polícia em sua sede.

Esse veículo da imprensa parecia apoiar a "operação limpeza" implementada pelo novo regime militar e reconhecido, segundo Maria Helena Moreira Alves, como o conjunto de práticas que, de acordo com a Doutrina de Segurança Nacional, pretendia através de forças repressivas armar o Estado de controle contra qualquer possível oposição política, econômica, psicossocial e militar.[67]

O apoio do jornal ao regime militar, conforme nos mostra o relatório do DEOPS, não se limitou aos editoriais. Em março de 1964, um policial explicitou o conteúdo de uma conversa travada entre Júlio de Mesquita Filho e o presidente Castelo Branco, na qual o primeiro colocou-se a favor da continuidade do regime e da punição aos subversivos e corruptos.

> "A propósito podemos afirmar que na reunião ocorrida entre o Dr. Júlio de Mesquita Filho e o presidente Castelo Branco, a convite deste último, a tônica dominate, digo, dominante foi a afirmação do presidente de que a fase revolucionária já foi ultrapassada e que o país já entrou na fase constitucionalista.O dr. Júlio voltou profundamente decepcionado com esta afirmação do presidente pois julga ele e seus seguidores que a revolução ainda tem muito a fazer, principalmente em São Paulo. Desta sorte a insatisfação continua e as reuniões continuarão. O objetivo visado agora é trabalhar a atual Mesa da Assembléia Legislativa de São Paulo para ver se conseguem por intermédio dela atingir de qualquer forma o governador Adhemar de Barros. O grupo do estado não confia no presidente do Legislativo deputado Francisco Franco, mas acredita que pôr interesse, êle é capaz de se prestar à manobra de alvejar o governador. (...)
> Em tempo: outro assunto que decepcionou o Sr. Júlio de Mesquita e do qual o Marechal Castelo Branco falava continuamente era a realização direta nos 11 Estados. O presidente, segundo afirmação dos que participaram do encontro, só apenas, digo só pensa agora nas eleições. Êste é mais um motivo de decepção para o grupo Mesquita, que propugnou inclusive no caso da Prefeitura de São Paulo, pela não-realização das eleições. Torno a afirmar, propugnam êles por um sistema de interferência em... (ilegível) govêrnos estaduais e municipais."[68]

[67] ALVES, op. cit., p. 56.
[68] DEOPS/SP, DAESP. Dossiê 20-F-1, 1797, 29/03/1965.

Nessa conversa, a qual foi iniciativa de Castelo Branco, o investigador notou um tom de repreensão por parte de Júlio de Mesquita ao presidente, relativo ao encaminhamento das eleições aos governos de onze Estados e à continuidade do regime militar. Incentivou a intervenção nos Estados, colocando-se contra a realização de eleições, e pediu que o governo federal continuasse insistindo em seu objetivo de estabelecer a ordem social, retirando as possibilidades de articulação de grupos considerados subversivos. Por esse fim, justificava-se a renúncia aos direitos legais e constitucionais. O jornal *O Estado de São Paulo* mostrava-se simpático ao endurecimento do regime e mais próximo à proposta do grupo militar indicado por linha dura.

A discussão sobre as eleições para os governos, que aconteceriam em outubro de 1965, foi motivo de crescente inquietação para os militares da "linha dura", os quais propunham o endurecimento do regime. Contrários às determinações de Castelo Branco, pressionaram-no para que mantivesse o poder político centralizado em suas mãos. Segundo Thomas Skidmore,[69] o presidente situou-se como mediador entre a linha dura e os pré-constitucionalistas. Aos poucos, o primeiro grupo mostrava-se mais forte e conseguia impor suas determinações.

Em seu objetivo de afastar o governador de São Paulo, segundo o autor do relatório, Júlio de Mesquita poderia dialogar com o presidente da Assembléia Legislativa, o deputado Francisco Franco, que chegou a esse cargo justamente devido ao apoio da oposição, da qual fazia parte Adhemar de Barros.

Não foram somente as pressões de Júlio de Mesquita que ajudaram a derrubar Adhemar de Barros do governo de São Paulo no ano de 1966, porém, dois anos antes, os policiais descreviam a participação desse líder em movimentos contra o regime.

Em maio de 1964, relataram que Adhemar de Barros, Magalhães Pinto e o general Amauri Kruel estavam envolvidos num movimento que visava uma contra-revolução no país e que o Partido Comunista Brasileiro tinha provas disso, e as entregaria ao povo.

> "Levamos ao conhecimento desta chefia que, segundo informação reservada, comenta-se no Partido Comunista Brasileiro, que a direção do Partido já tem em mãos provas de que os senhores Adhemar de Barros, Magalhães Pinto e Amaury Kruel estão envolvidos e figuram, mesmo, entre os cabeças de um movimento que visa fazer uma contra-revolução no país. Que, o Partido

---

[69] SKIDMORE, Thomas. *Brasil: de Getúlio Vargas a Castelo (1930-1964)*. Rio de Janeiro: Paz e Terra, 1982.

Comunista Brasileiro dará a público tais provas, por meio de boletins que pretende lançar muito em breve, ou melhor, dentro de poucos dias."[70]

O relatório, em tom de denúncia, colocava o governador do Estado de São Paulo como um dos líderes da contra-revolução; a articulação desse movimento seria entregue ao público pelo PCB. Esse partido, segundo demonstrou o policial, não seria tão perigoso ao governo federal quanto aqueles três líderes. Pelo contrário, pois até denunciaria o suposto movimento. Essa informação colhida a partir de comentários, e sobre a qual o investigador poderia ter incertezas em relação a sua veracidade, chamou sua atenção e levou-o a registrá-la.

O general Amauri Kruel era comandante do II Exército e amigo do então presidente João Goulart. Inicialmente mostrara-se indeciso, mas por fim apoiou o movimento militar que resultou na deposição do presidente. Seu exército era considerado essencial para a sustentação do movimento.[71] Quanto à decisão do governo militar de cassar o mandato de Adhemar, em 5 de junho de 1966, Amauri Kruel não se colocou contra.

Magalhães Pinto (governador de Minas Gerais e membro da UDN), assim como Adhemar de Barros, colocava-se como candidato à Presidência da República para um pleito futuro. Na UDN, era o principal adversário de Carlos Lacerda, que também pretendia ser candidato. Esses três personagens (Adhemar de Barros, Carlos Lacerda e Magalhães Pinto) apoiaram a "revolução" de 64, sendo posteriormente observados como suspeitos, pois divergiram em relação a alguns encaminhamentos tomados pelo novo governo.

No final do mês de abril de 1965, investigadores de São Paulo foram ao Rio de Janeiro com a missão de perceber como estava a situação política nacional. Baseando-se em relatos de mais de um informante, produziram um relatório sobre a Política Nacional. Expuseram inicialmente o que ouviram de um informante: a situação nacional seria de calma e de confiança no governo. Em seguida, expuseram no relatório: "não obstante saber-se que há um plano de agitação, que vem sendo pôsto em prática, gradativamente, por meios de atos isolados de terrorismo, tal como o que se verificou no Jornal de São Paulo. O governo, todavia, está alerta e disposto a reprimir com energia qualquer perturbação da ordem pública".[72]

---

[70] DEOPS/SP, DAESP. Dossiê 20-F-1, 1798, 22/05/1964.

[71] SKIDMORE, Thomas. *Brasil: de Getúlio Vargas a Castelo (1930-1964).* Rio de Janeiro: Paz e Terra, 1982.

[72] DEOPS/SP, DAESP. Dossiê 20-F-1, 1792. 29 e 30/04/1965.

Já um outro informante mencionou um movimento chamado civilista, em curso na Guanabara, no qual líderes udenistas estariam em diálogo com líderes do PSD e de outros partidos.

> "O movimento civilista, que se acha em curso e está assumindo proporções sérias, vem sendo inspirado por quatro ex-governadores da chamada linha revolucionária; o sr. Carlos Lacerda, o sr. Magalhães Pinto, o sr. Ney Braga e o sr. Adhemar de Barros. O governador da Guanabara já abriu baterias contra o governo, criticando-lhe vários atos e combatendo frontalmente a sua política econômico-financeira. Com isto, ele pretende matar dois coelhos com a mesma cacetada: destruir as possíveis candidaturas do General Costa e Silva, atual Ministro da Guerra, e a do sr. Roberto de Oliveira Campos, Ministro do Planejamento. Assim, o governador da Guanabara pretende destruir a candidatura militar e se essa não for exequível, porque as condições políticas não permitem o seu lançamento, destruída fica a do sr. Roberto de Oliveira Campos, caso a linha dura queira apresentá-lo se o plano econômico-financeiro der os resultados esperados pelo seu idealizador.
>
> (...) O sr. Adhemar de Barros está agindo nêste caso da mesma forma que agiu durante o Govêrno de Jango Goulart. Naquela ocasião êle acendia uma vela a Deus e outra ao Diabo, isto é, tecia lôas ao sr. Jango Goulart na sua presença e, por trás, conspirava contra seu Gôverno. Agora, com as mesmas cautelas e usando os mesmos processos, o sr. Adhemar faz mesuras ao Presidente Castelo Branco e, ao mesmo tempo combate o atual Govêrno, visando a sua destruição. Mas, é de se considerar que o sr. Adhemar, digo Adhemar de Barros é candidato à presidência da República e, como tal, procura destruir os demais pretendentes a êsse alto Pôsto. Uma cousa, porém, é certa: o sr. Adhemar de Barros está engajado no movimento civilista, embora venha agindo com alguma reserva, deixando que os srs. Carlos Lacerda e Magalhães Pinto assumam como já assumiram, a dianteira nas críticas e restrições ao Govêrno atual."[73]

Tal movimento articulado pelos revolucionários, segundo o investigador, procurava vedar o continuísmo do governo militar. Já sobre os "anti-revolucionários",[74] escreveu que também estavam estruturados, e que o governo já sabia disso. Muitos estavam voltando para o Brasil em decorrência do ato institucional; por conta de "erros" cometidos pelos dirigentes dos Inquéritos Policiais Militares (IPMs), e devido à ação da justiça que, com o fornecimento de *habeas corpus* e com o arquivamento de inquéritos, favoreceu elementos

[72] DEOPS/SP, DAESP. Dossiê 20-F-1, 1792. 29 e 30/04/1965.

[73] Idem, Ibidem.

[74] Na linguagem do investigador, esses eram os grupos sociais que não participaram da instauração da revolução de 1964.

subversivos e até corruptos. O que, ao policial, pareciam erros, eram, na verdade, as práticas de juízes do Supremo Tribunal Federal que procuravam contornar as medidas autoritárias do governo. A partir da instauração do Ato Institucional n.º 2, em 27 de outubro de 1965, o Tribunal passou a comportar mais cinco juízes adicionais, resultando em dezesseis postos. Esses juízes seriam nomeados pelo presidente.

Carlos Lacerda e Magalhães Pinto ensaiaram a formação de uma frente em oposição ao governo de Castelo Branco, a qual poderia reunir forças dos oficiais da linha dura, uma vez que, assim como fez *O Estado de São Paulo*, também criticaram os caminhos tomados pelo presidente. Entretanto, essa iniciativa não se concretizou, pois Magalhães Pinto não queria se contrapor publicamente ao governo.

Na eleição de 5 de outubro de 1965 para os governos dos Estados, o candidato indicado por Lacerda para a Guanabara, Carlos Flexa Ribeiro, foi derrotado pelo candidato da oposição, representante da aliança PSD/PTB, Francisco Negrão de Lima. Lacerda insurgindo-se contra o governo, disseminou através da imprensa que aquele candidato recebeu o apoio de Castelo Branco, e que este estaria agindo contra a revolução. Para o governo de Minas Gerais também foi vitorioso o candidato do PSD, Israel Pinheiro.

Diante dessa conjuntura de forte conspiração contra o governo federal desenhada pelo DEOPS, foi editado o AI-2, reabrindo processos de cassações, extinguindo partidos políticos, instaurando as eleições indiretas para a Presidência da República e reforçando as atribuições do Poder Executivo frente ao Legislativo. Diante da extinção dos partidos, a Aliança Renovadora Nacional (ARENA) reuniu os políticos partidários da situação, e o Movimento Democrático Brasileiro (MDB) reuniu a oposição. Membros do PSP aderiram à ARENA e entraram em confronto com os grupos governistas que compunham essa entidade.

Lacerda mostrou-se descontente com os resultados das eleições e com a determinação do AI 2 que impôs eleições indiretas para a Presidência da República e, em 4 de novembro, deixou o governo da Guanabara.

A articulação da oposição e os resultados positivos que esta vinha conquistando no cenário político, levaram Castelo Branco a solicitar, em maio de 1966, que o setor governista da ARENA lhe enviasse uma lista com nomes de revolucionários autênticos, dentre os quais escolheria o nome do candidato para o governo do Estado de São Paulo. O selecionado foi Roberto de Abreu Sodré.

Entretanto, a persistente ameaça de articulação por parte de Adhemar resultou na decisão do governo de afastá-lo definitivamente do cenário político. Com pauta no AI-2, foi decidida a cassação de seu mandato no governo do

Estado e a suspensão de seus direitos políticos por dez anos, efetivada em julho de 1966. Os militares só conseguiriam acabar com a ameaça de sua insistente liderança, tirando-o da cena política.[75] Mais uma vez suas ambições políticas minavam seus caminhos. Adhemar poderia acrescentar mais alguns nomes em sua lista de adversários políticos.

O investigador que escreveu sobre os movimentos de conspiração contra o governo concluiu que o país não estava em calma, e sim em "ebulição constante",[76] e que a situação deveria se tornar mais grave, à medida que as eleições para os Estados aproximavam-se. De maneira geral, os relatores indicaram uma situação de agitação da sociedade em relação ao desenvolvimento do governo. Esses relatores pareciam avisar aos militares da necessidade de cautela para, futuramente, evitar qualquer movimento contra-revolucionário. O fator mais preocupante era que esse movimento estava sendo articulado por líderes que comandavam os destinos de vários Estados do Brasil. Por outro lado, os investigadores indicaram que o governo tinha o apoio da grande imprensa, através d'*O Estado de São Paulo*. Também apontaram que muitos setores sociais estavam descontentes com os rumos que Castelo Branco estava propondo para a revolução. Segundo o investigador, o grupo d'*O Estado* pedia para que o governo não entrasse numa *fase pacífica* e que continuasse num *ritmo forte*. Essa visão seria compartilhada por outros grupos sociais:

> "Insistem ainda o pessoal do "Estado" a afirmar que reina nas forças armadas uma profunda insatisfação contra a Revolução e que se não tomarem agora alguma medida contra o atual estado de coisas, a situação pode mudar radicalmente com grave prejuízo para êles que defenderam o atual movimento revolucionário. Na área popular a insatisfação é aberta, declarada e inegável em tôdas as áreas. Os próprios elementos que ainda defendem o atual govêrno revolucionário são unânimes em admitir a insatisfação e receosos de que as coisas tomem outro rumo, procuram fazer algo com suas reuniões para justificar o fracasso do movimento que comandaram."[77]

Percebemos que a polícia e o governo encaminhavam medidas extremas quanto à vigilância e ao cerceamento das liberdades individuais. Os relatórios indicavam um contexto de medo em relação à possibilidade de um movimento contrário ao golpe militar, além de apontarem para um eminente fracasso do governo de Castelo Branco, o qual não estaria respondendo aos anseios da

---

[75] ADHEMAR DE BARROS. In: *Dicionário Histórico Biográfico Brasileiro (DHBB),* op.cit., p. 323.
[76] DEOPS/SP, DAESP. Dossiê 20-F-1, 1792. 29 e 30/04/1965.
[77] DEOPS/SP, DAESP. Dossiê 20-F-1, 1797. 29/03/1965.

população que havia acreditado na mudança social e política que poderia ser estabelecida.

Os policiais, diante desse quadro de grande insatisfação das lideranças que apoiaram o movimento, e que agora tinham receio do que lhes poderia acontecer, devido ao fato de o governo estar perdendo o controle da situação, pareciam justificar e legitimar a inserção do setor militar que conduziria para a linha dura. Em outubro de 1966, o general Arthur da Costa e Silva, representante deste setor, foi eleito presidente pelo Congresso Nacional, mas não sem resistências dos representantes do partido de oposição, o Movimento Democrático Brasileiro (MDB).

Conclusões

Adhemar de Barros utilizou-se das práticas do clientelismo para desenvolver sua carreira política. Negociava com os trabalhadores e com os partidos políticos em troca de apoio.

As análises documentais possibilitaram-nos a percepção da confusão existente entre o público e o privado. Essa confusão existia em dois sentidos: tanto no uso da esfera privada para a pública (legitimada pelos policiais do DEOPS) quanto da esfera pública para a privada. Aos agentes do DEOPS a primeira prática era permitida em função da defesa dos interesses nacionais; em contraposição, condenavam o uso indevido do bem público e também os acordos políticos que contrariavam a ideologia e o discurso de uma determinada instituição. Fato tantas vezes observado nas práticas de Adhemar. Esse comportamento determinou a mudança de posição de alguns investigadores. Inicialmente, pudemos localizar alguns relatos em defesa do político, mas, à medida que os casos de corrupção surgiam, tais relatos tornavam-se mais raros.

As relações sociais desenvolvidas pelo político, no espaço urbano e no rural, apresentavam semelhanças; o fator diferencial referia-se ao discurso empregado por ele e à população que procurava atingir.

Por duas vezes Adhemar foi suspeito de conspirar contra o governo federal. Não por acaso, isso aconteceu durante duas ditaduras: no Estado Novo de Getúlio Vargas (1937 a 1945) e no regime militar (1964 a 1985). Evidenciou-se, através dos relatos dos investigadores, como um político corrupto e oportunista que pretendia chegar à Presidência da República. Seu ideal foi pautado na defesa da legalidade apenas do momento em que a situação política não correspondeu aos seus objetivos e interesses pessoais.

Outro aspecto da atividade de Adhemar de Barros, a construção das grandes obras públicas e assistenciais, pouco apareceu nos documentos, uma vez que o que interessava à Delegacia de Polícia era apreender o contexto político nacional e os supostos crimes contra a ordem político-social. Os investigadores apresentaram uma preocupação maior em relação à ordem e à estabilidade do governo federal, em contraposição às do estadual. Principalmente, a partir de 1964, quando pudemos perceber que a tarefa que mais tomou o tempo dos policiais foram as suspeitas de articulação contra o regime.

Os textos redigidos pelos investigadores apresentam uma riqueza inquestionável, uma vez que tais representantes procuravam anotar as informações que recebiam e narrar os acontecimentos, muitas vezes, detalhadamente. Além dos relatórios, as reportagens que selecionavam dos jornais, as fotografias e os materiais apreendidos constituem um quadro amplo que nos auxilia a compreender e a enriquecer o estudo de determinado contexto histórico.

Sem dúvida, os documentos referentes aos Dossiês do acervo do DEOPS/SP possibilitam-nos aprofundar discussões em torno do aparato repressivo representado pela polícia política, compreender como o órgão funcionava internamente e visualizar quais ideais políticos orientavam os investigadores e o órgão. Tais documentos podem, também, permitir-nos traçar as mudanças e permanências que sofreu o DEOPS durante os anos de sua existência.

Fontes: Dossiês 20-F-1, 21-Z-9 e 20-Z-57.

IMAGENS DO ACERVO DEOPS/SP

Cartaz identificando quatro militantes de movimentos guerrilheiros procurados pela polícia durante o regime militar. Localização: pasta 20-C-2 (12), doc. N.º 1493 (verso). Data de Arquivamento – 19/08/1976.

Líder integralista, Plínio Salgado (ao centro) posa durante a comemoração do 25.º aniversário do movimento, no dia 26 de abril de 1958. Localização: pasta 24-K-12, doc. N.º 134. Data de Arquivamento: 12/05/1958.

Impedida Viajar

Salvo Conduto 5081
da 5ª Deleg.

Lanza

Maria Isabella

di Aldo

abitante in S. Paolo - Brasile

di professione studentessa

è iscritta al Fascio Italiano di

SAN PAOLO

dal 21-8-19trentasei

E' iscritta al P. N. F. dal ~

~ ~ ~

LA FASCISTA

IL SEGRETARIO DEL FASCIO

Acima, DEOPS apreende a carteirinha de Maria Isabella Lanza, pertencente à organização Fascio de São Paulo, que pregava as idéias de Benito Mussolini. Durante a 2ª Guerra Mundial, estrangeiros e seus descendentes eram alvos de investigações da polícia política. Localização: 13-J-02, doc. N.º 102. Data de Arquivamento: 20/11/1944.

À esquerda, Junji Kikawa, coronel do Exército do Japão, veste uniforme militar. Acusado de chefiar um grupo que incendiava criações de bicho-da-seda em Marília (interior de São Paulo), Kikawa foi condenado à prisão por crime de sabotagem pelo Tribunal de Segurança Nacional. Localização: 10-J-1 (3), doc. N.º 36. Data de Arquivamento: 05/09/1945.

Fotos de imigrantes alemães acusados de pertencerem a uma rede de espionagem nazista atuante no Brasil, na Argentina e em outros países da América do Sul, apreendidas pelo DEOPS/SP. Localização: 11-Z-20, doc. N.º15. Data de Arquivamento: 29/01/1944

Um dos principais líderes civis do golpe de 1964, Carlos Lacerda tinha pretensão de lançar candidatura às eleições presidenciais, de 1966, o que acabaria não acontecendo. Os partidários de Lacerda (UDN) já haviam imprimido uma série de panfletos de propaganda política da futura candidatura. Localização: 20-Z-59 (2), doc. N.º 222. Data de Arquivamento: 12/11/1964.

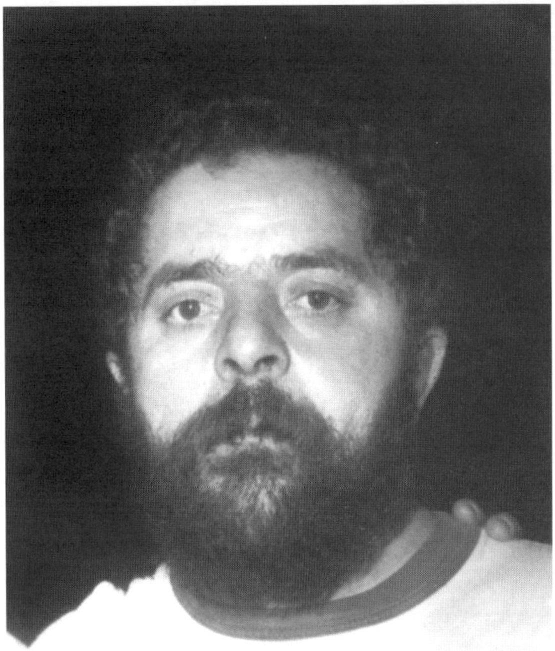

Luiz Inácio Lula da Silva participa de ato político no Paço Municipal durante uma visita do ex-governador de Pernambuco, Miguel Arraes, a São Bernardo. Com a volta dos exilados, em 1979, há uma rearticulação de antigas lideranças políticas que retornavam ao país. Localização: 20-C-43 (48), doc. N.º 45665. Data de Arquivamento: 26/10/1979.

Abaixo, o escritor Jorge Amado (à direita) conversa com participantes do Congresso Mundial pela Paz, realizado em Varsóvia (Polônia), em novembro de 1950. Ex-deputado federal pelo PCB, Jorge Amado ainda mantinha militância no Partido Comunista, que estava na ilegalidade nesse período. Localização: 20-K-35, doc. N.º 65. Data de Arquivamento: 23/08/1951.

O físico Mário Schemberg concede entrevista a um repórter do jornal comunista *Hoje*. Schemberg que seria eleito deputado estadual, defendia, em 1945, a necessidade da elaboração de uma nov Constituição, após o fim do Estado Novo. Localização: 20-K-77, doc. N.º 270. Data d Arquivamento: 11/10/1945.

Foto n.º 10: Comício de lançamento da candidatura de Adhemar de Barros ao governo do Estado de São Paulo, realizado na cidade de Franca, em 9 de março de 1958.
Localização: 50-Z-344 (2), doc. N.º 201
Data de Arquivamento: s/d.

CATÁLOGO

DOSSIÊS/ PASTAS	ASSUNTO	ARQUIVAMENTO	PRODUÇÃO
10-A-000	**Suspeita de sabotagem. Os investigados são operários do município de São Paulo - SP, que teriam sabotado uma fábrica de molho, cujos proprietários eram japoneses.**	**31/01/44 - 10/10/79**	**1944 - 1979**
10-A-001	**Suspeita de sabotagem. É investigada a Usina Varjão, de propriedade de Mário de Barros, localizada no município de Araraquara - SP.**	**09/06/44 -**	**1942 - 1942**
10-A-002	**Suspeita de sabotagem. O investigado é Minetaro Miyata, japonês, lavrador, que teria agido em uma plantação de hortelã pimenta, localizada no município de Jundiaí - SP.**	**12/07/44 - 24/07/44**	**1944 - 1944**
10-A-003	**Suspeita de sabotagem. É investigada a fábrica Lanifício Brasília, localizada no município de São Paulo – SP, que teria sofrido inutilização de novelos de lã.**	**17/08/44 - 17/08/44**	**1944 - 1944**
10-B-000	**Suspeita de sabotagem. São investigadas diversas empresas de transporte público, padarias, indústrias de bebidas, indústrias de plástico, indústrias têxteis, fábricas de balas e chocolates e fábricas de carrocerias.**	**02/04/45 - 07/02/75**	**1942 - 1975**
10-B-001	**Suspeita de sabotagem. A investigada é Conceição Cecília, que trabalhava com o material bélico do exército, bem como para garantir sua produção no setor de qualidade da fábrica Cia. Brasileira de Cartuchos.**	**13/03/44 - 13/03/44**	**1942 - 1942**
10-B-002	**Suspeita de sabotagem. São investigadas fábricas de produtos agrícolas do município de Pindamonhangaba - SP e a Sociedade Industrial e Comercial de Produtos Agrícolas Ltda.**	**11/05/44 - 11/05/44**	**1944 - 1944**
10-B-003	**Suspeita de sabotagem. São investigados Karl Arnold e A. Muller, alemães.**	**16/05/44 - 23/10/45**	**1942 - 1942**
10-B-004	**Suspeita de sabotagem na Estrada de Ferro de Araraquara.**	**02/06/44 - 02/06/44**	**1942 - 1942**
10-B-005	**Suspeita de sabotagem. O investigado é Hermínio Daniel (vulgo "Sarampo"), que teria agido na fábrica Cerâmica Sacoman S. A.**	**13/06/44 - 13/06/44**	**1944 - 1944**
10-B-006	**Suspeita de sabotagem. Os investigados são Ywao Tahasuji, Akijiro Ywaya, Zujiro Ywaya e Masahiro Fugii, que teriam sabotado uma indústria da seda no município de Marília - SP.**	**21/08/44 - 06/07/44**	**1944 - 1944**
10-B-007	**Suspeita de sabotagem. O investigado é o trabalhador agrícola Antônio Varrini, que teria provocado um descarrilamento na Estrada de Ferro Sorocabana.**	**27/07/44 - 27/07/44**	**1944 - 1944**
10-B-008	**Movimento grevista, movimento sindical e suspeita de atividade comunista. Os investigados são marinheiros descontentes com o fato de colegas não sindicalizados poderem trabalhar nos navios.**	**17/08/44 - 17/11/59**	**1943 - 1959**
10-B-009	**O investigado é Iwao Takasugui, japonês, membro da Sociedade dos Amigos ou Sociedade da Afeição.**	**30/08/44 - 21/01/52**	**1944 - 1952**
10-B-010	**Suspeita de espionagem eixista. Os investigados são Domingos Mormano e José Fritelli, italianos, e Ernesto Bauer, alemão.**	**11/09/44 - 27/03/46**	**1942 - 1942**
10-B-011	**Suspeita de sabotagem. O investigado é Kioshi Kashiwage, japonês, que teria agido no município de Cravinhos - SP.**	**20/09/44 - 20/09/44**	**1944 - 1944**
10-B-012	**Suspeita de sabotagem. São investigados japoneses suspeitos de sabotarem uma lavoura no município de Lussanvira - SP.**	**04/11/44 - 04/11/44**	**1944 - 1944**
10-B-013	**Suspeita de sabotagem. Incêndio na Companhia Fábrica de Papel Itajaí, localizada no município de Itajaí, no Estado de Santa Catarina.**	**01/06/45 - 19/06/45**	**1943 - 1945**
10-B-014	**Pedido de entrega do preso Massatada Yamada, que se encontrava encarcerado na Casa de Detenção.**	**20/12/44 - 20/12/44**	**1944 - 1944**
10-B-015	**Suspeita de sabotagem. O investigado é Hisashi Tamuta, japonês, que teria sabotado a Fazenda Aliança, localizada no município de Andradina - SP.**	**20/12/44 - 23/01/47**	**1944 - 1945**
10-B-016	**Suspeita de sabotagem. É investigado o rancho de cultivo de bicho-da-seda Vila Nova, no município de Mirandópolis - SP, propriedade de Yoshio Wakasugui, japonês.**	**27/01/45 - 26/02/45**	**1945 - 1945**
10-B-017	**Suspeita de sabotagem. O investigado é Hadashi Fokume, japonês, residente no município de Pompéia - SP.**	**22/01/45 - 15/06/45**	**1945 - 1945**
10-B-018	**Suspeita de sabotagem. O investigado é Yoshikuno Benino, que teria incendiado a criação de bicho-da-seda de um rancho no município de Lins - SP, propriedade do Sr. Harimori.**	**21/02/45 - 23/01/47**	**1944 - 1945**
10-B-019	**Suspeita de sabotagem. O investigado é Vicente de Paula Cardoso, que teria sabotado um trem de passageiros.**	**06/12/45 - 04/01/46**	**1945 - 1945**
10-E-001	**Suspeita de sabotagem e suspeita de atividade nazista. Os investigados são Josef Kuss e Erman Kuss.**	**11/04/45 - 11/04/45**	**1944 - 1944**
10-J-001	**Suspeita de atividade nipônica e suspeita de sabotagem. Os investigados são japoneses que teriam sabotado fazendas nos Estados de São Paulo e do Paraná. Há no dossiê informação sobre Junji Kikawa, líder da Shindô Renmei.**	**11/09/44 - 23/01/48**	**1944 - 1948**
001	Suspeita de sabotagem. Os investigados são vários japoneses, especialmente Massatada Yamada e Iwao Takasugui, que teriam sabotado fazendas de bicho-da-seda no município de Marília - SP.	11/09/44 - 13/05/47	1944 - 1947
002	Suspeita de sabotagem. O investigado é Junji Kikawa, líder da Shindô Renmei, que agia no Estado de São Paulo e no Estado do Paraná.	06/09/45 - 23/01/48	1944 - 1948

DOSSIÊS/ PASTAS	ASSUNTO	ARQUIVAMENTO	PRODUÇÃO
10-K-001	Suspeita de atividade nipônica. Os investigados são vários japoneses.	23/05/44 - 23/05/44	1942 - 1942
10-Z-000	Suspeita de sabotagem. Os investigados são Pedro Francisco Ferreira e João Cruz, que teriam sabotado a Indústria Beneficiadora de Tecidos Santa Maria Ltda. e plantações de amoras, algodão e hortelã.	28/11/44 - 14/05/76	1945 - 1976
10-Z-001	O investigado é Jaques Funkes, proprietário do laboratório Salus, líder do Grupo de Franceses Livres, no município de São Paulo - SP.	17/02/44 - 25/11/44	1943 - 1943
10-Z-002	Suspeita de sabotagem. O investigado é Ivan Oscada, ucraniano, líder da organização Nacionalista Subterrânea.	06/04/45 - 06/04/45	1944 - 1944
10-Z-003	Suspeita de sabotagem. O investigado é Yosumatu Minami, japonês, que teria sabotado um trem no município de Valparaíso - SP.	23/11/45 - 23/11/45	1942 - 1942
11-A-001	Suspeita de atividade nazista e de posse de rádio transmissor. O investigado é Antonio Ilsen.	01/02/44 - 01/02/44	1944 - 1944
11-A-002	A investigada é Edith Homburger, alemã, que mantinha boas relações com diplomatas alemães residentes no Rio de Janeiro.	20/03/44 - 09/11/44	1943 - 1944
11-A-003	Suspeita de posse de rádio transmissor. A investigada é Stefania Perzchalzy, polonesa.	01/02/44 - 01/02/44	1943 - 1943
11-A-004	Suspeita de atividade eixista. É investigado o Recreio Giane, cujos proprietários eram João Campini e Ernesto Monte Santo.	01/02/44 - 01/02/44	1943 - 1943
11-A-005	Suspeita de conduta ilegal. É investigado o Banco Transatlântico Alemão.	16/02/44 - 10/04/45	1943 - 1945
11-A-006	Movimento sindical, movimento grevista e suspeita de sabotagem. É investigada a fábrica de pneus Pirelli.	16/02/44 - 07/05/75	1941 - 1971
11-A-007	Suspeita de atividade nazista. O investigado é o industrial Rudolph Milchner, alemão.	14/04/45 - 03/04/46	1942 - 1943
11-A-008	Suspeita de atividade nazista. O investigado é o industrial Hans Frederico Ludwig Reichmann, alemão.	12/04/44 - 15/01/47	1940 - 1947
11-A-009	Suspeita de atividade nazista. O investigado é o industrial Carlos Ladislau Stadler, alemão.	24/04/44 - 08/03/46	1941 - 1949
11-A-010	Suspeita de atividade nazista. O investigado é Guilherme Moeller.	03/05/44 - 03/05/44	1941 - 1949
11-A-011	Suspeita de atividade nazista. O investigado é Erich Zimdar, residente no município de Santos - SP.	09/05/44 - 07/01/46	1944 - 1946
11-A-012	Suspeita de atividade nazista. Os investigados são Agnes Rogosch Bleichroeder e Artur Bleichroeder, alemães.	11/05/44 - 11/05/44	1942 - 1942
11-A-013	Suspeita de atividade nazista. Os investigados são Philipp Wieland e Elizabeth Wieland, alemães, da companhia aérea Vasp.	19/05/44 - 07/12/45	1935 - 1945
11-A-014	Suspeita de atividade nazista. O investigado é Willy Huhhenbacher.	22/05/44 - 02/03/45	1945 - 1945
11-A-015	Suspeita de conduta ilegal. É investigada a Martinelli e Companhia, localizada no município de São Paulo - SP, que teria fornecido combustível e provisões para submarinos italianos e alemães.	24/05/44 - 24/05/44	1942 - 1942
11-A-016	Suspeita de espionagem. O investigado é Max Schneider, tchecoslovaco.	30/05/44 - 21/05/52	1944 - 1952
11-A-017	Suspeita de espionagem. O investigado é Misao Imaizuma, japonês.	09/07/45 - 07/06/44	1942 - 1945
11-B-001	Suspeita de espionagem. O investigado é o engenheiro químico Herman Walter Schneider, alemão, que trabalhava na Cervejaria Brahma.	27/09/44 - 28/11/46	1941 - 1946
11-B-002	Suspeita de atividade nazista e de atividade fascista. O investigado é Fernando Paes de Barros Machado.	12/02/44 - 17/08/70	1943 - 1970
11-B-003	Suspeita de atividade nazista. O investigado é o jornalista Otto Fontes, alemão, que trabalhou no jornal *Deutsche Rio Zeitung*.	12/02/44 - 12/02/44	1943 - 1943
11-B-004	Suspeita de espionagem. O investigado é o jardineiro Kaname Takahashi, japonês.	20/12/41 - 30/12/41	1940 - 1941
11-B-005	Suspeita de atividade nazista. O investigado é Hans Treutller, encarregado da seção de aviões *Junkers* da filial da firma Theodor Wille e Co. Contém informações do Estado de Mato Grosso, do Paraguai e da Argentina.	11/04/46 - 14/05/46	1933 - 1946
11-B-006	Suspeita de atividade nazista. O investigado é Walter Kirchoff, alemão, caixeiro viajante, residente no município de São Paulo- SP. e representante da firma Z. C. Centeno.	01/03/44 - 09/04/45	1943 - 1944
11-B-007	Suspeita de atividade nazista. O investigado é Carlos Bobach, alemão, funcionário da Casa Beija-flor de Goldstein & Cia., localizada no município de São Paulo - SP.	21/03/44 - 11/12/44	1942 - 1943
11-B-008	O investigado é Hermann Mause, proprietário do bar Caverna Paulista, freqüentado por alemães.	25/03/44 - 18/12/44	1942 - 1944
11-B-009	Suspeita de espionagem. O investigado é Estevam Lourenço, espanhol.	27/03/43 - 27/07/43	1943 - 1943
11-B-010	Suspeita de atividade nazista. O investigado é Carlos Fron (ou Tron), agente da Gestapo e propagandista.	03/04/44 - 03/04/44	1943 - 1943
11-B-011	Suspeita de atividade nazista. O investigado é Mamiane Jansen, alemão, casado com uma japonesa, ambos funcionários do restaurante Rodorf.	10/04/44 - 24/10/45	1942 - 1944
11-B-012	Suspeita de atividade nazista. O investigado é Carl Lye, ex-agente da Gestapo.	12/04/44 - 12/04/44	1943 - 1944
11-B-013	Suspeita de espionagem e de sabotagem. O investigado é o funcionário da companhia aérea Vasp, Ludwing Weber, alemão.	14/04/44 - 04/09/46	1942 - 1951

DOSSIÊS/ PASTAS	ASSUNTO	ARQUIVAMENTO	PRODUÇÃO
11-B-014	Suspeita de atividade nazista. O investigado é Ulrich Richter, alemão.	26/04/44 - 25/05/44	1943 - 1944
11-B-015	Suspeita de atividade nazista. Os investigados são funcionários da Companhia Aliança Comercial de Anilinas.	09/05/44 - 28/08/45	1943 - 1945
11-B-016	Suspeita de atividade nazista. O investigado é Detloff Von Simson, funcionário da Companhia Aliança Comercial de Anilinas.	09/05/44 - 15/05/45	1941 - 1945
11-B-017	Suspeita de atividade nazista. O investigado é Helmuth Kapiki, alemão.	09/05/44 - 03/04/46	1942 - 1946
11-B-018	O investigado é Heriberto Schwartan-Eskildsen, alemão, que foi preso na Colômbia.	12/05/44 - 11/07/45	1943 - 1943
11-B-019	Suspeita de atividade nazista. O investigado é Max Reutger Heineken, alemão.	12/05/44 - 05/11/45	1942 - 1942
11-B-020	Suspeita de espionagem. O investigado é Antonio Vona, italiano.	15/05/44 - 15/05/44	1942 - 1942
11-B-021	Suspeita de atividade nazista. O investigado é Gottfried Richter, alemão.	16/05/44 - 13/02/46	1942 - 1946
11-B-022	Suspeita de atividade nazista, com base em censura postal. O investigado é Walter Beither, alemão.	16/05/44 - 16/05/44	1943 - 1944
11-B-023	Suspeita de atividade nazista. O investigado é Paul Kopsch, alemão, residente no município de Santos - SP.	17/05/44 - 17/05/44	1941 - 1944
11-B-024	Suspeita de atividade nazista. O investigado é Albrecht Gustav Engels, alemão.	20/05/44 - 11/01/61	1942 - 1961
11-B-025	Suspeita de atividade nazista. O investigado é Erland Adolf Walstead, alemão.	23/05/44 - 15/03/46	1942 - 1944
11-B-026	Suspeita de espionagem. O investigado é o Conde de Robbilant, italiano.	23/05/44 - 09/10/45	1942 - 1945
11-B-027	Suspeita de atividade nazista. O investigado é Norbert Bauer, alemão.	08/09/44 - 08/09/44	1941 - 1944
11-B-029	Suspeita de atividade nazista. O investigado é Ernest Conrad, alemão.	11/09/44 - 18/12/62	1942 - 1943
11-B-030	Suspeita de espionagem nipônica. O investigado é Kumito Miasaka, jjaponês, que estaria ligado à Shindô Renmei.	24/05/44 - 19/12/47	1944 - 1947
11-B-031	Suspeita de atividade nazista, com base em censura postal. O investigado é Henrique Schenk, alemão.	30/05/44 - 30/05/44	1943 - 1944
11-B-032	Suspeita de atividade nazista. O investigado é Peter Muller, alemão.	29/11/43 - 02/01/45	1943 - 1945
11-B-033	Suspeita de atividade nazista. O investigado é Paul Hunekuhl Wilde, alemão.	16/06/44 - 16/06/44	1943 - 1944
11-B-034	Suspeita de espionagem nipônica. O investigado é Keijoharu Kawamura, que estaria ligado à Sociedade de Socorro Mútuo de Guerra.	17/06/44 - 03/10/45	1943 - 1948
11-B-035	Suspeita de atividade nazista. Consta uma denúncia falsa do investigador Paulo Chandler.	26/06/44 - 26/06/44	1943 - 1944
11-B-036	Suspeita de espionagem. O investigado é Nelson de Almeida Prado.	27/06/44 - 02/04/46	1941 - 1941
11-B-037	Suspeita de atividade nazista. O investigado é Karl Oskar Bethner, alemão.	30/06/44 - 17/08/44	1944 - 1944
11-B-038	Suspeita de espionagem. Os iinvestigados são Friedrich Wilhelm Horn Fitegibbon e Rosemary Steinrath, austríacos.	28/07/44 - 14/08/45	1944 - 1945
11-B-039	Suspeita de atividade nazista. O investigado é Helmuth Shadlich, alemão.	03/01/45 - 16/11/46	1942 - 1945
11-B-040	Suspeita de atividade nazista. O investigado é Leo Berthold, alemão.	05/07/44 - 30/07/46	1943 - 1946
11-B-041	Suspeita de espionagem. O investigado é Joaquim Pinto de Oliveira, residente no município de Santos - SP.	07/07/44 - 07/08/45	1943 - 1945
11-B-042	Suspeita de espionagem. O investigado é Antônio Gonçalves da Cunha, brasileiro.	07/07/44 - 07/07/44	1942 - 1945
11-D-001	Suspeita de espionagem. O investigado é Hans W. C. Weiss, alemão.	10/12/43 - 10/12/43	1943 - 1943
11-D-002	Suspeita de atividade nipônica. O investigado é Katsushige Hanan, que seria o líder da seita japonesa Dragão Negro.	24/10/44 - 24/10/44	1943 - 1943
11-E-001	Suspeita de espionagem. O investigado é Eduardo Rodrigues Cerejo Sobrinho, chanceler do Consulado de Portugal.	20/12/43 - 20/05/44	1943 - 1943
11-E-002	Suspeita de espionagem. O investigado é Rudolf Bolting, alemão.	28/01/44 - 28/01/44	1942 - 1942
11-E-003	Suspeita de espionagem. O investigado é o Coronel Johannes Hein.	26/05/44 - 05/04/46	1944 - 1946
11-G-001	Suspeita de espionagem. O investigado é Johannes Hein, alemão.	24/11/43 - 13/01/44	1944 - 1946
11-G-002	Censura postal a estrangeiros. O investigado é o padre Nicolau Simon, alemão, que seria membro do Exército da Salvação.	16/02/44 - 25/10/44	1944 - 1944
11-G-003	Suspeita de espionagem. O investigado é Rudi Salat, alemão, acusado de ser um falso padre.	20/05/44 - 20/05/44	1942 - 1948
11-J-001	Suspeita de posse de rádio transmissor. Os investigados são líderes da paróquia São Judas Tadeu.	15/12/43 - 15/12/43	1943 - 1943
11-J-002	Suspeita de espionagem. É investigada a Sociedade Etan.	12/02/44 - 12/02/44	1943 - 1943
11-J-003	Suspeita de atividade nazista. Os investigados são vários alemães.	05/05/44 - 21/03/46	1942 - 1946
11-K-001	Suspeita de espionagem nipônica. O investigado é Yoti Koko.	27/01/44 - 14/08/45	1942 - 1946
11-K-002	Suspeita de espionagem. O investigado é Henrique Brito Viana, membro do PRP (Partido de Representação Popular).	17/03/44 - 17/03/44	1943 - 1947
11-K-003	Suspeita de atividade nazista. O investigado é Franz Ludwig Bastian, alemão.	20/03/44 - 20/04/43	1943 - 1943
11-K-004	Os investigados são Eugene Camillus Branchi e Peter Serafino Pezzati.	03/05/44 - 03/05/44	1942 - 1942

DOSSIÊS/ PASTAS		ASSUNTO	ARQUIVAMENTO	PRODUÇÃO
11-K-005		**O investigado é o engenheiro Richard Willer, alemão.**	**28/01/44 - 28/01/44**	**1943 - 1943**
11-Z-000		**Suspeita de sabotagem e de posse de rádio transmissor. Os investigados são vários alemães e japoneses.**	**10/12/43 - 27/07/69**	**1940 - 1967**
11-Z-001		**Suspeita de espionagem eixista. Trata-se de listas de entrada de estrangeiros no país e de listas de vistos de saída. Há maior atenção aos passageiros vindos da Argentina.**	**19/11/43 - 10/07/44**	**1943 - 1944**
11-Z-003		**Suspeita de atividade nazista. O investigado é Egon Müller.**	**26/11/43 - 17/09/57**	**1943 - 1957**
11-Z-004		**O investigado é Heinz Alfred Hans Völckers, alemão, negociante de sementes de batata, que teria ligações com outros imigrantes.**	**07/12/43 - 07/12/43**	**1943 - 1943**
11-Z-005		**Suspeita de espionagem. Os investigados são Amélia Maria Lagos, argentina, e Emilio Meissner, alemão.**	**10/12/43 - 31/12/43**	**1943 - 1943**
11-Z-006		**Suspeita de posse de rádio transmissor. Os investigados são Alexandra Bauer e Otto Guilherme Bauer, alemães.**	**10/12/43 - 05/01/45**	**1943 - 1945**
11-Z-007		**O investigado é Muller Carioba, de descendência alemã, sócio da firma Carioba e Cia.**	**10/12/43 - 18/10/46**	**1943 - 1946**
11-Z-008		**Suspeita de espionagem. O investigado é Luiz de Barros, funcionário da firma alemã Lohaner S/A.**	**10/12/43 - 10/12/43**	**1943 - 1943**
11-Z-009		**Suspeita de espionagem nazista. O investigado é George Frederic Blass (ou Dr. Braun).**	**12/04/45 - 12/04/45**	**1943 - 1943**
11-Z-010		**Suspeita de posse de rádio transmissor. O investigado é Hans Frank Mayer, alemão, funcionário da empresa Bayer.**	**12/12/43 - 18/10/45**	**1943 - 1945**
11-Z-011		**O investigado é Francisco de Paula Monteiro Machado, diretor da agência de notícias Asapress.**	**12/12/43 - 12/12/43**	**1943 - 1943**
11-Z-012		**A investigada é Judyte Cateyson, francesa, cujo amante, Ferdinando Hoffman, foi detido por suspeita de espionagem e por posse de rádio transmissor.**	**10/12/43 - 10/12/43**	**1943 - 1943**
11-Z-013		**O investigado é Fabian Komornik, polonês.**	**12/12/43 - 12/12/43**	**1943 - 1943**
11-Z-014		**Suspeita de espionagem. O investigado é Leon Cardozo (ou Leon Jacks Cardy), inglês e egípcio, suspeito de fazer parte de uma organização inglesa de espionagem.**	**14/12/43 - 08/04/46**	**1943 - 1943**
11-Z-015		**O investigado é Carlos Schmidt, austríaco.**	**16/12/43 - 12/03/51**	**1943 - 1951**
11-Z-016		**Suspeita de espionagem. São investigados os passageiros do navio espanhol Cabo de Hornos.**	**11/12/43 - 04/02/44**	**1943 - 1943**
11-Z-017		**Suspeita de espionagem. O investigado é Wilhelm Stein, alemão.**	**15/12/43 - 12/10/45**	**1943 - 1945**
11-Z-018		**Suspeita de espionagem. O investigado é João Cancela Zamorra, espanhol.**	**17/12/43 - 17/12/43**	**1943 - 1943**
11-Z-019		**Suspeita de espionagem. O investigado é Otto Vebele.**	**18/03/43 - 10/09/46**	**1943 - 1946**
11-Z-020		**Suspeita de atividade nazista e de espionagem. O investigado é o motorista Heinrich Lange, alemão, que estaria exercendo suas atividades em toda a América do Sul.**	**18/12/43 - 22/04/61**	**1943 - 1961**
	001	Suspeita de espionagem nazista. O investigado é Henrique Lange (ou Heinrich Lange), alemão com documentos brasileiros, motorista, que estaria fazendo espionagem por toda a América do Sul.	18/12/43 - 21/02/45	1943 - 1944
	002	Suspeita de espionagem nazista. O acusado é Henrique Lange (ou Heinrich Lange, ou Heinz Lange), alemão com documentos brasileiros, motorista, que estaria fazendo espionagem por toda a América do Sul.	08/08/45 - 22/04/61	1945 - 1961
11-Z-021		**Suspeita de espionagem. O investigado é Adriano de Jesus Falcão, condutor de bonde.**	**18/12/43 - 15/05/44**	**1942 - 1948**
11-Z-022		**Suspeita de espionagem. A investigada é Judith Ilgenfritz, alemã.**	**20/12/43 - 20/12/43**	**1943 - 1943**
11-Z-023		**Suspeita de espionagem nazista. É investigada a firma Bromberg.**	**20/12/43 - 01/07/49**	**1942 - 1949**
11-Z-024		**Suspeita de atividade e de espionagem nazistas. É investigada a tripulação do vapor Lucho, especialmente o comandante Manoel Garcia.**	**20/12/43 - 20/12/43**	**1943 - 1943**
11-Z-025		**Suspeita de espionagem nipônica. O investigado é Guentiro Nakazawa, japonês.**	**20/12/43 - 20/03/45**	**1942 - 1945**
11-Z-026		**Suspeita de espionagem. O investigado é o barão Alfredo Marterer.**	**21/12/43 - 21/12/43**	**1942 - 1943**
11-Z-027		**Suspeita de atividade nazista e de espionagem. O investigado é Niels Christian Christensen.**	**14/01/44 - 19/12/61**	**1944 - 1961**
	001	Suspeita de espionagem nazista. O investigado é Niels Christian Christensen, chefe de uma rede de espionagem.	14/01/44 - 26/04/45	1944 - 1945
	002	Suspeita de espionagem nazista. O investigado é Niels Christian Christensen, chefe de uma rede de espionagem.	21/03/44 - 19/12/61	1944 - 1961
11-Z-028		**Suspeita de espionagem. O investigado é Ole J. Schelin, norueguês.**	**20/01/44 - 14/03/46**	**1944 - 1946**
11-Z-029		**Suspeita de espionagem. O investigado é René Gouzy, suíço.**	**20/01/44 - 20/01/44**	**1943 - 1944**
11-Z-030		**Suspeita de espionagem nazista. Os investigados são Manoel Dammert e Carlos Pratto.**	**20/01/44 - 20/01/44**	**1942 - 1944**

DOSSIÊS/ PASTAS	ASSUNTO	ARQUIVAMENTO	PRODUÇÃO
11-Z-031	Suspeita de espionagem. O investigado é Mariano Elio de Vivo.	24/01/44 - 26/08/57	1944 - 1944
11-Z-032	Suspeita de espionagem nazista. O investigado é Antonio Afonso Charro, português.	24/01/44 - 15/03/44	1944 - 1945
11-Z-033	Suspeita de atividade nazista e de espionagem. Os investigados são Hans Cristian Von Kotze e Werner Christoph Waltemath, que estariam atuando na Argentina.	01/02/44 - 20/12/52	1941 - 1947
001	Suspeita de espionagem. Os investigados são Hans Christian Von Kotze e Wemer Christoph Waltemath, que espionavam na Argentina.	01/02/44 - 20/12/52	1941 - 1947
002	Suspeita de espionagem. Os investigados são Hans Christian Von Kotze e Wemer Christoph Waltemath, que espionavam na Argentina.	05/05/44 - 02/10/46	1941 - 1945
11-Z-034	Suspeita de espionagem nipônica. O investigado é Kanichi Habara, japonês, proprietário da Fábrica de Conserva e Molho Japonês Kikoman Shoyu.	31/03/44 - 04/09/45	1943 - 1945
11-Z-035	Suspeita de espionagem. Os investigados são Amadeo Castellaneta e Hiram Meira Benavides.	01/02/44 - 22/03/47	1942 - 1945
11-Z-036	Suspeita de espionagem. A investigada é Brunhilda Amália Kussman, argentina.	04/02/44 - 04/02/44	1943 - 1944
11-Z-037	Suspeita de espionagem. O investigado é Johan Jacob Napp (ou João Jacob Napp, ou Bercko), alemão.	04/02/44 - 13/06/46	1939 - 1943
11-Z-038	Suspeita de posse de rádio transmissor. O investigado é Roberto Hixder, alemão.	07/02/44 - 07/02/44	1943 - 1943
11-Z-039	Os investigados são estrangeiros eixistas, residentes em áreas próximas de rios e represas, que possuem embarcações.	08/02/44 - 17/04/46	1942 - 1943
11-Z-040	Suspeita de espionagem. Os investigados são Regine Feigl e Karl Feigl, alemães, judeus.	09/02/44 - 27/12/45	1942 - 1943
11-Z-041	Suspeita de espionagem e de posse de rádio transmissor. Os investigados são vários estrangeiros.	09/02/44 - 24/06/76	1942 - 1976
11-Z-042	Suspeita de espionagem. O investigado é Josef Meyer, alemão, judeu.	04/02/44 - 05/12/45	1943 - 1945
11-Z-043	Suspeita de espionagem. A investigada é Gabriela Lazlo, alemã.	04/02/44 - 15/03/46	1942 - 1944
11-Z-044	Suspeita de espionagem. O investigado é o guarda-livros Paulo Becker, alemão.	08/02/44 - 08/02/44	1942 - 1943
11-Z-045	Suspeita de espionagem. O investigado é Zelig Kanter, alemão.	11/02/44 - 11/02/44	1943 - 1943
11-Z-046	Censura postal. A investigada é Carmem Aguiar Teixeira, brasileira, funcionária da Recebedoria de Rendas de São Paulo.	01/03/44 - 16/02/46	1943 - 1944
11-Z-047	Suspeita de espionagem. Os investigados são Erich Bauer e Kurt Fallscheer, alemães.	19/02/44 - 20/09/45	1943 - 1944
11-Z-048	Suspeita de espionagem nipônica. Os investigados são vários japoneses.	29/02/44 - 29/02/44	0 - 0
11-Z-049	Suspeita de espionagem. O investigado é Oscar W. Kriman, alemão.	06/03/44 - 24/08/57	1943 - 1944
11-Z-050	Suspeita de espionagem nipônica. A investigada é Maria Bonsucesso, brasileira.	17/03/44 - 17/03/44	1943 - 1943
11-Z-051	Suspeita de espionagem e de posse de rádio transmissor. A investigada é Helina Lorwe, alemã, descendente de judeus.	17/03/44 - 17/03/44	1943 - 1943
11-Z-052	Suspeita de espionagem. O investigado é Karl W., alemão.	21/03/44 - 21/03/44	1943 - 1944
11-Z-053	Suspeita de espionagem eixista. Os investigados são Violeta Gil (ou Galon) e Carlos Galon.	27/03/44 - 27/03/44	1943 - 1943
11-Z-054	Suspeita de espionagem. O investigado é Kenzo Abe, japonês, agricultor e mensageiro no transporte clandestino de correspondência.	29/03/45 - 14/12/45	1944 - 1944
11-Z-055	São investigados Eugênio Wardis, por suas ligações com Lincoln Silveira Landim, e Bernardino Rivadavia Caplam, alemão. É também investigada a Companhia Argentina de Revista.	31/03/44 - 09/11/44	1943 - 1944
11-Z-056	O investigado é Heinrich Pescoller, alemão, que teria tentado ingressar no Brasil.	19/04/44 - 19/04/44	1944 - 1944
11-Z-057	Suspeita de espionagem e de posse de rádio transmissor. Os investigados são Clodoaldo Carlos de Andrade e Moyses da Nobrega Magalhães.	20/04/44 - 20/04/44	1943 - 1943
11-Z-058	O investigado é Jacob Nahum, que fornecia informações no município de Santos - SP para as embarcações do Eixo.	28/04/44 - 20/04/44	1943 - 1944
11-Z-059	A investigada é uma organização que planejava a invasão do Brasil pelos países do Eixo.	03/05/44 - 03/05/44	-
11-Z-060	Suspeita de espionagem nazista e de posse de rádio transmissor. O investigado é Luiz Henrique Steele, alemão.	02/05/45 - 02/05/45	-
11-Z-061	Suspeita de espionagem fascista. Os investigados são os padres Valério Perpaoli e Henry Messatesta, italianos.	05/05/44 - 07/03/46	1942 - 1942
11-Z-062	O investigado é Ludwig Schnapp, alemão, que teria recrutado alemães na América do Sul para o serviço militar.	11/05/44 - 23/05/44	1942 - 1943
11-Z-063	Lista de nazistas em São Paulo, fornecida pelo Consulado Britânico para o Consulado Americano.	11/05/44 - 11/05/44	1942 - 1942

DOSSIÊS/ PASTAS		ASSUNTO	ARQUIVAMENTO	PRODUÇÃO
11-Z-064		O investigado é Herbert Kihe, oficial aposentado da Marinha Alemã.	15/05/44 - 22/10/46	1942 - 1943
11-Z-065		Censura postal a estrangeiros. O investigado é Demetrio Jorge, uruguaio.	16/05/44 - 16/05/44	1944 - 1944
11-Z-066		Memorando com instruções sobre a forma de conduzir investigações aos "Sabotadores do Eixo".	19/05/44 - 18/04/45	1942 - 1945
11-Z-067		Suspeita de atividade eixista. O investigado é Louis George John Seepers, holandês.	23/05/44 - 23/05/44	1942 - 1942
11-Z-068		Suspeita de espionagem. A investigada é Elfrida Stapler, alemã.	24/05/44 - 24/05/44	1942 - 1942
11-Z-069		Suspeita de espionagem. A investigada é Margarida Stefferl Petermann, alemã.	30/05/44 - 30/05/44	1943 - 1944
11-Z-070		Censura postal a estrangeiros. A investigada é Mirin Lupe, argentina.	30/05/44 - 30/05/44	1943 - 1944
11-Z-071		Suspeita de espionagem nazista. A investigada é Wanda Jatobá Mendes Gonçales, brasileira.	09/04/45 - 09/04/45	1943 - 1944
11-Z-072		Suspeita de espionagem. O investigado é Werner Engelbrecht, alemão.	17/06/44 - 11/04/45	1944 - 1944
11-Z-073		Suspeita de espionagem nazista. O investigado é Ernesto Augusto Plock, alemão, sócio da firma Sociedade Energo Ltda.	23/06/44 - 12/09/45	1942 - 1944
11-Z-074		Suspeita de espionagem e de atividade comunista, com base em censura postal. Os investigados são indivíduos e associações localizados no Estado de Mato Grosso.	19/06/44 - 05/12/77	1942 - 1977
	001	Suspeita de espionagem e de atividade comunista, com base em censura postal. Os investigados são vários, entre eles a Comissão Pastoral da Terra e bancários residentes no Estado de Mato Grosso.	19/06/44 - 03/09/44	1942 - 1974
	002	Suspeita de espionagem e de atividade comunista, com base em censura postal. Os investigados são vários, entre eles a Comissão Pastoral da Terra e bancários residentes no Estado de Mato Grosso.	05/12/74 - 05/12/77	1974 - 1977
11-Z-075		Suspeita de espionagem nazista e de atividade fascista. Os investigados são Jorge Alfredo Garrido, Raul Monteiro, Juan Carmen Trotta e Anibal Jorge Genzano, membros do Serviço Italiano de Espionagem.	28/06/44 - 11/01/46	1944 - 1945
11-Z-076		Suspeita de espionagem. O investigado é Max Mayer, alemão, que teria atuado em toda a América Latina.	17/07/44 - 27/10/45	1943 - 1943
11-Z-077		Suspeita de espionagem nazista. Os investigados são Pierre Emile Legardeur e Madeleine Amat.	28/06/45 - 23/07/45	1945 - 1945
11-Z-078		Suspeita de espionagem nazista. Os investigados são Nicolau Otto Birmann, Romeiro Pinto e Cristof Renner, alemães.	28/07/44 - 22/10/45	1942 - 1945
11-Z-079		Suspeita de espionagem nazista. O investigado é Bjarne Berbon, dinamarquês.	16/08/44 - 11/05/54	1939 - 1947
11-Z-080		Suspeita de espionagem. A investigada é Carmem Quintas Alavarez, argentina.	20/11/44 - 20/11/44	1943 - 1943
11-Z-081		Abaixo-assinado para Adolf Hitler feito por um alemão e por um brasileiro, pedindo que enviasse um navio para resgatar alemães perseguidos no Brasil.	09/12/44 - 11/12/44	1938 - 1938
11-Z-082		Suspeita de espionagem. O investigado é Von Kossel, adido cultural da Embaixada Alemã no Rio de Janeiro.	11/12/44 - 09/01/46	1938 - 1942
11-Z-083		Suspeita de espionagem. Os investigados são diversos espiões alemães que atuavam na América Latina, principalmente Max Christian Johannes Schneemann e Carlos Inaz.	01/03/45 - 22/03/47	1944 - 1946
11-Z-084		Suspeita de espionagem. Os investigados são Frederich (ou Friederich) Krais e Gerrie Jansen, espiões alemães, e Rudolfo A. Hamburger.	06/04/45 - 27/05/46	1943 - 1946
11-Z-085		Suspeita de espionagem. O investigado é Adrien Esteresteguiz (ou Estesbeguy), francês suspeito de espionar para Alemanha na América do Sul.	06/04/45 - 06/04/45	1944 - 1944
12-A-000		Suspeita de espionagem e de atividade nazista. Os investigados são proprietários de fábricas e de estabelecimentos comerciais.	02/12/43 - 22/02/46	1940 - 1946
12-A-001		Suspeita de espionagem. O investigado é o industrial Karl Müller, alemão.	10/12/43 - 10/01/46	1935 - 1944
12-A-002		Suspeita de atividade fascista. O investigado é Janúario Canale, italiano.	18/01/44 - 18/01/44	1942 - 1942
12-A-003		Suspeita de atividade nazista e de atividade fascista. A investigada é Luiza Baiardi, italiana, dona de padaria.	20/01/44 - 20/01/44	1943 - 1944
12-A-004		Suspeita de atividade fascista. O investigado é Guerino Denardi.	24/01/44 - 11/06/45	1943 - 1943
12-A-005		Suspeita de atividade eixista. O investigado é Walter Belian, diretor da Cia. Antártica Paulista.	02/02/44 - 01/10/71	1942 - 1971
12-A-006		Suspeita de atividade nazista. O investigado é Helmuth Ponge, funcionário da Light and Power e freqüentador do bar e café Paulo, cujo dono é alemão.	04/02/44 - 31/08/45	1943 - 1943
12-A-007		Suspeita de atitude antinacional. O investigado é Karl Kuttau, dono de uma fábrica, que teria menosprezado o presidente da República.	04/02/44 - 04/02/44	1943 - 1944
12-A-008		Suspeita de atividade fascista. O investigado é Salvador Spirandes, proprietário de um restaurante e da empresa Expresso S. Paulo - Paraná.	09/02/44 - 18/01/45	1942 - 1945
12-A-009		Suspeita de espionagem nazista. O investigado é Hanz Gerald Oboling, alemão.	10/02/44 - 10/02/44	1943 - 1944

DOSSIÊS/ PASTAS	ASSUNTO	ARQUIVAMENTO	PRODUÇÃO
12-A-010	Suspeita de atividade nazista e de atividade integralista. O investigado é Willy (ou Wilhelm) Bernauer, proprietário de uma fábrica de exaustores, aspiradores e ventiladores. Os funcionários também foram investigados.	10/02/44 - 10/07/45	1942 - 1945
12-A-011	Suspeita de atitude antinacional. O investigado é João Belbianco, italiano, proprietário de açougue.	10/02/44 - 10/02/44	1943 - 1944
12-A-012	O investigado é Henrique Michalski, que teria promovido reuniões de alemães.	12/02/44 - 01/12/44	1943 - 1944
12-A-013	O investigado é Gustav Borth, tchecoslovaco.	12/02/44 - 17/02/45	1943 - 1943
12-A-014	Suspeita de atividade eixista. Os investigados são Salvador Peluso Basile, Nicolau Sessa e Paschoal Bazile, proprietários da Química Industrial Fidalga.	14/02/44 - 14/02/44	1943 - 1943
12-A-015	Suspeita de posse de rádio transmissor. Os investigados são Carlos Buchhas e Ernesto Neuchoff, proprietários de uma oficina de rádio mecânica.	15/02/44 - 15/02/44	1943 - 1944
12-A-016	Suspeita de espionagem nazista. O investigado é Izidoro Helzer, alemão de origem judaica.	01/03/44 - 23/05/45	1943 - 1945
12-A-017	Suspeita de atividade eixista e de posse de rádio transmissor. O investigado é Noburo Nisch, brasileiro, proprietário da tinturaria Nisch, que teria feito transmissões para o Japão.	04/03/44 - 05/09/45	1944 - 1945
12-A-018	Suspeita de atitude antinacional. O investigado é Oswaldo Cardoso, que teria se pronunciado contra uma parada militar.	09/03/44 - 25/03/44	1944 - 1944
12-A-019	Suspeita de atividade nazista. O investigado é Wilhem Nitsche, alemão.	14/03/44 - 14/03/44	1942 - 1942
12-A-020	Suspeita de sabotagem. O investigado é Arnaldo Weigand.	14/03/44 - 14/03/44	1942 - 1942
12-A-021	Solicitação de informação sobre Minei Jinhati, japonês, pela 2ª Região Militar.	15/03/44 - 15/03/44	1942 - 1942
12-A-022	Suspeita de atividade nazista. O investigado é Francisco Cotic, italiano de origem austríaca.	17/03/44 - 17/03/44	1944 - 1944
12-A-023	Suspeita de posse de rádio transmissor. Os investigados são diversos imigrantes romenos.	20/03/44 - 20/03/44	1943 - 1943
12-A-024	Suspeita de atividade eixista. O investigado é o filho de Orlando Tochini, italiano, representante de uma firma inglesa.	20/03/44 - 20/03/44	1943 - 1943
12-A-025	Suspeita de atividade nazista. O investigado é João Edler, alemão, proprietário de frigorífico, que serviu no Exército Alemão.	22/03/44 - 06/12/45	1942 - 1945
12-A-026	Censura postal a estrangeiros. Os investigados são L. Shimba, Léo Shimba e Osamo Yoshu, japoneses.	28/03/44 - 28/03/44	1943 - 1943
12-A-027	Suspeita de atividade eixista. O investigado é Atílio Ricotti, italiano naturalizado brasileiro.	29/03/44 - 10/07/46	1942 - 1943
12-A-028	O investigado é Hans Beerle, suíço.	29/03/44 - 29/03/44	1943 - 1943
12-A-029	Suspeita de atividade nazista. O investigado é Fritz Blanrestein, holandês, sócio da fábrica de brinquedos Estrela.	31/03/44 - 23/05/61	1943 - 1961
12-A-030	Suspeita de atividade integralista e de atividade fascista. O investigado é Paschoal Lonzo, italiano, suspeito de armazenar armamentos.	31/03/44 - 23/08/44	1943 - 1944
12-A-031	Suspeita de atividade nazista, de atividade comunista e de atitude antinacional. O investigado é Guilhermo Steinbeeker Diedricksen, comerciante chileno.	31/03/44 - 27/10/55	1943 - 1955
12-A-032	Suspeita de atividade nazista. Os investigados são João Schafer, romeno, ascensorista, e Hans Stefan Werthermeier, alemão.	10/04/44 - 10/04/44	1943 - 1943
12-A-033	O investigado é Max Lowenstein, alemão, diretor da fábrica Aliança. É também investigado o Depósito Bremensis, que possuía muitos empregados estrangeiros.	11/04/44 - 03/09/45	1943 - 1945
12-A-034	Suspeita de atitude antinacional. Os investigados são os diretores da firma Metalbrás.	12/04/44 - 12/04/44	1943 - 1943
12-A-036	Censura postal a estrangeiros e suspeita de atividade eixista. O investigado é Kioni Ishimoto, japonês.	13/04/44 - 13/04/44	1943 1943
12-A-037	Censura postal a estrangeiros e suspeita de atividade eixista. O investigado é Pinkis Mantbach, alemão, que recebeu uma carta com referências depreciativas ao Brasil.	13/04/44 - 13/04/44	1943 - 1943
12-A-038	Suspeita de atividade eixista e de atitude antinacional. Os investigados são os empresários Emílio Baldé e José Salve.	13/04/44 - 13/04/44	1943 - 1944
12-A-039	Suspeita de atitude antinacional. Os investigados são os proprietários da papelaria e tipografia Formosa, os quais teriam falado alemão e exibido livros didáticos militares.	17/04/44 - 17/04/44	1943 - 1944
12-A-041	Suspeita de espionagem nazista. É investigada a Joalheria e Lapidação Paulista.	17/04/44 - 17/04/44	1943 - 1943
12-A-042	Suspeita de espionagem nazista. O investigado é Ricardo Holzer, alemão, empresário.	18/04/44 - 27/12/44	1944 - 1944
12-A-043	Suspeita de espionagem fascista. A investigada é Carmela Minoboli, italiana.	18/04/44 - 18/04/44	1943 - 1943

DOSSIÊS/ PASTAS	ASSUNTO	ARQUIVAMENTO	PRODUÇÃO
12-A-044	Suspeita de espionagem nipônica. O investigado é o comerciante Vashizo Sugayama, japonês.	20/04/44 - 20/04/44	1944 - 1944
12-A-045	Suspeita de espionagem nazista. O investigado é o empresário Guilherme Miller, alemão.	22/04/44 - 22/04/44	1944 - 1944
12-A-046	Suspeita de espionagem eixista. É investigada a empresa L. Queiróz, localizada no município de Jundiaí – SP.	22/04/44 - 19/01/45	1944 - 1945
12-A-047	Suspeita de espionagem nazista. O investigado é Ernest Bachmann, holandês.	24/04/44 - 28/05/45	1943 - 1945
12-A-048	Suspeita de atividade e de espionagem eixistas. O investigado é o empresário Carlos Ximenes.	25/04/44 - 25/04/44	1943 - 1944
12-A-049	Suspeita de atividade nazista. O investigado é o empresário Paul Wolf, alemão.	25/04/44 - 08/09/44	1942 - 1944
12-A-050	Suspeita de atividade nazista. O investigado é o empresário José Gianezella, brasileiro.	25/04/44 - 25/04/44	1943 - 1944
12-A-053	Suspeita de atitude antinacional. Os investigados são Humberto Ferrari, italiano, e Maria Wolmy Schinder, suíça-alemã, proprietários do bar Suisso, suspeito de sediar reuniões antinacionais .	27/04/44 - 27/04/44	1943 - 1944
12-A-054	Suspeita de atividade eixista. O investigado é empresário Luís Piccolo.	27/04/44 - 27/04/44	1943 - 1944
12-A-055	Suspeita de atividade fascista. O investigado é Nicola Colasuono, italiano.	28/04/44 - 28/04/44	1944 - 1944
12-A-056	Suspeita de atitude antinacional. O investigado é o empresário Henry Colemoux, belga.	28/04/44 - 28/04/44	1943 - 1944
12-A-057	O investigado é industrial Walter Albrecht, alemão.	28/04/44 - 21/07/47	1942 - 1947
12-A-058	Suspeita de atividade nazista e de posse de rádio transmissor. O investigado é Rene Graf, suíço, empresário, representante da fábrica Skoda.	02/05/44 - 06/04/45	1943 - 1945
12-A-059	Suspeita de atividade eixista. O investigado é o cinegrafista Fernando Morelli, italiano.	01/09/45 - 01/09/45	1942 - 1945
12-A-060	Suspeita de atividade fascista. O investigado é Estevam Margutti, descendente de italianos.	08/05/44 - 26/03/46	1942 - 1946
12-A-061	Suspeita de atividade comunista. Os investigados são os industriais Augusto Pisatti e Arturo Pisatti, italianos, que seriam membros do Partido Comunista Brasileiro (PCB) de São Paulo. Suspeita de atividade fascista. Os investigados são Calogero Balistrieri e Rosalinda Danaicini.	10/05/44 - 27/08/45	1942 - 1945
12-A-062	Suspeita de espionagem. O investigado é Eduardo Gennert, alemão, que foi preso quando trabalhava no sítio do holandês John Wegelar.	09/01/46 - 09/01/46	1942 - 1942
12-A-063	O investigado é o empresário Maximillian Hammers, alemão.	11/05/44 - 11/05/44	1942 - 1942
12-A-064	É investigada a firma Baldi Baldi & Cia., que teria usado sua caixa postal para intermediar transações comerciais de Manoel Fernandes com países inimigos.	12/05/44 - 12/05/44	1942 - 1943
12-A-065	Suspeita de espionagem nazista. O investigado é o industrial Alejandro Von der Beke, argentino.	15/05/44 - 03/04/46	1942 - 1943
12-A-066	Suspeita de atividade fascista e de atividade integralista. O investigado é Vicente Amato Sobrinho, industrial farmacêutico, naturalizado brasileiro.	15/05/44 - 05/06/52	1940 - 1952
12-A-067	É investigada a Shering Produtos Químicos e Farmacêuticos S/A.	16/05/44 - 07/03/46	1942 - 1952
12-A-068	Suspeita de atividade nazista. O investigado é Wilhem Doeflin Ger, alemão, sócio da firma Aço Marton.	17/05/44 - 17/05/44	1942 - 1944
12-A-069	Suspeita de sabotagem e de espionagem. Os investigados são diversos empresários japoneses do ramo de minérios e pedras preciosas.	19/05/44 - 12/04/46	1942 - 1946
12-A-070	Suspeita de atividade fascista. O investigado é o médico Fausto Taliani, italiano.	19/05/44 - 19/05/44	1942 - 1942
12-A-071	Suspeita de atividade fascista. Os investigados são funcionários italianos da Refinaria Tupi, principalmente Giovanni Senise e José Falchi. Conduta suspeita. O investigado é José Alves de Souza, brasileiro, funcionário da Refinaria Tupi.	17/05/44 - 30/01/57	1942 - 1957
12-A-072	Suspeita de atividade nazista. O investigado é Otto A. H. Melching, representante de fabricantes alemães de papel.	23/05/44 - 23/05/44	1943 - 1943
12-A-073	Ssuspeita de atividade nazista. O investigado é o empresário Erich Broh, alemão.	24/05/44 - 24/05/44	1943 - 1943
12-A-074	Suspeita de espionagem nazista. O investigado é Arnold Gotter, alemão, diretor da Siemens Schukert S. A., e demais funcionários.	24/05/44 - 09/03/49	1942 - 1942
12-A-075	Suspeita de atividades fascistas. A investigada é a empresária Claudina Vignoli.	24/05/44 - 24/05/44	1942 - 1944
12-A-076	Suspeita de atividade nazista. O investigado é Nikolaus Waldmann.	26/05/44 - 25/06/44	1942 - 1942
12-A-077	Suspeita de atividade eixista. O investigado é o comerciante Jorge Devai, húngaro, residente no município de Itanhaém - SP, que estaria ilegalmente no Brasil.	07/07/44 - 07/07/44	1944 - 1944

DOSSIÊS/ PASTAS	ASSUNTO	ARQUIVAMENTO	PRODUÇÃO
12-A-078	Suspeita de atividade fascista. Os investigados são Mario Vercellotti, Augusto Pflerder e Adolpho Deugluerer, proprietários de fábricas de sedas.	27/05/44 - 21/02/46	1942 - 1944
12-A-079	Suspeita de atividade nazista. É investigado o Nova Europa Esporte Club, no município de Tabatinga.	27/09/45 - 27/09/45	1941 - 1945
12-A-080	Suspeita de atividade nazista. São investigadas a Sociedade Paulista de Mútuo Socorro, a Sociedade Brasileira Bela Vista, a Fritz Steinhoff e outras.	30/05/44 - 05/02/46	1940 - 1945
12-A-081	Distribuição de material subversivo. Os investigados são Ludwig Meld e L. Lowenstein, alemães, judeus, vendedores de revistas estrangeiras como *La France Livre*.	30/05/44 - 14/06/44	1943 - 1944
12-A-082	O investigado é Hercules Travallini, italiano, representante de firmas argentinas e sempre visitado pelo alemão Carlos Von Borris.	06/06/44 - 19/09/44	1944 - 1944
12-A-083	Suspeita de atividade eixista. O investigado é José Pavone, proprietário de um bar no município de Araraquara - SP, onde teriam se reunido italianos para discutir sobre a guerra.	06/06/44 - 06/06/44	1942 - 1942
12-A-084	Suspeita de atitude antinacional. É investigada a Rádio Cultura Araraquara.	09/06/44 - 09/06/44	1942 - 1942
12-A-085	Suspeita de atividade antinacional. O investigado é João Frazão, que teria colocado a foto de Getúlio Vargas somente na última página do jornal *Folha Paulista*.	13/06/44 - 13/06/44	1944 - 1944
12-A-086	Suspeita de atividade nazista. É investigada a Galeria Paulista de Modas.	09/10/45 - 09/10/45	1942 - 1945
12-A-087	Suspeita de atividade fascista, com base em censura postal. Os investigados são Rafael Mayer e Achiles Lima, proprietários da Empresa Interoceânica Importadora e Exportadora S. A.	16/06/44 - 05/10/44	1943 - 1944
12-A-088	Suspeita de atividade nipônica, com base em censura postal. O investigado é Sojim Toshnihana.	20/06/44 - 19/06/45	1942 - 1945
12-A-089	Censura à imprensa. É investigada a Rádio e TV Cultura.	30/12/42 - 26/11/75	1944 - 1975
12-A-090	Suspeita de espionagem e de posse de rádio transmissor. Os investigados são Américo Capone, italiano, e a enfermeira Maria Petri, alemã.	25/06/44 - 12/04/45	1944 - 1945
12-A-091	Suspeita de atividade nazista. O investigado é o empresário Oscar Reynaldo Muller Caravellas, brasileiro.	25/06/44 - 01/05/45	1943 - 1945
12-A-092	Solicitação de isenção de salvo-conduto. O requerente é Hugo Cavallini.	26/06/44 - 26/06/44	1942 - 1942
12-A-093	Suspeita de atividade nazista. O investigado é Erich Hans Adolf Muller, alemão.	26/06/44 - 28/03/46	1942 - 1944
12-A-094	Solicitação de atestado de antecedentes. O requerente é Luiz Grazziam.	28/06/44 - 11/09/44	1943 - 1944
12-A-095	Solicitação de salvo-conduto permanente e solicitação de atestado de antecedentes. O requerente é Adolfo Dinucci.	28/06/44 - 28/06/44	1942 - 1943
12-A-096	Solicitação de salvo-conduto permanente. O requerente é José Bertoncini.	28/06/44 - 28/06/44	1942 - 1943
12-A-097	Suspeita de espionagem. Os investigados são Frederico Reich, alemão, e Liliana Rufina Engmann, sua amante. Ele é proprietário da Fábrica de Parafusos e Artefatos de Precisão - Fapap.	30/06/44 - 29/08/44	1944 - 1945
12-A-098	Suspeita de atividade eixista. O investigado é Mitsutaka Aoki (ou Tsuchi), japonês, auxiliar na Cooperativa do município de Birigui - SP.	06/07/44 - 23/11/46	1942 - 1946
12-A-099	Solicitação de salvo-conduto permanente. O requerente é Luiz Minervini, que teria pertencido ao Fascio de São Paulo.	07/07/44 - 07/07/44	1942 - 1942
12-A-100	Suspeita de atividade fascista. O investigado é o empresário Serafino Filippo.	07/07/44 - 04/04/49	1938 - 1949
12-A-101	Suspeita de atividade fascista. O investigado é Ludovico Molinari, italiano, membro do Fascio.	07/07/44 - 07/07/44	1943 - 1944
12-A-102	Solicitação de isenção de salvo-conduto e de levantamento de antecedentes políticos. O requerente é Bortolo Belli, italiano, diretor da Associação Comercial e da Bolsa de Mercadorias.	07/07/44 - 07/07/44	1942 - 1943
12-A-103	Suspeita de atividade fascista. O investigado é Oreste Marracini, proprietário de um grande empório.	07/07/44 - 07/07/44	1944 - 1944
12-A-104	Solicitação de atestado de antecedentes. O requerente é Ugo Bernardini, italiano, fabricante de cofres, arquivos e fichários de aço.	07/07/44 - 07/07/44	1943 - 1944
12-A-105	O investigado é Alfred Herrmann, alemão, diretor da Sidapar, empresa alemã situada em São Paulo, e acionista da empresa Tubos Mannesmann S/A, situada no Estado do Rio de Janeiro.	15/07/44 - 04/10/45	1941 - 1941
12-A-106	Suspeita de atividade antinacional. O investigado é Rolando Nucci, brasileiro descendente de italianos, proprietário de loja.	20/07/44 - 20/07/44	1944 - 1944
12-A-107	Suspeita de atividade nazista. O investigado é o comerciante Viktor Arneitz, austríaco, ex-oficial do exército austríaco.	24/07/44 - 01/03/46	1944 - 1944
12-A-108	Suspeita de espionagem. É investigado o Hotel Milton, de propriedade de japoneses.	24/07/44 - 24/04/44	1944 - 1944
12-A-109	O investigado é Antônio Pignatari, italiano, que teria realizado reuniões políticas em sua casa.	24/07/44 - 20/07/44	1942 - 1945

DOSSIÊS/ PASTAS	ASSUNTO	ARQUIVAMENTO	PRODUÇÃO
12-A-110	É investigada a fabricação de ladrilhos com o desenho semelhante à Cruz Gamada e ao Sigma Integralista nos municípios de Marinópolis e Franca - SP.	27/07/44 - 27/07/44	1944 - 1944
12-A-111	Suspeita de atividade eixista. O investigado é o comerciante Domingos de Lucca, italiano.	31/07/44 - 31/07/44	1942 - 1942
12-A-112	Suspeita de atividade nazista. O investigado é o comerciante Otto Baumgart.	02/08/44 - 09/07/45	1944 - 1945
12-A-113	Suspeita de atividade eixista. O investigado é Filippe Giannori, italiano.	02/08/44 - 02/08/44	1943 - 1944
12-A-114	Suspeita de atividade fascista. Os investigados são vários italianos proprietários da Indústria Brasileira de Instrumentos Musicais.	07/08/44 - 07/08/44	1942 - 1942
12-A-115	Suspeita de atividade nazista. O investigado é o químico Alvim Schwab, alemão, proprietário de uma fábrica de tintas e vernizes.	11/08/44 - 11/08/44	1944 - 1944
12-A-116	Suspeita de atividade nazista. O investigado é Wilheim Meyer, alemão, dono de empresa de consertos de máquinas e motores industriais.	23/08/44 - 08/02/45	1944 - 1945
12-A-117	Suspeita de atividade nazista. O investigado é o comerciante Hermann Schwarszfeld, alemão, residente no município de Santos - SP, pertencente à sociedade alemã Schultzem Verein.	23/08/44 - 21/06/45	1943 - 1945
12-A-118	Suspeita de espionagem nazista. O investigado é Keller Klinbert, descendente de alemães, dono de uma fábrica de gelos no município de Santos - SP.	24/08/44 - 24/01/47	1941 - 1946
12-A-119	O investigado é Theodor Sauter, alemão, sócio de uma empresa de exploração de minérios.	25/08/44 - 08/02/45	1944 - 1944
12-A-120	Suspeita de atividade nazista. O investigado é o empresário Henry Johanes Edmund Kay, alemão.	26/08/44 - 26/08/44	1942 - 1942
12-A-121	Suspeita de atividade eixista. O investigado é Keido Ishihara, japonês, proprietário de hotel.	05/09/44 - 08/06/48	1942 - 1948
12-A-122	Suspeita de atividade nazista. O investigado é Emil Claus, fabricante de distintivos e de medalhas.	05/05/44 - 06/09/44	1942 - 1945
12-A-123	Suspeita de atividade nazista. É investigada a Firma Wolffmetal, que teria fabricado distintivos nazistas.	17/04/45 - 04/06/55	1942 - 1946
12-A-124	Suspeita de atividade nazista. O acusado é Albert Klein, alemão, proprietário de uma fábrica de álbuns.	11/09/44 - 11/09/44	1942 - 1943
12-A-125	Suspeita de atitude antinacional. O investigado é o barbeiro Francisco Russo, italiano.	11/09/44 - 11/09/49	1940 - 1940
12-A-126	Suspeita de atividade integralista. O investigado é Atílio Fornasari, italiano.	12/09/44 - 12/09/44	1942 - 1943
12-A-127	Suspeita de atividade fascista. O investigado é o empresário Lorenzo Laudrina.	12/09/44 - 12/09/44	1940 - 1940
12-A-128	Suspeita de atividade fascista. O investigado é o empresário Pedro Bolsani.	13/09/44 - 13/09/44	1942 - 1943
12-A-129	Solicitação de atestado de antecedentes. O requerente é Amato Michelotti, italiano.	13/09/44 - 04/04/45	1942 - 1945
12-A-130	Solicitação de atestado de antecedentes. O requerente é Paschoal Nastronzario, filiado ao Fascio.	13/09/44 - 13/09/44	1942 - 1943
12-A-131	Solicitação de atestado de antecedentes. O requerente é o empresário Cezar Segenle Rossa, italiano.	13/09/44 - 14/08/45	1942 - 1943
12-A-132	Solicitação de atestado de antecedentes. O requerente é Henrique Perazzi, italiano, proprietário de hotel e ex-filiado do Partido Fascista na Itália.	13/09/44 - 13/09/44	1942 - 1942
12-A-133	Solicitação de isenção de salvo-conduto e conduta suspeita. O requerente é Paschal Vivaldi, italiano, dono da Metalúrgica Albion, que possuiria material bélico.	13/09/44 - 13/09/44	1942 - 1942
12-A-134	Solicitação de atestado de antecedentes. O requerente é Vicente Sangoni, italiano, proprietário de fazenda.	13/09/44 - 13/09/44	1942 - 1942
12-A-135	Suspeita de atividade integralista e solicitação de atestado de antecedentes. O requerente é Bruno Lavan, italiano, proprietário da fábrica de linhas Adonis.	13/09/44 - 13/04/44	1942 - 1943
12-A-136	Suspeita de espionagem nazista e de sabotagem. O investigado é o industrial Guilherme Heinzerling, alemão.	13/09/44 - 23/11/44	1943 - 1945
12-A-137	Suspeita de atividade fascista, de atividade antinacional e solicitação de atestado de antecedentes. O requerente é Nicola Perna, italiano, proprietário de oficina metalúrgica.	24/09/44 - 24/09/44	1942 - 1943
12-A-138	Suspeita de atitude antinacional. O investigado é Max Wolfgang Klee, alemão, proprietário da Sociedade Eska Ltda.	26/09/44 - 26/09/44	1944 - 1945
12-A-139	Solicitação de isenção de salvo-conduto. O requerente é o comerciante Antônio Fiordono, italiano.	26/09/44 - 20/09/45	1942 - 1942
12-A-140	Suspeita de espionagem nazista. O investigado é Otto Frederico Halbach, alemão, sócio da firma Sociedade Comercial e Industrial Jabaquara.	26/09/44 - 28/12/45	1940 - 1944
12-A-141	Suspeita de atividade nazista. É investigado o Hotel Toribá, localizado no município de Campos do Jordão - SP, cujos proprietários eram alemães.	27/09/44 - 13/07/45	1943 - 1945

DOSSIÊS/ PASTAS	ASSUNTO	ARQUIVAMENTO	PRODUÇÃO
12-A-142	Suspeita de atividade fascista. O investigado é o deputado federal Carmelo D'Agostino.	27/09/44 - 19/12/58	1944 - 1958
12-A-143	Os investigados são Antônio Prado, Emílio Colanzelo e Franco Fidrello, italianos membros da Associação dos Ex-alunos Salesianos, os quais teriam abrigado elementos eixistas.	29/09/44 - 29/09/44	1944 - 1944
12-A-144	Suspeita de atitude antinacional. São investigadas as exportações para Argentina de auto-peças, que poderiam servir para a indústria bélica.	02/10/44 - 21/10/44	1944 - 1944
12-A-145	O investigado é Paulo Witzig, proprietário do Hotel Terminus, que teria uma criação de pombos-correio.	02/10/44 - 18/08/45	1942 - 1942
12-A-146	Suspeita de atividade eixista. Os investigados são o comerciante italiano Ettore Perruci e seu filho, Julio Del Feschitini.	03/10/44 - 03/10/44	1944 - 1944
12-A-147	Solicitação de isenção de salvo-conduto. A requerente é Irma Betti, proprietária do Hotel Federal.	04/10/44 - 04/10/44	1942 - 1942
12-A-148	Solicitação de salvo-conduto permanente. O requerente é João Uglieno, proprietário de terras.	04/10/44 - 04/10/44	0 - 0
12-A-149	Solicitação de isenção de salvo-conduto. O requerente é Mário Dedini, italiano, industrial, ex-agente consular no município de Piracicaba - SP.	04/10/44 - 22/10/49	1942 - 1949
12-A-150	Solicitação de isenção de salvo-conduto. O requerente é Giovanni Letico, italiano, sócio de uma fábrica de botões.	04/10/44 - 04/10/44	1942 - 1943
12-A-151	Suspeita de atividade fascista e solicitação de isenção de salvo-conduto. O requerente é Luigi Giovanni Benvenuti, italiano.	04/10/44 - 21/02/46	1942 - 1942
12-A-152	Os investigados são Chibata Miyaskoshi e Takeshi Hasegawa, japoneses, comerciantes em viagem ao Rio de Janeiro - DF.	15/10/44 - 15/10/44	1942 - 1943
12-A-153	Suspeita de atividade eixista. O investigado é João Linhardt, iugoslavo.	23/08/45 - 23/08/45	1943 - 1943
12-A-154	O investigado é Eugênio Gallo, brasileiro filho de italianos, proprietário que teria comemorado naufrágios de navios nacionais durante a guerra.	23/10/44 - 23/10/44	1943 - 1943
12-A-155	Suspeita de atividade nazista. O investigado é Eurico Malde, italiano, proprietário de bar.	23/10/44 - 23/10/44	1944 - 1944
12-A-156	Suspeita de espionagem. O investigado é Siegmund Gildemeisker, sócio da empresa alemã Bremensis.	25/10/44 - 25/10/44	1943 - 1943
12-A-157	Suspeita de atividade nazista. O investigado é Guilherme Kannenberg, alemão, proprietário do Café Metrópole.	25/10/44 - 25/10/44	1938 - 1942
12-A-158	Suspeita de atividade nipônica, com base em censura postal. O investigado é Reishi Umeda, japonês.	21/11/44 - 21/11/44	1944 - 1944
12-A-159	Suspeita de atividade fascista. O investigado é Carmini Noccera, italiano, proprietário de uma pequena fábrica de lenços.	06/11/44 - 06/11/44	1943 - 1943
12-A-160	Suspeita de posse de rádio transmissor. Os investigados são Moyses Schrolnick, romeno, e Emílio Hortung, alemão.	06/11/44 - 06/11/44	1942 - 1942
12-A-161	Suspeita de atividade nazista. O investigado é o industrial Hermann Aichinger, alemão.	06/11/44 - 06/11/44	1942 - 1944
12-A-162	Suspeita de atividade nazista. Os investigados são Wilhelm Mast e José Zins, alemães, proprietários da Zima Ltda.	06/11/44 - 26/05/45	1942 - 1943
12-A-163	Suspeita de atividade nazista. É investigado o Laboratório Lister, que teria comercializado remédios com símbolo nazista.	06/11/44 - 23/06/45	1944 - 1945
12-A-164	Suspeita de espionagem nazista, com base em censura postal. Os investigados são Max Frey e Fred Frey, alemães, sócios da firma Schmuziger Ltda.	07/11/44 - 04/09/45	1942 - 1943
12-A-165	Suspeita de atividade nazista. É investigada a Indústria Química Bayer.	08/11/44 - 29/08/45	1942 - 1943
12-A-166	Investigação em torno de Adolar Schwarz, proprietário de barcos no município de Santos - SP, suspeito de ter abastecido um submarino do Eixo.	14/11/44 - 16/11/44	1943 - 1943
12-A-167	Suspeita de atividade integralista. Os investigados são Antônio Faleto, italiano, comerciante, e Manoel Vieira Barreto de Alencar, professor da Universidade de Curitiba.	18/11/44 - 21/03/47	1943 - 1945
12-A-168	O investigado é Edgard Arthur Bromberg, membro da diretoria da Câmara de Comércio Teuto-brasileira.	21/11/44 - 21/11/44	1942 - 1953
12-A-169	Suspeita de atividade fascista. O investigado é Vicenzo Inglese, italiano, ex-diretor do o Banco Francês e Italiano.	23/11/44 - 15/03/45	1942 - 1942
12-A-170	Solicitação de atestado de antecedentes. O requerente é Disdato Beneducci, brasileiro descendente de italianos.	24/11/44 - 24/11/49	1943 - 1943
12-A-171	Os investigados são K. Hozumi e Ikudo Hirokawa, japoneses, sócios da firma K. Hozumi & Cia.	24/11/44 - 03/01/45	1943 - 1945
12-A-172	Os investigados são Frederico Tomaselli e Franco Cecchini Bruni, italianos, e Choichi Ohno, japonês, da Assicurazione Generali di Trieste e Venezia.	28/11/44 - 19/03/46	1941 - 1943
12-A-173	Suspeita de atividade nazista. O investigado é Frederis Guilherme Scheidt, alemão, comerciante.	29/11/44 - 26/04/45	1942 - 1945
12-A-174	Os investigados são os irmãos Yendo, japoneses, donos de tipografia.	26/07/45 - 26/07/45	1944 - 1945

DOSSIÊS/ PASTAS		ASSUNTO	ARQUIVAMENTO	PRODUÇÃO
12-A-175		Censura postal. A investigada é Auguste Marie Bamberg, alemã, proprietária de uma leiteria.	04/12/44 - 04/12/44	1943 - 1944
12-A-176		Suspeita de atividade eixista, com base em censura postal. Os investigados são Audy e Mathilde T. Schutt, alemães, proprietários de um bazar.	05/12/44 - 05/12/44	1944 - 1944
12-A-177		Suspeita de atividade eixista. O investigado é Karl Weinheimer, alemão, motorista de praça.	05/12/44 - 20/04/45	1942 - 1945
12-A-178		É investigada a firma japonesa Kaigai Kogyo Kabushiki Kaisha.	18/12/44 - 18/12/44	1942 - 1942
12-A-179		As investigadas são Joana Gueller, alemã, e Angelina Caramelo, italiana.	11/12/44 - 11/12/44	1943 - 1943
12-A-180		Suspeita de espionagem fascista. É investigada a companhia italiana Italmar.	13/12/44 - 13/12/44	1941 - 1941
12-A-181		Suspeita de atividade nazista. É investigada a fábrica de fogões Junker e Ruth.	16/12/44 - 31/08/51	1951 - 1951
12-A-182		Suspeita de atividade eixista. O investigado é Herbert Keller, alemão, proprietário de um bar.	18/01/45 - 21/03/46	1942 - 1945
12-A-183		Suspeita de atividade nazista. O investigado é Hans Reun, alemão.	19/01/45 - 23/02/45	1942 - 1945
12-A-184		Suspeita de atividade nazista. Os investigados são os funcionários alemães da Companhia Melhoramentos.	24/01/45 - 20/03/47	1942 - 1947
12-A-185		Suspeita de atividade eixista. O investigado é o fazendeiro Tokow Yamada, japonês.	29/01/45 - 12/04/46	1942 - 1942
12-A-186		Suspeita de atividade nazista. Os investigados são industriais alemães.	06/03/45 - 06/03/45	1941 - 1941
12-A-187		Suspeita de atividade nazista. É investigada a empresa alemã de aviação Condor.	08/03/45 - 08/03/45	1941 - 1941
12-A-188		Suspeita de atividade nazista. Os investigados são os funcionários alemães da empresa Herm Stoltz e Cia.	08/03/45 - 10/11/45	1938 - 1943
12-A-189		Suspeita de atividade nazista. O investigado é Hans Berg, alemão, empresário.	25/03/45 - 30/04/45	1941 - 1945
12-A-190		Suspeita de atividade nazista. O investigado é Guilherme Flory, alemão, comerciante, residente no município de Assis - SP.	27/03/45 - 11/10/47	1941 - 1947
12-A-191		Suspeita de atividade nazista. A investigada é Charlote Rohm, alemã, comerciante.	18/04/45 - 24/04/45	1944 - 1945
12-A-192		Suspeita de espionagem fascista. Os investigados são Giovani Turco e Vicenzo Pirro, italianos.	18/04/45 - 18/04/45	1943 - 1944
12-A-193		Suspeita de atividade nazista. O investigado é Josef Hunfabres, alemão, proprietário de uma oficina de rádio.	19/04/45 - 19/04/45	1943 - 1944
12-A-194		Suspeita de atividade fascista. O investigado é Ernesto Montesano, italiano, proprietário de restaurante.	25/04/45 - 15/04/45	1941 - 1945
12-A-195		Suspeita de espionagem. O investigado é Francisco Ichannerl, tcheco, proprietário de um clube.	26/04/45 - 26/04/45	1941 - 1941
12-A-196		O investigado é Max Preu, alemão, proprietário de cervejaria.	14/05/45 - 14/05/45	1943 - 1943
12-A-197		Suspeita de atividade nazista e de atividade integralista. Os investigados são funcionários da fábrica de produtos químicos Cia de Anilinas e Produtos Químicos.	26/07/45 - 28/09/45	1941 - 1942
12-A-198		Suspeita de atividade eixista. O investigado é Renzo Horeda, japonês, fazendeiro.	08/08/45 - 08/08/45	1942 - 1943
12-B-000		Suspeita de atitude antinacional. Os investigados são vários trabalhadores estrangeiros.	28/01/44 - 08/12/49	1938 - 1949
	001	Suspeita de atitude antinacional. Os investigados são vários estrangeiros.	28/01/44 - 04/08/45	1938 - 1946
	002	Suspeita de atividade eixista. Os investigados são vários trabalhadores estrangeiros.	28/01/44 - 08/12/49	1942 - 1949
12-B-001		Os investigados são funcionários estrangeiros das empresas Helo e Dima.	10/12/43 - 05/11/45	1942 - 1943
12-B-002		O investigado é Hugo Carl, funcionário da empresa Siemens & Schukert.	15/12/43 - 15/12/43	1943 - 1943
12-B-003		Suspeita de atividade nazista. O investigado é Jorge Torkato Koke, brasileiro, funcionário do Bar Barão.	15/12/43 - 15/12/43	1943 - 1943
12-B-004		Suspeita de atividade fascista. O investigado é Caetano Lavilla, italiano, ex-funcionário da empresa Pirelli.	08/01/44 - 21/01/44	1943 - 1944
12-B-005		O investigado é Wilhelm Peinks, alemão, funcionário da Tecelagem de Seda Ítalo-Brasileira.	20/01/44 - 20/01/44	1943 - 1944
12-B-006		O investigado é Aldo Lanza, italiano, funcionário da Cia. Telefônica.	01/02/44 - 01/02/44	1943 - 1943
12-B-007		Suspeita de atividade nazista. O investigado é George Dopplir, austríaco, funcionário da Light.	04/02/44 - 04/02/44	1943 - 1943
12-B-008		Suspeita de atividade nazista. O investigado é Oscar Feist, alemão, funcionário da Cia. Internacional de Seguros.	07/02/44 - 07/02/44	1943 - 1944
12-B-009		Suspeita de atividade eixista. O investigado é Izan Iogushi, japonês, operário.	09/02/44 - 09/02/44	1943 - 1943
12-B-010		Suspeita de atividade nazista e de atitude antinacional. O investigado é Pietro Undomino Berruto, italiano, garçom de bar.	11/02/44 - 11/02/44	1944 - 1944

DOSSIÊS/ PASTAS	ASSUNTO	ARQUIVAMENTO	PRODUÇÃO
12-B-011	O investigado é Kurt Bogen, judeu alemão, operário.	12/02/44 - 14/05/45	1943 - 1945
12-B-012	Suspeita de atividade fascista. O investigado é Enrico Frisoni, italiano, funcionário das Indústrias Matarazzo.	18/02/44 - 10/04/44	1942 - 1944
12-B-013	Suspeita de atividade nazista. O investigado é Paulo Stefan, alemão, funcionário da Indústria de Produtos Químicos de Cubatão.	26/02/44 - 26/02/44	1943 - 1944
12-B-014	Suspeita de atividade nazista. O investigado é Alois Leifert, austríaco, funcionário da Light and Power.	06/03/44 - 06/03/44	1943 - 1944
12-B-015	Os investigados são o garçom Otto Eder, alemão, e o empresário Arpad Horwath, húngaro.	08/03/44 - 08/03/44	1944 - 1944
12-B-016	Suspeita de atividade nazista. O investigado é Sérgio Filatofe, russo, funcionário da empresa Bayer.	15/03/44 - 15/03/44	1942 - 1942
12-B-017	Suspeita de atividade nazista. A investigada é Maria Beck, alemã, proprietária de pensão.	16/03/44 - 16/03/44	1943 - 1943
12-B-018	Suspeita de atividade nazista. O investigado é Paul F. Buckup, alemão, funcionário da Fábrica de Carimbos Condor.	17/03/44 - 17/03/44	1943 - 1943
12-B-019	Suspeita de atividade nazista. O investigado é Oscar Huber, suíço, funcionário da empresa Linger & Cia.	17/03/44 - 17/03/44	1943 - 1943
12-B-020	Suspeita de atividade nazista. A investigada é Elizabeth Grein, alemã, governanta.	20/03/44 - 20/03/44	1943 - 1944
12-B-021	A investigada é Kate Pfleug, alemã, tripulante do navio Winduck, que estava internada no hospital Humberto Primo.	20/03/44 - 20/03/44	1944 - 1944
12-B-022	Suspeita de atividade nazista. O investigado é Rolf Edgar Betz, alemão, funcionário da Cia. Aeronáutica Paulista.	20/03/44 - 02/04/47	1942 - 1947
12-B-023	O investigado é o comerciante Eduardo Hananias, turco.	22/03/44 - 22/03/44	1939 - 1943
12-B-024	Suspeita de atividade nazista. Os investigados são vários alemães funcionários da General Motors.	22/03/44 - 22/03/44	1943 - 1943
12-B-025	O investigado é Ernesto Achter, austríaco, funcionário da Ultragás S/A.	27/03/44 - 27/03/44	1942 - 1943
12-B-026	Suspeita de atividade nazista. O investigado é o comerciante Herman Legehman, argentino.	27/03/44 - 17/11/60	1940 - 1943
12-B-027	Suspeita de atividade nazista. O investigado é Adolfo Doubler, alemão, bancário.	29/03/44 - 28/10/58	1942 - 1943
12-B-028	Suspeita de atitude antinacional. O investigado é o pedreiro Vincent Guynser, lituano.	29/03/44 - 29/03/44	1940 - 1943
12-B-029	Suspeita de atividade eixista. O investigado é Mário Negri, brasileiro, chefe de oficina mecânica.	29/03/44 - 29/03/44	1943 - 1943
12-B-030	Suspeita de atividade nazista. O investigado é Frederico Schneider, alemão, operário.	30/03/44 - 30/03/44	1943 - 1943
12-B-031	Suspeita de atividade eixista. Os investigados são Angelo Gabino e Antônio Sacui, funcionários da fábrica Duperial do Brasil.	30/03/44 - 30/03/44	1942 - 1943
12-B-032	Suspeita de atividade nazista e de atitude antinacional. Os investigados são Kurt Schuader e Walter Drumont, funcionário da Lacta e técnico de rádio, respectivamente, que teriam comemorado o naufrágio de navios brasileiros.	30/03/44 - 21/12/45	1942 - 1945
12-B-033	Suspeita de atividade fascista. A investigada é Bejamin Preminger, austríaca.	31/03/44 - 31/03/44	1943 - 1943
12-B-034	Suspeita de atividade nazista. O investigado é Hans Frehls, alemão.	31/03/44 - 31/03/44	1943 - 1943
12-B-035	Suspeita de atitude nazista. O investigado é Carlos Voglad, alemão, dentista, que teria armas em casa.	31/03/44 - 31/03/44	1943 - 1943
12-B-036	Suspeita de atitude antinacional. O investigado é Camill Fischer, alemão, que teria insultado a nação brasileira.	03/04/44 - 29/11/45	1940 - 1943
12-B-037	Suspeita de atitude antinacional. O investigado é Robert Gordon Mann, descendente de ingleses, suspeito de ser alemão, funcionário da Panair.	03/04/44 - 03/04/44	1943 - 1943
12-B-038	Suspeita de atividade nazista e de posse de rádio transmissor, com base em censura postal. A investigada é Maria Walter, alemã, ex-tripulante do navio Winduck, proprietária de uma fábrica de tecidos.	03/04/44 - 25/10/44	1943 - 1944
12-B-039	Suspeita de atividade nazista. O investigado é Sérgio Zolotonosky, russo, um dos chefes do laboratório Ultrasau.	01/06/45 - 07/05/46	1942 - 1946
12-B-040	Suspeita de atitude antinacional. O investigado é o sargento Augusto Rossi, funcionário da Oficina da Guarda Civil.	10/04/44 - 10/04/44	1944 - 1944
12-B-041	Suspeita de atitude antinacional. O investigado é o sargento Miguel Bracheto, italiano, torneiro mecânico na Oficina da Guarda Civil, que teria uma criação de pombos-correio.	10/04/44 - 10/04/44	1944 - 1944
12-B-042	Suspeita de atitude antinacional. O investigado é José Casabianca, italiano, técnico da Prado Cia de Óleo Ltda.	10/04/44 - 10/04/44	1943 - 1943
12-B-043	Suspeita de atividade nazista, com base em censura postal. Os investigados são Teo Schuid, alemão, e Carlos Heiny, vendedor da firma Paulotto	10/04/44 - 21/02/46	1942 - 1945
12-B-044	Suspeita de espionagem fascista, com base em censura postal. O investigado é Alexandre Torello, italiano, funcionário da Moinho Santista S/A.	10/04/44 - 30/06/44	1942 - 1944

DOSSIÊS/ PASTAS	ASSUNTO	ARQUIVAMENTO	PRODUÇÃO
12-B-045	Suspeita de atividade fascista, com base em censura postal. A investigada é Miranda Moscatti Segre, italiana.	12/04/44 - 12/04/44	1943 - 1943
12-B-046	Suspeita de atividade fascista. Os investigados são Otaviano Rocha, Francisco J. Teixeira, Tito Ranchi e Italo Mantobani, italianos.	12/04/44 - 02/10/44	1942 - 1944
12-B-047	Suspeita de atitude antinacional, com base em censura postal. O investigado é Manoel da Silva, carregador, que teria recebido uma mensagem cifrada vinda da Argentina.	12/04/44 - 26/04/45	1944 - 1945
12-B-048	Suspeita de atitude antinacional, com base em censura postal. A investigada é a professora Mabel Makins, inglesa.	13/04/44 - 13/04/44	1943 - 1943
12-B-049	Suspeita de atividade nazista. O investigado é Horácio Vieira, português residente no Rio de Janeiro, gerente da fábrica de cofres e móveis de aço Bernardini.	14/04/44 - 14/04/44	1943 - 1944
12-B-050	Suspeita de atividade nazista. A investigada é Irene Lore Wust, filha de alemães, que teria ajudado os presos de guerra do navio Windhuck.	14/04/44 - 14/04/44	1943 - 1943
12-B-051	Suspeita de atividade nazista e de posse de rádio transmissor, com base em censura postal. O investigado é Dietrich Carlos Adolfo Kuhlmann, descendente de alemães.	14/04/44 - 14/04/44	1942 - 1943
12-B-052	Suspeita de atitude antinacional. A investigada é a enfermeira Haydée Guanais Dourado, que teria criticado o ensino secundário brasileiro.	14/04/44 - 14/04/44	1943 - 1943
12-B-053	Suspeita de atividade nazista, com base em censura postal. O investigado é Edison Paes (vulgo K. Becinha), brasileiro, corretor, que teria se correspondido com Gustav Heinen, residente em Buenos Aires.	14/04/44 - 06/11/44	1944 - 1944
12-B-054	Suspeita de espionagem nazista, com base em censura postal. O investigado é o engenheiro químico Otto Shculler, tchecoslovaco.	17/04/44 - 17/04/44	1943 - 1943
12-B-055	Os investigados são os membros da família Ott, suspeitos de serem alemães, embora afirmem ser iugoslavos.	17/04/44 - 17/04/44	1943 - 1943
12-B-056	O investigado é Fukuti Hamabi, japonês.	18/04/44 - 18/04/44	1944 - 1944
12-B-057	Censura postal. Os investigados são Armando Porto e Sylvio Ferrara, italianos, proprietários da empresa Porto e Ferrara.	18/04/44 - 09/11/44	1944 - 1944
12-B-058	O investigado é o marinheiro Shima, japonês.	13/04/44 - 13/04/44	1944 - 1944
12-B-059	O investigado é Eamu Tkeite, japonês.	05/08/43 - 10/04/44	1944 - 1944
12-B-060	Suspeita de atividade nazista. O investigado é Otto Traub, funcionário da firma Bromberg & Cia.	18/04/44 - 18/04/44	1943 - 1944
12-B-061	Suspeita de atividade eixista. O investigado é Ernesto Limieri, italiano naturalizado brasileiro, funcionário da Oficina da Guarda Civil.	18/04/44 - 18/04/44	1944 - 1944
12-B-062	Suspeita de atividade fascista e de atitude antinacional. O investigado é Francisco Migrone, descendente de italianos, ex-caminhoneiro e corretor.	18/04/44 - 18/04/44	1944 - 1944
12-B-063	Suspeita de atividade nazista, com base em censura postal. O investigado é Hebert Lewsn, judeu alemão, chefe da SAUBRA (Sociedade Algodoeira do Nordeste Brasileiro), que teria mandado cartas com mensagens secretas.	19/04/44 - 19/04/44	1943 - 1943
12-B-064	Suspeita de atividade eixista, com base em censura postal. O investigado é José Mendes de Morais.	19/04/44 - 19/04/44	1943 - 1944
12-B-065	O investigado é Castor Delgado Pérez, espanhol, que solicitou passaporte, mas não quis especificar a razão da viagem.	19/04/44 - 19/04/44	1944 - 1944
12-B-066	Suspeita de atividade nazista. A investigada é Elsa Wecheelberger, austríaca, da firma Alfred H. Shutte & Cia.	19/04/44 - 19/04/44	1943 - 1944
12-B-067	Suspeita de atividade nazista. O investigado é Max Kolbert, funcionário da firma alemã Bromberg.	20/04/44 - 31/07/44	1966 - 1966
12-B-068	Suspeita de espionagem nazista. Os investigados são Willebald Rodert e Marienne Rodert, austríacos, empregados da Casa Anglo-Brasileira.	20/04/44 - 20/04/44	1943 - 1944
12-B-069	Suspeita de espionagem nazista. Os investigados são José Bestev (ou Josef Bestel), polonês, e Beno Goldberg (ou Benediht Goldeberg), austríaco, que foram trazidos para o Brasil pela Congregação Israelita.	20/04/44 - 20/04/44	1943 - 1944
12-B-070	Suspeita de espionagem nazista, com base em censura postal. O investigado é Leopold Kraus, austríaco, técnico na firma Comissária de Importação e Exportação Caravelas.	20/04/44 - 20/04/44	1943 - 1943
12-B-071	Suspeita de atitude antinacional, com base em censura postal. O investigado é Antônio Paula, funcionário da Industrial Paulista Ltda., que teria feito alusões depreciativas aos brasileiros.	25/04/44 - 25/04/44	1944 - 1944
12-B-072	O investigado é Jacques Antonie Brody, francês, engenheiro químico da Ródio-Seta.	25/04/44 - 25/04/44	1943 - 1944
12-B-073	Suspeita de atitude antinacional. A investigada é Margarida Russler, que teria falado o idioma alemão em público.	25/04/44 - 25/04/44	1943 - 1943
12-B-074	Suspeita de atitude antinacional. O investigado é Luiz Monteiro de Carvalho, gerente da empresa Sociedade Celenita Celulose Ltda., membro do Partido Republicano Paulista (PRP), que teria feito exportação de produto explosivo e sido contrário ao governo de Getúlio Vargas.	25/04/44 - 25/04/44	1943 - 1944

DOSSIÊS/ PASTAS	ASSUNTO	ARQUIVAMENTO	PRODUÇÃO
12-B-075	Suspeita de atividade eixista, com base em censura postal. A investigada é Grete Heymann, alemã.	27/04/44 - 27/04/44	1943 - 1943
12-B-076	Suspeita de espionagem. O investigado é Heinz Angermann, alemão, que trabalha com jóias.	27/04/44 - 27/04/44	1943 - 1943
12-B-077	Suspeita de espionagem. A investigada é Elza Murbach, suspeita de ser alemã, embora afirme ser brasileira descendente de suíços.	27/04/44 - 27/04/44	1942 - 1943
12-B-078	Suspeita de atividade eixista, com base em censura postal. A investigada é Madalena Rodrigues Batista, portuguesa, que teria recebido correspondência da Itália.	27/04/44 - 27/04/44	1943 - 1943
12-B-079	O investigado é José Schmaur, tcheco, funcionário do Clube Pinheiros, antigo Esporte Clube Germânia.	27/04/44 - 27/04/44	1943 - 1943
12-B-080	Suspeita de atividade eixista. O investigado é Erich Gottasdt Richter, que escreveu um diário enquanto esteve preso no presídio da imigração.	27/04/44 - 29/08/44	1942 - 1943
12-B-081	O investigado é o industrial Eugene Benoit Gentil, francês, que estaria interessado na indústria bélica.	27/04/44 - 14/08/45	1943 - 1943
12-B-082	Suspeita de atividade nazista. O investigado é Hercules Travalini, italiano, vendedor de casas de ferragens e de máquinas, que tinha contato com um alemão investigado pelo Serviço Secreto.	28/04/44 - 28/04/44	1943 - 1943
12-B-083	Censura postal. O investigado é H. Sallentien, alemão, que teria criticado a Inglaterra.	11/05/44 - 11/05/44	1942 - 1942
12-B-084	Censura postal. É investigada a agência de notícias espanhola EFE, que iria se instalar na América Latina.	03/05/44 - 03/05/44	1942 - 1942
12-B-085	Suspeita de atitude antinacional. O investigado é Homero Toledo França, que quando ficava embriagado falava mal de Getúlio Vargas.	05/05/44 - 05/05/44	1944 - 1944
12-B-086	Suspeita de sabotagem. Os investigados são Sekijiro Iwaya, Iwao Takasuji, Jujiro Iwaya e Massahiro Fujii, japoneses, residentes no município de Marília - SP. É também investigada a Sociedade dos Amigos (ou da Afeição).	05/05/44 - 08/02/46	1944 - 1952
12-B-087	Suspeita de atividade fascista. Os investigados são Maria Ungaretti e seus filhos.	08/05/44 - 08/05/44	1942 - 1949
12-B-088	Suspeita de atitude antinacional. O investigado é Harumine Kato, japonês, desenhista na Fábrica de Vidros Santa Marina, que teria exaltado o Japão.	08/05/44 - 08/05/44	1944 - 1944
12-B-089	Suspeita de posse de rádio transmissor. Os investigados são Max Veiser e sua filha Elisa Veiser, alemães.	08/05/44 - 08/05/44	1944 - 1944
12-B-090	Suspeita de atividade nazista. O investigado é Augusto Mayer, alemão.	08/05/44 - 08/05/44	1944 - 1944
12-B-091	Suspeita de atividade nazista. O investigado é o fotógrafo Jorge Crede, alemão, funcionário da Prefeitura do município de Santo André - SP.	09/05/44 - 09/05/44	1944 - 1944
12-B-092	Suspeita de atividade nazista. O investigado é Folkmar Lantzius Beninga, alemão, ex-funcionário da General Motors localizada no município de São Caetano - SP.	09/05/44 - 09/05/44	1941 - 1944
12-B-093	Suspeita de atitude antinacional. O investigado é Rudolpho Plotow, brasileiro, que seria simpatizante da Alemanha.	09/05/44 - 09/05/44	1942 - 1942
12-B-094	Suspeita de atividade nazista. O investigado é o engenheiro Franz Schubert, alemão, funcionário da empresa Bramberg.	10/05/44 - 19/02/46	1942 - 1944
12-B-095	Suspeita de atividade nazista. O investigado é Bruno Hollnagel, proprietário da empresa Labofarma.	04/05/44 - 05/04/46	1941 - 1945
12-B-096	Censura postal. A investigada é Marcel Neuville, residente no município de Piracicaba - SP, que manteria correspondência com a França.	12/05/44 - 12/05/44	1942 - 1942
12-B-097	O investigado é Edmund Scheller, alemão, gerente da empresa Indústria Brasileira de Licores.	11/05/44 - 27/07/44	1942 - 1944
12-B-098	Censura postal. O investigado é Fernando Esser, alemão, que tinha escrito uma carta mencionando as embaixadas inglesa e americana.	11/05/44 - 11/05/44	1942 - 1944
12-B-099	Suspeita de atividade nazista. O investigado é H. R. Johannes Muller, alemão, gerente da Cia. Ultragás.	11/05/44 - 11/05/44	1942 - 1942
12-B-100	Suspeita de atividade nazista. O investigado é André Sanchez, espanhol.	11/05/44 - 11/05/44	1942 - 1942
12-B-101	Suspeita de atividade nazista. Os investigados são vários funcionários do Banco Germânico da América do Sul.	11/05/44 - 11/05/44	1942 - 1942
12-B-102	Suspeita de atividade nazista. A investigada é a Srª Gellalzoni.	11/05/44 - 11/05/44	1942 - 1942
12-B-103	Suspeita de atividade nazista. O investigado é o vendedor Frederico Keller, alemão.	12/05/44 - 12/05/44	1942 - 1943
12-B-104	O investigado é João Behrendt, alemão, funcionário da Indústria Comercial Incol, que estaria comprando produtos de empresas incluídas na "Lista Negra".	12/05/44 - 12/05/44	1942 - 1943
12-B-105	Suspeita de atividade nazista. O investigado é Gustavo H. W. Ammermann, alemão.	15/05/44 - 20/11/44	1941 - 1943
12-B-106	O investigado é Kiniti Uchida, japonês, residente no município de Ourinhos - SP, que teria exaltado a sua pátria.	02/07/46 - 02/07/46	1946 - 1946
12-B-107	A investigada é a Drª Marta Halama, que teria servido de intermediária para correspondência de agentes inimigos.	15/05/44 - 15/05/44	1942 - 1942

DOSSIÊS/ PASTAS	ASSUNTO	ARQUIVAMENTO	PRODUÇÃO
12-B-108	Suspeita de espionagem. O investigado é Charles C. E. Schneider, alemão.	15/05/44 - 03/05/45	1942 - 1945
12-B-109	Suspeita de atividade eixista. O investigado é Max Junghorne, que estaria fazendo propaganda do Eixo.	15/05/44 - 15/05/44	1942 - 1942
12-B-110	O investigado é Erwin Bischof, alemão, proprietário de oficina para construção de aparelhos de gasogênio.	15/05/44 - 10/01/46	1942 - 1944
12-B-111	O investigado é Celso Gonzalez, espanhol.	16/05/44 - 21/03/46	1942 - 1945
12-B-112	O investigado é Dante Sala, funcionário da Empresa Matarazzo.	17/05/44 - 17/05/44	1944 - 1944
12-B-113	Suspeita de atividade nazista. O investigado é Edgar Frederico Carlos Kunze (ou Fritz Edgar Karl Kunze), alemão, funcionário do Banco Germânico.	17/05/44 - 09/03/45	1942 - 1945
12-B-114	Suspeita de atividade nazista e de posse de rádio transmissor. O investigado é José Florêncio de Lima Pinheiro, brasileiro, representante do Cortume de Santo Antonio.	17/05/44 - 17/05/44	1944 - 1944
12-B-115	Suspeita de atividade franquista. O investigado é Daniel Guillen.	17/05/44 - 17/05/44	1944 - 1944
12-B-116	Suspeita de atividade eixista. Os investigados são Takusi Matusaki, japonês, comprador de cerais e de casulos de bicho-da-seda, e Ernesto Alberto Triguis, argentino, proprietário de uma oficina de consertos.	19/05/44 - 19/05/44	1944 - 1944
12-B-117	Suspeita de atividade nazista. O investigado é o advogado Hans Schindler, alemão.	19/05/44 - 04/01/45	1942 - 1944
12-B-118	Suspeita de atividade nazista. Os investigados são vários funcionários da General Motors.	19/05/44 - 19/05/44	1942 - 1944
12-B-119	Solicitação de censura da correspondência de Rudolf Moos.	24/05/44 - 24/05/44	1943 - 1944
12-B-120	O investigado é William West Selgmiller.	24/05/44 - 24/05/44	1942 - 1945
12-B-121	Suspeita de atividade nipônica, com base em censura postal. O investigado é Tomotani Tomoya, japonês residente nos EUA, que viria para a Cooperativa Agrícola de Cotia e teria exaltado a guerra.	23/05/44 - 23/05/44	0 - 0
12-B-122	Suspeita de atividade nazista. A investigada é Martha H. Berner, descendente de alemães.	24/05/44 - 24/05/44	1942 - 1943
12-B-123	Suspeita de atividade nazista. O investigado é João Rossi, funcionário do Banco Alemão Transatlântico.	24/05/44 - 24/05/44	1942 - 1943
12-B-124	O investigado é Paul Ludwig Israel Hirsch, judeu alemão, funcionário do banco Warburg.	24/05/44 - 12/06/44	1942 - 1944
12-B-125	O investigado é Hugo Mameli, que teve sua correspondência apreendida.	03/05/44 - 24/05/44	1942 - 1942
12-B-126	Os investigados são Edward Arnold, agente da embaixada alemã, e Hans Kurt Meyer Claron.	26/09/44 - 05/04/46	1942 - 1942
12-B-127	Suspeita de atitude antinacional. O investigado é Ernesto Guimarães, despachante da alfândega do município de Santos - SP.	26/05/47 - 26/05/47	1942 - 1942
12-B-128	O investigado é Carl Sample, alemão, químico das Indústrias Reunidas Francisco Matarazzo, que possuía conta no Banco Germânico.	26/05/44 - 26/05/44	1942 - 1942
12-B-129	O investigado é Herman Georg Tassilo Gilbert, alemão.	19/05/44 - 08/03/46	1942 - 1944
12-B-130	Suspeita de atividade nazista. O investigado é o diretor comercial Agostinho Anatol Franz Woelz, russo.	25/10/45 - 25/10/45	1942 - 1942
12-B-131	Suspeita de atividade eixista. O investigado é Rene Eugene Godin, francês, diretor do Banco Francês Italiano.	23/05/44 - 23/05/44	1943 - 1943
12-B-132	Suspeita de atividade nazista. O investigado é William Bomemann, inglês descendente de alemães.	23/05/44 - 02/10/45	1942 - 1943
12-B-133	Censura postal. O investigado é Yoshihico Mio, japonês, que teve carta confiscada.	23/05/44 - 23/05/42	1942 - 1942
12-B-134	O investigado é Julius Moritz, alemão, residente no Chile, que mantinha relações comerciais com o Banco Germânico.	26/05/44 - 26/05/44	1944 - 1944
12-B-135	Suspeita de atividade eixista. Os investigados são vários japoneses, italianos e um brasileiro.	26/05/44 - 26/05/44	1942 - 1942
12-B-136	Suspeita de atividade eixista. O investigado é o comerciante Sylvio Borella.	26/05/44 - 20/08/45	1942 - 1942
12-B-137	Suspeita de atividade nazista. O investigado é Lothar Umgeher, austríaco, que teria elogiado Adolf Hitler.	26/05/44 - 26/05/44	1942 - 1942
12-B-138	Suspeita de atividade nazista. O investigado é Antônio Schiavone, motorista de praça.	26/05/44 - 26/05/44	1942 - 1943
12-B-139	Suspeita de atividade nazista. O investigado é José Kwirsch, austríaco.	30/05/44 - 30/05/44	1943 - 1944
12-B-140	Solicitação de atestado de antecedentes. O requerente é Walter Albrecht, funcionário do Banco Germânico, que seria nazista.	24/05/44 - 24/05/44	1942 - 1943
12-B-141	Suspeita de atividade nazista. O investigado é Siegfrid Lathan Melchers, austríaco.	24/05/44 - 05/04/46	1942 - 1946
12-B-142	Suspeita de atividade nazista. O investigado é Erich Scholz, alemão, funcionário do Banco Germânico.	24/05/44 - 24/05/44	1942 - 1943
12-B-143	Suspeita de atividade nazista. O investigado é Walmor Bercilos, funcionário do Banco Germânico.	24/05/44 - 24/05/44	1942 - 1943
12-B-144	Suspeita de atividade nazista. O investigado é Rudolf Karl Phillip Worhrle, funcionário do Banco Germânico.	24/05/44 - 24/05/44	1943 - 1943

DOSSIÊS/ PASTAS	ASSUNTO	ARQUIVAMENTO	PRODUÇÃO
12-B-145	Suspeita de atividade nazista. O investigado é Carl Walthor Heimcurw, funcionário do Banco Germânico.	24/05/44 - 24/05/44	1942 - 1943
12-B-146	Suspeita de atividade nazista. O investigado é Theodor Rande, funcionário do Banco Germânico.	24/05/44 - 24/05/44	1942 - 1943
12-B-147	Suspeita de atividade nazista. O investigado é Curt Geller, funcionário do Banco Germânico.	24/05/44 - 24/05/44	1942 - 1943
12-B-148	Suspeita de atividade nazista. O investigado é Eduard Edwing Mall, alemão, funcionário do Banco Germânico.	24/05/44 - 24/05/44	1942 - 1943
12-B-149	Suspeita de atividade nazista. O investigado é Brazilio Duarte, funcionário do Banco Germânico.	24/05/44 - 24/05/44	1942 - 1943
12-B-150	Suspeita de atividade nazista. O investigado é Friedrich Geog Groh, funcionário do Banco Germânico.	24/05/44 - 24/05/44	1942 - 1943
12-B-151	Suspeita de atividade nazista. O investigado é Guido Virgílio Magagna, brasileiro descendente de italianos, funcionário do Banco Germânico.	24/05/44 - 24/05/44	1942 - 1942
12-B-152	Suspeita de atividade nazista. O investigado é Friedrich Uelze, funcionário do Banco Germânico.	25/05/44 - 16/05/45	1943 - 1945
12-B-153	Suspeita de atividade fascista. O investigado é Francisco Barone, funcionário do Banco Germânico.	24/05/44 - 24/05/44	1943 - 1943
12-B-154	Suspeita de atividade nazista. O investigado é Bruno Werner Pohl, funcionário do Banco Germânico.	25/05/44 - 18/06/46	1940 - 1943
12-B-155	Suspeita de atividade nazista. O investigado é Bernardo Adolpho Schimidt, funcionário do Banco Germânico.	26/05/44 - 26/05/44	1942 - 1943
12-B-156	Suspeita de atividade nazista. O investigado é Friedrich Karl R. Stoeber, funcionário do Banco Germânico.	24/05/44 - 30/01/47	1942 - 1947
12-B-157	Suspeita de atividade nazista. O investigado é Hernz Frehse, funcionário do Banco Germânico.	25/05/44 - 20/11/46	1942 - 1946
12-B-158	Suspeita de atividade nazista. O investigado é Johann Oestmann, funcionário do Banco Germânico.	26/05/44 - 26/05/44	1942 - 1943
12-B-159	Suspeita de atividade nazista. O investigado é Wittich Tejas Hacker, funcionário do Banco Germânico.	26/05/44 - 26/05/44	1942 - 1943
12-B-160	Suspeita de atividade nazista. O investigado é Paulo Navarrete, funcionário do Banco Germânico.	26/05/44 - 26/05/44	1942 - 1943
12-B-161	Suspeita de atividade nazista. O investigado é Murad Wolfran Zöller, funcionário do Banco Germânico.	26/05/44 - 26/05/44	1942 - 1942
12-B-162	Suspeita de atividade nazista. O investigado é Heins Gustav Kedor, funcionário do Banco Germânico.	26/05/44 - 01/10/46	1942 - 1946
12-B-163	Suspeita de atividade nazista. O investigado é Américo Turri, funcionário do Banco Germânico.	25/05/44 - 25/05/44	1943 - 1943
12-B-164	Suspeita de atividade nazista. O investigado é Johan Eugen Gudremann, alemão, funcionário do Banco Germânico.	26/05/44 - 21/05/45	1944 - 1945
12-B-165	Suspeita de atividade nazista. O investigado é Mário Orestes Orsini, funcionário do Banco Germânico.	26/05/44 - 02/01/48	1942 - 1948
12-B-166	Posse de rádio transmissor. O investigado é Emil Schone, funcionário do Banco Germânico.	26/05/44 - 26/05/44	1942 - 1942
12-B-167	Suspeita de atividade comunista. O investigado é Mário Guido, funcionário do Banco Germânico.	26/05/44 - 26/05/44	1943 - 1943
12-B-168	O investigado é Pedro Lopes, funcionário do Banco Germânico.	26/05/44 - 26/05/44	1943 - 1943
12-B-169	Suspeita de atividade nazista. O investigado é Werner Stein, funcionário do Banco Alemão Transatlântico.	26/05/44 - 16/02/46	1942 - 1949
12-B-170	Suspeita de atividade nazista. O investigado é Walter Karl, funcionário da Schindler do Brasil S/A.	31/05/44 - 04/05/45	1943 - 1945
12-B-171	O investigado é Nakaltara Kosikazu, japonês, que teve sua máquina fotográfica apreendida.	01/06/44 - 01/06/44	1942 - 1942
12-B-172	Suspeita de atividade fascista. O investigado é o motorista José Passe, brasileiro.	01/06/44 - 01/06/44	1942 - 1942
12-B-173	Os investigados são Tomáz Takake e Yozurco Takano, japoneses, residentes na Fazenda Aparecida, no município de Colina - SP.	01/06/44 - 01/06/44	1942 - 1942
12-B-174	O investigado é Etevan Kissi, judeu alemão, presidente da Comissão de Melhoramentos da Vila Arens - Jundiaí.	02/06/44 - 02/06/44	1944 - 1944
12-B-175	O investigado é o comerciante José Fioroto.	02/06/44 - 02/06/44	1944 - 1944
12-B-176	O investigado é o empresário Kurt Von Pritzelmitz, austríaco.	03/06/44 - 02/05/45	1943 - 1945
12-B-177	Suspeita de espionagem nazista e de posse de rádio transmissor. Os investigados são o comerciante Jaime Ferreira e os membros da família iugoslava Scheer.	07/06/44 - 09/06/44	1944 - 1944
12-B-178	Suspeita de atividade eixista. Os investigados são Miyake Guichi e Yokozawa, japoneses, que teriam organizado festas para comemorar as vitórias do Japão no Pacífico.	07/06/44 - 14/08/45	1943 - 1944

DOSSIÊS/ PASTAS	ASSUNTO	ARQUIVAMENTO	PRODUÇÃO
12-B-179	O investigado é o empresário Wolgang Georgius, descendente de austríacos.	07/06/44 - 07/06/44	1943 - 1943
12-B-180	Solicitação de informação. O investigado é Walter Hiroshi Tominaga, residente no município de Presidente Prudente - SP.	04/06/44 - 09/06/44	1942 - 1942
12-B-182	Suspeita de atitude antinacional. O investigado é Miguel Scolamandré, italiano, gerente geral da fazenda Itaqueré, no município de Araraquara - SP.	09/06/44 - 09/06/44	1942 - 1942
12-B-183	Suspeita de atividade nazista. O investigado é Germano de Stefano, italiano, funcionário da Estrada de Ferro do município de Araraquara - SP.	09/06/44 - 11/09/45	1942 - 1942
12-B-184	Solicitação de procedimento. Trata-se de uma comunicação do DEOPS do Rio de Janeiro para o de São Paulo sobre o encaminhamento de Manoelito M. dos Santos para o município de Santos - SP.	09/06/44 - 09/06/44	1944 - 1944
12-B-185	O investigado é Yoshimi Miyoshi, japonês, funcionário de farmácia, que teria fabricado rótulos em japonês e tentado subornar um investigador.	09/06/44 - 22/10/45	1944 - 1945
12-B-186	Solicitação de informação. O investigado é Ernesto Pflneger, ex-cônsul alemão.	14/06/44 - 14/06/44	1942 - 1943
12-B-187	O investigado é Arnold Scmidt, alemão, ex-funcionário da fábrica de lápis Faber.	14/06/44 - 07/07/45	1943 - 1944
12-B-188	Suspeita de atividade nazista, com base em censura postal. O investigado é o florista Friedrich Karl Pabst, descendente de alemães.	30/06/44 - 30/06/44	1944 - 1944
12-B-189	Suspeita de espionagem nazista. O investigado é Luiz Faber, brasileiro, sócio e subgerente da fábrica de lápis Faber.	14/06/44 - 20/07/44	1941 - 1944
12-B-190	Investigação sobre suspeita de atividade nazista. O investigado é Kurt Rudorff, alemão, funcionário da casa Bromberg.	16/06/44 - 31/07/44	1943 - 1944
12-B-191	O investigado é o garçom Ricardo Relich, alemão, ex-funcionário do consulado dinamarquês.	16/06/44 - 16/06/44	1942 - 1944
12-B-192	Suspeita de atividade eixista. O investigado é Fukui Ilhei, japonês, que teria realizado reuniões suspeitas em sua casa.	17/06/44 - 30/07/44	1943 - 1943
12-B-193	O investigado é Oscar Iken, alemão naturalizado brasileiro, um dos proprietários da Fábrica Nacional de Tambores, que teria feito comércio de material estratégico.	17/06/44 - 17/06/44	1942 - 1944
12-B-194	Suspeita de atividade nazista. O investigado é Antonio Artur de Souza, que foi expulso da Escola Técnica de Aviação.	17/06/44 - 17/06/44	1944 - 1944
12-B-195	Suspeita de atividade nazista. Os investigados são vários funcionários da Rádio Tupi, especialmente o maestro Spartaco Rossi.	25/06/44 - 25/06/44	1942 - 1944
12-B-196	Suspeita de atividade nazista. O investigado é Abraão Lerner, judeu romeno, funcionário de churrascaria.	25/06/44 - 04/12/45	1943 - 1944
12-B-197	Suspeita de atividade nazista, com base em censura postal. O investigado é Frederico Wenger, alemão, funcionário de firma americana.	25/06/44 - 25/06/44	1943 - 1943
12-B-198	Suspeita de atitude antinacional, com base em censura postal. É investigada a firma Joseph C. R. Cohen.	25/06/44 - 25/06/44	1944 - 1944
12-B-199	Suspeita de atividade nazista. A investigada é Carla Kuller, brasileira descendente de alemães, ex-funcionária do consulado alemão.	25/06/44 - 13/03/46	1942 - 1944
12-B-200	Suspeita de atividade nazista e de atitude antinacional, com base em censura postal. O investigado é Gunter Manfredo Hirschel, judeu alemão, funcionário de fábrica.	25/06/44 - 25/06/44	1944 - 1944
12-B-201	O investigado é Gunter Wagner, alemão, residente em São Paulo - SP, que estaria em um relatório do DEOPS/RJ sobre espiões nazistas.	24/06/44 - 06/04/45	1942 - 1945
12-B-202	Suspeita de atitude antinacional. O investigado é o comerciário Bernardo Alcântara Campos Carvalho, brasileiro, que teria criticado o Presidente da República.	26/06/44 - 26/06/44	1941 - 1941
12-B-203	Suspeita de atividade eixista. Os investigados são alemães e um japonês, Asaji Takahashi, que possuía um mapa do Estado de São Paulo com a localização das colônias japonesas.	26/06/44 - 26/06/44	1942 - 1942
12-B-204	Suspeita de atividade nipônica, com base em censura postal. O investigado é Maseiji Orai, japonês, que teria enviado uma carta falando sobre a guerra, a qual continha um boletim mimeografado da Associação Moços de Londrina.	26/06/44 - 26/06/44	1942 - 1942
12-B-205	Suspeita de atividade eixista. O investigado é Pedro Aloise, italiano, administrador de fazenda.	28/06/44 - 28/06/44	1942 - 1942
12-B-206	Censura postal a estrangeiros. O investigado é Antonio Otero Blanco.	30/06/44 - 30/06/44	1944 - 1944
12-B-207	Censura postal a estrangeiros. O investigado é Rodolfo Malempóe, ex-professor de uma escola alemã na Vila Mariana, que teria falado de um elemento nazista em correspondência com a Argentina.	30/06/44 - 30/06/44	1944 - 1944
12-B-208	Suspeita de atividade nazista. O investigado é Henrich Hollman, alemão, proprietário de uma empresa transportadora.	30/06/44 - 13/07/45	1942 - 1945
12-B-209	Censura postal a estrangeiros. A investigada é Ivone Nakauzawa, que teria escrito uma carta sobre seu receio em relação à censura postal.	30/06/44 - 30/06/44	1944 - 1944

DOSSIÊS/ PASTAS	ASSUNTO	ARQUIVAMENTO	PRODUÇÃO
12-B-210	Censura postal a estrangeiros. O investigado é Mazimillian Ferber, austríaco, denunciado como elemento nazista pelo Comitê dos Austríacos Livres de São Paulo.	30/06/44 - 30/06/44	1944 - 1944
12-B-211	Suspeita de atividade eixista. Os investigados são Salvatore Gagliano e os demais tripulantes do navio italiano Conti Grande.	05/07/47 - 31/08/45	1942 - 1943
12-B-212	Solicitação de informações da delegacia do município de Marília a respeito de Uehiti Gamamato.	05/07/44 - 05/07/44	1944 - 1944
12-B-213	Censura postal a estrangeiros. A investigada é Johana Petermann.	05/07/44 - 05/07/44	1944 - 1944
12-B-214	Solicitação de isenção de salvo-conduto. O requerente é o guarda-livros Domingos de Lucca, italiano.	-	1943 - 1943
12-B-215	Solicitação de atestado de antecedentes. O requerente é Domingos de Lucca, italiano, funcionário das Indústrias Matarazzo.	-	1943 - 1943
12-B-216	Suspeita de posse de rádio transmissor, com base em censura postal. A investigada é Joanna Schwenck, que teria enviado uma carta a Gustav Henk, ex-tripulante de um navio alemão.	05/07/44 - 05/07/44	1943 - 1944
12-B-217	Censura postal. O investigado é Hort Pedro Schafer, austríaco.	06/07/44 - 27/04/45	1944 - 1945
12-B-218	O investigado é João Gref Schreiber, austríaco, ex-eletricista da Siemens Scnckert.	05/07/44 - 05/07/44	1944 - 1944
12-B-219	O investigado é Hideyukí Oda, americano de origem japonesa, representante da Sociedade Nipo-Brasileira.	05/07/44 - 15/02/46	1942 - 1943
12-B-220	Suspeita de atividade eixista. Os investigados são o afiador de facas José Minervino, italiano, e o marmoeiro Luiz Minervino, italiano.	07/07/44 - 24/10/45	1942 - 1943
12-B-221	Solicitação de isenção de salvo-conduto. O requerente é Nicola Frugis, italiano, que seria membro do Fascio.	07/07/44 - 07/07/44	1942 - 1944
12-B-222	Suspeita de atividade eixista. Os investigados são vários italianos, principalmente o proprietário de açougue Francisco Cerni, italiano.	07/07/44 - 28/08/45	1942 - 1944
12-B-223	Suspeita de posse de rádio transmissor. O investigado é João (Giovanni) de Lucca, italiano, proprietário de olaria.	08/07/44 - 08/07/44	1942 - 1944
12-B-224	Suspeita de atividade eixista. A investigada é Cândida Rocha Pinheiro, esposa do gerente da Cia. Sul América Capitalização.	10/07/44 - 10/07/44	1943 - 1944
12-B-225	Suspeita de atividade nazista. O investigado é Luiz Aurechio, funcionário da Companhia Vigor.	11/07/44 - 11/07/44	1944 - 1944
12-B-226	Suspeita de sabotagem. O investigado é Georg Stemphis, ex-tripulante do navio alemão Winduck.	11/07/44 - 21/08/44	1943 - 1944
12-B-227	Solicitação de isenção de salvo-conduto. O requerente é Carlos Belli, italiano, que teve o pedido negado anteriormente porque seria membro do Fascio de São Paulo.	13/07/44 - 13/07/44	1943 - 1944
12-B-228	Censura postal a estrangeiros. A investigada é Iolanda Cardella, que teria participado de reuniões de italianos no município de Campinas - SP.	14/07/44 - 14/07/44	1944 - 1944
12-B-229	Suspeito de atividade nazista. O investigado é Herbert Miguel Hochmen, polonês, sócio da Protel Ltda. e Claretense.	14/07/44 - 14/07/44	1942 - 1951
12-B-230	Suspeita de conduta ilegal e de atitude antinacional. O investigado é Antônio Morbach, ex-caixa do Banco Alemão Transatlântico, que estaria envolvido em um desfalque financeiro.	17/07/44 - 12/12/44	1942 - 1943
12-B-231	Suspeita de atividade nazista. O investigado é Kurt Kramer, alemão, funcionário do Banco Alemão Transatlântico, que seria ex-membro do Partido Nazista do município de Santo André - SP.	17/07/44 - 20/09/45	1942 - 1946
12-B-232	Suspeita de atitude antinacional. O investigado é Edgard Paul Kramer, alemão, vice-diretor do Banco Alemão Transatlântico.	17/07/44 - 18/02/46	1943 - 1946
12-B-234	Suspeita de atitude antinacional. O investigado é o engenheiro Walter Burzlaff, alemão.	17/07/44 - 28/09/45	1942 - 1943
12-B-235	Suspeita de atividade nazista. Os investigados são Leo e Mina Glaser, austríacos.	17/07/44 - 17/07/44	1943 - 1943
12-B-236	Suspeita de atitude antinacional. O investigado é Walter Kolbe, alemão.	17/07/44 - 28/08/44	1942 - 1944
12-B-237	Suspeita de atitude antinacional. O investigado é Gustav Blinder, alemão, que não teria colaborado com a produção de guerra na fábrica Wolffmetal.	17/07/44 - 08/11/45	1942 - 1944
12-B-238	Suspeita de atividade eixista. O investigado é Mitani Kanabaro, japonês, preso no município de Catanduva -SP.	17/07/44 - 17/07/44	1942 - 1944
12-B-239	Suspeita de atividade nazista. O investigado é Karl Dorschner, representante da firma Bickart.	17/07/44 - 17/07/44	1944 - 1944
12-B-240	O investigado é Walter Hohen, descendente de alemães, funcionário da empresa Junker e Ruhr.	17/07/44 - 17/07/44	0 - 0
12-B-241	O investigado é Seighed Paeckelmann, alemão, funcionário da empresa Brahma.	17/07/44 - 17/07/44	1944 - 1944
12-B-242	Suspeita de atividade eixista. O investigado é Henrique Puelshner, descendente de alemães, funcionário da Light and Power.	17/07/44 - 20/08/45	1942 - 1945
12-B-243	Suspeita de atividade nazista. O investigado é Erwen Eiberger, alemão, funcionário da firma Junker Ruhr.	17/07/44 - 27/04/46	1942 - 1946

DOSSIÊS/ PASTAS	ASSUNTO	ARQUIVAMENTO	PRODUÇÃO
12-B-244	Suspeita de atividade eixista. Os investigados são Max Meyer, alemão, funcionário da E. F. Sorocabana, e sua mulher Iolanda Meyer.	17/07/44 - 17/07/44	1942 - 1944
12-B-245	Suspeita de atividade nazista. O investigado é Henrique Siebenkaess, alemão, funcionário das Indústrias Gráficas Siqueira.	21/07/44 - 21/07/44	1944 - 1944
12-B-246	Suspeita de espionagem, com base em censura postal. A investigada é Clarey Adelina Schuvartz Munari, alemã.	21/07/44 - 17/10/44	1944 - 1944
12-B-247	Suspeita de atividade comunista. O investigado é Gerhard Victor Lachman, alemão, que teria realizado reuniões comunistas em sua casa.	24/07/44 - 23/06/48	1944 - 1948
12-B-248	Censura postal. O investigado é Henrique Wolff, alemão, funcionário da empresa Mapri Ltda.	24/07/44 - 24/07/44	1944 - 1944
12-B-249	Solicitação de salvo-conduto permanente. O requerente é Nicola Carrieri, italiano, que teria pertencido ao Fascio de São Paulo.	31/07/44 - 31/07/44	1942 - 1944
12-B-250	Suspeita de atividade nazista e de atividade integralista. O investigado é Werner Beng, alemão.	31/07/44 - 31/07/44	1944 - 1944
12-B-251	O investigado é Richard Staus, alemão, funcionário da empresa Bromberg.	31/07/44 - 14/05/46	1942 - 1946
12-B-252	Suspeita de atividade nazista. O investigado é Walter Wolf, alemão, garçom do Hotel Riviera.	31/07/44 - 31/07/44	1942 - 1944
12-B-253	Suspeita de espionagem. O investigado é Hans Joachin Schlange, alemão, funcionário da Firestone.	31/07/44 - 31/10/44	1942 - 1942
12-B-254	Suspeita de atividade eixista. O investigado é José Zovanella, italiano, residente no município de Socorro - SP.	02/08/44 - 02/08/44	1944 - 1944
12-B-255	Suspeita de atividade eixista. Os investigados são Henrich Sindt, Rudolf Walter, Erich Reiner e Fritz Marx, alemães.	02/08/44 - 03/08/45	1942 - 1944
12-B-256	Suspeita de atividade nipônica. O investigado é Yoshio Nakagawa, japonês, residente no município de Rio das Pedras - SP, que teria jornais japoneses em seu poder.	02/08/44 - 11/09/44	1941 - 1944
12-B-257	Suspeita de atitude antinacional. O investigado é Valentino Ferrante, descendente de italianos.	22/11/45 - 01/07/46	1941 - 1942
12-B-258	Solicitação de atestado de antecedentes. O requerente é Maurilio Chiorboli, italiano.	02/08/44 - 02/08/44	1943 - 1943
12-B-259	Suspeita de atividade eixista. O investigado é Max Biedermann, alemão, funcionário da Companhia Antártica Paulista.	02/08/44 - 25/05/45	1942 - 1945
12-B-260	Solicitação de salvo-conduto permanente. O requerente é Vittorio Terracini, italiano, que teria pertencido ao Fascio.	03/08/44 - 03/08/44	1942 - 1942
12-B-261	Suspeita de atividade nazista. O investigado é Júlio Glass, alemão, funcionário da Companhia Caloric.	03/08/44 - 26/02/45	1942 - 1945
12-B-262	Solicitação de salvo-conduto permanente. O requerente é Antônio Russo, italiano, que teria pertencido ao Fascio do município de Rio Claro - SP.	03/08/44 - 03/08/44	1942 - 1942
12-B-263	Suspeita de atividade nazista. O investigado é Max Reidel, alemão, funcionário da empresa Gutermann S/A.	03/08/44 - 28/08/44	1942 - 1942
12-B-264	Solicitação de salvo-conduto permanente. O requerente é Estevam Sammarone, italiano, que teria pertencido ao Fascio de São Paulo.	03/08/44 - 03/08/44	1942 - 1942
12-B-265	Suspeita de atividade eixista. Os investigados são funcionários da Estrada de Ferro Sorocabana.	03/08/44 - 03/08/44	1942 - 1946
12-B-266	Suspeita de atividade fascista e de atividade comunista. O investigado é Martinho di Cícero, médico do Serviço Sanitário, deputado do Partido Social Progressista (PSP).	30/11/45 - 26/09/58	1940 - 1958
12-B-267	Suspeita de atividade fascista e solicitação de atestado de antecedentes. O requerente é Antonio Paliasso, italiano, funcionário do Moinho Paulista.	07/08/44 - 07/08/44	1943 - 1944
12-B-268	Suspeita de atitude antinacional e solicitação de salvo-conduto permanente. O requerente é Naburo (ou Noburo) Munekata, japonês, representante da Perfumaria Lait Ltda.	07/08/44 - 25/04/46	1942 - 1945
12-B-269	Suspeita de atividade fascista. O investigado é Giuseppe Colina, italiano, que teria pertencido ao Fascio.	07/08/44 - 07/08/44	1943 - 1944
12-B-270	Suspeita de atividade nazista. O investigado é o engenheiro Karl Regger (ou Carlos Regger), alemão, chefe de frigorífico do Mercado Municipal.	08/08/44 - 20/02/46	1942 - 1942
12-B-271	Suspeita de atitude antinacional. O investigado é Enéas de Oliveira, residente no município de Penápolis - SP, que teria ofendido o Presidente da República.	08/08/44 - 08/08/44	1942 - 1943
12-B-272	Suspeita de atitude antinacional. O investigado é Antônio Goulart Siqueira, residente no município de Penápolis - SP, que teria desrespeitado a Lei de Segurança Nacional ao ofender o Presidente da República.	08/08/44 - 08/08/44	1942 - 1943
12-B-273	Suspeita de atividade nazista. Os investigados são Ernest Hugo Philip Reimer, funcionário do Departamento de Correios e Telégrafos, e Willibald Langer, funcionário da Companhia Telefônica, alemães.	08/08/44 - 08/08/44	1942 - 1943
12-B-274	Suspeita de atividade nazista. Os investigados são Maria Margaritte Helena Pouplier, proprietária de pensão, e Herbert Alfred Pouplier, diretor da Companhia Bemensis Ltda., alemães.	08/08/44 - 08/08/44	1942 - 1943

DOSSIÊS/ PASTAS	ASSUNTO	ARQUIVAMENTO	PRODUÇÃO
12-B-275	Suspeita de atividade nazista. O investigado é Erick Freundt, professor de ginástica do Colégio Porto Seguro, que teria sido membro da Gestapo.	09/08/44 - 25/10/44	1942 - 1944
12-B-276	O investigado é Max Bernartzki, alemão, ex-tripulante do navio Winduck.	09/08/44 - 09/08/44	1943 - 1944
12-B-277	Suspeita de atividade nipônica. O investigado é Tokuji Nakamura, japonês, residente no município de Bauru - SP.	16/08/44 - 06/06/46	1944 - 1946
12-B-278	Suspeita de atividade nazista. Os investigados são Wilheim Hermann Harling, representante da Indústria Paulista de Tapetes Atlantis S. A., e Hans Harling, funcionário da Galens Paulista, alemães.	16/08/44 - 16/08/44	1941 - 1942
12-B-279	Suspeita de atividade nazista e de atitude antinacional. O investigado é Miguel Averbach, alemão, ex-funcionário da Companhia de Petróleo, que teria se envolvido com o contrabando de armas.	17/08/44 - 14/10/46	1940 - 1955
12-B-280	Suspeita de atividade nazista. O investigado é Alfredo Hoeldke, alemão, funcionário de firmas alemãs no Estado do Paraná.	18/08/44 - 18/08/44	1941 - 1944
12-B-281	Suspeita de atividade eixista, com base em censura postal. O investigado é Silvio Galvão Rolim, brasileiro, que recebeu uma carta da Argentina sobre a guerra.	21/08/44 - 22/10/46	1942 - 1945
12-B-282	Suspeita de atitude antinacional, de atividade nazista e de posse de rádio trasmissor. Os investigados são os irmãos Adolfo Zweibrück e Emma Zweibrück, alemães.	21/08/44 - 21/08/44	1944 - 1948
12-B-283	Suspeita de atitude antinacional. Os investigados são Oswaldo Scognamiglio e Emílio Roquetti, italianos.	23/08/44 - 23/08/44	1943 - 1944
12-B-284	Suspeita de atividade nazista. Os investigados são Ernest Hermann Karl Oldendorf, comerciante de lâmpadas, e Helena Oldendorf.	23/08/44 - 19/02/46	1941 - 1945
12-B-285	Suspeita de atividade nazista. A investigada é a secretária Irene Zietlow, alemã, que possuiria poemas glorificando Hitler e insultando o judaísmo.	27/08/45 - 27/08/45	1942 - 1942
12-B-286	Suspeita de atividade nazista. A investigada é Putti Holmann, alemã, esposa de Heinie Holmann, alemão, proprietário de transportadora, residente no município de Piraquara - SP.	23/08/44 - 23/08/44	1942 - 1942
12-B-287	Suspeita de atividade nazista. Os investigados são os alemães e membros da Sociedade Beneficente Alemã, Alfredo Bilifinger, bancário, secretário e organizador do programa Hora da Alemanha, na Rádio Kosmos, Bernard Hans Wilhelm Ludwigs e Heinz Hellner.	24/08/44 - 08/06/45	1944 - 1955
12-B-288	Suspeita de atividade nazista. O investigado é Walter Roettger, alemão, funcionário da Labofarma.	24/08/44 - 08/02/45	1942 - 1944
12-B-289	Suspeita de atividade nazista. O investigado é Frederico Roberto Fust Netto, húngaro ou russo naturalizado alemão, ex-funcionário dos Clubes Pinheiros e Flamengo.	25/08/44 - 25/10/44	1943 - 1944
12-B-290	Suspeita de atividade nazista. O investigado é Walter Schupp, funcionário da firma Peterson e Cia e filiado à Frente Alemã de Trabalho.	25/08/44 - 25/08/44	1944 - 1944
12-B-291	Suspeita de atividade nazista. O investigado é Sebastian Lutschug, suíço, vendedor de carvão.	26/08/44 - 26/08/44	1943 - 1944
12-B-292	Suspeita de atividade nazista. Os investigados são Ludwig Schaff, alemão, gerente da Companhia Anilinas Produtos Químicos e Material Técnico, e o médico Otavio Moreira, brasileiro.	28/08/44 - 28/08/44	1942 - 1944
12-B-293	Suspeita de atividade nazista. O investigado é Vitor Koller, húngaro naturalizado alemão.	28/08/44 - 28/08/44	1944 - 1944
12-B-294	Suspeita de atividade nazista. Os investigados são Kurt Tesche, vendedor de produtos alimentícios, e Ilse Tesche, alemães.	29/08/44 - 10/04/45	1942 - 1945
12-B-295	Suspeita de atividade fascista e solicitação de salvo-conduto permanente. O requerente é Bruno Samá.	29/08/44 - 20/09/44	1942 - 1944
12-B-296	Suspeita de atividade nazista. O investigado é Fritz Cristiani, alemão, chefe de escritório da Sapiq S/A Paulista de Indústrias Químicas.	30/08/44 - 11/05/45	1944 - 1945
12-B-297	Suspeita de atividade eixista, com base em censura postal. O investigado é A. Semder, descendente de alemães, que teria defendido em carta a atuação dos países do Eixo na guerra.	30/08/44 - 30/08/44	1944 - 1944
12-B-298	Suspeita de atividade fascista e solicitação de salvo-conduto permanente. O requerente é Alberto Cantix, italiano, tradutor juramentado do consulado italiano, que teria entrado para o Fascio por causa da sua profissão.	31/08/44 - 31/08/44	1942 - 1943
12-B-299	Suspeita de atividade fascista e de atividade integralista. O investigado é Giovani Cambieri, italiano, engenheiro técnico da Cia. Mecânica Importadora.	09/04/45 - 09/04/45	1943 - 1944
12-B-300	Suspeita de atividade fascista e solicitação de salvo-conduto permanente. O requerente é Felice Cannone (ou Canone), italiano, funcionário do Moinho Fluminense S/A.	31/08/44 - 31/08/44	1942 - 1943
12-B-301	Suspeita de atividade nazista. O investigado é o engenheiro Hans Kurt Meyer, alemão, proprietário de hotel.	05/09/44 - 13/01/45	1940 - 1945
12-B-302	Suspeita de atividade nazista. O investigado é Werner Markus, alemão, fabricante de ferragens e ferramentas, representante da firma Hinsbero Korff Ltda.	06/09/44 - 06/09/44	1942 - 1943

DOSSIÊS/ PASTAS	ASSUNTO	ARQUIVAMENTO	PRODUÇÃO
12-B-303	Suspeita de conduta ilegal, com base em censura postal. Os investigados são João G. Kinchen e Brigite Laband, alemães, que teriam realizado operações de câmbio ilegais.	06/09/44 - 06/09/44	1943 - 1944
12-B-304	Suspeita de atividade nazista. O acusado é Fritz Vogt, alemão naturalizado brasileiro, chefe de departamento da firma Bremensis Ltda.	06/09/44 - 15/02/45	1943 - 1945
12-B-305	Suspeita de atividade nazista e de conduta ilegal. O investigado é Kurt Faltim, alemão, engenheiro mecânico da Cia. Melhoramentos de São Paulo, que teria realizado transações financeiras ilícitas na Suíça.	08/09/44 - 08/09/44	1944 - 1944
12-B-306	Suspeita de atitude antinacional. Os investigados são Carlos Richter, Alemão, e José Zappi.	08/09/44 - 28/08/45	1942 - 1945
12-B-307	Suspeita de posse de rádio transmissor. O investigado é Geraldo Schulz, alemão, que teria realizado reuniões suspeitas com outros alemães.	11/09/44 - 11/09/44	1942 - 1942
12-B-308	Suspeita de atividade nazista. O investigado é Reynalfo Dieberger, alemão, funcionário do serviço de ajardinamento de parques do Rio de Janeiro - DF.	11/09/44 - 03/10/45	1942 - 1942
12-B-309	O investigado é Odescalchi, que teria contribuído para dois jornais italianos.	11/09/44 - 11/09/44	1944 - 1944
12-B-311	Suspeita de posse de rádio transmissor. Os investigados são Carlos Kolles e Fritz Ernest Wiechert, alemães.	11/09/44 - 11/09/44	1942 - 1942
12-B-312	O investigado é Alexandre Bandeira, que teria recebido alemães em reuniões suspeitas na sua casa.	24/10/44 - 24/10/44	1943 - 1943
12-B-313	Suspeita de atividade eixista. O investigado é Valentin Víttorio Schreider, italiano, que seria representante da Comissão Americana de Compras de Minério.	11/09/44 - 11/09/44	1942 - 1942
12-B-314	É investigado o Consulado alemão.	11/09/44 - 09/09/77	1941 - 1978
12-B-315	Suspeita de atividade nazista. O investigado é Willy Heinrich Borgof, alemão.	11/09/44 - 22/10/45	1942 - 1943
12-B-316	O investigado é Karl Heins Heimann, alemão, que seria administrador do dinheiro de Goering.	12/09/44 - 20/02/46	1941 - 1946
12-B-317	O investigado é Adriano Crespi, que teria custeado um movimento revolucionário no município de São Paulo - SP.	12/09/44 - 12/09/44	1940 - 1943
12-B-318	Suspeita de atividade integralista. Os investigados são Vitor de Sofia e Hugo Gaudio, italianos.	12/09/44 - 12/09/44	1940 - 1941
12-B-319	Suspeita de atividade fascista e de atividade integralista. O investigado é Hugo Graziani Gaudi, italiano.	12/09/44 - 10/04/46	1940 - 1942
12-B-320	Solicitação de salvo-conduto permanente. O requerente é Hans Cohn, alemão.	12/09/44 - 12/09/44	1943 - 1943
12-B-321	O investigado é Vito Fanelli, italiano.	12/09/44 - 12/09/44	1942 - 1943
12-B-322	O investigado é Ernesto Linke, alemão.	18/09/44 - 02/02/54	1943 - 1944
12-B-323	O investigado é Kiniko Konishi, japonês, que teria feito uma tentativa de suborno.	14/09/44 - 14/09/44	1944 - 1944
12-B-324	O investigado é Ushiro Yamaya, japonês, que teria tentado subornar o investigador Alaor Souza Campos.	14/09/44 - 14/09/44	1944 - 1944
12-B-325	Os investigados são Frederich Langene, alemão, e outros dirigentes de uma sociedade alemã.	20/09/44 - 05/07/46	1940 - 1945
12-B-326	Suspeita de posse de rádio transmissor. O investigado é Erich Malnic, alemão.	20/09/44 - 26/02/45	1943 - 1945
12-B-327	Suspeita de atividade fascista. O investigado é Gustavo Mannini, italiano, que seria relacionado com o Fascio.	20/09/44 - 20/09/44	1942 - 1944
12-B-328	O investigado é Luiz Gragnhanini, italiano.	26/10/44 - 28/08/45	1942 - 1944
12-B-329	Suspeita de atividade fascista. O investigado é Manfredo Martino, que supostamente seria pertencente ao Fascio.	20/09/44 - 20/09/44	1944 - 1944
12-B-330	Suspeita de atividade nazista. O investigado é Paulo Wolf.	20/09/44 - 02/10/44	1944 - 1944
12-B-331	O investigado é Leopoldo Palazio, italiano.	25/09/44 - 25/09/44	1942 - 1943
12-B-332	Suspeita de posse ilegal de armas. O investigado é Takoyochi Yokoiana, japonês, que teria armas em casa, as quais foram apreendidas.	26/09/44 - 26/09/44	1944 - 1944
12-B-333	Suspeita de atividade nazista. O investigado é Alberto Suidenovsky, argentino, que admiraria a Alemanha.	26/09/44 - 26/09/44	1944 - 1944
12-B-334	Suspeita de atividade nazista e de atitude antinacional. O investigado é Alfredo Georg Kiefer, alemão.	26/09/44 - 24/05/46	1942 - 1942
12-B-335	Suspeita de posse de rádio transmissor. O investigado é o vendedor Herbert Reinhard, alemão.	27/09/44 - 27/09/44	1942 - 1942
12-B-336	O investigado é o comerciante Johnn Wachter, alemão.	29/09/44 - 29/09/44	1944 - 1944
12-B-337	Censura postal a estrangeiros. O investigado é Karl Matzke, alemão, que Recebeu uma carta dos seus familiares na Alemanha, e que estava internado em um campo de concentração no município de Pindamonhangaba - SP.	02/10/44 - 02/04/45	1944 - 1945
12-B-338	Suspeita de atividade nazista. O investigado é Erich (ou Eriche) Stute, proprietário de uma pensão.	02/10/44 - 15/05/45	1942 - 1945

DOSSIÊS/ PASTAS	ASSUNTO	ARQUIVAMENTO	PRODUÇÃO
12-B-339	O investigado é João Farina Filho, italiano.	02/10/44 - 02/10/44	1944 - 1944
12-B-340	Censura postal a estrangeiros. O investigado é Anton Shwartz, alemão, residente no Estado de Santa Catarina.	02/10/44 - 02/10/44	1944 - 1944
12-B-341	Suspeita de atividade eixista e de sabotagem. O investigado é Augusto Cecchine, italiano.	02/10/44 - 02/10/44	1942 - 1942
12-B-342	O investigado é o capitão do exército italiano Quintino Minicelli.	14/10/44 - 14/10/44	1942 - 1942
12-B-343	Suspeita de posse de rádio transmissor. O investigado é Antônio Bruno, brasileiro.	15/10/44 - 15/10/44	1942 - 1942
12-B-344	Solicitação de salvo-conduto. O requerente é Kinroku Awaru, japonês.	18/05/45 - 03/04/46	1942 - 1942
12-B-345	Suspeita de atividade nazista. O investigado é Eberhard Hans Wilhem Ledewigs, alemão, residente em São Paulo.	10/10/44 - 05/04/46	1942 - 1955
12-B-346	O investigado é o carvoeiro Kazuo Ihio, japonês.	14/10/44 - 12/08/46	1942 - 1946
12-B-347	Suspeita de atividade nipônica. Os investigados são Shoi Anzai, Eizabaro Sato e Kunnio Henni, japoneses residentes no município de Penápolis - SP.	14/10/44 - 14/10/44	1942 - 1944
12-B-348	Suspeita de atividade eixista e de atividade nipônica. Os acusados são os japoneses Yassuzo Yaoki, oficial do Exército Japonês, e Getuto Ono.	14/10/44 - 14/10/44	1942 - 1944
12-B-349	Suspeita de atividade nipônica. O investigado é o tradutor público Hideo Suguiyama, japonês, ex-funcionário do Consulado Geral Japonês.	14/10/44 - 14/10/44	1944 - 1944
12-B-350	A investigada é Lilli Luy Lehmann, filha de alemães.	14/10/44 - 14/10/44	1944 - 1944
12-B-351	Suspeita de atitude antinacional. O investigado é Kurt Struben.	12/10/44 - 15/05/45	1942 - 1945
12-B-352	Censura à imprensa. É investigada a revista *Times*, que teria distribuído um artigo criticando a postura pró-Alemanha de Vargas e do regime.	17/10/44 - 24/10/44	1944 - 1944
12-B-353	Suspeita de atitude antinacional e de atividade nazista. Os investigados são Franz Wandrasits, alemão, e Angelo Ritter Von Kovh, tcheco, funcionários da Light.	21/10/44 - 19/10/45	1942 - 1944
12-B-354	Suspeita de atitude antinacional. O investigado é Haruka Yamashita, japonês.	23/10/44 - 21/03/45	1942 - 1945
12-B-355	Suspeita de atividade comunista. O investigado é Mario Scott, secretário estadual do Partido Comunista Brasileiro (PCB).	05/02/46 - 10/05/54	1945 - 1953
12-B-356	Suspeita de atitude antinacional e de atividade fascista. Os investigados são Artur Amato, tenente da milícia fascista, Bruno Filone e Walter Glasser, alemão.	23/10/44 - 23/10/44	1942 - 1962
12-B-357	Suspeita de atitude antinacional e de atividade eixista. O investigado é Hans Schwab.	24/10/44 - 20/02/46	1942 - 1945
12-B-358	Suspeita de espionagem eixista. O investigado é Hermann Schotz.	25/10/44 - 25/10/44	1943 - 1943
12-B-359	Suspeita de atitude antinacional e de atividade fascista. O investigado é Armando Segni.	07/06/44 - 21/03/46	1941 - 1944
12-B-360	Suspeita de atitude antinacional e de atividade nazista. O investigado é Herbert Schiers.	14/03/45 - 14/03/45	1942 - 1945
12-B-361	Suspeita de espionagem nazista. O investigado é Francisco Hugel, procurador do Banco Alemão Transatlântico e 1º tesoureiro do Esporte Clube Pinheiros, antigo Esporte Clube Germânia.	25/10/44 - 25/10/44	1942 - 1942
12-B-362	Suspeita de atividade nazista. Os investigados são Curt Von Eiken e Walter Neubulm, alemães.	26/10/44 - 27/02/46	1942 - 1944
12-B-363	Suspeita de atitude antinacional e de atividade nazista. O investigado é Theodor A. J. Mrowietz.	26/10/44 - 26/10/44	1944 - 1944
12-B-364	Suspeita de atitude antinacional e de espionagem nazista. O investigado é João Carlos Eberl.	26/10/44 - 26/10/44	1941 - 1944
12-B-365	Suspeita de atitude antinacional. O acusado é Richard Bastian Jr.	30/10/44 - 05/06/46	1942 - 1943
12-B-366	Suspeita de atitude antinacional e de atividade eixista. O investigado é Fritz Karl Gustav Henneberg, chefe da gráfica Companhia Litográfica Ipiranga, onde teriam sido rodados panfletos de propaganda eixista.	30/10/44 - 31/10/44	1940 - 1944
12-B-367	Suspeita de atitude antinacional. Os acusados são Carlos Pieratzki, funcionário de empresa aérea no município de Lagoa Santa – MG, Henrique Fleckhaus, engenheiro mecânico, e Adolfo Gerone.	03/11/44 - 03/11/44	1943 - 1944
12-B-368	Suspeita de atitude antinacional e de atividade nazista. O investigado é Ernest Carl Braun.	04/11/44 - 04/11/44	1942 - 1943
12-B-369	Suspeita de atividade nipônica. O investigado é Torato Fujihara (ou Fujiwara).	04/11/44 - 04/11/44	1944 - 1944
12-B-370	Suspeita de atitude antinacional. O acusado é Masao Nagoshi.	06/11/44 - 23/05/45	1942 - 1945
12-B-371	Suspeita de atitude antinacional. O investigado é Karl Lang.	06/11/44 - 06/11/44	1942 - 1942
12-B-372	O investigado é Walter Boechle.	06/11/44 - 06/11/44	1943 - 1943
12-B-373	Suspeita de atitude antinacional. Os investigados são Alberto Röhner e Heinz Treutler, alemães, funcionários da firma Theodor Wille.	06/11/44 - 09/01/45	1942 - 1945
12-B-374	Suspeita de atividade nazista. O investigado é Robert M. Schwangart, residente no município de Bauru - SP.	06/11/44 - 19/04/45	1942 - 1945

DOSSIÊS/ PASTAS	ASSUNTO	ARQUIVAMENTO	PRODUÇÃO
12-B-375	Suspeita de atividade nazista e de posse de rádio transmissor. O investigado é Evlad Selke, ex-gerente do Banco Alemão Transatlântico residente no município de Santos - SP.	06/11/44 - 18/06/45	1942 - 1945
12-B-376	Suspeita de atividade nazista. Os investigados são Heins Hellerer, Friederich Wilhelm, Eugênio Tenber e Otto Vebel.	06/11/44 - 19/05/70	1942 - 1970
12-B-377	Suspeita de atividade nazista. Os investigados são alemães residentes em municípios do Estado de Santa Catarina, principalmente nos municípios de Blumenau e de Joinville.	24/01/46 - 21/02/46	1942 - 1949
12-B-378	Suspeita de atividade fascista. Os investigados são Ferdinando Martini e Oswaldo Sconamíglio, italianos, que estariam envolvidos com o Comitê Italiano.	20/11/44 - 18/10/48	1938 - 1944
12-B-379	Suspeita de atividade fascista. Os investigados são Eliseu Borelli, Otávio Futinlu e Cima Michelli, italianos.	20/11/44 - 20/11/44	1943 - 1943
12-B-380	Suspeita de atividade fascista. O investigado é Paulo La Cara, italiano, que teria pertencido ao Fascio Italiano de São Paulo.	20/11/44 - 20/11/44	1936 - 1942
12-B-381	Suspeita de atividade nipônica. Os investigados são japoneses residentes nos municípios de Caçador e São Pedro do Turvo - SP, que teriam recebido instruções de um ex-oficial do exército do Japão.	22/11/44 - 22/11/44	1944 - 1944
12-B-382	Suspeita de atividade nazista. Os investigados são Heinz Jorge Olaf Roehrs e Inacio Hablinger.	11/05/45 - 02/04/45	1942 - 1945
12-B-383	Suspeita de atividade nazista. Os investigados são os alemães Willi Hosang, ex-vendedor de automóveis e ex-dono de pensão, e Karl Adolf Hugo Wolfertz.	23/11/44 - 23/11/44	1942 - 1944
12-B-384	Suspeita de atividade nipônica. Os investigados são Tetuo Ikegami, Takeichi Yamada e Kanco Ikegami, japoneses.	-	1944 - 1944
12-B-385	Suspeita de atividade nazista, com base em censura postal. O investigado é Wolfang Rahn, alemão.	01/12/44 - 11/06/45	1941 - 1945
12-B-386	Suspeita de posse ilegal de armas. O acusado é Alfred Zemann, que possuiria fuzis e metralhadoras.	06/12/44 - 19/03/46	1942 - 1942
12-B-387	Suspeita de atividade nazista. Os investigados são os alemães Karl Aladnik e José Muhl.	07/12/44 - 07/12/44	1938 - 1944
12-B-388	Suspeita de atividade nazista. O investigado é o engenheiro Max Fortner, alemão, contratado para construção de prédios no município de Guarujá - SP.	11/12/44 - 11/12/44	1942 - 1944
12-B-390	Suspeita de atividade nazista, com base em censura postal. A investigada é Cora (ou Corina) Bonini, italiana naturalizada brasileira, que teria mantido correspondência com Alfredo Brieses.	13/12/44 - 13/12/44	1940 - 1940
12-B-391	Suspeita de atividade eixista. O investigado é Giovani Pardo, italiano, que teria feito propaganda nazista.	13/12/44 - 13/12/44	1942 - 1942
12-B-392	Suspeita de atividade fascista. O investigado é Benedito Giovani Cesare, italiano.	15/12/44 - 13/12/49	1942 - 1942
12-B-393	Suspeita de atividade nazista. Os investigados são Alberto Hofsteter e Erwin Lehmann, alemães, ex-protegidos de Ludovico Weber.	13/12/44 - 13/12/44	1942 - 1942
12-B-394	Suspeita de atitude antinacional. Os investigados são Benedito Lessa e Angelo Francine, italianos, que teriam ofendido publicamente Getúlio Vargas.	16/12/44 - 16/12/44	1942 - 1942
12-B-395	Suspeita de atividade nazista. O investigado é Hans Diespeker, alemão.	19/12/44 - 30/11/45	1942 - 1945
12-B-396	Suspeita de atividade antinacional. Os investigados são Yugo Kussacabe e Takeo Nishiama, japoneses, que teriam uma organização militar de colonos japoneses no interior do Estado de São Paulo.	27/12/44 - 21/06/46	1942 - 1943
12-B-397	Suspeita de atividade nazista. Os investigados são funcionários da Metalúrgica Wolf e da Caixa Econômica Federal.	27/12/44 - 28/01/46	1942 - 1944
12-B-398	Suspeita de atividade eixista e de atitude antinacional. O investigado é José Pereira, chefe da Estação Chapéu da Estrada de Ferro Sorocabana.	27/12/44 - 27/12/44	1942 - 1942
12-B-399	O investigado é Eberhard Julius Richter, alemão.	28/12/44 - 28/12/44	1944 - 1944
12-B-400	Suspeita de atividade nazista. O investigado é Arthur Voigt, alemão, funcionário de hotel.	29/12/44 - 29/12/44	1942 - 1942
12-B-401	Suspeita de atitude antinacional. O investigado é Rodolpho Augusto Niechele, brasileiro, pequeno empresário.	25/12/44 - 25/12/44	1942 - 1942
12-B-402	Suspeita de atividade nazista. O investigado é Guilherme Bandle, proprietário do Frigorífico Prudentino, que teria feito propaganda nazista.	29/12/44 - 20/09/45	1941 - 1945
12-B-403	Suspeita de atividade nazista. O investigado é Samuel Pfannemuller, ex-gerente da Serraria Boa Esperança, residente no município de Piquerobi - SP.	29/12/44 - 10/01/46	1942 - 1946
12-B-404	Suspeita de atitude antinacional, com base em censura postal. O investigado é W. T. Martins.	21/12/43 - 21/12/43	1942 - 1944

DOSSIÊS/ PASTAS	ASSUNTO	ARQUIVAMENTO	PRODUÇÃO
12-B-405	Suspeita de atividade nazista. O investigado é João Heirich Jr., teuto-brasileiro, funcionário da empresa J. Walter Tompson Company.	10/01/45 - 04/09/45	1942 - 1944
12-B-406	Suspeita de atividade nazista. O investigado é o químico Adam Korner, alemão.	12/01/45 - 12/01/45	1942 - 1945
12-B-407	Suspeita de atividade fascista e de atitude antinacional. O investigado é Ezio Moncassoli, italiano, proprietário de fábrica.	12/01/45 - 29/01/45	1943 - 1945
12-B-408	Suspeita de atividade nazista. O investigado é Fritz Buchman, ex-funcionário da Light and Power.	15/01/45 - 16/03/48	1942 - 1948
12-B-409	Suspeita de atividade fascista. O investigado é Francisco Sesso, que supostamente seria a favor do Fascio.	15/01/45 - 15/01/45	1940 - 1940
12-B-410	Suspeita de atividade nazista, com base em censura postal. O investigado é Edgard Weiss, alemão, gerente de empresa.	16/05/44 - 30/01/46	1942 - 1944
12-B-411	Suspeita de atividade nazista. O investigado é Kurt Engels, alemão.	28/05/45 - 27/03/46	1942 - 1945
12-B-412	Suspeita de atitude antinacional. O investigado é o comerciante Terukiti Sugayama, japonês.	23/01/45 - 02/05/45	1942 - 1945
12-B-413	Suspeita de atividade nazista. O investigado é Max Schelereth, que teria sido pego com correspondência proveniente da Alemanha.	24/01/45 - 24/01/45	1945 - 1945
12-B-414	Suspeita de atividade nazista. O investigado é Erich Sommer, que teria feito propaganda nazista.	29/01/45 - 05/02/46	1939 - 1945
12-B-415	Suspeita de atividade nazista. O investigado é Erich Alexander Engelhard Somer, alemão.	29/01/45 - 23/10/52	1939 - 1952
12-B-416	Suspeita de atividade nazista. O investigado é Gunther Zenning, ex-trabalhador da empresa Theodor Willive, residente no município de Vitória - ES.	29/01/45 - 29/01/45	1942 - 1942
12-B-417	Suspeita de atividade nazista. O investigado é Johannes Ehler, funcionário da empresa Irmãos Weiszflog e Companhia de Melhoramentos São Paulo.	30/01/45 - 12/03/46	1942 - 1946
12-B-418	Suspeita de atividade nazista. O investigado é Rudolph Troppmayr, alemão.	07/02/45 - 28/08/45	1939 - 1945
12-B-419	Suspeita de atividade nazista. Os investigados são os irmãos Herbert e Werner Sack, alemães.	18/12/44 - 16/08/47	1942 - 1947
12-B-420	Suspeita de atividade nipônica. O investigado é Takanobu Matsumoto, japonês, que seria um articulador de organizações japonesas.	08/02/45 - 28/08/46	1944 - 1945
12-B-421	Suspeita de atividade nipônica. O investigado é Ushio Neshiyama, japonês, que possuiria uma escola clandestina.	08/02/45 - 25/10/45	1942 - 1942
12-B-422	Suspeita de espionagem nipônica e de posse de rádio transmissor. O investigado é Takeo Imada, japonês.	14/02/45 - 14/02/45	1945 - 1945
12-B-423	Suspeita de atividade nazista. O investigado é Joahann Baptist Schupp, alemão, pertencente à Frente de Trabalho Alemã.	20/02/45 - 20/02/45	1944 - 1944
12-B-424	Suspeita de atividade nazista e de atividade integralista. Os investigados são Hermann Klaus Regitz e Raul Hehder, funcionários da Firestone.	21/02/45 - 21/02/45	1945 - 1945
12-B-425	Suspeita de atividade nazista. A investigada é a enfermeira Helena Schonian, alemã, funcionária do Hospital Alemão.	27/02/45 - 18/10/46	1942 - 1942
12-B-426	Suspeita de atividade nazista. O investigado é Fernando Hackradt, brasileiro.	19/03/45 - 19/03/45	1945 - 1945
12-B-427	O investigado é Italo Tenca, italiano.	19/03/45 - 19/03/45	1945 - 1945
12-B-428	Suspeita de atividade nazista. O investigado é Max Witecy, alemão, funcionário do Banco Holandês Unido.	22/03/45 - 22/03/45	1942 - 1942
12-B-429	Suspeita de atividade nazista. O investigado é Jorge Diestch, atuante nos municípios de Santos e São Vicente - SP.	22/03/45 - 22/03/45	1945 - 1945
12-B-430	Suspeita de atividade nazista. O investigado é Hans Wutzls.	06/04/45 - 06/04/45	1943 - 1945
12-B-431	Suspeita de atividade nazista. O investigado é Felix Rottre, residente no município de Caraguatatuba - SP.	27/03/45 - 04/06/46	1942 - 1945
12-B-432	Suspeita de atividade nazista. O investigado é Heinrich Astrath, funcionário do Banco Germânico.	10/04/45 - 20/02/46	1942 - 1945
12-B-433	Suspeita de atividade nazista. O investigado é Walter Von Kutzieben, diretor esportivo do Esporte Clube Germânia.	10/04/45 - 21/09/71	1945 - 1971
12-B-434	Suspeita de atividade nazista. O investigado é Karl Geiger, alemão, proprietário de fábrica.	11/04/45 - 06/06/46	1942 - 1945
12-B-435	Suspeita de atividade fascista. O investigado é Vittorio Raderelli.	13/04/45 - 13/04/45	1942 - 1945
12-B-436	Suspeita de atividade nazista. O investigado é Hans Buckupp, alemão, presidente da Câmara de Comércio Teuto-Brasileiro.	14/04/45 - 21/03/47	1941 - 1944
12-B-437	Suspeita de atividade nazista. O investigado é Fritz Schachtitz, funcionário da Companhia Sul Americana de Eletricidade (A.E.G), que teria feito propaganda nazista.	19/04/45 - 19/04/45	1941 - 1945
12-B-438	Suspeita de atividade nazista. O investigado é Guilherme Deike (ou Willy Deike).	24/04/45 - 23/08/46	1943 - 1946

DOSSIÊS/ PASTAS		ASSUNTO	ARQUIVAMENTO	PRODUÇÃO
12-B-439		**Suspeita de atividade nazista, com base em censura postal. O investigado é Wilhelm Schider, alemão.**	**01/12/44 - 26/04/45**	**1945 - 1945**
12-B-440		**Suspeita de atividade nazista. O investigado é Hildo de Oliveira Almeida.**	**09/05/45 - 09/05/45**	**1944 - 1945**
12-B-441		**Suspeita de atividade nazista. O acusado é o aviador Edgard Uth, alemão, funcionário da VASP.**	**08/06/45 - 25/10/45**	**1940 - 1942**
12-B-442		**Suspeita de atividade nazista. O investigado é Eugenio Endle, alemão, funcionário da Ford.**	**11/06/45 - 11/06/45**	**1943 - 1943**
12-B-443		**Suspeita de atividade nazista. O investigado é Gustavo Burmeister, alemão, funcionário do Banco Alemão Transatlântico, que teria uma estação de rádio clandestina.**	**28/06/45 - 21/02/46**	**1941 - 1943**
12-B-444		**Denúncia contra nazistas. O denunciante é Albert Jaegere, alemão, funcionário do vapor Winduck, que sofreu maus-tratos pelos nazistas.**	**28/06/45 - 04/06/46**	**1945 - 1945**
12-B-445		**Suspeita de espionagem eixista. As investigadas são mulheres, funcionárias de bares do porto de Santos - SP, que obtinham informações através de marinheiros ingleses e americanos.**	**08/08/45 - 14/03/46**	**1942 - 1942**
12-B-446		**Suspeita de atividade nazista. O investigado é o jornalista João Reunegger, alemão, que seria membro do Partido Nazista do Rio Grande do Sul.**	**09/08/45 - 09/08/45**	**1944 - 1944**
12-B-447		**Suspeita de atividade eixista. O investigado é Humberto Maniezo, brasileiro, cobrador da Companhia Construtora Universal, que teria exaltado o Eixo no episódio do torpedeamento de cinco navios brasileiros.**	**09/08/45 - 09/08/45**	**1942 - 1942**
12-B-448		**Suspeita de atividade nazista e de atitude antinacional. O investigado é João Lederer, alemão, que seria chefe do Partido Nazista.**	**09/08/45 - 09/08/45**	**1942 - 1942**
12-B-449		**Suspeita de atividade nazista. Os investigados são Udo, Peter e Ralf Haltemburg, alemães.**	**20/02/46 - 23/08/45**	**1942 - 1942**
12-B-450		**Suspeita de atividade nipônica. Os investigados são o corretor Isanu Kano, o lavrador Massumi Iwata e o comerciante Mamoru Muranaga, japoneses, que estariam ligados a japoneses eixistas.**	**23/08/45 - 17/09/45**	**1945 - 1945**
12-B-451		**Suspeita de atividade nazista. O investigado é George Alvin Reissig, alemão, que teria comemorado o episódio de torpedeamento de cinco navios brasileiros.**	**29/08/45 - 08/09/46**	**1942 - 1942**
12-B-452		**Suspeita de atividade nazista, de atividade integralista e de posse de rádio transmissor. O investigado é Grinaldi Gaetano.**	**04/09/45 - 04/09/45**	**1942 - 1942**
12-B-453		**Suspeita de atividade nipônica. É investigada a Sociedade Secreta Shindô Renmei, composta por imigrantes japoneses que realizavam atividade em meio à comunidade japonesa no Brasil. São investigadas também associações semelhantes, como a Toko Tai.**	**16/10/45 - 25/06/69**	**1945 - 1969**
	001	Suspeita de atividade nipônica. É investigada a Sociedade Secreta Shindô Renmei, que defendia a idéia de que o Japão não teria sido derrotado na guerra.	16/10/45 - 31/01/47	1946 - 1946
	002	Suspeita de atividade nipônica. É investigada a Sociedade Secreta Shindô Renmei.	21/03/46 - 03/01/47	1945 - 1946
	003	Suspeita de atividade nipônica. É investigada a Sociedade Secreta Shindô Renmei.	24/05/46 - 04/07/46	1946 - 1946
	004	Suspeita de atividade nipônica. É investigada a Sociedade Secreta Shindô Renmei.	06/07/46 - 18/11/46	1946 - 1946
	005	Suspeita de atividade nipônica. É investigada a Sociedade Secreta Shindô Renmei.	23/07/46 - 15/09/49	1946 - 1957
	006	Suspeita de atividade nipônica. São investigadas a Sociedade Secreta Shindô Renmei e a Toko Tai, que estariam realizando atividades terroristas no Brasil.	10/09/46 - 19/11/46	1946 - 1947
	007	Suspeita de atividade nipônica. São investigadas a Sociedade Secreta Shindô Renmei e a Toko Tai, que estariam realizando atividades terroristas no Brasil.	19/11/46 - 21/01/47	1946 - 1947
	008	Suspeita de atividade nipônica. São investigadas a Sociedade Secreta Shindô Renmei e a Toko Tai, que estariam realizando atividades terroristas no Brasil.	10/01/47 - 08/07/47	1946 - 1947
	009	Suspeita de atividade nipônica. São investigadas a Sociedade Secreta Shindô Renmei e a Toko Tai, que estariam realizando atividades terroristas no Brasil.	18/07/47 - 28/06/49	1946 - 1950
	010	Suspeita de atividade nipônica. É investigada a Sociedade Secreta Shindô Renmei.	06/03/51 - 25/06/69	1950 - 1969
12-B-454		**Suspeita de atitude antinacional. O investigado é Curt Wendel, alemão, que teria feito propaganda contra o Brasil em programas de rádio.**	**-**	**1948 - 1948**
12-C-001		**Suspeita de atividade nazista. O investigado é Rodolfo Mehlmann, brasileiro formado na Alemanha, membro da juventude hitlerista e professor de uma Escola de Comércio na Vila Mariana, que possui um grupo de escoteiros chamado Centro de Escoteiros Ubirajara.**	**11/12/43 - 11/12/43**	**1943 - 1943**
12-C-002		**Movimento estudantil. É investigada a Escola Politécnica da Universidade de São Paulo (USP): greve dos estudantes e discursos de colação de grau.**	**13/04/44 - 06/05/74**	**1940 - 1974**
12-C-003		**Censura postal. São investigadas várias escolas japonesas em São Paulo, que funcionariam de forma irregular, ensinando idioma japonês.**	**17/08/47 - 26/04/49**	**1944 - 1949**
12-C-004		**É investigada a escola Akama, que ensinaria clandestinamente o idioma japonês.**	**30/08/44 - 23/04/46**	**1944 - 1946**
12-C-005		**São investigadas várias escolas alemãs em São Paulo, seus diretores, professores e alunos.**	**02/05/45 - 17/12/45**	**1940 - 1943**

DOSSIÊS/ PASTAS	ASSUNTO	ARQUIVAMENTO	PRODUÇÃO
12-C-006	Suspeita de atividade nazista. Os investigados são Tiaza Missaka e Tadashi Missaka, japoneses, pai e filho, respectivamente, residentes em Bauru - SP, que teriam mapas com a suástica nazista.	09/08/45 - 14/08/45	1942 - 1942
12-D-000	Suspeita de atividade nazista e de atitude antinacional. Os investigados são vários militares brasileiros e estrangeiros, que teriam ofendido o governo brasileiro.	18/06/45 - 27/12/45	1942 - 1944
12-D-001	Suspeita de atitude antinacional. O investigado é o capitão José Pompeu Saboia, que teria feito declarações contrárias à participação direta do Brasil na guerra.	25/10/44 - 25/10/44	1943 - 1943
12-D-002	Suspeita de atividade nazista. O investigado é Pedro Kauffmann, alemão naturalizado brasileiro, ex-inspetor da guarda civil, assíduo freqüentador da Relojoaria Suissa.	04/02/44 - 19/05/45	1942 - 1944
12-D-003	Suspeita de espionagem. O investigado é Ernesto Travalha, italiano, ex-frade (expulso por má conduta), sargento da aviação militar de São Paulo.	12/02/44 - 02/04/46	1943 - 1944
12-D-004	Suspeita de posse de rádio transmissor. O investigado é o médico Kentaro Takaoka, japonês.	14/03/44 - 14/04/46	1942 - 1946
12-D-005	O investigado é Luiz Cravo, membro do 4º regimento de infantaria, que teria antipatia pelos norte-americanos e seria contra o posicionamento adotado pelo Brasil na guerra.	04/04/44 - 04/04/44	1944 - 1944
12-D-006	Suspeita de atitude antinacional. O investigado é Cherubino Álvares, tenente reformado, que teria criticado o presidente da República e se envolvido em arruaças no prédio Martinelli.	22/04/44 - 01/02/45	1944 - 1945
12-D-007	Suspeita de atividade fascista. O investigado é Antônio Luiz Amato, descendente de italianos, matriculado no C.P.O.R.	16/05/44 - 16/05/44	1942 - 1942
12-D-008	Suspeita de atividade nazista e de atitude antinacional. O investigado é João Zimmerman, austríaco, ex-guarda civil, que seria adepto do nazismo.	19/01/45 - 19/01/45	1944 - 1945
12-D-009	Solicitação de isenção de salvo-conduto. O requerente é o capitão Ivo Stanzani, ex-comandante do navio italiano Conte Grande, que queria passar uma temporada na Fazenda Bocaiúva, no município de São Manoel - SP.	28/06/44 - 21/03/46	1942 - 1942
12-D-011	Suspeita de atividade eixista e de atitude antinacional. O investigado é Dillermando Vasconcellos, soldado do Exército, que teria criticado o governo em público.	18/11/44 - 18/11/44	1943 - 1943
12-E-000	Suspeita de atividade eixista. Os investigados são vários diplomatas estrangeiros.	28/12/44 - 01/06/46	1942 - 1942
12-E-001	Suspeita de atividade eixista, com base em censura postal. A investigada é Lucinda Kubitz, que teria recebido cartas da Argentina sobre cônsul japonês e atividades pró-Japão.	31/12/43 - 24/07/44	1943 - 1944
12-E-002	A investigada é Marta Angeli, ex-funcionária do consulado italiano, que teria feito reuniões secretas de autoridades consulares de países do Eixo.	15/03/44 - 27/08/45	1942 - 1942
12-E-003	Suspeita de atitude antinacional. O investigado é Roger Lee Eleacok, vice-cônsul americano, que teria grande proximidade com alemães e teria feito críticas à atuação da polícia brasileira.	04/05/44 - 04/05/44	1942 - 1942
12-E-004	Censura postal. A investigada é Anna Rotter, que seria a destinatária de uma carta encontrada no Banco Germânico que trata da remessa de dinheiro da Alemanha para o Brasil.	26/05/44 - 26/05/44	1942 - 1944
12-E-005	O investigado é José Galati, italiano, ex-agente consular no município de Araraquara-SP, que continuaria exercendo a presidência do Rotary Club Escol.	01/06/44 - 01/06/44	1942 - 1943
12-E-006	O investigado é Naonori Ishihara, vice-cônsul do Japão em Bauru, que estaria envolvido em um plano para abalar a economia paulista em represália à perseguição de japoneses.	03/10/44 - 21/02/46	1942 - 1946
12-E-007	A investigada é Erika Iagow, funcionária do Consulado Espanhol no município de Santos - SP, que teria feito pagamentos entre súditos e marinheiros alemães em São Paulo.	23/10/44 - 26/02/45	1944 - 1945
12-E-008	Censura postal a estrangeiros. A investigada é Teresa Alemi, brasileira, que era destinatária de uma carta vinda de Roma, com referências negativas ao fascismo, emitida por Atílio Alemi, seu marido.	27/12/44 - 24/04/45	1941 - 1945
12-F-000	Suspeita de atividade nazista. Os investigados são vários proprietários.	13/12/43 - 17/09/45	1942 - 1943
12-F-001	Censura postal a estrangeiros. O investigado é Max Conz, alemão, que recebeu carta com referências simpáticas ao nazismo de Ludwig Naumann, seu sobrinho, residente na Argentina.	11/02/44 - 30/06/44	1942 - 1944
12-F-002	Solicitação de isenção de salvo-conduto. O requerente é João Rossi, italiano, que teria pertencido a sociedades italianas partidárias do fascismo.	12/09/44 - 12/09/44	1942 - 1942
12-F-003	Suspeita de atividade nipônica. O investigado é Jinsasko Wakiama, japonês, ex-coronel do exército do Japão.	25/04/44 - 05/10/57	1941 - 1954

DOSSIÊS/ PASTAS		ASSUNTO	ARQUIVAMENTO	PRODUÇÃO
12-F-004		**E investigada uma pensão na Avenida Paulista, cuja proprietária, Else Von Hardt, é alemã.**	**16/05/44 - 16/05/44**	**1943 - 1944**
12-F-005		**Suspeita de atitude antinacional. O investigado é Edward Yoshi Kuroioshi, norte-americano descendente de japoneses.**	**16/05/44 - 26/06/45**	**1943 - 1944**
12-F-006		**Suspeita de atividade fascista. O investigado é Pedro Bertoti, filho de italianos, proprietário de bar, que teria impedido um grupo de jovens de saudar o Brasil em seu estabelecimento.**	**26/06/44 - 26/06/44**	**1942 - 1942**
12-G-000		**Suspeita de atividade nazista. O investigado é Apolinary Silassky, alemão, pastor protestante.**	**25/10/45 - 07/03/46**	**1942 - 1942**
12-G-001		**O investigado é Jorge Geremeinder, alemão, padre, ex-missionário no Japão, residente no município de Pereira Barreto - SP.**	**02/03/44 - 20/11/45**	**1942 - 1942**
12-G-002		**O investigado é João Rulli, italiano, padre, vigário do município de Ituverava - SP.**	**14/04/44 - 14/04/44**	**1944 - 1944**
12-G-003		**O investigado é o padre Otto Popp, alemão, que conversava em alemão com seus conterrâneos.**	**08/05/44 - 08/05/44**	**1944 - 1944**
12-G-004		**O investigado é o pastor presbiteriano James Portor Smith, norte-americano.**	**24/05/44 - 24/05/44**	**1943 - 1943**
12-G-005		**O investigado é o monge budista Riushi Shimba, japonês.**	**24/05/45 - 02/12/53**	**1945 - 1945**
12-G-006		**O investigado é Amaro Van Emelen, holandês, monge beneditino, e dois monges alemães: Antônio Holl e Felipe Scheitenberger, todos residentes no município de Santos - SP.**	**22/05/44 - 15/06/46**	**1944 - 1944**
12-G-007		**O investigado é José Estevam, espanhol, padre, vigário do município de Pirambóia - SP, que teria rasgado uma foto de Getúlio Vargas.**	**26/06/44 - 26/06/44**	**1942 - 1942**
12-G-008		**Censura postal a estrangeiros. O investigado é o padre Paul Seibert, que depreciou o Estado de Goiás em carta para os EUA.**	**03/10/44 - 03/10/44**	**1944 - 1944**
12-G-009		**Suspeita de atividade fascista. O investigado é o padre Nicolau Miranda, italiano.**	**06/11/44 - 06/11/44**	**1944 - 1944**
12-G-010		**Suspeita de atividade nazista. O investigado é o padre Carlos Bolz, alemão.**	**22/02/45 - 22/02/45**	**1942 - 1945**
12-G-011		**Suspeita de atividade nazista. Os investigados são vários padres alemães, residentes nos Estados de São Paulo e Minas Gerais.**	**18/06/45 - 05/12/45**	**1941 - 1941**
12-G-012		**O investigado é o clérigo Noburo Hara, japonês.**	**09/07/45 - 28/02/46**	**1942 - 1942**
12-G-013		**Suspeita de atividade fascista e de atividade nazista. O acusado é o padre João Severino Fey, italiano.**	**23/08/45 - 23/08/45**	**0 - 0**
12-H-000		**Suspeita de atividade eixista. Os investigados são funcionários públicos imigrantes, residentes no município de Santos - SP e no município de Cuiabá - MT.**	**28/01/44 - 04/04/46**	**1942 - 1946**
12-H-001		**Suspeita de atitude antinacional. O investigado é Adriano Tedesco, professor de Educação Física do Ginásio do Estado, no município de Itapira - SP.**	**24/11/43 - 03/03/44**	**1943 - 1943**
12-H-002		**O investigado é Carlos Grasser.**	**14/12/43 - 14/12/43**	**1942 - 1942**
12-H-003		**Diagnóstico de atividades em municípios. É investigado o município de Tatuí - SP.**	**28/01/44 - 16/12/77**	**1942 - 1977**
	001	Suspeita de atividade nipônica, de atividade eixista e de movimento político/partidário. Os investigados são indivíduos residentes no município de Tatuí - SP.	28/01/44 - 21/09/60	1942 - 1949
	002	Diagnóstico de atividades do município de Tatuí - SP: relatos sobre políticos e sobre suas atividades; relatos sobre a situação energética e sobre a economia da região.	26/09/60 - 13/11/74	1960 - 1960
	003	Diagnóstico de atividades do município de Tatuí - SP: Sindicato dos Trabalhadores da Indústria de Fiação e Tecelagem.	09/12/75 - 16/12/77	1975 - 1977
12-H-004		**Suspeita de atividade nazista. Os investigados são Francisco Germano Kiese e Kurt Brandt, alemães naturalizados brasileiros, funcionários do Departamento de Produção.**	**05/03/44 - 30/03/46**	**1942 - 1942**
12-H-005		**O investigado é João Salerno, inspetor de fiscalização da Prefeitura Municipal de São Paulo.**	**09/03/44 - 09/03/44**	**1943 - 1944**
12-H-006		**Os investigados são alemães naturalizados brasileiros, principalmente Guilherme Gelmroth, Franz Waldan e Klaus Rotermund, funcionários da Procuradoria de Terras do Estado.**	**09/03/44 - 16/06/46**	**1942 - 1945**
12-H-007		**Suspeita de atividade eixista. O investigado é Luiz Carbone, funcionário do Gabinete de Investigação.**	**25/05/44 - 25/05/44**	**1942 - 1943**
12-H-008		**Suspeita de atividade nazista. Os investigados são Otto Bendia e Arthur Besser, brasileiros, reservistas, funcionários do Instituto Geográfico e Geológico.**	**29/03/44 - 29/03/44**	**1942 - 1943**
12-H-009		**Suspeita de atividade eixista. O investigado é Paulo Rossi, sub-delegado do município de Cubatão-SP.**	**09/05/44 - 09/05/44**	**1942 - 1942**
12-H-010		**Suspeita de atividade integralista. O investigado é Romeu Lilía, funcionário da Caixa Econômica Federal.**	**15/05/44 - 10/11/70**	**1942 - 1942**

DOSSIÊS/ PASTAS	ASSUNTO	ARQUIVAMENTO	PRODUÇÃO
12-H-011	Suspeita de atividade antinacional. O investigado é Gustavo Martins, residente no município de Laranjal - SP, que teria feito várias falsas denúncias contra as autoridades e contra a colônia italiana locais.	24/05/44 - 22/01/46	1942 - 1944
12-H-012	Suspeita de atividade eixista, com base em censura postal. O investigado é Jayme Kannebeley Filho, chefe de firma exportadora e delegado de polícia do município de Cotia - SP.	24/05/44 - 21/03/46	1942 - 1942
12-H-013	Suspeita de atividade eixista. O investigado é o investigador Antônio Benvença, que teria prestado serviços ao Banco Germânico.	26/05/44 - 05/04/46	1942 - 1942
12-H-014	Suspeita de atividade nazista. O investigado é Antônio Almafi, prefeito do município de Torrinha - SP.	02/06/44 - 02/06/44	1942 - 1950
12-H-015	Suspeita de atividade integralista. O investigado é Camilo G. de Sousa Neves, prefeito do município de Araraquara - SP. Suspeita de atitude antinacional. O investigado é o tenente Pedro de Pierre de Oliveira.	09/06/44 - 30/01/46	1940 - 1943
12-H-016	Suspeita de atividade subversiva. Os investigados são funcionários públicos do município de Pirangi - SP.	09/06/44 - 10/11/76	1942 - 1976
12-H-017	Suspeita de atividade eixista. O investigado é Augusto Pontes, escrivão de paz do município de Guarapiranga - SP.	09/06/44 - 09/06/44	1942 - 1942
12-H-018	O investigado é Francisco Grande, italiano, vice-prefeito, fiscal municipal do distrito de Vitória no município de Botucatu - SP.	26/06/44 - 22/04/45	1940 - 1942
12-H-019	Suspeita de atividade nazista, de atividade fascista e de atitude antinacional. O investigado é Oscar Waldemar Friendenreich, funcionário da Secretaria da Fazenda.	06/07/44 - 17/06/46	1942 - 1945
12-H-020	Suspeita de atividade eixista. O investigado é José Barca, funcionário da Prefeitura de São Paulo.	07/07/44 - 07/07/44	1942 - 1944
12-H-022	Suspeita de atividade eixista. O investigado é o médico Arne Enge, alemão, funcionário público.	02/08/44 - 02/08/44	1942 - 1942
12-H-023	O investigado é José César de Oliveira, funcionário da Prefeitura do município de São Paulo - SP, que teria conversado sobre o afundamento de navios brasileiros com Gerard Stron.	10/08/44 - 10/08/44	1942 - 1942
12-H-024	Suspeita de atividade nazista e de atividade fascista. O investigado é o professor Hernani Calbuci, filho de italianos, funcionário público.	10/08/44 - 10/08/44	1941 - 1941
12-H-025	Suspeita de atividade eixista. O investigado é Betino de Dés, filho de italianos, funcionário público.	10/08/44 - 10/08/44	1942 - 1942
12-H-026	A investigada é Maria José de Azevedo, funcionária pública, que teria comemorado o afundamento de navios brasileiros.	10/08/44 - 10/08/44	1942 - 1942
12-H-027	A investigada é Maria da Conceição Machado, funcionária pública, que supostamente teria movido uma campanha contra a Associação Feminina Auxiliar de Guerra.	11/08/44 - 11/08/44	1944 - 1944
12-H-028	Suspeita de atividade eixista. O investigado é Vicente Barone, funcionário público, que teria defendido cessão de terras no Brasil para italianos e alemães.	14/08/44 - 14/08/44	1940 - 1943
12-H-029	Suspeita de atividade nazista. O investigado é Carlos Hodi, engenheiro da Prefeitura do município de São Paulo - SP.	14/08/44 - 14/08/44	1940 - 1940
12-H-030	Suspeita de atividade nazista e de atividade eixista. O investigado é Rui Barbosa de Campos, advogado da Prefeitura de São Paulo.	16/08/44 - 15/05/45	1942 - 1942
12-H-031	O investigado é Antônio Alves Pinto, funcionário do *Diário Oficial do Estado*, que teria ofendido o general Góes Monteiro.	16/08/44 - 16/08/44	1942 - 1942
12-H-032	Suspeita de atitude antinacional. O investigado é José de Morais Sales, funcionário da Secção de Protocolo da Prefeitura de São Paulo.	14/08/44 - 14/08/44	1943 - 1943
12-H-033	Suspeita de atividade fascista e integralista. O investigado é Lauro Giraldelli, italiano, funcionário da Prefeitura de São Paulo.	06/09/44 - 21/02/45	1942 - 1942
12-H-034	Suspeita de atividade eixista. A investigada é Candida Amaral Campos, professora municipal.	26/09/44 - 19/10/45	1944 - 1944
12-H-035	Suspeita de atividade eixista. O investigado é José Galante, funcionário da subdivisão de fiscalização industrial da Prefeitura de São Paulo.	20/09/44 - 12/04/45	1942 - 1945
12-H-036	Compilação de material subversivo. Trata-se de correspondência entre as autoridades do DEOPS sobre boletins subversivos referentes à Segunda Guerra.	12/10/44 - 12/10/44	1944 - 1944
12-H-037	Suspeita de atividade eixista. O investigado é Donato Satriano, que distribuía café na Prefeitura de São Paulo e teria disseminado boatos.	23/10/44 - 12/01/45	1942 - 1945
12-H-038	O investigado é Heitor Assunção, veterinário da reserva do Exército, que teria feito propaganda contra o governo.	24/10/44 - 24/10/44	1943 - 1943
12-H-039	Suspeita de atividade eixista. O investigado é Geraldo Strohm, alemão naturalizado brasileiro, funcionário da Prefeitura de São Paulo.	06/11/44 - 09/04/45	1942 - 1943
12-H-040	Suspeita de atividade nazista. A investigada é Anita Brisa, funcionária dos Correios e Telégrafos.	07/11/44 - 07/11/44	1943 - 1943
12-H-041	Suspeita de atividade nazista. O investigado é João R. Ribeiro, casado com uma alemã, funcionário da Secretaria da Interventoria do Estado.	17/11/44 - 17/11/44	1942 - 1942

DOSSIÊS/ PASTAS		ASSUNTO	ARQUIVAMENTO	PRODUÇÃO
12-H-042		**Suspeita de atividade nazista. O investigado é Otto Sperling, húngaro, funcionário da Procuradoria do Patrimônio Imobiliário e Cadastro do Estado, que teria feito propaganda nazista.**	**27/11/44 - 27/11/44**	**1942 - 1942**
12-H-043		**Suspeita de atividade eixista e de atividade integralista. O investigado é Francisco Garcia Vidal, inspetor da Guarda Civil e adido do Departamento de Estradas e Rodagens.**	**11/12/44 - 29/08/45**	**1942 - 1942**
12-I-001		**Suspeita de atividade nazista. O investigado é Antonio Morbach, alemão que teria realizado um desfalque no Banco Alemão Transatlântico.**	**01/12/43 - 27/04/45**	**1942 - 1945**
	001	É investigado o Banco Alemão Transatlântico, que teria feito financiamento de instituições políticas partidárias.	01/12/43 - 27/04/45	1942 - 1944
	002	O investigado é Antônio Morbach, alemão, alto funcionário do Banco Alemão Transatlântico que teria dado desfalque na empresa.	24/05/44 - 26/04/45	1942 - 1945
12-I-002		**Censura postal a estrangeiros. O investigado é S.D. Clayton, provavelmente americano, que em carta enviada do Hotel Esplanada, em São Paulo, teria feito referências desairosas ao Brasil e criticado a censura postal e a política de boa vizinhança.**	**14/02/44 - 14/02/44**	**1944 - 1944**
12-I-003		**O investigado é o comendador Hugo Tomasi, italiano, que teria desrespeitado o racionamento de gasolina no período de guerra.**	**12/04/44 - 12/04/44**	**1942 - 1943**
12-I-004		**Suspeita de espionagem nazista. A investigada é a fazendeira Ana Maria Rhron (ou Ana Maria Eugenia ou Anita Junqueira Neto), alemã.**	**18/04/44 - 18/04/44**	**1944 - 1944**
12-I-005		**O investigado é Fritz Israel Gustav Cohn, judeu, que participou de uma conversa telefônica suspeita.**	**25/04/44 - 25/04/44**	**1943 - 1943**
12-I-006		**É investigado o Banco Germânico.**	**26/05/44 - 30/09/69**	**1942 - 1969**
12-I-007		**Suspeita de atividade fascista. O investigado é Antônio Zarichi, italiano, ex-major do Exército, proprietário de fazenda.**	**01/06/44 - 20/08/45**	**1942 - 1942**
12-I-008		**A investigada é Marie Elisabeth Anzorgue, filha de um dos donos da Brahma.**	**07/06/44 - 07/06/44**	**1944 - 1944**
12-I-009		**Suspeita de posse ilegal de armas. O investigado é Adrião Monteiro, brasileiro, vive de rendas.**	**06/07/44 - 02/03/46**	**1942 - 1944**
12-I-010		**Suspeita de atividade eixista. Os investigados são Thomaz Aurecchio e Nicola Ferraz, italianos, os quais vivem de renda.**	**12/09/44 - 12/09/44**	**1942 - 1943**
12-J-000		**Os investigados são o Frade Hermann Joseph Früse, residente no convento de São Francisco, a Associação dos Ex-combatentes Alemães na Grande Guerra, o Deustch Sport Club e a Associação Alemã de Mútuo Socorro.**	**19/05/45 - 02/10/45**	**1939 - 1942**
12-J-001		**Suspeita de atitude antinacional. O investigado é Luis Farina, italiano.**	**20/03/44 - 20/03/44**	**1943 - 1943**
12-J-002		**Suspeita de atividade nazista. É investigada a Câmara de Comércio Teuto-Brasileiro, que teria feito propaganda nazista.**	**07/03/44 - 01/12/52**	**1941 - 1952**
12-J-003		**Suspeita de atividade comunista. É investigada a Sociedade 28 de outubro.**	**08/05/44 - 15/01/51**	**1944 - 1951**
12-J-004		**Suspeita de atividade nazista. É investigada a Sociedade Iunerschoft Von 1890, naturalizada como Sociedade Ginástica de 1890.**	**28/03/44 - 09/03/53**	**1940 - 1953**
12-J-005		**Suspeita de atividade nazista e de atividade fascista. É investigada a Sociedade Flexa-Verde.**	**20/04/44 - 20/04/44**	**1943 - 1943**
12-J-006		**Suspeita de atividade nipônica. É investigada a Federação dos moços produtores cooperativistas.**	**16/05/44 - 19/03/45**	**1943 - 1943**
12-J-007		**Suspeita de atividade nipônica. É investigada a Liga da Pátria da Moral Imperial (Kodo Jinsei Renmei).**	**13/06/55 - 13/06/55**	**1955 - 1955**
12-J-008		**Suspeita de atividade nipônica. É investigada a Cooperativa Agrícola de Mogi das Cruzes.**	**26/07/44 - 18/06/46**	**1941 - 1941**
12-J-009		**Suspeita de atividade nazista. É investigado o Esporte Clube Pinheiros, antigo Esporte Clube Germânia.**	**31/08/44 - 02/09/60**	**1938 - 1947**
12-J-010		**Suspeita de atividade fascista. É investigado o Círculo Italiano.**	**14/10/44 - 25/08/45**	**1938 - 1951**
12-J-011		**É investigada a Associação Japonesa, no interior do Estado de São Paulo.**	**13/10/44 - 13/10/44**	**1942 - 1942**
12-J-012		**Suspeita de atividade nazista. É investigada a Sociedade Luia.**	**22/05/45 - 20/02/46**	**1941 - 1941**
12-J-013		**Suspeita de atitude antinacional. É investigada a Sociedade Cultural Japonesa.**	**19/12/44 - 26/07/45**	**1941 - 1944**
12-J-014		**É investigada a Confederação de Associações Alemãs de São Paulo.**	**11/06/45 - 11/06/45**	**1934 - 1945**
12-J-015		**É investigada a Associação Japonesa de Mauá.**	**22/11/45 - 23/11/45**	**1945 - 1945**
12-J-016		**Suspeita de atividade nipônica. É investigada a Associação dos Antigos Militares Japoneses no Brasil (Zaihaku Zaigô Gunjin Kai).**	**23/11/45 - 19/11/46**	**1946 - 1948**
	001	Suspeita de atividade nipônica. É investigada a Zaihaku Zaigô Gunjin Kai (Associação dos antigos militares japoneses no Brasil).	23/11/45 - 30/03/46	1946 - 1948
	002	Suspeita de atividade nipônica. É investigada a Zaihaku Zaigô Gunjin Kai (Associação dos antigos militares japoneses no Brasil).	30/03/46 - 10/06/46	1946 - 1946
	003	Suspeita de atividade nipônica. É investigada a Zaihaku Zaigô Gunjin Kai (Associação dos antigos militares japoneses no Brasil).	30/07/46 - 19/11/46	1946 - 1946

DOSSIÊS/ PASTAS		ASSUNTO	ARQUIVAMENTO	PRODUÇÃO
12-J-017		**Suspeita de atividade nazista. O investigado é Eric Eliekases, austríaco, professor do Clube de Xadrez.**	**23/05/44 - 23/05/44**	**1942 - 1943**
12-K-000		**Suspeita de atividade nazista e de atitude antinacional. Os investigados são vários profissionais liberais.**	**03/02/44 - 15/06/46**	**1940 - 1944**
12-K-001		**Suspeita de atividade nipônica. Os investigados são cidadãos japoneses e seus descendentes nascidos no Brasil.**	**27/01/44 - 17/11/69**	**1940 - 1969**
	001	Suspeita de atividade nipônica. Os investigados são profissionais liberais japoneses.	27/01/44 - 18/06/45	1942 - 1943
	002	Suspeita de atividade nipônica. Os investigados são profissionais liberais japoneses.	18/06/45 - 12/06/46	1942 - 1946
	003	Suspeita de atividade nipônica. Os investigados são profissionais liberais japoneses, que tiveram material ilegal apreendido.	21/06/45 - 30/06/45	1942 - 1945
	004	Suspeita de atividade nipônica. Os investigados são vários japoneses residentes no interior do Estado de São Paulo.	30/06/45 - 05/07/45	1940 - 1945
	005	Suspeita de atividade nipônica. Os investigados são vários japoneses residentes no interior do Estado de São Paulo.	06/07/45 - 27/07/45	1942 - 1946
	006	Suspeita de atividade nipônica. Os investigados são vários japoneses residentes no interior do Estado de São Paulo.	27/07/45 - 06/08/45	1941 - 1943
	007	Suspeita de atividade nipônica. Os investigados são vários japoneses residentes no interior do Estado de São Paulo.	06/08/45 - 10/08/45	1942 - 1943
	008	Suspeita de atividade nipônica. Os investigados são vários japoneses residentes no interior do Estado de São Paulo.	10/08/45 - 18/08/45	1941 - 1943
	009	Suspeita de atividade nipônica. Os investigados são vários japoneses residentes no interior do Estado de São Paulo.	18/08/45 - 06/04/46	1942 - 1943
	010	Suspeita de atividade nipônica. Os investigados são vários japoneses residentes no interior do Estado de São Paulo.	09/04/46 - 16/04/46	1942 - 1942
	011	Suspeita de atividade nipônica. Os investigados são vários japoneses residentes no interior do Estado de São Paulo.	23/04/46 - 21/05/46	1941 - 1942
	012	Suspeita de atividade nipônica. Os investigados são vários japoneses residentes no interior do Estado de São Paulo.	22/05/46 - 25/06/46	1942 - 1942
	013	Suspeita de atividade nipônica. Os investigados são vários japoneses residentes no interior do Estado de São Paulo.	25/06/46 - 09/10/51	1942 - 1951
	014	Suspeita de atividade nipônica. Os investigados são vários japoneses residentes no interior do Estado de São Paulo.	17/03/51 - 17/11/69	1950 - 1969
12-K-002		**Suspeita de atividade eixista. O investigado é o professor de português Joaquim Manoel Vieira de Souza.**	**01/02/44 - 01/02/44**	**1943 - 1943**
12-K-003		**Suspeita de atividade eixista. O investigado é o engenheiro Arthur Travalhini, italiano, que teria menosprezado o governo brasileiro.**	**11/02/44 - 11/02/44**	**1943 - 1944**
12-K-004		**Suspeita de atividade eixista. O investigado é o ex-cônsul Teodoro Putz, austríaco, proprietário da fazenda Fradinhos, residente no município de Altinópolis - SP.**	**12/02/44 - 27/02/46**	**1942 - 1945**
12-K-005		**Suspeita de atividade nazista. O investigado é o advogado Oto Suremos, alemão, que teria ofendido o país.**	**25/04/45 - 25/04/45**	**1945 - 1945**
12-K-006		**Suspeita de atividade eixista. O investigado é o corretor de seguros Roberto Ottanelli, italiano.**	**12/02/44 - 30/01/46**	**1942 - 1942**
12-K-007		**Suspeita de atividade nazista. O investigado é Bernardo Buchholz, alemão, professor de línguas estrangeiras e diretor da escola Paraíso.**	**14/02/44 - 25/10/45**	**1942 - 1942**
12-K-008		**Conduta suspeita. O investigado é o engenheiro Mario Novelli, peruano, que teria recebido encomendas ou documentos do exterior.**	**14/02/44 - 14/02/44**	**1943 - 1943**
12-K-009		**Censura postal. O investigado é o arquiteto Paul Blondin, suíço, que teria ofendido o país em cartas.**	**17/02/44 - 11/03/46**	**1944 - 1945**
12-K-010		**Suspeita de atividade nazista. O investigado é o engenheiro Jiri Jorge Machá, tchecoslovaco, que seria espião da Gestapo.**	**18/02/44 - 02/04/46**	**1943 - 1946**
12-K-011		**O investigado é o advogado Mituto Mizumoto, japonês, que teria realizado reuniões suspeitas no seu escritório.**	**01/03/44 - 01/03/44**	**1942 - 1942**
12-K-012		**Suspeita de atividade eixista. Os investigados são o comerciante Guerino Barone e o engenheiro João F. Lopes, residentes no município de Barretos - SP.**	**22/03/44 - 24/04/46**	**1942 - 1942**
12-K-013		**Suspeita de atividade nipônica. O investigado é Junko Kuabara, japonês, residente no município de Ourinhos - SP, que possuía um mimeógrafo, panfletos e uma farda do Exército Japonês.**	**09/03/44 - 09/05/46**	**1942 - 1942**
12-K-014		**Suspeita de atividade nipônica. É investigada a Colônia Bastos, no município de Tupã - SP.**	**10/03/44 - 07/05/46**	**1941 - 1944**
12-K-015		**Suspeita de atividade eixista, com base em censura postal. A investigada é Wera Zolotensky, alemã, que se correspondia com eixista do município de Campo Grande - MT.**	**15/03/44 - 15/03/44**	**1942 - 1943**

DOSSIÊS/ PASTAS	ASSUNTO	ARQUIVAMENTO	PRODUÇÃO
12-K-016	Suspeita de atividade nazista. O investigado é o dentista Silvano Galvão França (ou Walter Rheno Franzen), brasileiro casado com uma alemã, que teria um filho chamado Hitler.	20/03/44 - 20/03/44	1943 - 1943
12-K-017	Suspeita de atividade eixista. O investigado é o dentista José Collasso Cajaraville, argentino.	31/03/44 - 31/03/44	1943 - 1943
12-K-018	Suspeita de atividade eixista. O investigado é o professor Pasquale Fratta, italiano.	22/05/45 - 20/07/45	1943 - 1945
12-K-019	O investigado é o engenheiro William Purm, tcheco, que teria pintado a Cruz Gamada nazista na casa de seu vizinho.	10/04/44 - 10/04/44	1944 - 1944
12-K-020	O investigado é Kurt Hener Bethge, alemão, banqueiro e gerente da fábrica Folch, que seria simpatizante da falange espanhola e teria comprado um passaporte paraguaio.	19/06/45 - 19/06/45	1945 - 1945
12-K-021	O investigado é Mário Cardoso de Oliveira, que teria chamado os membros da Academia Paulista de Letras de burros.	18/04/44 - 18/04/44	1944 - 1944
12-K-022	Suspeita de atividade eixista, com base em censura postal. O investigado é o médico Friedrich Müller, alemão, que teria demonstrado através de cartas sua simpatia pelo Japão e pelo seu povo.	19/04/44 - 24/04/45	1944 - 1945
12-K-023	Suspeita de atividade fascista, com base em censura postal. O investigado é Luiz Vicente Giovannetti, italiano, jornalista e ex-diretor do jornal *Fanfulla*, que escrevia para uma jornal argentino.	20/04/44 - 30/06/44	1944 - 1944
12-K-024	Suspeita de atividade eixista. Os investigados são vários estrangeiros e descendentes, especialmente o médico Francisco Pesce, descendente de italianos.	24/04/44 - 05/12/45	1940 - 1945
12-K-025	Suspeita de atividade eixista. O investigado é o engenheiro Emile Ami Bernard, francês, que teria manifestado uma opinião rancorosa contra o Brasil.	27/04/44 - 27/04/44	1943 - 1944
12-K-026	O investigado é o engenheiro Ramsey Darling Bedson, norte-americano.	27/04/44 - 27/04/44	1944 - 1944
12-K-027	Suspeita de atividade nazista. Os investigados são Frederico Paeck, alemão, que exercia ilegalmente a medicina, e o advogado Assman Guilherme.	27/04/44 - 15/05/45	1942 - 1943
12-K-028	Suspeita de atitude antinacional, com base em censura postal. A investigada é a dentista Anita Carrijo, feminista, divorciada, que teria escrito em carta referências depreciativas ao Brasil.	02/05/44 - 20/05/57	1944 - 1957
12-K-029	Suspeita de atividade fascista. O investigado é Vicente Santalucia, descendente de italianos, advogado do consulado italiano e diretor do jornal *Fanfulla*.	02/05/44 - 14/09/45	1940 - 1944
12-K-030	Suspeita de atividade nazista e de posse de rádio transmissor. Os acusados são a médica Hermínia Kubert, alemã, e José Kubert, austríaco.	08/05/44 - 15/06/45	1943 - 1945
12-K-031	Suspeita de atividade fascista. O investigado é o professor Mário D'alollo, italiano, que seria membro do Exército Italiano.	04/05/44 - 04/05/44	1942 - 1942
12-K-032	Suspeita de atividade eixista e de posse de rádio transmissor. O investigado é o engenheiro Severino Schmidt, alemão, que teria relações com o Frei Martinho Friese, organizador de um colégio para japoneses e alemães.	15/05/44 - 15/05/44	1943 - 1944
12-K-033	Censura postal. A investigada é a professora Elisabet Kirkpatrik, inglesa, que teria se referido à maçonaria em uma carta.	15/05/44 - 15/05/45	1944 - 1944
12-K-034	O investigado é J. Meten, alemão, técnico mecânico na fábrica N. Bunning, que estaria colhendo informações sobre as oficinas.	15/05/44 - 15/05/44	1942 - 1942
12-K-035	O investigado é Mário Fiori, italiano, médico dos consulados da Suíça e da Espanha, que teria atendido súditos do Eixo e facilitado a entrada de bebidas no hospital.	15/05/44 - 15/05/44	1944 - 1944
12-K-036	Suspeita de atividade fascista. O investigado é o advogado José di Giovani, italiano, líder do Fascio da Bela Vista e de bairros próximos.	16/05/44 - 26/03/46	1938 - 1945
12-K-037	O investigado é Shigetsuma Furuya, japonês, ex-embaixador do Japão na Argentina e proprietário de fazendas de bananas ao longo da estrada de ferro Santos- Jundiaí.	19/05/44 - 26/04/46	1942 - 1946
12-K-038	Suspeita de atividade nazista. O investigado é Rodolpho P. J. Melhmann, descendente de alemães, que estaria organizando a juventude hitlerista através de grupos de escoteiros.	31/05/44 - 26/02/46	1941 - 1945
12-K-039	Suspeita de espionagem. O investigado é o engenheiro-eletricista Pedro Seite Sato, brasileiro descendente de japoneses, representante da fábrica Hitachi e funcionário da Casa Bratac.	01/06/44 - 23/09/70	1940 - 1970
12-K-040	Suspeita de espionagem nazista. A investigada é a enfermeira Elisa Pernull, alemã.	06/06/44 - 06/06/44	1943 - 1944
12-K-041	Suspeita de atividade nazista. Os investigados são Max Witeci, alemão, ex-funcionário do Banco Holandês, e o químico Carlos Fouguet, alemão ou suíço, funcionário do Instituto Genealógico Brasileiro e da Sociedade Hans Staden.	-	1940 - 1953
12-K-042	Suspeita de atitude antinacional. O investigado é Luiz Martucelli, italiano, advogado, residente no município de Araraquara - SP.	09/06/44 - 09/06/44	1942 - 1959

DOSSIÊS/ PASTAS	ASSUNTO	ARQUIVAMENTO	PRODUÇÃO
12-K-043	Suspeita de atividade fascista. Os investigados são os médicos Genaro Groanata e Giuseppe Alfiero, italianos, diretores das casas de Maternidade e Gota de Leite, no município de Araraquara - SP.	09/06/44 - 09/06/44	1942 - 1942
12-K-044	Suspeita de atividade eixista. O investigado é o advogado Fernandes Gomes, residente no município de Araraquara - SP.	09/06/44 - 09/06/44	1942 - 1942
12-K-045	Censura postal. O investigado é o dentista Oswaldo Farina, oficial da reserva do Exército Brasileiro, que pediu informações sobre armas para os EUA.	16/06/44 - 16/06/44	1944 - 1944
12-K-046	Suspeita de espionagem nazista. O investigado é o professor Karl Theodor Helmuth Heinke, alemão.	16/06/44 - 16/06/44	1943 - 1944
12-K-047	É investigado o Conservatório de Música de São Paulo.	07/07/44 - 07/07/44	1942 - 1944
12-K-048	Suspeita de atividade eixista e de atividade integralista. Os investigados são Francisco Trentini, Sergio Leme Romeiro e Adonis Bonetti, residentes no município de Amparo - SP.	07/07/44 - 07/07/44	1942 - 1942
12-K-049	Suspeita de atividade nazista. O investigado é o químico industrial Albecht Andriessen, alemão.	17/07/44 - 08/02/45	1942 - 1944
12-K-050	Suspeita de atividade fascista. O investigado é Giuseppe Aufiero, italiano, residente no município de Araraquara - SP, que teria sido membro do Fascio de São Paulo.	02/08/44 - 02/08/44	1943 - 1944
12-K-051	Suspeita de atividade nazista e de atividade fascista. O investigado é o professor de Economia Hernani Colbuci, funcionário da Prefeitura de São Paulo.	16/08/44 - 16/08/44	1941 - 1941
12-K-052	Suspeita de sabotagem. O investigado é Rebello Paletti, advogado de italianos, residente no município de Bauru - SP.	24/08/44 - 24/08/44	1943 - 1943
12-K-053	Suspeita de atividade nazista. O investigado é o advogado e engenheiro agrícola Johanes Banmert, alemão.	05/03/45 - 05/03/45	1942 - 1942
12-K-054	Suspeita de atividade fascista. Os acusados são Margarida Augusti e Augusto Augusti, italianos, sócios da firma Brasil Laca Ltda.	01/09/44 - 01/09/44	1943 - 1943
12-K-055	O investigado é Victor Ragghianti, descendente de italianos, professor do Ginásio Piratininga e do Ateneu Aranha.	01/09/44 - 18/10/46	1942 - 1942
12-K-056	Suspeita de atividade eixista e de conduta ilegal. O investigado é Shizuo Hosoe, japonês, que teria também exercido ilegalmente a medicina.	05/09/44 - 11/10/44	1940 - 1944
12-K-057	Suspeita de atividade eixista e de atividade fascista. O investigado é o jornalista Luigi Giovani, descendente de italianos, que teria feito comentários a respeito da participação do Brasil na guerra.	05/09/44 - 05/09/44	1940 - 1940
12-K-058	O investigado é Kiyoshi Ando, japonês, que teria desenvolvido atividade suspeita no consulado da Espanha.	11/09/44 - 12/07/45	1944 - 1945
12-K-059	Solicitação de retirada de documentos. O requerente é Albert Sales de Almeida, residente no município de São José do Rio Preto – SP, que teria solicitado a retirada de um mapa do processo movido contra o agrimensor Sato, japonês, residente no município de Pindamonhangaba - SP.	14/09/44 - 14/09/44	1944 - 1944
12-K-060	O investigado é o jornalista Roland Hall Sharp, norte-americano, que teria feito uma reportagem depreciativa às instituições brasileiras.	31/03/44 - 31/03/44	1944 - 1944
12-K-061	Solicitação de atestado de antecedentes. O requerente é o professor Ferrucio Bubianni, italiano, que teria sido ex-diretor do Dopolavoro.	19/09/44 - 19/09/44	1943 - 1943
12-K-062	Suspeita de atividade fascista. O investigado é Filippo Brunetto, italiano, diretor da Pirelli S/A.	20/09/44 - 20/09/44	1942 - 1944
12-K-063	Suspeita de atividade nazista e de atividade fascista. O investigado é o jornalista Adelavio Sete de Azevedo, diretor do jornal *O Dia*.	27/09/44 - 15/01/60	1944 - 1960
12-K-064	Suspeita de atividade nazista. O investigado é o médico Clemente Holtmann, alemão, residente no município de Campinas - SP.	02/10/44 - 05/06/46	1943 - 1944
12-K-065	Suspeita de atividade nazista. O investigado é o dentista Erwin Schmud, alemão.	10/10/44 - 10/07/45	1940 - 1945
12-K-066	Suspeita de atividade fascista. O investigado é o médico Carlos Brunetti, italiano, que teria feito parte do Dopolavoro.	14/10/44 - 14/10/44	1942 - 1943
12-K-067	O investigado é o jornalista Willian Hardy, norte-americano, que teria criticado a política brasileira em um artigo publicado no jornal *Evening Times*.	23/10/44 - 23/10/44	1944 - 1944
12-K-068	Suspeita de atividade nazista. O investigado é o dentista Ralph Adolph Stetiger, alemão, que teria atuação no Clube Concórdia, no município de Campinas - SP.	03/11/44 - 02/03/46	1942 - 1942
12-K-069	Suspeita de atividade nazista. O investigado é Rodolfo Ernesto Lieske, alemão, ex-funcionário da Light and Power.	07/06/45 - 05/04/46	1941 - 1942
12-K-070	Suspeita de atividade fascista e de atividade integralista. O investigado é o advogado Umberto Solz, que seria figura central da Opera Nazionale Dopolavoro.	-	1941 - 1943
12-K-071	O investigado é o professor Oscar Netscher, alemão.	30/11/44 - 30/11/44	1943 - 1946

DOSSIÊS/ PASTAS		ASSUNTO	ARQUIVAMENTO	PRODUÇÃO
12-K-072		**Suspeita de atividade nazista. É investigada a instituição Auxílio do Inverno Alemão 1936/37.**	**10/12/44 - 10/12/44**	**1935 - 1945**
12-K-073		**O investigado é Mário Iappi, italiano.**	**11/12/44 - 11/12/44**	**1943 - 1943**
12-K-074		**Suspeita de atividade nazista. O investigado é Guilherme D'Andrade, brasileiro, que seria admirador de Adolf Hitler.**	**15/01/45 - 08/11/45**	**1942 - 1943**
12-K-075		**O investigado é o professor Franz Gustav Fritz Korb, alemão.**	**16/01/45 - 22/05/45**	**1944 - 1945**
12-K-076		**Suspeita de atividade nazista e de atividade fascista. É investigado o Instituto Biológico.**	**17/01/45 - 14/04/45**	**1942 - 1942**
12-Z-000		**Suspeita de atividade eixista e atitude antinacional, a partir de censura postal. Os investigados são brasileiros e cidadãos provenientes de países do eixo (Alemanha, Itália e Japão).**	**22/11/43 - 10/07/46**	**1938 - 1950**
	001	Suspeita de atividade eixista e de atitude antinacional, com base em censura postal. Os investigados são japoneses, alemães e italianos.	22/11/43 - 31/01/44	1941 - 1944
	002	Suspeita de atividade eixista e de atitude antinacional, com base em censura postal. Os investigados são japoneses, alemães e italianos.	01/04/44 - 24/03/45	1942 - 1944
	003	Suspeita de atividade eixista e de atitude antinacional, com base em censura postal. Os investigados são japoneses, alemães e italianos.	24/03/45 - 11/08/45	1938 - 1945
	004	Suspeita de atividade eixista e de atitude antinacional, com base em censura postal. Os investigados são japoneses, alemães e italianos.	26/06/45 - 21/07/45	1938 - 1945
	005	Suspeita de atividade eixista e de atitude antinacional, com base em censura postal. Os investigados são japoneses, alemães e italianos.	21/07/45 - 04/04/46	1942 - 1945
	006	Suspeita de atividade eixista e de atitude antinacional, com base em censura postal. Os investigados são japoneses, alemães e italianos.	23/08/45 - 20/09/45	1942 - 1945
	007	Suspeita de atividade eixista e de atitude antinacional, com base em censura postal. Os investigados são japoneses, alemães e italianos.	20/09/45 - 19/10/45	1941 - 1945
	008	Suspeita de atividade eixista e de atitude antinacional, com base em censura postal. Os investigados são japoneses, alemães e italianos.	22/10/45 - 17/11/45	1941 - 1945
	009	Suspeita de atividade eixista e de atitude antinacional, com base em censura postal. Os investigados são japoneses, alemães e italianos.	24/11/45 - 09/05/46	1942 - 1942
	010	Suspeita de atividade eixista e de atitude antinacional, com base em censura postal. Os investigados são japoneses, alemães e italianos.	10/05/46 - 10/07/46	1941 - 1950
12-Z-001		**Suspeita de atividade eixista. A investigada é Lucinda Scobbi.**	**22/11/43 - 10/12/43**	**1943 - 1943**
12-Z-002		**Suspeita de atividade nazista. O investigado é Oho Eisete, alemão, que teria sido membro do Partido Nazista.**	**09/02/45 - 20/04/45**	**1945 - 1945**
12-Z-003		**Suspeita de atitude antinacional. O investigado é Sebastiano Scarffi, italiano.**	**22/11/43 - 22/11/43**	**1943 - 1943**
12-Z-004		**Suspeita de atitude antinacional. O investigado é Arthur Victor Lindsey, brasileiro.**	**15/02/44 - 10/05/51**	**1943 - 1951**
12-Z-005		**Suspeita de atividade eixista. O investigado é José Lofredo, italiano.**	**22/11/43 - 22/11/43**	**1943 - 1943**
12-Z-006		**Suspeita de atividade nazista e de atividade fascista. Os investigados são Pedro e Josefa Maria Juntini, italianos.**	**22/11/43 - 22/11/43**	**1943 - 1943**
12-Z-007		**Suspeita de atividade eixista. O investigado é João Hanache, brasileiro.**	**06/12/46 - 11/04/46**	**1942 - 1943**
12-Z-008		**Suspeita de atitude antinacional. O investigado é Renato Bontini, brasileiro.**	**11/07/45 - 11/07/45**	**1943 - 1943**
12-Z-009		**O investigado é Seistato Nakamura, que teria realizado reuniões perigosas para a segurança nacional em sua residência.**	**10/12/46 - 16/02/46**	**1942 - 1943**
12-Z-010		**Suspeita de atividade nazista. O investigado é Ewald Franz Bucholz, alemão.**	**11/12/43 - 31/12/45**	**1943 - 1945**
12-Z-011		**O investigado é Fred Hermann, alemão.**	**10/12/43 - 23/01/45**	**1942 - 1943**
12-Z-012		**Suspeita de atividade eixista. É investigado o hotel Petrópolis, cujo proprietário, João Muller, é descendente de alemães.**	**11/12/43 - 11/12/43**	**1943 - 1943**
12-Z-013		**Suspeita de atividade eixista. O investigado é Kurt Fleicher, alemão.**	**12/12/43 - 25/10/45**	**1943 - 1943**
12-Z-014		**Suspeita de atividade nazista. O investigado é Carlos Flues.**	**15/12/43 - 26/02/45**	**1943 - 1945**
12-Z-015		**Suspeita de atividade eixista e de posse de rádio transmissor. Os investigados são Renato Paone, italiano, e Martha, austríaca, residentes no município de São Paulo, os quais teriam recebido eixistas em suas casas.**	**16/12/43 - 26/09/44**	**1943 - 1944**
12-Z-016		**Suspeita de atividade nazista. O investigado é Paul Hermann Hoffmann, alemão.**	**16/12/43 - 23/10/44**	**1941 - 1943**
12-Z-017		**Suspeita de posse de rádio transmissor. O investigado é José Duran, espanhol.**	**16/12/43 - 26/11/45**	**1943 - 1945**
12-Z-018		**Suspeita de atividade fascista. O investigado é Sergio di Fiori, brasileiro.**	**21/12/46 - 04/03/47**	**1946 - 1947**
12-Z-019		**Suspeita de espionagem nazista. A investigada é Martha Jacobsen, alemã.**	**17/12/43 - 17/12/43**	**1948 - 1948**
12-Z-020		**Suspeita de espionagem nazista. O investigado é Richard Berger, alemão.**	**18/12/43 - 07/03/46**	**1943 - 1944**
12-Z-021		**O investigado é Karl Lustig Prean, alemão.**	**18/12/43 - 25/10/44**	**1943 - 1949**
12-Z-022		**O investigado é Lourenso Tolini, brasileiro.**	**18/12/43 - 18/12/43**	**1943 - 1943**

DOSSIÊS/ PASTAS	ASSUNTO	ARQUIVAMENTO	PRODUÇÃO
12-Z-023	O investigado é João Felippe Griebach, alemão.	18/12/43 - 18/12/43	1943 - 1943
12-Z-024	Distribuição de material subversivo. É investigada a tinturaria Neusa, de propriedade de Yoshikazu Suyama, japonês, que teria distribuído folhinhas com alusão à suástica nazista.	20/12/43 - 20/12/43	1943 - 1944
12-Z-025	Suspeita de atividade fascista. O investigado é Lívio Oreste Maurano, brasileiro.	20/12/43 - 05/11/45	1943 - 1943
12-Z-026	O investigado é Lair Burkanse, alemão, que teria promovido reuniões suspeitas com alemães e japoneses.	29/12/43 - 15/05/53	1943 - 1953
12-Z-027	O investigado é João Russo, brasileiro, que seria membro do Fascio e do Dopolavoro.	05/06/41 - 31/12/43	1942 - 1942
12-Z-028	Movimento grevista. São investigadas a Sociedade Alemã de Mútuo Socorro e a Cervejaria Brahma.	31/12/43 - 14/04/44	1942 - 1959
12-Z-029	O investigado é Humberto de Lucca, italiano, que teria dado os nomes de Hitler, Ducce e Jovenesa aos seus filhos.	27/01/44 - 27/01/44	1943 - 1944
12-Z-030	O investigado é Paul Adolf Buckup, alemão, que seria o líder dos militantes nazistas no Estado de São Paulo.	28/01/44 - 28/01/44	1942 - 1943
12-Z-031	Solicitação de isenção de salvo-conduto. O requerente é Paulo Fionni, que seria membro do Fascio.	29/01/44 - 30/06/44	1944 - 1944
12-Z-032	A investigada é Irengard Bueldring, alemã, que teria promovido reuniões suspeitas.	31/01/44 - 31/01/44	1943 - 1943
12-Z-033	O investigado é Ernesto Bonge, argentino.	04/02/44 - 04/02/44	1944 - 1944
12-Z-034	Suspeita de atividade nazista. O investigado é Oho Braun, alemão, que teria feito propaganda nazista.	12/10/43 - 12/10/45	1942 - 1945
12-Z-035	É investigado o casal Eduardo e Luana Kuecht, alemães.	07/02/44 - 07/02/44	1943 - 1943
12-Z-036	Suspeita de atividade nipônica e de posse de rádio transmissor. O investigado é Zochio Ogata, japonês.	09/02/44 - 09/02/44	1943 - 1943
12-Z-037	Suspeita de atividade eixista. O investigado é Vicente C. Adone Bonetti, italiano, que teria feito propaganda eixista.	24/02/44 - 06/07/44	1943 - 1944
12-Z-038	O investigado é Emílio Frisihlieht, alemão, que teria promovido reuniões suspeitas.	26/02/44 - 05/01/45	1943 - 1943
12-Z-039	Suspeita de atividade fascista. O investigado é Alpio Bandiere, brasileiro.	26/02/44 - 26/02/44	1943 - 1944
12-Z-040	O investigado é Oscar Conrad, alemão.	25/02/44 - 25/02/44	1943 - 1944
12-Z-041	O investigado é Alfredo Holden, luxemburguês, que teria uma carteira modelo 19 obtida clandestinamente e que seria um elemento perigoso.	29/02/44 - 19/04/44	1944 - 1944
12-Z-042	Movimento político/partidário. O investigado é José Torres Lima, português.	07/03/46 - 07/03/46	1942 - 1952
12-Z-043	Suspeita de atividade fascista. São investigados vários indivíduos, especialmente Eduardo Carrielo, que seria espião da O. V. R. A.	29/02/44 - 08/03/46	1942 - 1942
12-Z-044	Suspeita de atitude antinacional. A investigada é Maria Teresa Cavalcanti.	03/02/44 - 15/05/46	1941 - 1942
12-Z-045	Suspeita de atividade nipônica. O investigado é Yamon Abe, japonês, diretor da Cooperativa de Sericicultura de Pereira Barreto e funcionário da fazenda pertencente à Casa Bratac.	01/07/44 - 18/06/46	1942 - 1945
12-Z-046	Suspeita de atividade nipônica. O investigado é Siemon Mori, residente no município de Formosa - SP, que teria sido do Exército Japonês.	06/03/44 - 06/03/44	1942 - 1942
12-Z-047	O investigado é Yoshimoto Miyasaki, japonês, pescador, residente no município de São Sebastião - SP.	02/03/44 - 02/03/44	1942 - 1942
12-Z-048	Suspeita de atitude antinacional. O investigado é Matushiro Aoki.	06/03/44 - 06/03/44	1944 - 1944
12-Z-049	Suspeita de atividade nazista. O investigado é Paulo Jaeckel, alemão, proprietário da pensão Vitória.	16/03/44 - 16/03/44	1943 - 1943
12-Z-050	Suspeita de atividade nazista, com base em censura postal. É investigada Joanna Wetter, alemã, para saber o nome de sua empregada doméstica, também alemã, que teria sido demitida por ser nazista.	10/03/44 - 10/03/44	1944 - 1944
12-Z-051	Suspeita de atitude antinacional. O investigado é Paulo Kaneko, japonês, residente no município de Botucatu - SP.	10/03/44 - 10/03/44	1942 - 1942
12-Z-052	Suspeita de atitude antinacional. Os investigados são Guim Emon Ito e Shingiro Kato, japoneses, donos da empresa Ito & Kato, residentes no município de Itapetininga - SP.	10/03/44 - 10/04/46	1942 - 1942
12-Z-053	São investigadas a Casa Bratac, a Casa Tozam, a Sociedade Colonizadora do Brasil e o Banco América do Sul.	02/07/45 - 20/05/46	1939 - 1943
12-Z-054	Os investigados são Victor Frugis e Maria Laurentizzi, italianos, cujos filhos estavam com problemas com o Serviço Militar Brasileiro.	15/03/44 - 15/03/44	1942 - 1942
12-Z-055	Suspeita de posse de rádio transmissor. O investigado é Karl Heinz Obrig, alemão, residente no município de Santos - SP.	15/03/44 - 15/03/44	1942 - 1942
12-Z-056	O investigado é Alberto Barth, alemão, que teria fotografias da base aérea de Santos.	15/03/44 - 21/03/46	1942 - 1942
12-Z-057	Suspeita de espionagem. A investigada é Ana Maria Otto, alemã, presa por tirar fotografias.	22/03/44 - 22/03/44	1942 - 1942

DOSSIÊS/ PASTAS		ASSUNTO	ARQUIVAMENTO	PRODUÇÃO
12-Z-058		**Suspeita de atividade eixista. O investigado é Constantino Perrelli, italiano.**	**25/03/44 - 25/03/44**	**1943 - 1943**
12-Z-059		**É investigado o Colégio Santo Adalberto.**	**31/03/44 - 31/03/44**	**1943 - 1943**
12-Z-060		**Censura postal. A investigada é Elza Mann, alemã, que mantém correspondência com o marido preso em um campo de concentração na Inglaterra.**	**05/04/44 - 05/04/44**	**1943 - 1944**
12-Z-061		**Suspeita de espionagem. A investigada é Ignez Ferreira do Amaral, que fazia espionagem em prostíbulos.**	**31/03/44 - 31/03/44**	**1943 - 1943**
12-Z-062		**Suspeita de atividade nazista, com base em censura postal. Os investigados são Karl Otto Gohl e sua esposa, Maria Hildegar Antoine Gertrud Gohl.**	**03/04/44 - 30/05/49**	**1934 - 1950**
	001	Suspeita de atividade eixista, com base em censura postal. O investigado é Karl Otto Gohl, que se correspondia com sua esposa sobre a guerra na Europa.	03/04/44 - 12/05/45	1934 - 1945
	002	Suspeita de atividade eixista, com base em censura postal. A investigada é Maria Hildegar Antoine Gertrud Gohl, que se correspondia com seu marido sobre a guerra na Europa.	06/11/45 - 06/11/45	1945 - 1945
	003	Suspeita de atividade eixista, com base em censura postal. O investigado é Karl Otto Gohl, que se correspondia com sua esposa sobre a guerra na Europa.	06/11/45 - 06/11/45	1945 - 1945
	004	Suspeita de atividade eixista, com base em censura postal. O investigado é Karl Otto Gohl, que se correspondia com sua esposa sobre a guerra na Europa.	06/11/45 - 06/11/45	1944 - 1945
	005	Suspeita de atividade nazista. O investigado é Karl Otto Gohl.	12/03/46 - 30/05/49	1940 - 1950
12-Z-063		**Suspeita de atividade comunista. O investigado é Marks Whittier, russo, que seria membro do Komintern.**	**19/02/46 - 25/07/46**	**1946 - 1946**
12-Z-064		**Os investigados são vários japoneses.**	**04/04/44 - 19/06/46**	**1942 - 1942**
12-Z-065		**Suspeita de atividade nazista. O investigado é João Heinrinch, descendente de alemães.**	**04/04/44 - 04/04/44**	**1944 - 1944**
12-Z-066		**Suspeita de atividade eixista. A investigada é Elfried Dorothéa Schilling, descendente de alemães, que fazia reuniões suspeitas em sua residência.**	**04/04/44 - 04/04/44**	**1943 - 1943**
12-Z-067		**Listas de nomes de entidades e filmes proibidos.**	**05/04/44 - 24/01/72**	**1944 - 1972**
12-Z-068		**Suspeita de atividade nazista. O investigado é Gustavo Adelhute, que fazia visitas a pessoas suspeitas.**	**10/04/44 - 10/04/44**	**1943 - 1943**
12-Z-069		**Censura postal a estrangeiros. Os investigados são japoneses que escreveram sobre as forças marítimas e aéreas de japoneses e de americanos.**	**10/04/44 - 10/04/44**	**1944 - 1944**
12-Z-070		**O investigado é Mozart Cardoso Galante (ou Deni Galante), residente no município de Porto Alegre - RS.**	**12/04/44 - 12/04/44**	**1944 - 1944**
12-Z-071		**Suspeita de posse de rádio transmissor. É investigada uma suposta estação de rádio emissora no município de Assis- SP.**	**12/04/44 - 12/04/44**	**1944 - 1944**
12-Z-072		**Censura postal a estrangeiros. O investigado é Karl Ritter.**	**13/04/44 - 13/04/44**	**1943 - 1943**
12-Z-073		**Censura postal a estrangeiros. O investigado é Marcel Rolland, francês.**	**14/04/44 - 14/04/44**	**1943 - 1943**
12-Z-074		**Censura postal a estrangeiros. O investigado é José Campos, residente no município de São Paulo, que teria feito intercâmbio de correspondência com os países do Eixo via Chile.**	**17/04/74 - 17/04/74**	**1943 - 1943**
12-Z-075		**Censura postal a estrangeiros. O investigado é Luiz Ressing, argentino.**	**18/04/44 - 18/04/44**	**1943 - 1943**
12-Z-076		**Os investigados são Manuel Martinez, espanhol e Albert Wolters, alemão.**	**29/10/44 - 04/01/46**	**1945 - 1945**
12-Z-077		**Censura postal a estrangeiros. A investigada é uma mulher com codinome "Sara", cuja verdadeira identidade estava sendo procurada.**	**20/04/44 - 20/04/44**	**1943 - 1943**
12-Z-078		**Censura postal a estrangeiros. O investigado é Willchin Boll.**	**24/04/44 - 24/04/44**	**1944 - 1944**
12-Z-079		**Suspeita de atividade nipônica. São investigados alguns cabarés em São Paulo que teriam realizado reuniões em que os convidados se comunicavam em idioma japonês.**	**25/04/44 - 14/12/45**	**1942 - 1945**
12-Z-080		**Suspeita de espionagem nazista. O investigado é Max Kelner, tchecoslovaco.**	**24/04/44 - 27/04/44**	**1943 - 1943**
12-Z-081		**Suspeita de atitude antinacional e de atividade nazista, com base em censura postal. Os investigados são vários estrangeiros.**	**02/05/44 - 15/09/44**	**1940 - 1944**
12-Z-082		**Diagnóstico de atividades em municípios. São investigados os municípios de Iguape - SP e de Registro - SP.**	**03/05/44 - 04/04/78**	**1942 - 1977**
	001	Diagnóstico de atividades no município de Iguape - SP.	03/05/44 - 23/05/73	1942 - 1942
	002	Diagnóstico de atividades no município de Iguape - SP.	18/12/73 - 04/04/78	1973 - 1977
12-Z-083		**Suspeita de atividade fascista. Trata-se de um memorando, no qual o remetente é Serafino Romualdi e o destinatário é Bruno Foa, diretor do Bureau of Latin America Research.**	**20/05/44 - 20/05/44**	**1942 - 1942**
12-Z-084		**O investigado é Kurt Haberland, descendente de alemães.**	**23/05/44 - 20/02/46**	**1942 - 1946**
12-Z-085		**Suspeita de atividade nipônica. O investigado é José Azato.**	**23/05/44 - 25/06/44**	**1944 - 1944**
12-Z-086		**Suspeita de atividade eixista. O investigado é Kaete Badden, que teria arrecadado contribuições para o subcomitê a favor do Eixo.**	**26/05/44 - 26/05/44**	**1942 - 1942**
12-Z-087		**Suspeita de atividade nazista. Os investigados são Alexandre Balas e José Berthling.**	**30/05/44 - 30/05/44**	**1943 - 1944**
12-Z-088		**O investigado é George Corey, americano, que teria sido acusado de homicídio e estaria foragido em São Paulo.**	**07/03/46 - 07/03/48**	**1942 - 1956**

DOSSIÊS/ PASTAS		ASSUNTO	ARQUIVAMENTO	PRODUÇÃO
12-Z-089		O investigado é Mitio Muray, japonês.	02/06/44 - 10/04/46	1942 - 1942
12-Z-090		Suspeita de atividade nazista e de atividade integralista. Os investigados são 28 indivíduos julgados pelo Tribunal Especial no município de Santa Maria - RS.	03/06/44 - 03/06/44	0 - 0
12-Z-091		Suspeita de atitude antinacional e de posse ilegal de armas. O investigado é Olívio Gomes.	07/06/44 - 17/06/44	1944 - 1944
12-Z-092		Suspeita de conduta ilegal. A investigada é Wanda Sant'anna Saad Ferrariani, que teria um passaporte falso.	09/06/44 - 09/06/44	1942 - 1942
12-Z-093		O investigado é Tutomu Kuriki, americano de origem japonesa, que teria feito contato com colonos no interior do Estado de São Paulo.	09/06/44 - 24/04/46	1942 - 1942
12-Z-094		Suspeita de atividade fascista. A investigada é Noemi Begliomini.	02/05/45 - 02/05/45	1945 - 1945
12-Z-095		Suspeita de atividade eixista. Os investigados são Rafael e Rosália Durbino, italianos, casados, que teriam realizado reuniões suspeitas em sua residência.	10/01/44 - 24/03/45	1942 - 1944
12-Z-096		Solicitação da Delegacia Regional de Botucatu para o DEOPS/SP, que indaga sobre a possibilidade de prisão de Shosuke Vematsu e P. Shoga Sentaros, japoneses, residentes no município de Ipauçu - SP, que teriam sido membros da Reserva Armada Japonesa.	26/06/44 - 26/06/44	1942 - 1942
12-Z-097		Suspeita de atividade eixista. O investigado é Remo Morelli, descendente de italianos, que teria discursado em bares contra o Brasil.	24/10/44 - 24/10/44	1943 - 1943
12-Z-098		Suspeita de atitude antinacional. São investigados os municípios de Rio Negro, Mafra, São Bento, Jaraguá, Indial, Hanser, Hormonia, Rio do Sul, Brusque, Joinvile e Curitiba, todos dos Estados de Santa Catarina e do Paraná.	17/07/44 - 17/07/44	1943 - 1943
12-Z-099		Suspeita de atividade nazista. O investigado é Karl Hermann Klingspor, alemão.	14/07/44 - 14/07/44	1941 - 1949
12-Z-100		Suspeita de atividade nazista e distribuição de material subversivo. O material apreendido é o dossiê *Frentes de Trabalho*, do Partido Nazista.	17/07/44 - 02/02/46	1939 - 1950
12-Z-101		Suspeita de atitude antinacional. A investigada é Margarida Hirchmann, locutora de rádio.	10/08/45 - 28/12/55	1946 - 1955
12-Z-102		Suspeita de atitude antinacional e de atividade nazista. Os investigados são os tripulantes do navio alemão Evaj Spe.	03/08/44 - 03/08/44	1941 - 1941
12-Z-103		O investigado é Willy Prosky, funcionário da Embaixada Espanhola em Montevidéu, Uruguai.	09/08/44 - 09/08/44	1944 - 1944
12-Z-104		Censura postal a estrangeiros. O investigado é Francisco Heilmenn, descendente de alemães.	11/08/44 - 11/08/44	1944 - 1944
12-Z-105		Suspeita de atividade fascista e solicitação de salvo-conduto permanente. Os investigados são cidadãos italianos.	18/08/44 - 03/12/45	1923 - 1944
	001	Suspeita de atividade fascista e solicitação de salvo-conduto permanente. Os requerentes são vários italianos.	18/08/44 - 14/09/44	1923 - 1944
	002	Suspeita de atividade fascista e solicitação de salvo-conduto permanente. Os requerentes são vários italianos.	06/10/44 - 21/11/44	1942 - 1943
	003	Suspeita de atividade fascista e solicitação de salvo-conduto permanente. Os requerentes são vários italianos.	22/11/44 - 03/12/45	1937 - 1943
12-Z-106		Movimento político/partidário. Os investigados são Olavo Gonçalves e Bruno Zanmbini, brasileiros, que teriam feito atividades políticas contra o regime.	21/08/44 - 24/02/47	1940 - 1947
12-Z-107		Censura postal a estrangeiros. O investigado é Fábio Rolim, que teria escrito afirmações anti-semitas.	21/08/44 - 22/04/45	1944 - 1945
12-Z-108		Suspeita de atividade eixista. Os investigados são três japoneses que teriam feito propaganda para o Eixo.	05/07/45 - 05/07/45	1942 - 1942
12-Z-109		Suspeita de atividade nazista e solicitação de salvo-conduto permanente. O requerente é Herbert Otto, alemão, técnico em eletricidade.	28/08/44 - 03/04/46	1942 - 1945
12-Z-110		Solicitação de salvo-conduto permanente. O requerente é Renato Sergente, italiano, que seria membro da Dopolavoro.	13/09/44 - 13/09/44	1942 - 1945
12-Z-111		O investigado é Arthur Dietrich (ou Alejandro Davilla), alemão, chefe do Serviço de Imprensa da Embaixada Alemã em Madri.	19/10/45 - 19/10/45	1945 - 1945
12-Z-112		Suspeita de atividade nazista. O investigado é Pablo Longhi.	03/10/44 - 13/03/46	1942 - 1942
12-Z-113		Suspeita de atitude antinacional e de atividade nazista. O investigado é Von Ribbek, suíço, que teria feito propaganda nazista.	07/11/44 - 07/11/44	1943 - 1943
12-Z-114		Lista de funcionários da Linee Aeree Transcontinental Italiana.	07/11/44 - 26/02/46	1940 - 1946
12-Z-115		O investigado é Friedrich Wilhelm Sewing, alemão, funcionário da Refinaria de Milho do Brasil S/A.	21/12/46 - 21/12/46	1943 - 1943
12-Z-116		O investigado é Rodolfo Henrique Roberto Morgener, alemão, que seria nazista e estaria ilegalmente no Brasil.	-	1948 - 1950
13-A-001		O investigado é Herman Abrahan, alemão, sócio da firma Rayon Fibra Ltda., que fazia parte da organização Alemanha Livre.	04/04/44 - 04/04/44	1943 - 1943

DOSSIÊS/ PASTAS		ASSUNTO	ARQUIVAMENTO	PRODUÇÃO
13-A-002		**Suspeita de atividade fascista e solicitação de salvo-conduto permanente. O requerente é Ernesto Cocito, italiano. Há outros investigados por suspeita de atitude antinacional, Claudio Bevilacqua e Aman Giannini, italianos.**	**28/08/44 - 28/08/44**	**1942 - 1943**
13-A-003		**Suspeita de atividade fascista e solicitação de salvo-conduto permanente. O requerente é o comerciante Armando Polenti, italiano.**	**28/08/44 - 28/08/44**	**1942 - 1942**
13-A-004		**Solicitação de salvo-conduto permanente. O requerente é um pequeno proprietário italiano.**	**28/08/44 - 28/08/44**	**1942 - 1943**
13-A-005		**Suspeita de atividade fascista e solicitação de salvo-conduto permanente. O requerente é o comerciante Giuseppe Barone, italiano.**	**31/08/44 - 31/08/44**	**1942 - 1943**
13-A-006		**Suspeita de atividade fascista e pedido de salvo-conduto permanente. O requerente é o comerciante Rocco Barone, italiano.**	**31/08/44 - 31/08/44**	**1942 - 1943**
13-A-007		**Suspeita de atividade fascista. O investigado é um italiano, proprietário de restaurante.**	**08/11/44 - 08/11/44**	**1942 - 1944**
13-B-001		**Censura postal a estrangeiros. O investigado é José Morelli, que contribuiu com o Comitê Itália Livre por carta, mandando dinheiro para Tribuna Italo-Argentina.**	**04/04/45 - 04/04/45**	**1941 - 1941**
13-B-002		**Solicitação de atestado de antecedentes e de salvo-conduto permanente. O requerente é Francesco de Lucia, italiano, funcionário de uma fábrica de produtos químicos, que seria membro do Fascio.**	**28/07/44 - 05/10/44**	**1942 - 1944**
13-B-003		**Suspeita de atividade nazista. O investigado é Carl Jarosch, que seria ligado ao Partido Nazista.**	**16/12/44 - 16/12/44**	**1941 - 1941**
13-B-004		**Solicitação de atestado de antecedentes. O investigado é Ernesto Ernestino Cocito, italiano.**	**28/08/44 - 28/08/44**	**1942 - 1943**
13-B-005		**Suspeita de atividade fascista e solicitação de salvo-conduto permanente. O investigado é José Manfredini, italiano.**	**28/08/44 - 28/08/44**	**1942 - 1943**
13-B-006		**Suspeita de atividade fascista e solicitação de salvo-conduto permanente. O investigado é Pedro Chiavone, italiano.**	**28/08/44 - 28/08/44**	**1942 - 1943**
13-F-001		**Certidões de escritura de compra e venda do prédio onde funcionou a sociedade Fascio do município de Mococa - SP.**	**10/12/43 - 10/12/43**	**1943 - 1943**
13-I-001		**Suspeita de atividade fascista. O investigado é o industrial Arturo di Nigro, italiano.**	**28/08/44 - 28/08/44**	**1941 - 1949**
13-I-002		**Suspeita de atividade fascista e solicitação de atestado de antecedentes. O investigado é o industrial Dante Vagnotti, italiano.**	**28/08/44 - 28/08/44**	**1942 - 1943**
13-I-003		**Suspeita de atividade fascista e solicitação de salvo-conduto permanente. O requerente é o industrial Alessandro Colombo, italiano.**	**28/08/44 - 28/08/44**	**1942 - 1943**
13-J-000		**Suspeita de atividade fascista e de atividade nazista. São investigadas as organizações alemãs Italianos Livres do Brasil e Deutsches Hilfswer.**	**26/01/44 - 17/11/77**	**1942 - 1977**
13-J-001		**Os investigados são vários estrangeiros pertencentes ao movimento Áustria Livre.**	**22/01/44 - 09/04/47**	**1943 - 1947**
13-J-002		**Suspeita de atividade fascista. É investigado o Fascio de São Paulo.**	**04/03/44 - 11/12/59**	**1942 - 1959**
	001	Suspeita de atividade fascista. É investigado o Fascio de São Paulo.	04/03/44 - 03/03/45	1942 - 1959
	002	Suspeita de atividade fascista. É investigado o Fascio de São Paulo.	10/07/45 - 11/12/59	1942 - 1959
13-J-003		**Suspeita de atividade fascista. Os investigados são Gianino Maroni, italiano, e a Sociedade Italianos Livres do Brasil.**	**28/04/44 - 09/06/45**	**1942 - 1945**
13-J-004		**Suspeita de atividade nazista. É investigada a Associação Beneficente Bela Vista.**	**10/04/45 - 14/04/46**	**1940 - 1945**
13-J-005		**Suspeita de atividade nazista, com base em censura postal. O investigado é Jacques Eugene Kunke, francês, um dos dirigentes do comitê França Combatente.**	**12/05/44 - 23/02/45**	**1944 - 1944**
13-J-006		**Suspeita de atividade comunista. É investigada a Alleança Internazionale Giuseppe Garibaldi per la liberta dell Italia, movimento antifascista.**	**23/05/44 - 23/05/44**	**1942 - 1942**
13-J-007		**É investigada a Unione Nazionale Officeale in conceda d'Ittalia (U. N. U. C. I.).**	**02/06/44 - 02/06/44**	**1942 - 1942**
13-J-008		**É investigado o Comitê da França Livre no Brasil.**	**25/06/44 - 21/05/45**	**1943 - 1944**
13-J-009		**É investigada a Sociedade Israelita Escudo de David, de auxílio às vítimas de guerra na Palestina.**	**05/07/44 - 05/07/44**	**1943 - 1944**
13-J-010		**É investigado um festival realizado pelo comitê britânico de socorro às vítimas de guerra, em benefício da Cruz Vermelha russa.**	**-**	**1944 - 1944**
13-J-011		**São investigados a Frente Alemã de Trabalho e o Partido Nazista no Brasil.**	**08/11/44 - 25/02/46**	**1941 - 1945**
13-K-001		**Distribuição de material subversivo. O material apreendido é a revista antinazista chilena *Elite*.**	**05/10/44 - 05/10/44**	**1943 - 1944**
13-Z-000		**Solicitação de salvo-conduto permanente. Os requerentes são cidadãos italianos suspeitos de serem fascistas.**	**02/02/44 - 11/02/44**	**1942 - 1943**
	001	Solicitação de salvo-conduto permanente. Os requerentes são italianos que teriam sido fascistas.	02/02/44 - 11/02/44	1942 - 1943
	002	Solicitação de salvo-conduto permanente. Os requerentes são italianos que teriam sido fascistas.	11/08/44 - 11/08/44	1942 - 1942

DOSSIÊS/ PASTAS		ASSUNTO	ARQUIVAMENTO	PRODUÇÃO
	003	Solicitação de salvo-conduto permanente. Os requerentes são italianos que teriam sido fascistas.	11/08/44 - 11/08/44	1942 - 1942
	004	Solicitação de salvo-conduto permanente. Os requerentes são italianos que teriam sido fascistas.	11/08/44 - 11/08/44	1942 - 1942
	005	Solicitação de salvo-conduto permanente. Os requerentes são italianos que teriam sido fascistas.	11/08/44 - 11/08/44	1942 - 1943
	006	Solicitação de salvo-conduto permanente. Os requerentes são italianos que teriam sido fascistas.	11/08/44 - 11/08/44	1942 - 1942
	007	Solicitação de salvo-conduto permanente. Os requerentes são italianos que teriam sido fascistas.	11/08/44 - 11/08/44	1942 - 1943
	008	Solicitação de salvo-conduto permanente. Os requerentes são italianos que teriam sido fascistas.	16/08/44 - 18/08/44	1942 - 1943
	009	Solicitação de salvo-conduto permanente. Os requerentes são italianos que teriam sido fascistas.	11/08/44 - 11/08/44	1942 - 1942
	010	Solicitação de salvo-conduto permanente. Os requerentes são italianos que teriam sido fascistas.	18/08/44 - 22/08/44	1942 - 1943
	011	Solicitação de salvo-conduto permanente. Os requerentes são italianos que teriam sido fascistas.	28/08/44 - 14/09/44	1942 - 1943
	012	Solicitação de salvo-conduto permanente. Os requerentes são italianos que teriam sido fascistas.	14/09/44 - 14/09/44	1942 - 1943
	013	Solicitação de salvo-conduto permanente. Os requerentes são italianos que teriam sido fascistas.	14/09/44 - 14/09/44	1942 - 1943
	014	Solicitação de salvo-conduto permanente. Os requerentes são italianos que teriam sido fascistas.	26/09/44 - 26/09/44	1942 - 1942
	015	Solicitação de salvo-conduto permanente. Os requerentes são italianos que teriam sido fascistas.	26/09/44 - 26/09/44	1942 - 1942
	016	Solicitação de salvo-conduto permanente. Os requerentes são italianos que teriam sido fascistas.	26/09/44 - 26/09/44	1942 - 1942
	017	Solicitação de salvo-conduto permanente. Os requerentes são italianos que teriam sido fascistas.	04/10/44 - 04/10/44	1942 - 1942
	018	Solicitação de salvo-conduto permanente. Os requerentes são italianos que teriam sido fascistas.	04/10/44 - 10/04/44	1942 - 1942
	019	Solicitação de salvo-conduto permanente. Os requerentes são italianos que teriam sido fascistas.	10/04/44 - 10/04/44	1942 - 1942
	020	Solicitação de salvo-conduto permanente. Os requerentes são italianos que teriam sido fascistas.	05/10/44 - 05/10/44	1942 - 1942
	021	Solicitação de salvo-conduto permanente. Os requerentes são italianos que teriam sido fascistas.	06/10/44 - 06/10/44	1942 - 1942
	022	Solicitação de salvo-conduto permanente. Os requerentes são italianos que teriam sido fascistas.	10/10/44 - 10/10/44	1942 - 1942
	023	Solicitação de salvo-conduto permanente. Os requerentes são italianos que teriam sido fascistas.	10/10/44 - 18/02/70	1942 - 1942
13-Z-001		**Censura postal. É investigado o movimento Itália Livre.**	**15/02/44 - 02/05/44**	**1943 - 1944**
13-Z-002		**Os investigados são o Comitê de Austríacos do Rio de Janeiro.**	**15/02/44 - 05/10/44**	**1943 - 1944**
13-Z-003		**Censura postal a estrangeiros. É investigado o Movimento pró-Romênia Livre e Democrática.**	**15/02/44 - 02/05/44**	**1943 - 1944**
13-Z-004		**Compilação de material subversivo. O material apreendido é um cartaz de propaganda francês sobre a ocupação francesa, com legenda anti-Eixo.**	**04/03/44 - 04/03/44**	**1944 - 1944**
13-Z-005		**É investigado o Movimento Alemão Antinazista do Brasil.**	**31/03/44 - 31/05/44**	**1943 - 1944**
13-Z-006		**Censura postal a estrangeiros. É investigado o Comitê Central Pró-Independência da Alemanha do Sul.**	**09/05/45 - 09/05/45**	**1946 - 1946**
13-Z-007		**O investigado é A. Korch, ex-editor do jornal ucraniano *Zoria Un*, chefe do Comitê pela Defesa da Democracia.**	**15/05/44 - 15/05/44**	**1942 - 1942**
13-Z-008		**É investigado um congresso pan-arábico no Brasil, contrário ao Eixo.**	**28/12/44 - 19/07/45**	**1944 - 1945**
13-Z-009		**São investigadas a Falange Espanhola e sua atividade no Brasil.**	**03/01/45 - 18/02/70**	**1941 - 1970**
14-A-001		**São investigadas a casa de um gerente da Simens, para fiscalização de óleo diesel e cobre, e a casa de um chofer alemão, para fiscalização de cobre.**	**14/03/44 - 14/03/44**	**1942 - 1942**

DOSSIÊS/ PASTAS	ASSUNTO	ARQUIVAMENTO	PRODUÇÃO
14-A-002	Suspeita de atividade nazista. E investigada a firma Cristal & Luz, que supostamente exportaria armas e munição.	10/04/44 - 10/04/44	1943 - 1943
14-A-003	Suspeita de contrabando. O investigado é Elvio Lorrenchat, dono de uma fundição, que teria feito contrabando de borracha para a Argentina.	20/04/44 - 20/04/44	1944 - 1944
14-A-004	Suspeita de contrabando. O investigado é João Trancoso Hermanos, que teria feito contrabando de cabos de aço no município de Santos - SP.	14/09/44 - 22/03/46	1942 - 1942
14-A-005	Suspeita de contrabando. O investigado é Elias Knet, judeu naturalizado argentino, que teria feito contrabando de platina e jóias da Argentina.	26/09/44 - 05/10/45	1944 - 1944
14-A-006	Suspeita de contrabando. O investigado é David Lerner, polonês naturalizado argentino, comerciante, que teria feito contrabando de platina da Argentina.	27/09/44 - 21/10/69	1944 - 1969
14-A-007	Suspeita de contrabando. As investigadas são Augusta Andriba Isabel Lacasi, e sua irmã Mathilde Lacase, que teriam contrabandeado jóias da Argentina e trazido cartas para políticos.	10/11/44 - 16/08/45	1943 - 1945
14-A-008	Suspeita de contrabando. O investigado é Timoteo Ginaca, argentino, sócio da Indústria e Exportação de Madeira Ltda., que teria feito contrabando de pneus.	17/11/44 - 11/12/45	1943 - 1945
14-A-009	Suspeita de contrabando. O investigado é Américo de Carvalho Salles, brasileiro, representante da firma S. S. Schindler, que teria feito contrabando de borracha.	26/12/44 - 26/12/44	1944 - 1944
14-A-010	Suspeita de contrabando. O investigado é Paschoal Gallo, italiano, dono de transportadora, que teria feito contrabando de pneus.	02/03/45 - 04/10/45	1945 - 1945
14-A-011	Suspeita de contrabando. O investigado é Luiz Sica, italiano, que teria feito contrabando de platina esponjosa.	16/04/45 - 31/05/45	1940 - 1950
14-A-012	Suspeita de contrabando. Os investigados são vários sírios com passaporte francês, donos de fábrica de papelão no município de Caçapava - SP, que teriam feito contrabando de platina esponjosa para países do Eixo.	18/04/45 - 18/04/45	1943 - 1944
14-B-001	Suspeita de contrabando, com base em censura postal. O investigado é Umberto Notari.	22/11/44 - 22/11/44	1944 - 1944
14-B-002	Suspeita de contrabando. Os investigados são Adolfo Amarante Ribeiro, brasileiro, e os uruguaios Emilio Miguel Caubarrere e Neno Laitano, que teriam feito contrabando de pedras preciosas.	20/12/44 - 20/12/44	1944 - 1944
14-B-003	Suspeita de contrabando. Os investigados são indivíduos do Estado de Mato Grosso que teriam feito contrabando de borracha.	27/12/44 - 27/12/44	1944 - 1944
14-B-004	Suspeita de contrabando. Os investigados são Jekel Pank, polonês; Frans Isaac Israel Kaufmann, alemão, e Alberto de Vitto, brasileiro, que teriam feito contrabando de platina.	15/03/45 - 23/05/45	1945 - 1945
14-B-005	Suspeita de atividade ilegal. Os investigados são Abdalla Simão e Camilo Abrão Jabur, que foram flagrados comprando gasolina pelo câmbio negro e teriam obtido passaportes falsos.	19/03/45 - 15/10/45	1945 - 1945
14-B-006	Suspeita de contrabando. Os investigados são Paulo Nees e "Carlos", alemães, que teriam contrabandeado pedras preciosas.	17/04/45 - 17/04/45	1943 - 1944
14-B-007	Suspeita de contrabando. O investigado teria feito contrabando de diamantes industriais para fins de guerra.	19/04/45 - 20/04/45	1943 - 1944
14-B-008	Suspeita de contrabando. O investigado é José de Araújo, dono de três Caminhões e funcionário da empresa Morumbi, que teria feito contrabando de pneus.	- 29/11/45	1945 - 1945
14-I-001	O investigado é Israel Joseph Wolf, judeu belga, comerciante de jóias.	23/05/44 - 23/05/44	1942 - 1943
14-I-002	Suspeita de contrabando. O investigado é Moritz Minoga, polonês, proprietário de joalheria no Rio de Janeiro, que teria contrabandeado platina.	23/05/44 - 23/05/44	1942 - 1942
14-I-003	O investigado é Ernesto Feitosa de Figueiredo, que trabalhava com pedras preciosas e estava fazendo uma viagem ao Estado do Rio Grande do Sul.	27/05/44 - 27/05/44	1944 - 1944
14-Z-000	Suspeita de contrabando. Os investigados são estrangeiros que teriam feito contrabando de pedras preciosas, borracha crua, pneus e areias monazíticas.	27/01/44 - 30/08/57	1944 - 1957
14-Z-001	Suspeita de atividade eixista. O investigado é Angelo Procaccio, sócio de uma firma de compra de material usado, que teria comprado platina para servir o Eixo.	07/12/43 - 19/05/45	1943 - 1943
14-Z-002	Suspeita de contrabando. O investigado é o joalheiro Ernesto Selberg, polonês, que teria feito contrabando de platina e de jóias no Brasil e no exterior.	11/12/43 - 11/12/43	1943 - 1943
14-Z-003	Suspeita de contrabando. O investigado é Hermínio Zambrance, residente no Estado do Rio Grande do Sul, chefe da firma Gasogênio Gomes, que teria feito contrabando de pneus.	12/04/45 - 12/04/45	1945 - 1945
14-Z-004	Suspeita de contrabando. O investigado é Evaristo Rossi, italiano, ex-oficial do Exército, que teria feito contrabando de diamantes industriais, cristal de rocha e ouro.	19/04/44 - 19/04/44	1943 - 1944

DOSSIÊS/ PASTAS	ASSUNTO	ARQUIVAMENTO	PRODUÇÃO
14-Z-005	Suspeita de contrabando. Os investigados são Oscar e Aron Kostman, além de outros contrabandistas no Estado do Mato Grosso, que teriam contrabandeado pedras preciosas.	14/04/45 - 19/05/45	1944 - 1944
14-Z-006	Suspeita de contrabando. Os investigados são Hugo Hager e Arno Muessnig, que teriam feito contrabando de pneus para a Argentina.	08/06/44 - 09/06/44	1944 - 1944
14-Z-007	Suspeita de contrabando. O investigado é Jacob Ten Laten, que teria feito contrabando de pneus e de borracha.	03/04/46 - 03/04/46	1946 - 1946
14-Z-008	Suspeita de contrabando. Os investigados são Ricardo Alcides Real Salas, argentino, e sua esposa Leilah Pamplona de Menezes, que teriam contrabandeado pedras preciosas.	14/08/44 - 24/04/45	1944 - 1945
14-Z-009	Suspeita de contrabando. O investigado é Arno Muessing, que teria feito contrabando de pneumáticos para a Argentina, com ajuda de argentinos.	21/08/44 - 24/11/45	1943 - 1944
14-Z-010	Suspeita de contrabando. O investigado é um polonês que teria contrabandeado ouro e platina.	28/09/44 - 06/04/46	1942 - 1942
14-Z-011	Suspeita de contrabando. Os investigados são os tripulantes do navio argentino Lucho, ancorado no porto de Santos, que teriam feito contrabando de pneus para a Argentina.	10/11/44 - 12/11/46	1943 - 1945
14-Z-012	Suspeita de contrabando. O investigado é o comerciante Carlos Cabeça, brasileiro, que teria feito contrabando de borracha.	15/04/45 - 07/01/46	1943 - 1945
14-Z-013	Suspeita de contrabando. Os investigados são brasileiros e estrangeiros que teriam feito contrabando de pneus e maquinarias para o Estado do Rio Grande do Sul.	04/08/45 - 04/10/45	1945 - 1947
14-Z-014	Suspeita de contrabando. Os investigados são brasileiros e estrangeiros que teriam feito contrabando de pneus e maquinaria para o Estado do Rio Grande do Sul.	09/10/45 - 23/10/52	1945 - 1952
15-A-001	É investigada a Tinturaria Sol Levante, na seus proprietários teriam se comunicado em japonês.	05/02/44 - 05/02/44	1943 - 1943
15-C-001	Suspeita de atividade eixista. Os investigados são alemães professores do Instituto Porto Seguro de Ensino.	22/11/43 - 26/02/46	1942 - 1943
15-K-001	Suspeita de atividade nazista. Os investigados são Eduardo Fried Land e Franz Leift, alemães, proprietários da Livraria Elite, que possuiriam livros sobre a política hitlerista.	17/05/44 - 26/09/48	1942 - 1945
15-Z-000	Suspeita de atitude antinacional. Os investigados são vários japoneses e alemães que teriam difamado o país.	12/12/43 - 31/10/45	1942 - 1944
15-Z-001	Suspeita de atividade nipônica. Os investigados são Frenichi Imato e Shungiro Frannayama, japoneses, que estariam conversando no idioma japonês.	07/06/44 - 07/06/44	1944 - 1944
15-Z-002	Solicitação de salvo-conduto permanente. O requerente é Aniello Paciullo, que teria falado italiano em público no Café Acadêmico.	31/08/47 - 31/08/47	1942 - 1942
20-A-001	Movimento sindical. É investigado o Sindicato das Empresas Jornalísticas, que teria criticado o Estado Novo.	26/11/43 - 20/02/75	1943 - 1944
20-A-002	O investigado é Olavo Fleury de Assunção, diretor- gerente da Cia. Nossa Senhora Mãe dos Homens, que teria participado de reuniões criticando a política nacional.	28/01/44 -	1943 - 1944
20-A-003	O investigado é Herbert Levy, deputado federal pela União Democrática Nacional (UDN).	17/04/44 - 26/05/63	1940 - 1963
20-A-004	O investigado é José de Souza Lima.	27/04/44 - 27/04/44	1943 - 1943
20-A-005	Movimento político/partidário. O investigado é Armando Sales, tenente da força policial e tabelião do 17º cartório do município de São Paulo, que teria conversado com Adhemar de Barros, ex-interventor de São Paulo, sobre a criação de um novo partido.	27/04/44 - 05/04/45	1940 - 1945
20-A-006	Suspeita de atitude antinacional. O investigado é Alfredo de Mesquita, proprietário de livraria, que teria criticado o governo.	10/07/44 - 21/02/48	1944 - 1964
20-A-007	Escuta telefônica. O investigado é Nino Casale, diretor da Cia. de Papel e Celulose, que teria criticado o diretor do Departamento de Segurança Nacional.	08/07/44 - 11/07/44	1944 - 1944
20-A-008	Suspeita de atitude antinacional. O investigado é Francisco Martins Veras, diretor de usina de açúcar no Estado de Pernambuco.	15/07/44 - 15/07/44	1944 - 1944
20-A-009	O investigado é Odilon Lima, proprietário de um escritório de contabilidade, que teria feito referências a respeito de uma conferência sobre política brasileira.	21/08/44 - 28/07/65	1944 - 1964
20-A-010	O investigado é o jornalista José Maria dos Santos, que teria ligações com proprietários e diretores de empresas que estariam em greve no município de Santos - SP.	08/02/45 - 08/05/45	1944 - 1945
20-A-011	O investigado é o advogado Paulo de Campos Moura, dono de empresa jornalística.	02/03/45 - 20/11/58	1942 - 1958
20-A-012	O investigado é Breno Ferraz, que teria freqüentado a Associação Pecuária do Brasil.	10/03/45 - 10/03/45	1945 - 1945

DOSSIÊS/ PASTAS	ASSUNTO	ARQUIVAMENTO	PRODUÇÃO
20-A-013	E investigada a Assistência Jurídico-Administrativa ao Comércio e à Indústria (AJACI).	25/03/45 - 25/03/45	1945 - 1945
20-A-014	Movimento político/partidário e suspeita de atitude antinacional. Os investigados são Takeshi Ibara, japonês, proprietário de bar no município de Andradina- SP; Luiz Junqueira e Alcides Paiva, freqüentadores do bar que teriam rasgado e cuspido em retrato de Getúlio Vargas e dito que eram do Partido Republicano Paulista (PRP).	28/04/45 - 28/04/45	1945 - 1945
20-A-015	O investigado é Antonio Quim Cezar, proprietário de jazida de estanho e antigo chefe provisório do Estado do Rio Grande do Sul.	28/04/45 - 05/05/45	1941 - 1945
20-A-016	O investigado é Roberto Cockrane Simonsen, presidente da Federação das Indústrias do Estado de São Paulo (FIESP).	09/05/45 - 28/02/46	1940 - 1945
20-A-017	Movimento político/partidário. O investigado é Raul Guizard, que teria participado de reuniões de apoio à candidatura do general Gaspar Dutra, no município de Taubaté - SP.	14/05/45 - 26/07/72	1945 - 1972
20-A-018	O investigado é Adib Bassit, proprietário de fazenda, que teria planejado uma revolução.	17/12/45 - 17/12/45	1940 - 1940
20-B-001	O investigado é o funcionário público Carlos Mac Cracken.	14/04/44 - 02/05/45	1941 - 1950
20-B-002	O investigado é Benedito Lucas Cavalcanti, ex-chefe dos investigadores do Gabinete de Investigações, suspeito de ter praticado o crime de estelionato.	25/04/44 - 14/08/58	1943 - 1943
20-B-003	O investigado é Asdrúbal Guimarães, sócio de uma firma importadora e ex-chefe da segurança pessoal de Armando de Salles de Oliveira.	28/04/44 - 30/11/45	1940 - 1944
20-B-004	Suspeita de atividade comunista. O investigado é Constantino Basileu Pinho, ex-militar, corretor de imóveis, que teria sido aliado de Luiz Carlos Prestes.	29/04/44 - 28/01/53	1942 - 1951
20-B-005	Censura postal. Trata-se de uma carta enviada ao Paraguai sobre Inocêncio Vargas.	02/05/44 - 02/05/44	1944 - 1944
20-B-006	O investigado é o leiloeiro Casemiro Carvalho Pinho, residente no município de São Carlos - SP, que estaria divulgando boatos injuriosos contra famílias locais, e o interventor do Estado de São Paulo.	06/06/44 - 23/02/46	1942 - 1942
20-B-007	O investigado é José Constante Marzutti, corretor da bolsa de São Paulo, que teria ouvido um estudante de Direito proferir ameaças ao presidente Getúlio Vargas.	08/08/44 - 08/08/44	1941 - 1941
20-B-008	Solicitação de atestado de antecedentes. O investigado é o gaúcho João Junqueira Rocha, que teria visitado o presidente do Club Gaúcho, do Largo do Café.	11/08/44 - 11/08/44	1940 - 1940
20-B-009	Suspeita de atitude antinacional. O investigado é Nestor Martins de Souza, ex-investigador da polícia, que seria partidário de Armando de Salles Oliveira.	28/09/44 - 28/09/44	1944 - 1944
20-B-010	O investigado é José Homem, funcionário da Companhia Lithografia Ipiranga, que teria opinado sobre a censura da revista *Time*.	02/10/44 - 02/10/44	1944 - 1944
20-B-011	Censura postal. Trata-se de correspondência sobre acontecimentos políticos no Brasil e na Argentina.	04/10/44 - 04/10/44	1944 - 1944
20-B-012	O investigado é o químico Mozart Fray, que teria feito propaganda contra a política nacional.	22/11/44 - 17/09/59	1944 - 1959
20-B-013	O investigado é Vicente Zarlengo, que teria sido preso por ser considerado suspeito.	08/02/45 - 25/03/46	1942 - 1942
20-B-014	Movimento político/partidário. Os investigados são Jacy Magalhães e seu irmão Juracy Magalhães, os quais teriam ligações com grupos vinculados à esquerda, principalmente com a Aliança Democrática Popular, com a Editora Brasiliense e com Caio Prado Júnior.	28/02/45 - 31/05/45	1945 - 1945
20-B-015	Suspeita de atitude antinacional, com base em censura postal. O investigado é Plínio Mendonça, que teria criticado Getúlio Vargas e o Ministro da Guerra.	18/04/45 - 18/04/45	1945 - 1945
20-C-000	Suspeita de atitude antinacional. Trata-se de atividades contra Getúlio Vargas, principalmente de estudantes.	20/11/43 - 13/03/45	1943 - 1950
20-C-001	Movimento estudantil e suspeita de atitude antinacional. Trata-se de assuntos que fazem referência ao Presidente da República.	26/11/43 - 22/10/59	1943 - 1959
20-C-002	Movimento político/partidário. Troca de informações entre o Serviço Nacional de Informações (SNI) e o DEOPS/SP, e relatórios de visitas presidenciais a São Paulo.	07/12/43 - 31/05/77	1942 - 1977
001	Suspeita de atitude antinacional. Trata-se de assuntos referentes ao Presidente da República, sobretudo no meio estudantil.	07/12/43 - 30/04/50	1942 - 1950
002	Suspeita de atitude antinacional Trata-se de informações sobre a política nacional colhidas nos meios estudantil, jornalístico e sindical.	16/05/51 - 13/10/58	1950 - 1958
003	Suspeita de atitude antinacional. Trata-se de informações sobre a política nacional colhidas nos meios estudantil, jornalístico e sindical.	16/10/58 - 04/12/64	1958 - 1964

DOSSIÊS/ PASTAS		ASSUNTO	ARQUIVAMENTO	PRODUÇÃO
	004	Solicitação do Serviço Nacional de Informação (SNI) de atestado de antecedentes de estudantes, jornalistas e sindicalistas.	20/10/64 - 14/06/65	1964 - 1965
	005	Trata-se de relatórios sobre os planos de policiamento do Estado de São Paulo, referentes às visitas do Presidente da República.	18/06/65 - 30/06/66	1964 - 1969
	006	Compilação de material subversivo. Trata-se de recortes de jornais e de relatórios sobre os atos institucionais e o golpe militar de 1964.	01/08/66 - 25/03/68	1964 - 1968
	007	Solicitações de atestados de antecedentes e movimento político/partidário. Trata-se de pedidos feitos pelo Serviço Nacional de Informação (SNI) sobre indivíduos suspeitos e de recortes de jornal sobre acontecimentos políticos do país.	25/03/68 - 18/09/68	1968 - 1968
	008	Relatório e compilação de material subversivo. Planos de policiamento do Estado de São Paulo para as visitas do Presidente da República e recortes de jornal sobre o Poder Executivo, decretos e atos institucionais.	07/10/68 - 18/09/72	1968 - 1972
	009	Planos de policiamento do Estado de São Paulo para as visitas do Presidente da República.	09/05/73 - 14/08/73	1973 - 1973
	010	Relatório e solicitações de atestados de antecedentes feitas pela Divisão de Segurança e Informação (DSI) sobre indivíduos suspeitos. Planos de policiamento do Estado de São Paulo para as visitas do Presidente da República.	08/07/74 - 04/12/74	1973 - 1975
	011	Relatório e solicitação de atestado de antecedente. Trata-se de planos de policiamento no Estado de São Paulo referentes às visitas do Presidente da República, de pedidos feitos pela Divisão de Segurança e Informação (DSI) sobre indivíduos suspeitos e de reportagens sobre atos do Executivo.	04/12/74 - 14/11/75	1973 - 1975
	012	Solicitações de atestados de antecedentes feitas pelo Serviço Nacional de Informação (SNI) sobre indivíduos suspeitos e de informações sobre atos do Poder Executivo.	28/01/76 - 31/05/77	1975 - 1977
20-C-003		**O investigado é o professor universitário e político Waldemar Ferreira.**	**14/12/43 - 16/08/54**	**1943 - 1954**
20-C-004		**Conduta suspeita. O investigado é José Soares de Mello, professor da Faculdade de Direito.**	**29/12/43 - 18/04/45**	**1943 - 1945**
20-C-005		**O investigado é Luiz Arroubas Martins, bacharel em Direito, que teria mantido correspondência com estudantes argentinos sobre greve e movimento estudantil.**	**12/01/44 - 14/03/67**	**1943 - 1974**
20-C-006		**Trata-se de uma lista de nomes e endereços de indivíduos que estiveram sob observação do Serviço Secreto (SS).**	**13/01/44 - 07/03/45**	**1943 - 1945**
20-C-007		**O investigado é Hélio Motta, estudante de Direito, que teria participado de manifestações estudantis.**	**18/01/44 - 03/07/61**	**1943 - 1961**
20-C-008		**Suspeita de atitude antinacional. O investigado é Mário Mazagão, professor de Direito, que teria criticado a política nacional.**	**27/01/44 - 09/05/44**	**1943 - 1944**
20-C-009		**Censura postal. O investigado é Antônio O. do Amaral Furlan, que teria criticado a falta de liberdade política no Brasil e participado do Centro Acadêmico XI de Agosto.**	**01/02/44 - 15/04/63**	**1944 - 1981**
20-C-010		**Suspeita de atividade comunista. O investigado é o advogado Enio Sandoval Peixoto, proprietário da Editora das Bandeiras.**	**01/02/44 - 14/05/69**	**1944 - 1969**
	001	Suspeita de atividade comunista. O investigado é o advogado Enio Sandoval Peixoto, proprietário da Editora das Bandeiras, que teria sido militante comunista.	01/02/44 - 23/03/64	1944 - 1964
	002	Suspeita de atividade comunista. O investigado é o advogado Enio Sandoval Peixoto, proprietário da Editora das Bandeiras, que teria sido militante comunista.	12/06/64 - 14/05/69	1962 - 1969
20-C-011		**Movimento Estudantil. É investigado o Centro Acadêmico XI de Agosto, da faculdade de Direito da Universidade de São Paulo (USP).**	**17/02/44 - 12/08/77**	**1940 - 1977**
	001	Movimento estudantil. É investigado o Centro Acadêmico XI de Agosto.	17/02/44 - 15/09/49	1940 - 1951
	002	Movimento estudantil. É investigado o Centro Acadêmico XI de Agosto.	26/09/49 - 06/05/54	1949 - 1954
	003	Movimento estudantil. É investigado o Centro Acadêmico XI de Agosto.	08/05/54 - 30/06/64	1954 - 1964
	004	Movimento estudantil. É investigado o Centro Acadêmico XI de Agosto.	24/07/64 - 09/05/66	1964 - 1969
	005	Movimento estudantil. É investigado o Centro Acadêmico XI de Agosto.	13/10/69 - 08/10/74	1969 - 1974
	006	Movimento estudantil. É investigado o Centro Acadêmico XI de Agosto.	04/06/74 - 12/08/77	1974 - 1977
20-C-012		**Suspeita de atitude antinacional. O investigado é Ivo de Lima, estudante de Direito e funcionário público.**	**25/02/44 - 25/02/44**	**1943 - 1944**
20-C-013		**O investigado é Paulo Nogueira Netto, líder estudantil.**	**29/02/44 - 01/05/45**	**1944 - 1944**
20-C-014		**Suspeita de atitude antinacional. O investigado é Antônio Carlos Silveira, estudante de Direito.**	**07/03/44 - 07/03/44**	**1944 - 1944**
20-C-015		**Movimento da sociedade civil. Crítica popular à Igreja e menção sobre a formação da União da Juventude Estudantil (UJE).**	**24/07/45 - 24/07/45**	**1945 - 1945**
20-C-016		**É investigada a Frente Acadêmica pela Democracia.**	**17/03/44 - 29/01/45**	**1944 - 1945**
20-C-017		**Movimento estudantil. Participação de estudantes secundaristas e universitários da capital e do interior de São Paulo na política nacional.**	**27/03/44 - 22/12/69**	**1940 - 1969**
	001	Movimento estudantil. É investigada a participação política de estudantes	27/03/44 - 15/06/44	1943 - 1944

DOSSIÊS/ PASTAS		ASSUNTO	ARQUIVAMENTO	PRODUÇÃO
		universitários e secundaristas de diversas escolas e faculdades da capital e do interior do Estado de São Paulo.		
	002	Movimento estudantil. É investigada a participação política nacional e estadual de estudantes secundaristas e universitários da capital e do interior do Estado de São Paulo.	15/06/44 - 22/12/69	1940 - 1969
20-C-018		**Movimento estudantil. É investigado o Grêmio Politécnico da Universidade de São Paulo (USP).**	**14/04/44 - 04/06/74**	**1943 - 1974**
20-C-019		**Movimento político/partidário. É investigado o Partido Acadêmico Libertador.**	**17/04/44 - 24/10/57**	**1944 - 1962**
20-C-020		**Movimento estudantil. São investigados estudantes que teriam incitado os expedicionários brasileiros a não lutarem na Segunda Guerra Mundial.**	**17/04/44 - 17/04/44**	**1943 - 1943**
20-C-021		**Movimento estudantil e suspeita de atitude antinacional. São investigadas atividades de estudantes que teriam protestado contra as olimpíadas universitárias que comemoravam o aniversário do presidente da República Getúlio Vargas.**	**18/04/44 - 18/04/44**	**1944 - 1944**
20-C-022		**Movimento estudantil. São investigadas conferências e palestras sobre a política nacional organizadas por entidades estudantis.**	**20/04/44 - 09/10/63**	**1944 - 1963**
20-C-023		**Movimento estudantil. É investigada a propaganda pró-constitucionalização da Faculdade de Direito da Universidade de São Paulo (USP).**	**24/04/44 - 24/04/44**	**1943 - 1943**
20-C-024		**Movimento estudantil. É investigada a distribuição de boletins referentes ao Presidente da República na Faculdade de Direito da Universidade de São Paulo (USP).**	**08/05/44 - 08/05/44**	**1944 - 1944**
20-C-025		**É investigado o Partido Acadêmico Conservador.**	**15/05/44 - 14/10/46**	**1944 - 1944**
20-C-026		**Os investigados são estudantes de Direito que teriam promovido um chá em homenagem ao estudante Waldir Ribeiro de Lima.**	**23/05/44 - 23/05/44**	**1944 - 1944**
20-C-027		**Suspeita de atitude antinacional. É investigada uma manifestação contra Getúlio Vargas.**	**25/05/44 - 25/05/44**	**1944 - 1944**
20-C-028		**O investigado é Afranio de Oliveira, estudante de Direito, que teria feito um discurso violento atacando as autoridades numa visita ao túmulo de Martinho Prado Jr.**	**20/06/44 - 26/09/66**	**1944 - 1966**
20-C-029		**O investigado é Marcello Dias Ferraz, que teria ficado encarregado de fazer propaganda pró Eduardo Gomes na faculdade de Direito da Universidade de São Paulo (USP).**	**11/06/45 - 11/06/45**	**1945 - 1945**
20-C-030		**O investigado é o estudante Naldo Caparica.**	**20/06/44 - 20/06/44**	**1944 - 1944**
20-C-031		**O investigado é Coury Fernande, deputado pelo Partido Socialista Brasileiro (PSB).**	**20/06/44 - 10/05/58**	**1944 - 1955**
20-C-032		**O investigado é o estudante de Direito Jair Carvalho Monteiro, funcionário do Instituto do Advogado.**	**26/06/44 - 21/06/44**	**1944 - 1944**
20-C-033		**O investigado é o estudante Gabriel Cesário Cruz.**	**21/06/44 - 21/06/44**	**1944 - 1944**
20-C-034		**O investigado é o estudante Sergio Georgette e suas possíveis relações dentro e fora da Escola de Comércio Álvares Penteado.**	**25/06/44 - 25/06/44**	**1944 - 1944**
20-C-035		**Movimento estudantil. É investigada a União Nacional dos Estudantes (UNE).**	**12/07/44 - 21/10/76**	**1944 - 1976**
	001	Movimento estudantil. É investigada a União Nacional dos Estudantes (UNE).	12/07/44 - 06/08/52	1944 - 1952
	002	Movimento estudantil. São investigadas a União Nacional dos Estudantes (UNE) e a União Internacional dos Estudantes.	09/08/51 - 19/03/56	1951 - 1956
	003	Movimento estudantil. É investigada a União Nacional dos Estudantes (UNE).	26/09/52 - 17/03/58	1952 - 1958
	004	Movimento estudantil. É investigada a União Nacional dos Estudantes (UNE).	20/03/58 - 03/10/63	1950 - 1963
	005	Movimento estudantil. É investigada a União Nacional dos Estudantes (UNE).	03/10/63 - 21/10/76	1960 - 1976
20-C-036		**Suspeita de atitude antinacional. O investigado é o estudante de Direito Waldir Ortigara, que teria feito algumas críticas a respeito de uma visita do presidente Getúlio Vargas ao Estado de São Paulo.**	**08/08/44 - 08/08/44**	**1941 - 1941**
20-C-037		**Movimento estudantil. É investigado o Colégio Anglo-Latino.**	**25/09/44 - 09/12/47**	**1943 - 1947**
20-C-038		**Distribuição de material subversivo. O investigado é Alfredo Sestini, estudante de Direito, que teria distribuído panfletos políticos.**	**05/03/45 - 05/03/45**	**1945 - 1945**
20-C-039		**O investigado é o advogado Rui Nazareth, candidato a deputado estadual.**	**27/03/45 - 15/04/63**	**1945 - 1945**
20-C-040		**Movimento estudantil. São investigadas a União Estadual dos Estudantes (UEE-MG) e a Delegação de Estudantes Secundaristas, que representariam Minas Gerais no 5º Congresso de Estudantes Secundaristas.**	**12/04/45 - 22/07/52**	**1945 - 1952**
20-C-041		**Movimento estudantil. É investigado o Centro Acadêmico Luiz de Queiroz da Escola Superior de Agronomia de Piracicaba (ESALQ).**	**02/05/45 - 05/07/56**	**1945 - 1956**
20-C-042		**Movimento guerrilheiro. É investigada a Ação Popular (AP).**	**04/03/65 - 03/01/68**	**1964 - 1966**
20-C-043		**Solicitações e trocas de informações entre o Serviço Nacional de Informações (SNI) e o DEOPS/SP e boletins do Serviço Nacional de Informações (SNI).**	**26/09/69 - 24/06/81**	**1962 - 1982**
	001	Solicitações e troca de informações entre o Serviço Nacional de Informações (SNI) e o DEOPS/SP. São documentos diversos: boletins informativos produzidos a partir das matérias publicadas em jornais e revistas, lista de passageiros que chegaram ou saíram	26/09/69 - 08/10/69	1969 - 1969

DOSSIÊS/ PASTAS	ASSUNTO	ARQUIVAMENTO	PRODUÇÃO
	do país através de navio e avião e lista de hóspedes dos principais hotéis de São Paulo.		
002	Solicitações e troca de informações entre o Serviço Nacional de Informações (SNI) e o DEOPS/SP. São documentos diversos: boletins informativos produzidos a partir das matérias publicadas em jornais e revistas, lista de passageiros que chegaram ou saíram do país através de navio e avião e lista de hóspedes dos principais hotéis de São Paulo.	03/10/69 - 13/10/69	1969 - 1969
003	Solicitações e troca de informações entre o Serviço Nacional de Informações (SNI) e o DEOPS/SP. Trata-se de vários relatórios do Serviço Nacional de Informações (SNI) sobre os subversivos (comunistas) e sobre a política nacional e internacional.	13/10/69 - 04/11/69	1969 - 1969
004	Solicitações e troca de informações entre o Serviço Nacional de Informações (SNI) e o DEOPS/SP. Trata-se de vários relatórios do Serviço Nacional de Informações (SNI) sobre os subversivos (comunistas) e sobre a política nacional e internacional.	04/11/69 - 21/11/69	1969 - 1969
005	Solicitações e troca de informações entre o Serviço Nacional de Informações (SNI) e o DEOPS/SP. Trata-se de vários relatórios do Serviço Nacional de Informações (SNI) sobre subversivos (comunistas).	21/11/69 - 04/12/69	1969 - 1969
006	Solicitações e troca de informações entre o Serviço Nacional de Informações (SNI) e o DEOPS/SP. Trata-se de boletins informativos, de resumo de notícias e de listas de suspeitos, provenientes do Serviço Nacional de Informações (SNI) .	04/12/69 - 26/12/69	1967 - 1969
007	Solicitações e troca de informações entre o Serviço Nacional de Informações (SNI) e o DEOPS/SP. Trata-se de boletins informativos do Serviço Nacional de Informações (SNI), de resumos de notícias e de listas de suspeitos.	30/12/69 - 08/01/70	1969 - 1970
008	Solicitações e troca de informações entre o Serviço Nacional de Informações (SNI) e o DEOPS/SP. Trata-se de boletins informativos do Serviço Nacional de Informações (SNI).	08/01/70 - 21/01/70	1970 - 1970
008A	Solicitações e troca de informações entre o Serviço Nacional de Informações (SNI) e o DEOPS/SP. São boletins informativos do Serviço Nacional de Informações (SNI).	19/01/70 - 27/01/70	1964 - 1970
009	Solicitações e troca de informações entre o Serviço Nacional de Informações (SNI) e o DEOPS/SP. Solicitações de atestados de antecedentes pelo Serviço Nacional de Informações (SNI).	30/01/70 - 12/06/70	1970 - 1970
010	Solicitação de informações. Trata-se de comunicação entre o Serviço Nacional de Informações (SNI) e o DEOPS/SP.	12/06/70 - 30/06/70	1970 - 1970
011	Solicitação de informações. Trata-se de comunicação entre o Serviço Nacional de Informações (SNI) e o DEOPS/SP.	06/02/70 - 06/02/70	1970 - 1970
012	Solicitações e troca de informações entre o Serviço Nacional de Informações (SNI) e o DEOPS/SP.	16/03/70 - 22/04/71	1970 - 1971
013	Os documentos das pastas foram retirados. Há apenas uma folha com o seguinte aviso: "Atenção: os números de 20-C-043-1985 foram pulados".	-	-
015	Suspeita de atividade subversiva. Trata-se da troca de informações entre o Serviço Nacional de Informações (SNI) e o DEOPS/SP sobre movimentos nacionais e internacionais.	09/12/70 - 21/05/71	1970 - 1971
016	Solicitações e troca de informações entre o Serviço Nacional de Informações (SNI) e o DEOPS/SP.	19/05/71 - 20/04/71	1970 - 1971
017	Solicitações e troca de informações entre o Serviço Nacional de Informações (SNI) e o DEOPS/SP.	20/04/71 - 20/04/71	1970 - 1971
018	Solicitação de atestado de antecedentes, suspeita de atividade comunista e movimento político/partidário. Troca de informações entre o Serviço Nacional de Informações (SNI) e o DEOPS/SP.	30/09/70 - 31/05/71	1970 - 1971
019	Solicitação de atestado de antecedentes, suspeita de atividade comunista e movimento político/partidário. Trata-se da troca de informações entre o Serviço Nacional de Informações (SNI) e o DEOPS/SP.	08/03/71 - 08/03/71	1970 - 1970
020	Solicitação de atestado de antecedentes, suspeita de atividade comunista e movimento político/partidário. Trata-se da troca de informações entre o Serviço Nacional de Informações (SNI) e o DEOPS/SP.	08/03/71 - 08/03/71	1970 - 1970
020A	Solicitação de atestado de antecedentes, suspeita de atividade comunista e movimento político/partidário. Trata-se da troca de informações entre o Serviço Nacional de Informações (SNI) e o DEOPS/SP.	23/04/71 - 23/04/71	1971 - 1971
021	Solicitação de atestado de antecedentes, suspeita de atividade comunista e movimento político/partidário. Trata-se da troca de informações entre o Serviço Nacional de Informações (SNI) e o DEOPS/SP.	07/12/70 - 07/12/70	1970 - 1970
022	Solicitação de atestado de antecedentes, suspeita de atividade comunista e movimento político/partidário. Trata-se da troca de informações entre o Serviço Nacional de Informações (SNI) e o DEOPS/SP.	30/07/70 - 11/06/71	1968 - 1971
023	Solicitação de atestado de antecedentes, suspeita de atividade comunista e movimento	24/08/70 - 14/06/71	1970 - 1971

DOSSIÊS/ PASTAS	ASSUNTO	ARQUIVAMENTO	PRODUÇÃO
	político/partidário. Trata-se da troca de informações entre o Serviço Nacional de Informações (SNI) e o DEOPS/SP.		
023A	Solicitação de atestado de antecedentes, suspeita de atividade comunista e movimento político/partidário. Trata-se da troca de informações entre o Serviço Nacional de Informações (SNI) e o DEOPS/SP.	18/08/70 - 26/06/71	1970 - 1971
024	Solicitação de atestado de antecedentes, suspeita de atividade subversiva e movimento guerrilheiro. Troca de informações entre o Serviço Nacional de Informações (SNI) e o DEOPS/SP. São investigadas listas com nomes e fotografias de pessoas consideradas subversivas e documentos sobre a ação da guerrilha, elaborados por brasileiros exilados no Chile.	26/07/71 - 18/08/71	1971 - 1971
024A	Solicitação de atestado de antecedentes, movimento político/partidário e suspeita de atividade comunista.Troca de informações entre o Serviço Nacional de Informações (SNI) e o DEOPS/SP. Contém publicações do SNI (Serviço Nacional de Informações) sobre comunismo internacional, um estudo comparativo entre resolução política do Partido Comunista Brasileiro (PCB), intitulado "Contra o facismo do país - abril de 1970", e a "Declaração de Porto Alegre", do Movimento Democrático Brasileiro (MDB) de 25 de abril de 1971.	16/08/71 - 26/08/71	1970 - 1971
025	Solicitação de atestado de antecedentes, movimento político/partidário e suspeita de atividade comunista.Troca de informações entre o Serviço Nacional de Informações (SNI) e o DEOPS/SP.	26/08/71 - 02/09/71	1971 - 1971
026	Solicitação de atestado de antecedentes, movimento político/partidário e suspeita de atividade comunista.Troca de informações entre o Serviço Nacional de Informações (SNI) e o DEOPS/SP.	31/08/71 - 24/09/71	1962 - 1971
026A	Solicitação de atestado de antecedentes, movimento político/partidário e suspeita de atividade comunista.Troca de informações entre o Serviço Nacional de Informações (SNI) e o DEOPS/SP.	14/09/71 - 28/09/71	1971 - 1972
027	Solicitação de atestado de antecedentes, movimento político/partidário e suspeita de atividade comunista.Troca de informações entre o Serviço Nacional de Informações (SNI) e o DEOPS/SP.	22/01/71 - 11/01/72	1971 - 1972
027A	Solicitação de atestado de antecedentes, movimento político/partidário e suspeita de atividade comunista.Troca de informações entre o Serviço Nacional de Informações (SNI) e o DEOPS/SP.	14/12/71 - 11/01/72	1971 - 1972
028	Solicitação de atestado de antecedentes, movimento político/partidário e suspeita de atividade comunista.Troca de informações entre o Serviço Nacional de Informações (SNI) e o DEOPS/SP.	09/10/71 - 21/02/72	1971 - 1972
029	Solicitação de atestado de antecedentes, movimento político/partidário e suspeita de atividade comunista.Troca de informações entre o Serviço Nacional de Informações (SNI) e o DEOPS/SP.	29/02/72 - 11/05/72	1971 - 1972
030	Solicitação de atestado de antecedentes, movimento político/partidário e suspeita de atividade comunista.Troca de informações entre o Serviço Nacional de Informações (SNI) e o DEOPS/SP.	12/04/72 - 03/05/72	1971 - 1972
031	Solicitação de atestado de antecedentes, movimento político/partidário e suspeita de atividade comunista.Troca de informações entre o Serviço Nacional de Informações (SNI) e o DEOPS/SP.	11/04/72 - 06/06/72	1971 - 1972
032	Solicitação de atestado de antecedentes, movimento político/partidário e suspeita de atividade comunista.Troca de informações entre o Serviço Nacional de Informações (SNI) e o DEOPS/SP.	22/05/72 - 09/11/72	1971 - 1972
033	Solicitação de atestado de antecedentes, movimento político/partidário e suspeita de atividade comunista.Troca de informações entre o Serviço Nacional de Informações (SNI) e o DEOPS/SP.	11/12/72 - 11/12/72	1972 - 1972
034	Solicitação de atestado de antecedentes, movimento político/partidário e suspeita de atividade comunista.Troca de informações entre o Serviço Nacional de Informações (SNI) e o DEOPS/SP.	11/02/72 - 22/02/73	1972 - 1972
035	Solicitação de atestado de antecedentes, movimento político/partidário e suspeita de atividade comunista.Troca de informações entre o Serviço Nacional de Informações (SNI) e o DEOPS/SP.	22/02/73 - 22/02/73	1972 - 1972
036	Solicitação de atestado de antecedentes, movimento político/partidário e suspeita de atividade comunista.Troca de informações entre o Serviço Nacional de Informações (SNI) e o DEOPS/SP.	26/03/73 - 26/03/73	1976 - 1976
037	Solicitação de atestado de antecedentes, movimento político/partidário e suspeita de atividade comunista.Troca de informações entre o Serviço Nacional de Informações (SNI) e o DEOPS/SP.	02/03/73 - 01/07/73	1963 - 1973
038	Trata-se de uma documentação produzida pelo Serviço Nacional de Informações (SNI)	17/07/73 - 20/02/74	1973 - 1973

DOSSIÊS/ PASTAS		ASSUNTO	ARQUIVAMENTO	PRODUÇÃO
		sobre comunismo internacional.		
	039	Trata-se de uma documentação produzida pelo Serviço Nacional de Informações (SNI) sobre comunismo internacional.	13/08/73 - 06/05/73	1973 - 1973
	040	Trata-se uma de documentação produzida pelo Serviço Nacional de Informações (SNI) sobre o comunismo nacional e internacional.	02/07/73 - 15/08/73	1973 - 1973
	041	Solicitação de informação, relatório, movimento estudantil e movimento da sociedade civil. Trata-se de uma documentação produzida pelo Serviço Nacional de Informações (SNI). São resumos de informações sobre o comunismo internacional, os jornalistas e as Centrais Elétricas de São Paulo (CESP).	28/12/73 - 26/06/74	1973 - 1974
	042	Relatório, movimento estudantil e movimento sindical. São investigados intelectuais, jornalistas, professores universitários e líderes sindicais. Trata-se de uma documentação produzida pelo Serviço Nacional de Informações (SNI).	15/07/74 - 06/03/78	1974 - 1977
	043	Relatório, movimento estudantil, movimento religioso e movimento sindical. São investigados jornalistas, e líderes sindicais. Trata-se de uma documentação produzida pelo Serviço Nacional de Informações (SNI).	02/12/77 - 04/08/78	1976 - 1978
	044	Movimento estudantil e movimento da sociedade civil. São investigados jornalistas e intelectuais. Trata-se de uma documentação produzida pelo Serviço Nacional de Informações (SNI).	24/08/78 - 29/11/78	1971 - 1978
	045	Trata-se de uma documentação produzida pelo Serviço Nacional de Informações (SNI).	29/11/78 - 29/11/78	1971 - 1971
	046	Trata-se de uma documentação produzida pelo Serviço Nacional de Informações (SNI) sobre o comunismo no Brasil e no mundo.	29/11/78 - 29/11/78	1971 - 1971
	047	Trata-se de uma documentação produzida pelo Serviço Nacional de Informações (SNI) sobre o comunismo no Brasil e no mundo.	29/11/78 - 05/12/78	1971 - 1978
	048	Trata-se de uma documentação produzida pelo Serviço Nacional de Informações (SNI) sobre o comunismo no Brasil e o retorno de exilados políticos.	29/12/78 - 07/02/80	1978 - 1979
	049	Movimento estudantil, suspeita de atividade subversiva e movimento sindical. Trata-se de uma documentação produzida pelo Serviço Nacional de Informações (SNI).	18/04/80 - 24/06/81	1979 - 1980
	050	Movimento político/partidário e suspeita de atividade subversiva. São investigados líderes comunitários. Trata-se de uma documentação produzida pelo Serviço Nacional de Informações (SNI), sobre o comunismo no Brasil e no mundo.	-	1981 - 1982
	051	Suspeita de atividade subversiva e solicitação de infomações. Trata-se da troca de informações entre o Serviço Nacional de Informações (SNI) e o DEOPS-SP sobre os candidatos a cargos eletivos e professores envolvidos com atividades subversivas.	-	1982 - 1982
20-C-044		**Súmulas e relatórios da Divisão de Informações (DI) do DEOPS/ SP sobre manifestações políticas e reivindicatórias da sociedade civil. São investigados estudantes, políticos, religiosos, sindicalistas e movimentos sociais.**	**26/03/79 - 16/03/83**	**1978 - 1983**
	001	Relatórios da Divisão de Informações (DI) do DEOPS/SP sobre as atividades de estudantes, sindicalistas, religiosos, políticos e movimentos da sociedade civil.	26/03/79 - 26/03/79	1979 - 1979
	002	Relatórios da Divisão de Informações (DI) do DEOPS/SP sobre as atividades de estudantes, sindicalistas, religiosos, políticos e movimentos da sociedade civil.e o Comitê Brasileiro de Anistia - SP.	26/03/79 - 26/03/79	1979 - 1979
	003	Relatórios da Divisão de Informações (DI) do DEOPS/SP sobre as atividades de estudantes, sindicalistas, religiosos, políticos e movimentos da sociedade civil.	26/03/79 - 26/03/79	1979 - 1979
	004	Relatórios da Divisão de Informações (DI) do DEOPS/SP sobre as atividades de estudantes, sindicalistas, religiosos, políticos e movimentos da sociedade civil. São investigadas expulsões de estrangeiros e ameaças de bomba.	26/03/79 - 28/03/79	1979 - 1979
	005	Relatórios da Divisão de Informações (DI) do DEOPS/SP sobre as atividades de estudantes, sindicalistas, religiosos, políticos e movimentos da sociedade civil. São investigadas as Câmaras municipais do interior de São Paulo, processos de expulsão de estrangeiros, interrogatórios de estudantes suspeitos, provenientes de vôos internacionais, que desembarcaram no Aeroporto Viracopos.	28/03/79 - 29/03/79	1978 - 1979
	006	Relatórios da Divisão de Informações (DI) do DEOPS/SP sobre as atividades de estudantes, sindicalistas, religiosos, políticos e movimentos da sociedade civil. São investigadas as Câmaras municipais do interior do Estado de São Paulo, processos de expulsão de estrangeiros, interrogatórios de estudantes suspeitos, provenientes de vôos internacionais, que desembarcaram no Aeroporto Viracopos.	29/03/79 - 29/03/79	1978 - 1979
	007	Relatórios da Divisão de Informações (DI) do DEOPS/SP sobre as atividades de estudantes, sindicalistas, religiosos, políticos e movimentos da sociedade civil. São investigadas a Universidade de São Paulo (USP), a Pontifícia Universidade Católica (PUC), a Universidade Mackenzie, os setores sindicais de :artistas, transportes urbanos e metalúrgicos, greves, câmaras municipais do interior do Estado de São Paulo, o movimento contra a carestia e contra a torcida organizada Gaviões da Fiel.	29/03/79 - 29/03/79	1979 - 1979

DOSSIÊS/ PASTAS	ASSUNTO	ARQUIVAMENTO	PRODUÇÃO
008	Relatórios da Divisão de Informações (DI) do DEOPS/SP sobre as atividades de estudantes, sindicalistas, religiosos, políticos e movimentos da sociedade civil. Trata-se de diversos relatórios de investigação, depoimentos, telegramas e cópias de documentos apreendidos.	29/03/79 - 29/03/79	1978 - 1979
009	Relatórios da Divisão de Informações (DI) do DEOPS/SP sobre as atividades de estudantes, sindicalistas, religiosos, políticos e movimentos da sociedade civil. São investigadas a Universidade de São Paulo (USP), a Pontifícia Universidade Católica (PUC), a União Nacional dos Estudantes (UNE), os transportes coletivos, os metalúrgicos, os jornalistas, a Volkswagem, a campanha salarial, a expulsão do país de italianos e de argentinos e a anistia.	20/04/79 - 20/04/79	1978 - 1979
010	Relatórios da Divisão de Informações (DI) do DEOPS/SP sobre as atividades de estudantes, sindicalistas, religiosos, políticos e movimentos da sociedade civil. São investigadas a União Estadual dos Estudantes (UEE), a Universidade de São Paulo (USP), a Pontifícia Universidade Católica (PUC), os estivadores do município de São Sebastião - SP, a Companhia Siderúrgica Paulista (COSIPA), a Câmara Municipal de São Paulo,os desembarques em aeroportos, o movimento de favelados e a anistia.	20/04/79 - 23/04/79	1979 - 1979
011	Relatórios da Divisão de Informações (DI) do DEOPS/SP sobre as atividades de estudantes, sindicalistas, religiosos, políticos e movimentos da sociedade civil.	23/04/79 - 24/04/79	1979 - 1979
012	Relatórios da Divisão de Informações (DI) do DEOPS/SP sobre as atividades de estudantes, sindicalistas, religiosos, políticos e movimentos da sociedade civil. São investigadas a Pontifícia Universidade Católica (PUC), o Movimento de Solidariedade aos Presos Políticos em Greve de Fome e o Comitê pela Anistia.	24/04/79 - 25/04/79	1979 - 1979
013	Relatórios da Divisão de Informações (DI) do DEOPS/SP sobre as atividades de estudantes, sindicalistas, religiosos, políticos e movimentos da sociedade civil. São investigadas a Câmara Municipal de São Paulo , a anistia e a Convergência Socialista.	- 26/04/79	1979 - 1979
	CONVERGÊNCIA SOCIALISTA. COMÍCIOS, ASSEMBLÉIAS.		
014	Relatórios da Divisão de Informações (DI) do DEOPS/SP sobre as atividades de estudantes, sindicalistas, religiosos, políticos e movimentos da sociedade civil. São investigadas as Câmaras Municipais do Estado de São Paulo, presos políticos e a anistia.	27/04/79 - 09/05/79	1979 - 1979
015	Relatórios da Divisão de Informações (DI) do DEOPS/SP sobre as atividades de estudantes, sindicalistas, religiosos, políticos e movimentos da sociedade civil. São investigadas as expulsões do país, as movimentações em aeroportos,as Câmaras Municipais, a anistia e a Ação Popular (AP).	09/05/79 - 10/05/79	1979 - 1979
016	Relatórios da Divisão de Informações (DI) do DEOPS/SP sobre as atividades de estudantes, sindicalistas, religiosos, políticos e movimentos da sociedade civil. São investigadas as Câmaras Municipais do Estado de São Paulo (capital e interior), o Culto Ecumênico por direitos humanos, as reportagens sobre D. Paulo Evaristo Arns, um ato público em Campinas e uma palestra de Fernando Henrique Cardoso sobre a anistia.	10/05/79 - 10/05/79	1979 - 1979
017	Relatórios da Divisão de Informações (DI) do DEOPS/SP sobre as atividades de estudantes, sindicalistas, religiosos, políticos e movimentos da sociedade civil. São investigadas as Câmaras Municipais de São Paulo (capital e interior), a Assembléia Legislativa do Estado de São Paulo e a Pastoral da Juventude.	10/05/79 - 24/05/79	1979 - 1979
018	Relatórios da Divisão de Informações (DI) do DEOPS/SP sobre as atividades de estudantes, sindicalistas, religiosos, políticos e movimentos da sociedade civil. São investigadas as Câmaras Municipais de São Paulo (capital e interior), a Assembléia Legislativa do Estado de São Paulo, a anistia, os presos políticos, os posseiros, o debate do Movimento Democrático Brasileiro (MDB) e as ameaças de bomba.	24/05/79 - 28/05/79	1979 - 1979
019	Relatórios da Divisão de Informações (DI) do DEOPS/SP sobre as atividades de estudantes, sindicalistas, religiosos, políticos e movimentos da sociedade civil, movimento de trabalhadores rurais e sobre a distribuição de material subversivo. São investigadas as Câmaras Municipais de São Paulo (capital e interior), a Assembléia Legislativa de São Paulo, a Assembléia da Conferência Nacional dos Bispos do Brasil (CNBB) e o Congresso Liga Mundial Anticomunista.	28/05/79 - 28/05/79	1979 - 1979
020	Relatórios da Divisão de Informações (DI) do DEOPS/SP sobre as atividades de estudantes, sindicalistas, religiosos, políticos e movimentos da sociedade civil, movimento de trabalhadores rurais e sobre a distribuição de material subversivo. São investigadas as Câmaras Municipais de São Paulo (capital e interior), a Assembléia Legislativa do Estado de São Paulo, as observações no aeroporto de Viracopos, as fazendas tomadas por posseiros e a panfletagem contra o presidente Figueiredo.	29/05/79 - 29/05/79	1979 - 1979

DOSSIÊS/ PASTAS	ASSUNTO	ARQUIVAMENTO	PRODUÇÃO
021	Relatórios da Divisão de Informações (DI) do DEOPS/SP sobre as atividades de estudantes, sindicalistas, religiosos, políticos e movimentos da sociedade civil e da luta armada e suspeita de atividade subversiva. São investigados o Comitê Brasileiro pela Anistia de Desaparecidos Políticos e a guerrilha do Araguaia.	29/05/79 - 31/05/79	1979 - 1979
022	Relatórios da Divisão de Informações (DI) do DEOPS/SP sobre as atividades de estudantes, sindicalistas, religiosos, políticos e movimentos da sociedade civil. São investigadas a distribuição de material subversivo, as Câmaras Municipais do Estado de São Paulo, o Comitê Brasileiro pela Anistia, observações em aeroportos e uma exposição de fotos.	31/05/79 - 04/06/79	1979 - 1979
023	Relatórios da Divisão de Informações (DI) do DEOPS/SP sobre as atividades de estudantes, sindicalistas, religiosos, políticos e movimentos da sociedade civil. São investigadas revistas e jornais de entidades sindicais e relatórios e materiais recolhidos sobre a greve da Universidade de São Paulo (USP) de 1979.	04/06/79 - 04/06/79	1979 - 1979
024	Relatórios da Divisão de Informações (DI) do DEOPS/SP sobre as atividades de estudantes, sindicalistas, religiosos, políticos e movimentos da sociedade civil. São investigadas as Câmaras Municipais do Estado de São Paulo, a Assembléia Legislativa de São Paulo, as observações em aeroportos, o Comitê Brasileiro pela Anistia e as fugas de presos.	05/06/79 - 06/06/79	1979 - 1979
025	Relatórios da Divisão de Informações (DI) do DEOPS/SP sobre as atividades de estudantes, sindicalistas, religiosos, políticos e movimentos da sociedade civil. São investigadas as Câmaras Municipais do Estado de São Paulo, a Assembléia Legislativa de São Paulo e a anistia.	06/06/79 - 06/06/79	1979 - 1979
026	Relatórios da Divisão de Informações (DI) do DEOPS/SP sobre as atividades de estudantes, sindicalistas, religiosos, políticos e movimentos da sociedade civil. São investigadas as observações em aeroportos e o Comitê Brasileiro pela Anistia.	30/07/79 - 02/08/79	1979 - 1979
027	Relatórios da Divisão de Informações (DI) do DEOPS/SP sobre as atividades de estudantes, sindicalistas, religiosos, políticos e movimentos da sociedade civil. São investigados o Comitê Brasileiro pela Anistia, a Assembléia Legislativa de São Paulo e os crimes políticos.	02/08/79 - 08/08/79	1979 - 1979
028	Relatórios da Divisão de Informações (DI) do DEOPS/SP sobre as atividades de estudantes, sindicalistas, religiosos, políticos e movimentos da sociedade civil. São investigadas as Câmaras Municipais de São Paulo (capital e interior), a Assembléia Legislativa de São Paulo, os processos de expulsão do país, o Movimento Negro e uma homenagem ao delegado Sérgio Paranhos Fleury.	08/08/79 - 20/08/79	1979 - 1979
029	Relatórios da Divisão de Informações (DI) do DEOPS/SP sobre as atividades de estudantes, sindicalistas, religiosos, políticos e movimentos da sociedade civil. São investigadas a extradição de cidadãos estrangeiros, o Movimento Negro, a questão Indígena e os presos políticos.	20/08/79 - 21/08/79	1979 - 1979
030	Relatórios da Divisão de Informações (DI) do DEOPS/SP sobre as atividades de estudantes, sindicalistas, religiosos, políticos e movimentos da sociedade civil. É investigada a extradição de cidadãos estrangeiros.	29/08/79 - 30/08/79	1979 - 1979
031	Relatórios da Divisão de Informações (DI) do DEOPS/SP sobre as atividades de estudantes, sindicalistas, religiosos, políticos e movimentos da sociedade civil. São investigadas a extradição de cidadãos estrangeiros, as Câmaras Municipais do Estado de São Paulo e o controle do desembarque de passageiros em aeroportos paulistas.	30/08/79 - 03/09/79	1979 - 1979
032	Relatórios da Divisão de Informações (DI) do DEOPS/SP sobre as atividades de estudantes, sindicalistas, religiosos, políticos e movimentos da sociedade civil. É investigada a extradição de cidadãos estrangeiros, a Assembléia Legislativa do Estado de São Paulo e a Câmara Municipal de São Paulo.	03/09/79 - 05/09/79	1979 - 1979
033	Relatórios da Divisão de Informações (DI) do DEOPS/SP sobre as atividades de estudantes, sindicalistas, religiosos, políticos e movimentos da sociedade civil. São investigadas a extradição de cidadãos estrangeiros, a Assembléia Legislativa do Estado de São Paulo, a Câmara Municipal de São Paulo, explosões de bombas, Dom Paulo Evaristo Arns e o Japanese Red Amy (Exército Vermelho Japonês).	05/09/79 - 10/09/79	1979 - 1979
034	Relatórios da Divisão de Informações (DI) do DEOPS/SP sobre as atividades de estudantes, sindicalistas, religiosos, políticos e movimentos da sociedade civil. São investigadas as manifestações no contexto da anistia política, o retorno ao país do sindicalista exilado José Ibrahim, os boletins de entidades sindicais, as informações e a documentação sobre os sindicatos dos jornalistas, o dos bancários e o dos vigilantes.	10/09/79 - 10/09/79	1978 - 1979
035	Relatórios da Divisão de Informações (DI) do DEOPS/SP sobre as atividades de estudantes, sindicalistas, religiosos, políticos e movimentos da sociedade civil. São	11/09/79 - 10/03/80	1979 - 1979

DOSSIÊS/ PASTAS	ASSUNTO	ARQUIVAMENTO	PRODUÇÃO
	investigadas as informações no contexto da anistia política, a Assembléia Legislativa do Estado de São Paulo, a Câmara Municipal de São Paulo, as ameaças de bomba, a extradição de cidadãos estrangeiros, o controle de desembarque em aeroportos e as informações sobre o Partido Comunista Brasileiro (PCB).		
036	Relatórios da Divisão de Informações (DI) do DEOPS/SP sobre as atividades de estudantes, sindicalistas, religiosos, políticos e movimentos da sociedade civil. São investigados o Congresso de Reconstrução da União Nacional dos Estudantes (UNE), a Universidade de São Paulo (USP), o programa Malu Mulher, da Rede Globo de televisão e o Sindicato dos Bancários.	10/03/80 - 13/03/80	1979 - 1979
037	Relatórios da Divisão de Informações (DI) do DEOPS/SP sobre as atividades de estudantes, sindicalistas, religiosos, políticos e movimentos da sociedade civil. São investigadas a Universidade de São Paulo (USP), a Pontifícia Universidade Católica (PUC), a Universidade Metodista de Piracicaba (UNIMEP) e a Faculdade de Tecnologia (FATEC).	13/03/80 - 13/03/80	1978 - 1980
038	Relatórios da Divisão de Informações (DI) do DEOPS/SP sobre as atividades de estudantes, sindicalistas, religiosos, políticos e movimentos da sociedade civil. São investigados o "X Congresso dos Trabalhadores nas indústrias metalúrgicas, mecânicas e de material elétrico do Brasil", greves da Companhia Metropolitana de Transportes Coletivos (CMTC) e da Universidade de Campinas (Unicamp).	14/03/80 - 14/03/80	1979 - 1979
039	Relatórios da Divisão de Informações (DI) do DEOPS/SP sobre as atividades de estudantes, sindicalistas, religiosos, políticos e movimentos da sociedade civil. São investigados o Sindicato dos Professores, o Sindicato dos Metalúrgicos, os centros acadêmicos da Universidade de São Paulo (USP), da Pontifícia Universidade Católica de São Paulo (PUC) e da Fundação Getúlio Vargas (FGV).	17/03/80 - 17/03/80	1979 - 1979
040	Relatórios da Divisão de Informações (DI) do DEOPS/SP sobre as atividades de estudantes, sindicalistas, religiosos, políticos e movimentos da sociedade civil. Trata-se de relatórios da Divisão de Informações sobre manifestações políticas pró-anistia, pró-Nicarágua.	18/03/80 - 18/03/80	1979 - 1979
041	Relatórios da Divisão de Informações (DI) do DEOPS/SP sobre as atividades de estudantes, sindicalistas, religiosos, políticos e movimentos da sociedade civil. Trata-se de relatórios da Divisão de Informações sobre manifestações políticas pela libertação da Nicarágua e acontecimentos no contexto da anistia política.	18/03/80 - 25/03/80	1979 - 1979
042	Relatórios da Divisão de Informações (DI) do DEOPS/SP sobre as atividades de estudantes, sindicalistas, religiosos, políticos e movimentos da sociedade civil. São investigadas diversas manifestações públicas favoráveis à anistia política à libertação da Nicarágua, vários centros acadêmicos da Universidade de São Paulo (USP), a Universidade Estadual Paulista (Unesp) e a Pontifícia Universidade Católica (PUC).	25/03/80 - 26/03/80	1979 - 1979
043	Relatórios da Divisão de Informações (DI) do DEOPS/SP sobre as atividades de estudantes, sindicalistas, religiosos, políticos e movimentos da sociedade civil. São investigados relatórios da Divisão de Informações sobre o processo de anistia política e direitos humanos no Brasil.	26/03/80 - 27/03/80	1979 - 1979
044	Relatórios da Divisão de Informações (DI) do DEOPS/SP sobre as atividades de estudantes, sindicalistas, religiosos, políticos e movimentos da sociedade civil. São investigados o Sindicato dos Bancários, o Sindicato dos Metalúrgicos, o Sindicato dos Enfermeiros, a anistia política, manifestações pró-Nicarágua e os direitos humanos.	27/03/80 - 27/03/80	1979 - 1979
045	Relatórios da Divisão de Informações (DI) do DEOPS/SP sobre as atividades de estudantes, sindicalistas, religiosos, políticos e movimentos da sociedade civil. São investigadas as manifestações favoráveis a anistia e aos direitos humanos.	-	1979 - 1979
046	Relatórios da Divisão de Informações (DI) do DEOPS/SP sobre as atividades de estudantes, sindicalistas, religiosos, políticos e movimentos da sociedade civil. São investigadas manifestações favoráveis à anistia e aos direitos humanos, o movimento contra a carestia e o regresso de cidadãos brasileiros exilados durante o regime militar de 1964.	-	1979 - 1979
047	Relatórios da Divisão de Informações (DI) do DEOPS/SP sobre as atividades de estudantes, sindicalistas, religiosos, políticos e movimentos da sociedade civil. São investigadas as manifestações favoráveis à anistia e aos direitos humanos.	-	1979 - 1979
048	Relatórios da Divisão de Informações (DI) do DEOPS/SP sobre as atividades de estudantes, sindicalistas, religiosos, políticos e movimentos da sociedade civil. São investigadas as manifestações favoráveis à anistia e aos direitos humanos.	-	1979 - 1979
049	Relatórios da Divisão de Informações (DI) do DEOPS/SP sobre as atividades de estudantes, sindicalistas, religiosos, políticos e movimentos da sociedade civil. São investigadas as manifestações em prol da anistia e dos direitos humanos.	-	1979 - 1979

DOSSIÊS/ PASTAS	ASSUNTO	ARQUIVAMENTO	PRODUÇÃO
050	Relatórios da Divisão de Informações (DI) do DEOPS/SP sobre as atividades de estudantes, sindicalistas, religiosos, políticos e movimentos da sociedade civil. São investigadas as manifestações em prol da anistia e dos direitos humanos.	-	1979 - 1979
051	Relatórios da Divisão de Informações (DI) do DEOPS/SP sobre as atividades de estudantes, sindicalistas, religiosos, políticos e movimentos da sociedade civil. São investigadas as manifestações em prol da anistia e dos direitos humanos.	-	1979 - 1979
052	Relatórios da Divisão de Informações (DI) do DEOPS/SP sobre as atividades de estudantes, sindicalistas, religiosos, políticos e movimentos da sociedade civil. São investigadas as manifestações em prol da anistia e dos direitos humanos.	-	1979 - 1979
053	Relatórios da Divisão de Informações (DI) do DEOPS/SP sobre as atividades de estudantes, sindicalistas, religiosos, políticos e movimentos da sociedade civil. São investigadas as manifestações em prol da anistia e dos direitos humanos.	-	1979 - 1979
054	Relatórios da Divisão de Informações (DI) do DEOPS/SP sobre as atividades de estudantes, sindicalistas, religiosos, políticos e movimentos da sociedade civil. São investigadas manifestações relacionadas aos direitos da mulher.	-	1979 - 1979
055	Relatórios da Divisão de Informações (DI) do DEOPS/SP sobre as atividades de estudantes, sindicalistas, religiosos, políticos e movimentos da sociedade civil. São investigados acontecimentos relacionados ao âmbito estudantil: a União Nacional dos Estudantes (UNE), a União Estadual dos Estudantes (UEE).	-	1979 - 1979
056	Relatórios de agentes infiltrados da Divisão de Informações (DI) do DEOPS/SP sobre as atividades de estudantes, sindicalistas, religiosos, políticos e movimentos da sociedade civil. São investigadas manifestações populares relacionadas às mais diversas reivindicações (direitos da mulher, melhoria salarial, etc).	-	1979 - 1979
057	Relatórios de agentes infiltrados da Divisão de Informações (DI) do DEOPS/SP sobre as atividades de estudantes, sindicalistas, religiosos, políticos e movimentos da sociedade civil. São investigadas as manifestações em prol da anistia e dos direitos humanos.	-	1979 - 1979
058	Relatórios de agentes infiltrados da Divisão de Informações (DI) do DEOPS/SP sobre as atividades de estudantes, sindicalistas, religiosos, políticos e movimentos da sociedade civil. São investigadas as manifestações populares favoráveis à abertura política e a relação de pessoas detidas em manifestações.	-	1979 - 1979
059	Relatórios de agentes infiltrados da Divisão de Informações (DI) do DEOPS/SP sobre as atividades de estudantes, sindicalistas, religiosos, políticos e movimentos da sociedade civil. São investigadas as manifestações populares favoráveis à abertura política e o movimento contra a carestia.	-	1979 - 1979
060	Relatórios de agentes infiltrados da Divisão de Informações (DI) do DEOPS/SP sobre as atividades de estudantes, sindicalistas, religiosos, políticos e movimentos da sociedade civil. São investigadas as manifestações populares favoráveis à abertura política, o movimento contra a carestia, a Câmara Municipal de São Paulo e Assembléia Legislativa do Estado de São Paulo.	-	1979 - 1979
061	Relatórios de agentes infiltrados da Divisão de Informações (DI) do DEOPS/SP sobre as atividades de estudantes, sindicalistas, religiosos, políticos e movimentos da sociedade civil. São investigadas a União Nacional dos Estudantes (UNE) a União Estadual dos Estudantes (UEE), os centros acadêmicos, a Câmara Municipal de São Paulo e os relatórios provenientes de delegacias do interior do Estado de São Paulo.	-	1979 - 1979
062	Relatórios de agentes infiltrados da Divisão de Informações (DI) do DEOPS/SP sobre as atividades de estudantes, sindicalistas, religiosos, políticos e movimentos da sociedade civil. São investigadas a União Nacional dos Estudantes (UNE) a União Estadual dos Estudantes (UEE), os centros acadêmicos, a Câmara Municipal de São Paulo e a anistia.	-	1979 - 1979
063	Relatórios de agentes infiltrados da Divisão de Informações (DI) do DEOPS/SP sobre as atividades de estudantes, sindicalistas, religiosos, políticos e movimentos da sociedade civil. São investigadas as manifestações políticas pela libertação da Nicarágua, as manifestações favoráveis à anistia política, a campanha contra a carestia, a Câmara Municipal de São Paulo e relatórios provenientes de delegacias do interior do Estado de São Paulo.	-	1979 - 1979
064	Relatórios de agentes infiltrados da Divisão de Informações (DI) do DEOPS/SP sobre as atividades de estudantes, sindicalistas, religiosos, políticos e movimentos da sociedade civil. São investigadas manifestações favoráveis à anistia política, a melhorias salariais e a reformas curriculares.	-	1979 - 1979
065	Relatórios de agentes infiltrados da Divisão de Informações (DI) do DEOPS/SP sobre as atividades de estudantes, sindicalistas, religiosos, políticos e movimentos da sociedade civil. São investigadas manifestações favoráveis à anistia política, a	-	1979 - 1979

DOSSIÊS/ PASTAS	ASSUNTO	ARQUIVAMENTO	PRODUÇÃO
	melhorias salariais e a reformas curriculares.		
066	Relatórios de agentes infiltrados da Divisão de Informações (DI) do DEOPS/SP sobre as atividades de estudantes, sindicalistas, religiosos, políticos e movimentos da sociedade civil. São investigadas manifestações favoráveis à anistia política, aos direitos humanos, às melhorias salariais e às reformas curriculares.	-	1979 - 1979
067	Relatórios de agentes infiltrados da Divisão de Informações (DI) do DEOPS/SP sobre as atividades de estudantes, sindicalistas, religiosos, políticos e movimentos da sociedade civil. São investigadas as manifestações favoráveis à anistia política, aos direitos humanos, às melhorias salariais e às reformas curriculares.	-	1979 - 1979
068	Relatórios de agentes infiltrados da Divisão de Informações (DI) do DEOPS/SP sobre as atividades de estudantes, sindicalistas, religiosos, políticos e movimentos da sociedade civil. São investigadas manifestações favoráveis à anistia política, manifestações favoráveis aos direitos humanos e às melhorias salariais.	-	1979 - 1979
069	Relatórios de agentes infiltrados da Divisão de Informações (DI) do DEOPS/SP sobre as atividades de estudantes, sindicalistas, religiosos, políticos e movimentos da sociedade civil. São investigadas manifestações favoráveis à anistia política, aos direitos humanos e às melhorias salariais. Contém relatórios sobre reuniões na Assembléia Legislativa do Estado de São Paulo e na Câmara Municipal de São Paulo.	-	1979 - 1979
070	Relatórios de agentes infiltrados da Divisão de Informações (DI) do DEOPS/SP sobre as atividades de estudantes, sindicalistas, religiosos, políticos e movimentos da sociedade civil. São investigadas manifestações favoráveis à anistia política, aos direitos humanos e às melhorias salariais. Contém relatórios sobre reuniões na Assembléia Legislativa do Estado de São Paulo e na Câmara Municipal de São Paulo.	-	1979 - 1979
071	Relatórios de agentes infiltrados da Divisão de Informações (DI) do DEOPS/SP sobre as atividades de estudantes, sindicalistas, religiosos, políticos e movimentos da sociedade civil. São investigadas manifestações favoráveis à anistia política, às melhorias salariais e aos direitos humanos.	-	1979 - 1979
072	Relatórios de agentes infiltrados da Divisão de Informações (DI) do DEOPS/SP sobre as atividades de estudantes, sindicalistas, religiosos, políticos e movimentos da sociedade civil. São investigadas manifestações favoráveis à anistia política, às melhorias salariais e aos direitos humanos. Contém relatórios sobre reuniões na Assembléia Legislativa do Estado de São Paulo e na Câmara Municipal de São Paulo.	-	1979 - 1979
073	Relatórios de agentes infiltrados da Divisão de Informações (DI) do DEOPS/SP sobre as atividades de estudantes, sindicalistas, religiosos, políticos e movimentos da sociedade civil. São investigadas manifestações favoráveis à anistia política e manifestações de metalúrgicos e professores..	-	1979 - 1979
074	Relatórios de agentes infiltrados da Divisão de Informações (DI) do DEOPS/SP sobre as atividades de estudantes, sindicalistas, religiosos, políticos e movimentos da sociedade civil. São investigadas manifestações favoráveis aos direitos humanos na América Latina.	-	1979 - 1979
075	Relatórios de agentes infiltrados da Divisão de Informações (DI) do DEOPS/SP sobre as atividades de estudantes, sindicalistas, religiosos, políticos e movimentos da sociedade civil. São investigadas manifestações favoráveis à anistia política, às melhorias salariais, às reformas curriculares e aos direitos humanos. Contém relatórios sobre reuniões na Assembléia Legislativa do Estado de São Paulo e na Câmara Municipal de São Paulo. São investigados metalúrgicos e o MDB (Movimento Democrático Brasileiro)	-	1979 - 1979
076	Relatórios de agentes infiltrados da Divisão de Informações (DI) do DEOPS/SP sobre as atividades de estudantes, sindicalistas, religiosos, políticos e movimentos da sociedade civil. São investigados metalúrgicos, jornalistas, a Pastoral da Juventude, o Congresso Brasileiro pela Anistia, o Partido dos Trabalhadores (PT) e a Assembléia Legislativa do Estado de São Paulo.	-	1979 - 1979
077	Relatórios de agentes infiltrados da Divisão de Informações (DI) do DEOPS/SP sobre as atividades de estudantes, sindicalistas, religiosos, políticos e movimentos da sociedade civil.	-	1979 - 1979
078	Relatórios de agentes infiltrados da Divisão de Informações (DI) do DEOPS/SP sobre as atividades de estudantes, sindicalistas, religiosos, políticos e movimentos da sociedade civil. São investigados o Partido dos Trabalhadores (PT), o Congresso	-	1979 - 1980

DOSSIÊS/ PASTAS	ASSUNTO	ARQUIVAMENTO	PRODUÇÃO
	Brasileiro pela Anistia e os crimes contra a Fazenda Pública.		
079	Relatórios de agentes infiltrados da Divisão de Informações (DI) do DEOPS/SP sobre as atividades de estudantes, sindicalistas, religiosos, políticos e movimentos da sociedade civil. São investigados metalúrgicos, informes das delegacias do interior do Estado de São Paulo e locais autorizados para manifestação pública.	-	1980 - 1980
080	Relatórios de agentes infiltrados da Divisão de Informações (DI) do DEOPS/SP sobre as atividades de estudantes, sindicalistas, religiosos, políticos e movimentos da sociedade civil. São investigados metalúrgicos, crimes contra a Fazenda Pública e a Fundação Estadual para o Bem-Estar do Menor (Febem).	-	1980 - 1980
081	Relatórios de agentes infiltrados da Divisão de Informações (DI) do DEOPS/SP sobre as atividades de estudantes, sindicalistas, religiosos, políticos e movimentos da sociedade civil. São investigadas atividades políticas no país, o movimento contra a carestia e pela anistia, o Movimento Democrático Brasileiro (MDB) e reuniões na Igreja Católica.	-	1980 - 1980
082	Relatórios de agentes infiltrados da Divisão de Informações (DI) do DEOPS/SP sobre as atividades de estudantes, sindicalistas, religiosos, políticos e movimentos da sociedade civil. São investigadas a Câmara Municipal de São Paulo, a Fundação Estadual para o Bem-Estar do Menor (Febem), crimes contra a economia popular, metroviários e encontros de produtores de café.	-	1980 - 1980
083	Relatórios de agentes infiltrados da Divisão de Informações (DI) do DEOPS/SP sobre as atividades de estudantes, sindicalistas, religiosos, políticos e movimentos da sociedade civil. São investigadas a expulsão de estrangeiros, a Câmara Municipal de São Paulo, o Partido dos Trabalhadores (PT), o Movimento Feminista e a Conferência Nacional dos Bispos do Brasil (CNBB).	-	1980 - 1980
084	Relatórios de agentes infiltrados da Divisão de Informações (DI) do DEOPS/SP sobre as atividades de estudantes, sindicalistas, religiosos, políticos e movimentos da sociedade civil. São investigados os jornais e os congressos eclesiásticos.	-	1979 - 1980
085	Relatórios de agentes infiltrados da Divisão de Informações (DI) do DEOPS/SP sobre as atividades de estudantes, sindicalistas, religiosos, políticos e movimentos da sociedade civil. São investigadas as atividades no funcionalismo público, o Comitê Brasileiro de Anistia, as atividades na Câmara Municipal de São Paulo, o contrabando de café, os bancários, os médicos, o Congresso Brasileiro pela Anistia, as atividades da Igreja Católica, o CEBRAP, o movimento feminista e o Partido dos Trabalhadores (PT).	-	1980 - 1980
086	Relatórios de agentes infiltrados da Divisão de Informações (DI) do DEOPS/SP sobre as atividades de estudantes, sindicalistas, religiosos, políticos e movimentos da sociedade civil. São investigadas as atividades na Amazônia, no funcionalismo público, na Câmara Municipal de São Paulo e na Assembléia Legislativa do Estado de São Paulo, o Comitê Brasileiro de Anistia, os portuários, o Partido do Movimento Democrático Brasileiro (PMDB), o Partido dos Trabalhadores (PT), o movimento contra a carestia e movimentos de mulheres.	-	1980 - 1980
087	Relatórios de agentes infiltrados da Divisão de Informações (DI) do DEOPS/SP sobre as atividades de estudantes, sindicalistas, religiosos, políticos e movimentos da sociedade civil. São investigados o Partido Popular (PP), o contrabando de café, as atividades no funcionalismo público e na Assembléia Legislativa do Estado de São Paulo.	-	1980 - 1980
088	Relatórios de agentes infiltrados da Divisão de Informações (DI) do DEOPS/SP sobre as atividades de estudantes, sindicalistas, religiosos, políticos e movimentos da sociedade civil. São investigados os movimentos de mulheres e o Partido dos Trabalhadores (PT).	-	1980 - 1980
089	Relatórios de agentes infiltrados da Divisão de Informações (DI) do DEOPS/SP sobre as atividades de estudantes, sindicalistas, religiosos, políticos e movimentos da sociedade civil. São investigadas as atividades do Partido do Movimento Democrático Brasileiro (PMDB) e do Partido dos Trabalhadores (PT).	-	1980 - 1980
090	Relatórios de agentes infiltrados da Divisão de Informações (DI) do DEOPS/SP sobre as atividades de estudantes, sindicalistas, religiosos, políticos e movimentos da sociedade civil. São investigadas as atividades da Igreja Católica, do funcionalismo público, o contrabando de café e os movimentos de mulheres.	-	1980 - 1980
091	Relatórios de agentes infiltrados da Divisão de Informações (DI) do DEOPS/SP sobre as atividades de estudantes, sindicalistas, religiosos, políticos e movimentos da sociedade civil. São investigadas as atividades do Partido Popular (PP), do Partido do Movimento Democrático Brasileiro (PMDB), o Congresso Brasileiro pela Anistia, o Partido dos Trabalhadores (PT), as atividades do funcionalismo público estadual, as greves dos metalúrgicos e a Conferência Nacional dos Bispos do Brasil (CNBB).	-	1980 - 1980
092	Relatórios de agentes infiltrados da Divisão de Informações (DI) do DEOPS/SP sobre	-	1980 - 1980

DOSSIÊS/ PASTAS	ASSUNTO	ARQUIVAMENTO	PRODUÇÃO
	as atividades de estudantes, sindicalistas, religiosos, políticos e movimentos da sociedade civil. São investigadas as atividades do Partido do Movimento Democrático Brasileiro (PMDB) e o Partido dos Trabalhadores (PT).		
093	Relatórios de agentes infiltrados da Divisão de Informações (DI) do DEOPS/SP sobre as atividades de estudantes, sindicalistas, religiosos, políticos e movimentos da sociedade civil. São investigadas as atividades do Partido do Movimento Democrático Brasileiro (PMDB).	-	1980 - 1980
094	Relatórios de agentes infiltrados da Divisão de Informações (DI) do DEOPS/SP sobre as atividades de estudantes, sindicalistas, religiosos, políticos e movimentos da sociedade civil. É investigada a greve de metalúrgicos.	-	1980 - 1980
095	Relatórios de agentes infiltrados da Divisão de Informações (DI) do DEOPS/SP sobre as atividades de estudantes, sindicalistas, religiosos, políticos e movimentos da sociedade civil. São investigadas as atividades do Partido do Movimento Democrático Brasileiro (PMDB), do Partido dos Trabalhadores (PT) e do Partido Popular (PP).	-	1980 - 1980
096	Relatórios de agentes infiltrados da Divisão de Informações (DI) do DEOPS/SP sobre as atividades de estudantes, sindicalistas, religiosos, políticos e movimentos da sociedade civil. São investigadas as atividades do Partido dos Trabalhadores (PT), Luiz Inácio Lula da Silva e os demais metalúrgicos grevistas.	-	1980 - 1980
097	Relatórios de agentes infiltrados da Divisão de Informações (DI) do DEOPS/SP sobre as atividades de estudantes, sindicalistas, religiosos, políticos e movimentos da sociedade civil. São investigados os movimentos contra a carestia e as atividades do Partido do Movimento Democrático Brasileiro (PMDB), do Partido Popular (PP) e do Partido dos Trabalhadores (PT).	-	1980 - 1980
098	Relatórios de agentes infiltrados da Divisão de Informações (DI) do DEOPS/SP sobre as atividades de estudantes, sindicalistas, religiosos, políticos e movimentos da sociedade civil. São investigadas as atividades do Partido do Movimento Democrático Brasileiro (PMDB), do Partido dos Trabalhadores (PT) e atividades do funcionalismo público estadual.	-	1980 - 1980
099	Relatórios de agentes infiltrados da Divisão de Informações (DI) do DEOPS/SP sobre as atividades de estudantes, sindicalistas, religiosos, políticos e movimentos da sociedade civil. São investigadas as atividades do Partido do Movimento Democrático Brasileiro e o Inquérito Policial Militar (IPM) dos metalúrgicos.	-	1980 - 1980
100	Relatórios de agentes infiltrados da Divisão de Informações (DI) do DEOPS/SP sobre as atividades de estudantes, sindicalistas, religiosos, políticos e movimentos da sociedade civil. São investigados inquéritos para a expulsão de estrangeiros e as atividades do Poder Legislativo e da Igreja Católica.	-	1980 - 1980
101	Relatórios de agentes infiltrados da Divisão de Informações (DI) do DEOPS/SP sobre as atividades de estudantes, sindicalistas, religiosos, políticos e movimentos da sociedade civil.	-	1980 - 1980
102	Relatórios de agentes infiltrados da Divisão de Informações (DI) do DEOPS/SP sobre as atividades de estudantes, sindicalistas, religiosos, políticos e movimentos da sociedade civil. São investigadas as atividades da Igreja Católica e o movimento de defesa da Amazônia.	-	1980 - 1980
103	Relatórios de agentes infiltrados da Divisão de Informações (DI) do DEOPS/SP sobre as atividades de estudantes, sindicalistas, religiosos, políticos e movimentos da sociedade civil. São investigadas as atividades do Partido Popular (PP), do Partido do Movimento Democrático Brasileiro (PMDB) e o furto de café no município de Franca - SP.	-	1980 - 1980
104	Relatórios de agentes infiltrados da Divisão de Informações (DI) do DEOPS/SP sobre as atividades de estudantes, sindicalistas, religiosos, políticos e movimentos da sociedade civil. São investigadas as atividades do Partido dos Trabalhadores (PT) e o roubo de café.	-	1980 - 1980
105	Relatórios de agentes infiltrados da Divisão de Informações (DI) do DEOPS/SP sobre as atividades de estudantes, sindicalistas, religiosos, políticos e movimentos da sociedade civil. São investigados o roubo de café, os roubo aos bancos, a lei dos estrangeiros e as atividades do Partido dos Trabalhadores (PT).	-	1980 - 1980
106	Relatórios de agentes infiltrados da Divisão de Informações (DI) do DEOPS/SP sobre as atividades de estudantes, sindicalistas, religiosos, políticos e movimentos da sociedade civil. São investigados o Congresso Brasileiro pela Anistia, o movimento contra a carestia, o movimento de professores, a Lei dos Estrangeiros, a Associação dos Professores de Ensino Oficial do Estado de São Paulo (Apeoesp) e as atividades do Partido dos Trabalhadores (PT).	-	1980 - 1980
107	Relatórios de agentes infiltrados da Divisão de Informações (DI) do DEOPS/SP sobre	-	1980 - 1980

DOSSIÊS/ PASTAS	ASSUNTO	ARQUIVAMENTO	PRODUÇÃO
	as atividades de estudantes, sindicalistas, religiosos, políticos e movimentos da sociedade civil.		
108	Relatórios de agentes infiltrados da Divisão de Informações (DI) do DEOPS/SP sobre as atividades de estudantes, sindicalistas, religiosos, políticos e movimentos da sociedade civil. São investigados o roubo de café, o Congresso Brasileiro pela Anistia e a Lei dos Estrangeiros.	-	1980 - 1980
109	Relatórios de agentes infiltrados da Divisão de Informações (DI) do DEOPS/SP sobre as atividades de estudantes, sindicalistas, religiosos, políticos e movimentos da sociedade civil. São investigados o movimento contra a usina atômica de Angra dos Reis - RJ, o Comitê Brasileiro de Solidariedade aos Presos da América Latina, a imprensa alternativa e as atividades do Partido dos Trabalhadores (PT).	-	1980 - 1980
110	Relatórios de agentes infiltrados da Divisão de Informações (DI) do DEOPS/SP sobre as atividades de estudantes, sindicalistas, religiosos, políticos e movimentos da sociedade civil.	-	1980 - 1980
111	Relatórios de agentes infiltrados da Divisão de Informações (DI) do DEOPS/SP sobre as atividades de estudantes, sindicalistas, religiosos, políticos e movimentos da sociedade civil. São investigados os sindicatos dos bancários e dos jornalistas.	-	1980 - 1980
112	Relatórios de agentes infiltrados da Divisão de Informações (DI) do DEOPS/SP sobre as atividades de estudantes, sindicalistas, religiosos, políticos e movimentos da sociedade civil. É investigada a União Nacional dos Estudantes (UNE).	-	1980 - 1980
113	Relatórios de agentes infiltrados da Divisão de Informações (DI) do DEOPS/SP sobre as atividades de estudantes, sindicalistas, religiosos, políticos e movimentos da sociedade civil. São investigadas as atividades do Partido do Movimento Democrático Brasileiro (PMDB), o Partido Democrático Trabalhista (PDT), o Partido dos Trabalhadores (PT) e os atentados terroristas.	-	1980 - 1980
114	Relatórios de agentes infiltrados da Divisão de Informações (DI) do DEOPS/SP sobre as atividades de estudantes, sindicalistas, religiosos, políticos e movimentos da sociedade civil. São investigados os municípios de Santos - SP, de São Paulo - SP, de Marília - SP, de Ribeirão Preto - SP e de Tatuí - SP. São investigadas também as atividades do Partido dos Trabalhadores (PT), do Partido do Movimento Democrático Brasileiro (PMDB), do Partido Democrático Trabalhista (PDT), da Universidade de São Paulo (USP) e da União Municipal dos Estudantes Secundaristas (UMES).	-	1980 - 1980
115	Relatórios de agentes infiltrados da Divisão de Informações (DI) do DEOPS/SP sobre as atividades de estudantes, sindicalistas, religiosos, políticos e movimentos da sociedade civil. São investigados vários atentados terroristas.	-	1980 - 1980
116	Relatórios de agentes infiltrados da Divisão de Informações (DI) do DEOPS/SP sobre as atividades de estudantes, sindicalistas, religiosos, políticos e movimentos da sociedade civil. São investigados os municípios de Guaratinguetá - SP, de Marília - SP e de Santos - SP, as atividades da União Nacional dos Estudantes (UNE), os atentados terroristas e as atividades do Partido dos Trabalhadores (PT).	-	1980 - 1980
117	Relatórios de agentes infiltrados da Divisão de Informações (DI) do DEOPS/SP sobre as atividades de estudantes, sindicalistas, religiosos, políticos e movimentos da sociedade civil. São investigados os municípios de Piracicaba - SP, de São Paulo - SP e de Bauru - SP, as atividades da Confederação Mundial do Trabalho, o Centro de Defesa dos Direitos Humanos e as atividades do Partido dos Trabalhadores (PT).	-	1980 - 1980
118	Relatórios de agentes infiltrados da Divisão de Informações (DI) do DEOPS/SP sobre as atividades de estudantes, sindicalistas, religiosos, políticos e movimentos da sociedade civil. São investigados os municípios de Salto - SP, de Botucatu - SP, e de Santos - SP, o Estado do Paraná, as atividades do Partido do Movimento Democrático Brasileiro (PMDB) e os atentados terroristas.	-	1980 - 1980
119	Relatórios de agentes infiltrados da Divisão de Informações (DI) do DEOPS/SP sobre as atividades de estudantes, sindicalistas, religiosos, políticos e movimentos da sociedade civil. São investigados os municípios de São Paulo - SP, de Ribeirão Preto - SP, de Piracicaba - SP e de Botucatu – SP e as atividades da União Estadual dos Estudantes (UEE), da União Nacional dos Estudantes (UNE), e do Partido dos Trabalhadores (PT).	-	1980 - 1980
120	Relatórios de agentes infiltrados da Divisão de Informações (DI) do DEOPS/SP sobre as atividades de estudantes, sindicalistas, religiosos, políticos e movimentos da sociedade civil. São investigados os municípios de Santos - SP, de Marília- SP e de São Paulo – SP e as atividades da União Nacional dos Estudantes (UNE), da União Estadual dos Estudantes (UEE) e do Partido dos Trabalhadores (PT).	-	1980 - 1980
121	Relatórios de agentes infiltrados da Divisão de Informações (DI) do DEOPS/SP sobre as atividades de estudantes, sindicalistas, religiosos, políticos e movimentos da sociedade civil. São investigados o município de Piracicaba - SP, o Movimento Negro,	-	1980 - 1980

DOSSIÊS/ PASTAS	ASSUNTO	ARQUIVAMENTO	PRODUÇÃO
	o Movimento Feminista e o Partido do Movimento Democrático Brasileiro (PMDB).		
122	Relatórios de agentes infiltrados da Divisão de Informações (DI) do DEOPS/SP sobre as atividades de estudantes, sindicalistas, religiosos, políticos e movimentos da sociedade civil.	-	1980 - 1980
123	Relatórios de agentes infiltrados da Divisão de Informações (DI) do DEOPS/SP sobre as atividades de estudantes, sindicalistas, religiosos, políticos e movimentos da sociedade civil. É investigado o Partido dos Trabalhadores (PT).	-	1980 - 1980
124	Relatórios de agentes infiltrados da Divisão de Informações (DI) do DEOPS/SP sobre as atividades de estudantes, sindicalistas, religiosos, políticos e movimentos da sociedade civil. São investigados os municípios de Barueri - SP e de Marília - SP.	-	1980 - 1980
125	Relatórios de agentes infiltrados da Divisão de Informações (DI) do DEOPS/SP sobre as atividades de estudantes, sindicalistas, religiosos, políticos e movimentos da sociedade civil.	-	1980 - 1980
126	Relatórios de agentes infiltrados da Divisão de Informações (DI) do DEOPS/SP sobre as atividades de estudantes, sindicalistas, religiosos, políticos e movimentos da sociedade civil.	-	1980 - 1980
127	Relatórios de agentes infiltrados da Divisão de Informações (DI) do DEOPS/SP sobre as atividades de estudantes, sindicalistas, religiosos, políticos e movimentos da sociedade civil. É investigado o Partido dos Trabalhadores (PT).	-	1980 - 1980
128	Relatórios de agentes infiltrados da Divisão de Informações (DI) do DEOPS/SP sobre as atividades de estudantes, sindicalistas, religiosos, políticos e movimentos da sociedade civil. São investigados os municípios de São Paulo - SP, de Santos - SP, de Piracicaba - SP, de Ribeirão Preto - SP, o Movimento Negro e o movimento contra a carestia.	-	1980 - 1980
129	Relatórios de agentes infiltrados da Divisão de Informações (DI) do DEOPS/SP sobre as atividades de estudantes, sindicalistas, religiosos, políticos e movimentos da sociedade civil. São investigadas a União Nacional dos Estudantes (UNE) e a União Estadual dos Estudantes (UEE).	-	1980 - 1980
130	Relatórios de agentes infiltrados da Divisão de Informações (DI) do DEOPS/SP sobre as atividades de estudantes, sindicalistas, religiosos, políticos e movimentos da sociedade civil. São investigados os municípios de Piracicaba - SP, de Presidente Prudente - SP, de Rancharia - SP, de Santos - SP e de Osasco - SP, os atentados terroristas e as atividades do Partido dos Trabalhadores (PT).	-	1980 - 1980
131	Relatórios de agentes infiltrados da Divisão de Informações (DI) do DEOPS/SP sobre as atividades de estudantes, sindicalistas, religiosos, políticos e movimentos da sociedade civil. São investigados os municípios de São Paulo - SP e de Marília - SP, os atentados terroristas, as pastorais, as atividades do Partido dos Trabalhadores (PT) e o jornal *A Voz da Unidade*.	-	1980 - 1981
132	Relatórios de agentes infiltrados da Divisão de Informações (DI) do DEOPS/SP sobre as atividades de estudantes, sindicalistas, religiosos, políticos e movimentos da sociedade civil. É investigado o Partido dos Trabalhadores (PT).	-	1980 - 1981
133	Relatórios de agentes infiltrados da Divisão de Informações (DI) do DEOPS/SP sobre as atividades de estudantes, sindicalistas, religiosos, políticos e movimentos da sociedade civil. São investigados os municípios de Santos - SP, Campinas - SP e São Paulo - SP, o Centro de Cultura Operária, a Universidade de São Paulo (USP) e a Igreja Católica.	-	1981 - 1981
134	Relatórios de agentes infiltrados da Divisão de Informações (DI) do DEOPS/SP sobre as atividades de estudantes, sindicalistas, religiosos, políticos e movimentos da sociedade civil. São investigados os municípios de São Paulo - SP, de Santa Bárbara do Oeste - SP e de Guaratinguetá - SP, o Estado de Santa Catarina e as atividades da União Nacional dos Estudantes (UNE).	-	1981 - 1981
135	Relatórios de agentes infiltrados da Divisão de Informações (DI) do DEOPS/SP sobre as atividades de estudantes, sindicalistas, religiosos, políticos e movimentos da sociedade civil. São investigados os municípios de São Paulo - SP, de Santos - SP e de Botucatu - SP, o Movimento Feminista, o Movimento Negro, e o Movimento Pró-Anistia.	-	1981 - 1981
136	Relatórios de agentes infiltrados da Divisão de Informações (DI) do DEOPS/SP sobre as atividades de estudantes, sindicalistas, religiosos, políticos e movimentos da sociedade civil. São investigados a CEE e o Movimento Feminista.	-	1981 - 1981
137	Relatórios de agentes infiltrados da Divisão de Informações (DI) do DEOPS/SP sobre as atividades de estudantes, sindicalistas, religiosos, políticos e movimentos da sociedade civil. São investigados os municípios de São Paulo - SP, de São Carlos - SP, de Marília - SP, de Andradina - SP, de Ribeirão Preto - SP e de Santos - SP, as atividades da União Estadual dos Estudantes (UEE), da Universidade de São Paulo (USP), do Partido do Movimento Democrático Brasileiro (PMDB) e do Partido dos Trabalhadores (PT).	-	1981 - 1981

DOSSIÊS/ PASTAS	ASSUNTO	ARQUIVAMENTO	PRODUÇÃO
138	Relatórios de agentes infiltrados da Divisão de Informações (DI) do DEOPS/SP sobre as atividades de estudantes, sindicalistas, religiosos, políticos e movimentos da sociedade civil. É investigada a União Nacional dos Estudantes (UNE).	-	1981 - 1981
139	Relatórios de agentes infiltrados da Divisão de Informações (DI) do DEOPS/SP sobre as atividades de estudantes, sindicalistas, religiosos, políticos e movimentos da sociedade civil. São investigadas as manifestações do Partido dos Trabalhadores (PT) e do Partido Comunista Brasileiro (PCB).	-	1981 - 1981
140	Relatórios de agentes infiltrados da Divisão de Informações (DI) do DEOPS/SP sobre as atividades de estudantes, sindicalistas, religiosos, políticos e movimentos da sociedade civil. São investigados os municípios de São Paulo - SP, de Marília - SP, de São Carlos - SP e de Santos - SP, as atividades da União Nacional dos Estudantes (UNE), da União Estadual dos Estudantes (UEE) e da Universidade de São Paulo (USP).	-	1981 - 1981
141	Relatórios de agentes infiltrados da Divisão de Informações (DI) do DEOPS/SP sobre as atividades de estudantes, sindicalistas, religiosos, políticos e movimentos da sociedade civil. São investigados os municípios de São Paulo - SP, de Sorocaba - SP e de Bauru - SP, as atividades da União Estadual dos Estudantes (UEE) e do Partido do Movimento Democrático Brasileiro (PMDB)	-	1981 - 1981
142	Relatórios de agentes infiltrados da Divisão de Informações (DI) do DEOPS/SP sobre as atividades de estudantes, sindicalistas, religiosos, políticos e movimentos da sociedade civil. São investigados os municípios de Santos - SP e de Botucatu - SP, a comemoração de 1º de Maio, as atividades do Partido dos Trabalhadores (PT), do Partido Comunista Brasileiro (PCB) e da Universidade de São Paulo (USP).	-	1981 - 1981
143	Relatórios de agentes infiltrados da Divisão de Informações (DI) do DEOPS/SP sobre as atividades de estudantes, sindicalistas, religiosos, políticos e movimentos da sociedade civil.	-	1981 - 1981
144	Relatórios de agentes infiltrados da Divisão de Informações (DI) do DEOPS/SP sobre as atividades de estudantes, sindicalistas, religiosos, políticos e movimentos da sociedade civil.	-	1981 - 1981
145	Relatórios de agentes infiltrados da Divisão de Informações (DI) do DEOPS/SP sobre as atividades de estudantes, sindicalistas, religiosos, políticos e movimentos da sociedade civil. São investigadas as manifestações de 1º de Maio, o Movimento Pró-Índio e as atividades do Partido dos Trabalhadores (PT).	-	1981 - 1981
146	Relatórios de agentes infiltrados da Divisão de Informações (DI) do DEOPS/SP sobre as atividades de estudantes, sindicalistas, religiosos, políticos e movimentos da sociedade civil. São investigados o Movimento Negro, as manifestações de 1º de Maio e as atividades do Partido do Movimento Democrático Brasileiro (PMDB).	-	1981 - 1981
147	Relatórios de agentes infiltrados da Divisão de Informações (DI) do DEOPS/SP sobre as atividades de estudantes, sindicalistas, religiosos, políticos e movimentos da sociedade civil. São investigados os municípios do interior do Estado de São Paulo, as atividades da Universidade de São Paulo e do Partido dos Trabalhadores (PT).	-	1981 - 1981
148	Relatórios de agentes infiltrados da Divisão de Informações (DI) do DEOPS/SP sobre as atividades de estudantes, sindicalistas, religiosos, políticos e movimentos da sociedade civil. São investigadas as cidades do interior do Estado de São Paulo, as atividades do Partido Comunista Brasileiro (PCB), do Partido dos Trabalhadores (PT) e do Movimento Negro.	-	1981 - 1981
149	Relatórios de agentes infiltrados da Divisão de Informações (DI) do DEOPS/SP sobre as atividades de estudantes, sindicalistas, religiosos, políticos e movimentos da sociedade civil. É investigada a Convergência Socialista.	-	1981 - 1981
150	Relatórios de agentes infiltrados da Divisão de Informações (DI) do DEOPS/SP sobre as atividades de estudantes, sindicalistas, religiosos, políticos e movimentos da sociedade civil. São investigadas a Convergência Socialista e a Divisão de Estrangeiros e Passaportes.	-	1981 - 1981
151	Relatórios de agentes infiltrados da Divisão de Informações (DI) do DEOPS/SP sobre as atividades de estudantes, sindicalistas, religiosos, políticos e movimentos da sociedade civil.	-	1981 - 1981
152	Relatórios de agentes infiltrados da Divisão de Informações (DI) do DEOPS/SP sobre as atividades de estudantes, sindicalistas, religiosos, políticos e movimentos da sociedade civil. É investigado o Partido dos Trabalhadores (PT).	-	1981 - 1981
153	Relatórios de agentes infiltrados da Divisão de Informações (DI) do DEOPS/SP sobre as atividades de estudantes, sindicalistas, religiosos, políticos e movimentos da sociedade civil.	-	1981 - 1981
154	Relatórios de agentes infiltrados da Divisão de Informações (DI) do DEOPS/SP sobre as atividades de estudantes, sindicalistas, religiosos, políticos e movimentos da	-	1981 - 1981

DOSSIÊS/ PASTAS	ASSUNTO	ARQUIVAMENTO	PRODUÇÃO
	sociedade civil. E investigado o Partido dos Trabalhadores (PT).		
155	Relatórios de agentes infiltrados da Divisão de Informações (DI) do DEOPS/SP sobre as atividades de estudantes, sindicalistas, religiosos, políticos e movimentos da sociedade civil. São investigadas a entrada e a saída de estrangeiros, os atentados terroristas, as atividades do Partido dos Trabalhadores (PT) e as associações de classe dos médicos.	-	1981 - 1981
156	Relatórios de agentes infiltrados da Divisão de Informações (DI) do DEOPS/SP sobre as atividades de estudantes, sindicalistas, religiosos, políticos e de movimentos da sociedade civil. São investigadas a Universidade de São Paulo (USP), as atividades do Partido dos Trabalhadores (PT), do Partido do Movimento Democrático Brasileiro (PMDB), os atentados terroristas , furto de explosivos e a expulsão de estrangeiros.	-	1981 - 1981
157	Relatórios de agentes infiltrados da Divisão de Informações (DI) do DEOPS/SP sobre as atividades de estudantes, sindicalistas, religiosos, políticos e de movimentos da sociedade civil. São investigadas a fixação de cartazes de propaganda, o Partido dos Trabalhadores (PT), o Partido Comunista Brasileiro (PCB) e a ameaça de atentado terrorista.	-	1981 - 1981
158	Relatórios de agentes infiltrados da Divisão de Informações (DI) do DEOPS/SP sobre as atividades de estudantes, sindicalistas, religiosos, políticos e de movimentos da sociedade civil. São investigadas as ameaças de atentados terroristas, as atividades do Partido dos Trabalhadores (PT), da Convergência Socialista e do Movimento Feminista.	-	1981 - 1981
159	Relatórios de agentes infiltrados da Divisão de Informações (DI) do DEOPS/SP sobre as atividades de estudantes, sindicalistas, religiosos, políticos e de movimentos da sociedade civil. São investigado os atentados terroristas, o Partido Comunista do Brasil (PC do B) e as atividades da Convergência Socialista.	-	1981 - 1981
160	Relatórios de agentes infiltrados da Divisão de Informações (DI) do DEOPS/SP sobre as atividades de estudantes, sindicalistas, religiosos, políticos e de movimentos da sociedade civil. São investigados os atentados terroristas e a expulsão de estrangeiros.	-	1981 - 1981
161	Relatórios de agentes infiltrados da Divisão de Informações (DI) do DEOPS/SP sobre as atividades de estudantes, sindicalistas, religiosos, políticos e de movimentos da sociedade civil. São investigados os movimentos feministas e as atividades do Partido dos Trabalhadores (PT).	-	1981 - 1981
162	Relatórios de agentes infiltrados da Divisão de Informações (DI) do DEOPS/SP sobre as atividades de estudantes, sindicalistas, religiosos, políticos e de movimentos da sociedade civil. É investigado o Partido Comunista do Brasil (PC do B).	-	1981 - 1981
163	Relatórios de agentes infiltrados da Divisão de Informações (DI) do DEOPS/SP sobre as atividades de estudantes, sindicalistas, religiosos, políticos e de movimentos da sociedade civil. É investigado um incêndio em uma banca de jornal.	-	1981 - 1981
164	Relatórios de agentes infiltrados da Divisão de Informações (DI) do DEOPS/SP sobre as atividades de estudantes, sindicalistas, religiosos, políticos e de movimentos da sociedade civil. São investigadas as atividades no Poder Legislativo do Estado de São Paulo, a Igreja Católica, a imprensa alternativa e peças de teatro.	-	1981 - 1981
165	Relatórios de agentes infiltrados da Divisão de Informações (DI) do DEOPS/SP sobre as atividades de estudantes, sindicalistas, religiosos, políticos e de movimentos da sociedade civil. São investigados documentos do Partido dos Trabalhadores (PT), a Universidade de São Paulo (USP), a Pontifícia Universidade Católica (PUC), a Imprensa, o Sindicato de Portuários, o Sindicato dos Metalúrgicos, peças de teatro, médicos e sociólogos.	-	1981 - 1981
166	Relatórios de agentes infiltrados da Divisão de Informações (DI) do DEOPS/SP sobre as atividades de estudantes, sindicalistas, religiosos, políticos e de movimentos da sociedade civil. São investigados os encontros de trabalho (Enclat), a Universidade de São Paulo (USP), a Pontifícia Universidade Católica (PUC), o Mackenzie e um texto do Reverendo Moon.	-	1981 - 1981
167	Relatórios de agentes infiltrados da Divisão de Informações (DI) do DEOPS/SP sobre as atividades de estudantes, sindicalistas, religiosos, políticos e de movimentos da sociedade civil. São investigadas a Universidade de São Paulo (USP), a Universidade Federal de São Carlos (UFSCAR), diversas religiões, congressos, encontros de médicos e de advogados e peças teatrais.	-	1981 - 1981
168	Relatórios de agentes infiltrados da Divisão de Informações (DI) do DEOPS/SP sobre as atividades de estudantes, sindicalistas, religiosos, políticos e de movimentos da sociedade civil. São investigados congressos internacionais de Direito realizados em São Paulo.	-	1981 - 1981
169	Relatórios de agentes infiltrados da Divisão de Informações (DI) do DEOPS/SP sobre as atividades de estudantes, sindicalistas, religiosos, políticos e de movimentos da	-	1981 - 1981

DOSSIÊS/ PASTAS	ASSUNTO	ARQUIVAMENTO	PRODUÇÃO
	sociedade civil. São investigados congressos internacionais de Direito, bancários, a Universidade de São Paulo (USP), a Universidade Federal de São Carlos (UFSCAR) e a Universidade Mackenzie.		
170	Relatórios de agentes infiltrados da Divisão de Informações (DI) do DEOPS/SP sobre as atividades de estudantes, sindicalistas, religiosos, políticos e de movimentos da sociedade civil. São investigadas a Universidade de São Paulo (USP), a União Municipal dos Estudantes Secundaristas (UMES), a Universidade Federal de São Carlos (UFSCAR) e as passeatas nos municípios de Osasco e de São Vicente.	-	1981 - 1981
171	Relatórios de agentes infiltrados da Divisão de Informações (DI) do DEOPS/SP sobre as atividades de estudantes, sindicalistas, religiosos, políticos e de movimentos da sociedade civil. São investigadas a Conferência Nacional das Classes Trabalhadoras (Conclat), os trabalhadores rurais e o Congresso das mulheres paulistas.	-	1981 - 1981
172	Relatórios de agentes infiltrados da Divisão de Informações (DI) do DEOPS/SP sobre as atividades de estudantes, sindicalistas, religiosos, políticos e de movimentos da sociedade civil. São investigadas a Pontifícia Universidade Católica, a Universidade de Taubaté (Unitau), a Universidade de São Paulo (USP).	-	1981 - 1981
173	Relatórios de agentes infiltrados da Divisão de Informações (DI) do DEOPS/SP sobre as atividades de estudantes, sindicalistas, religiosos, políticos e de movimentos da sociedade civil. São investigadas a Universidade de Piracicaba (Unimep), a Pontifícia Universidade Católica (PUC), a Universidade de São Paulo (USP), o Partido dos Trabalhadores (PT), o Partido do Movimento Democrático Brasileiro (PMDB) e o Movimento Comunitário Brasileiro.	-	1981 - 1981
174	Relatórios de agentes infiltrados da Divisão de Informações (DI) do DEOPS/SP sobre as atividades de estudantes, sindicalistas, religiosos, políticos e de movimentos da sociedade civil. São investigados o Partido dos Trabalhadores (PT) e o Partido Comunista Brasileiro (PCB).	-	1981 - 1981
175	Relatórios de agentes infiltrados da Divisão de Informações (DI) do DEOPS/SP sobre as atividades de estudantes, sindicalistas, religiosos, políticos e de movimentos da sociedade civil. São investigadas as invasões de terras, a Universidade de São Paulo (USP) e a Universidade Federal de São Carlos (UFSCAR).	-	1981 - 1981
176	Movimento estudantil, movimento sindical, movimento da sociedade civil e movimento político/partidário. São investigadas a Universidade Mackenzie, a Pontifícia Universidade Católica (PUC), a Conferência Nacional das Classes Trabalhadoras (Concla), a Central Única dos Trabalhadores (CUT), o Partido Democrático Social (PDS) e o Partido dos Trabalhadores (PT).	-	1981 - 1981
177	Relatórios de agentes infiltrados da Divisão de Informações (DI) do DEOPS/SP sobre as atividades de estudantes, sindicalistas, religiosos, políticos e de movimentos da sociedade civil. São investigadas a Pontifícia Universidade Católica (PUC) e a Conferência Nacional das Classes Trabalhadoras (Conclat).	-	1981 - 1981
178	Relatórios de agentes infiltrados da Divisão de Informações (DI) do DEOPS/SP sobre as atividades de estudantes, sindicalistas, religiosos, políticos e de movimentos da sociedade civil. São investigadas a Universidade de São Paulo (USP), a União Estadual de Estudantes (UEE), o Partido dos Trabalhadores (PT), o Movimento Revolucionário 8 de outubro (MR8), o Partido Comunista Revolucionário (PCR) e os conflitos rurais.	-	1981 - 1981
178A	Relatórios de agentes infiltrados da Divisão de Informações (DI) do DEOPS/SP sobre as atividades de estudantes, sindicalistas, religiosos, políticos e de movimentos da sociedade civil. São investigadas a Conferência Nacional das Classes Trabalhadoras (Conclat) e os cadernos da Frente Operária.	-	1981 - 1981
179	Relatórios de agentes infiltrados da Divisão de Informações (DI) do DEOPS/SP sobre as atividades de estudantes, sindicalistas, religiosos, políticos e de movimentos da sociedade civil. Trata-se de informações sobre as atividades da Igreja Católica no Brasil e na Alemanha.	-	1981 - 1981
180	Relatórios de agentes infiltrados da Divisão de Informações (DI) do DEOPS/SP sobre as atividades de estudantes, sindicalistas, religiosos, políticos e de movimentos da sociedade civil. São investigados o jornal *Voz Operária* e o Partido Comunista Brasileiro (PCB).	-	1981 - 1981
181	Relatórios de agentes infiltrados da Divisão de Informações (DI) do DEOPS/SP sobre as atividades de estudantes, sindicalistas, religiosos, políticos e de movimentos da sociedade civil. São investigados diversos jornais e publicações.	-	1981 - 1981
182	Relatórios de agentes infiltrados da Divisão de Informações (DI) do DEOPS/SP sobre as atividades de estudantes, sindicalistas, religiosos, políticos e de movimentos da sociedade civil. É investigado o Partido dos Trabalhadores (PT).	-	1981 - 1981

DOSSIÊS/ PASTAS	ASSUNTO	ARQUIVAMENTO	PRODUÇÃO
183	Relatórios de agentes infiltrados da Divisão de Informações (DI) do DEOPS/SP sobre as atividades de estudantes, sindicalistas, religiosos, políticos e de movimentos da sociedade civil.	-	1981 - 1981
184	Relatórios de agentes infiltrados da Divisão de Informações (DI) do DEOPS/SP sobre as atividades de estudantes, sindicalistas, religiosos, políticos e de movimentos da sociedade civil.	-	1981 - 1981
185	Relatórios de agentes infiltrados da Divisão de Informações (DI) do DEOPS/SP sobre as atividades de estudantes, sindicalistas, religiosos, políticos e de movimentos da sociedade civil.	-	1981 - 1981
185A	Relatórios de agentes infiltrados da Divisão de Informações (DI) do DEOPS/SP sobre as atividades de estudantes, sindicalistas, religiosos, políticos e de movimentos da sociedade civil. São investigados o Sindicato dos Metalúrgicos de São Paulo e do ABC, o Partido Democrático Social (PDS) e o Partido dos Trabalhadores (PT).	-	1981 - 1981
186	Relatórios de agentes infiltrados da Divisão de Informações (DI) do DEOPS/SP sobre as atividades de estudantes, sindicalistas, religiosos, políticos e de movimentos da sociedade civil.	-	1981 - 1981
186A	Relatórios de agentes infiltrados da Divisão de Informações (DI) do DEOPS/SP sobre as atividades de estudantes, sindicalistas, religiosos, políticos e de movimentos da sociedade civil.	-	1981 - 1981
187	Relatórios de agentes infiltrados da Divisão de Informações (DI) do DEOPS/SP sobre as atividades de estudantes, sindicalistas, religiosos, políticos e de movimentos da sociedade civil. São investigadas as manifestações de metalúrgicos e de professores, as manifestações favoráveis à ampliação dos direitos da mulher e a Imprensa.	-	1981 - 1981
187A	Relatórios de agentes infiltrados da Divisão de Informações (DI) do DEOPS/SP sobre as atividades de estudantes, sindicalistas, religiosos, políticos e de movimentos da sociedade civil. São investigados os Sindicatos dos Metalúrgicos de São Paulo e do município de Santos - SP, bancários, enfermeiros, a Companhia de Saneamento Básico do Estado de São Paulo (Sabesp), a greve na Faculdade de Medicina de Santos, o Centro da Mulher Brasileira, a Universidade de São Paulo (USP) e o Partido dos Trabalhadores (PT).	-	1981 - 1981
188	Relatórios de agentes infiltrados da Divisão de Informações (DI) do DEOPS/SP sobre as atividades de estudantes, sindicalistas, religiosos, políticos e de movimentos da sociedade civil. São investigados os sindicatos dos taxistas, motoristas e cobradores de ônibus, o Sindicato dos Metalúrgicos do ABC, o dos metroviários, o dos bancários, a Conferência Nacional das Classes Trabalhadoras (Conclat), a Central Única dos Trabalhadores (CUT), o II Seminário sobre História do ABC, homenagem no Tuca pelos 70 anos de Carlos Marighella, a Universidade de São Paulo (USP), a Federação das Mulheres Paulistas, a apresentação da peça *Quando as máquinas páram* de Plínio Marcos, a União Nacional dos Estudantes (UNE), a Convergência Socialista, o Partido do Movimento Democrático Brasileiro (PMDB) e o Partido dos Trabalhadores (PT).	-	1981 - 1981
189	Relatórios de agentes infiltrados da Divisão de Informações (DI) do DEOPS/SP sobre as atividades de estudantes, sindicalistas, religiosos, políticos e de movimentos da sociedade civil. São investigados o Sindicato dos Estivadores de Santos, o Sindicato dos Metalúrgicos, o Partido do Movimento Democrático Brasileiro (PMDB) e o Partido dos Trabalhadores (PT).	-	1981 - 1982
190	Relatórios de agentes infiltrados da Divisão de Informações (DI) do DEOPS/SP sobre as atividades de estudantes, sindicalistas, religiosos, políticos e de movimentos da sociedade civil. São investigadas as Comunidades Eclesiais de Base, a Universidade de São Paulo (USP), a Pontifícia Universidade Católica (PUC), o Partido dos Trabalhadores (PT), e as associações de bairro do município de São Paulo.	-	1981 - 1982
191	Relatórios de agentes infiltrados da Divisão de Informações (DI) do DEOPS/SP sobre as atividades de estudantes, sindicalistas, religiosos, políticos e de movimentos da sociedade civil. São investigados o Sindicato dos Metalúrgicos do ABC e o Sindicato dos Bancários.	-	1982 - 1982
192	Relatórios de agentes infiltrados da Divisão de Informações (DI) do DEOPS/SP sobre as atividades de estudantes, sindicalistas, religiosos, políticos e de movimentos da sociedade civil. São investigadas as passeatas de funcionários dos hospitais, as atividades dos portuários do município de Santos, a exoneração do prefeito do município de Cubatão - SP, o *Jornal da Tribuna Internacional*, o jornal *Tribuna Operária*, o Sindicato dos Bancários, a relação dos delegados para o X Congresso Sindical Mundial, em Cuba, o Partido dos Trabalhadores (PT), a Federação Paulista dos Servidores Públicos, a Associação dos Professores do Ensino Oficial do Estado de São Paulo (Apeoesp), a Federação Paulista dos Servidores Públicos, o Boletim dos Metalúrgicos do ABC e uma apostila do curso Fé e Política, da Pastoral da	-	1982 - 1982

DOSSIÊS/ PASTAS	ASSUNTO	ARQUIVAMENTO	PRODUÇÃO
	Juventude.		
193	Relatórios de agentes infiltrados da Divisão de Informações (DI) do DEOPS/SP sobre as atividades de estudantes, sindicalistas, religiosos, políticos e de movimentos da sociedade civil. Há informações sobre a missa pela morte do ex-líder estudantil Luiz Travassos.	-	1982 - 1982
194	Relatórios de agentes infiltrados da Divisão de Informações (DI) do DEOPS/SP sobre as atividades de estudantes, sindicalistas, religiosos, políticos e de movimentos da sociedade civil.	-	1982 - 1982
195	Relatórios de agentes infiltrados da Divisão de Informações (DI) do DEOPS/SP sobre as atividades de estudantes, sindicalistas, religiosos, políticos e de movimentos da sociedade civil. São investigados os metalúrgicos de São Bernardo do Campo, o Luiz Inácio Lula da Silva, a Universidade de São Paulo (USP) e a guerra civil de El Salvador.	-	1982 - 1982
196	Relatórios de agentes infiltrados da Divisão de Informações (DI) do DEOPS/SP sobre as atividades de estudantes, sindicalistas, religiosos, políticos e de movimentos da sociedade civil. É investigada uma greve no município de Santo André - SP, o Partido dos Trabalhadores (PT) e a guerra civil de El Salvador.	-	1982 - 1982
197	Relatórios de agentes infiltrados da Divisão de Informações (DI) do DEOPS/SP sobre as atividades de estudantes, sindicalistas, religiosos, políticos e de movimentos da sociedade civil. É investigado o curso Teoria e Socialismo, além da greve dos professores, o Sindicato dos Bancários de São Paulo e o Sindicato dos Metalúrgicos.	-	1982 - 1982
198	Relatórios de agentes infiltrados da Divisão de Informações (DI) do DEOPS/SP sobre as atividades de estudantes, sindicalistas, religiosos, políticos e de movimentos da sociedade civil. É investigado o X Congresso Sindical Mundial, em Havana, Cuba.	-	1982 - 1982
199	Relatórios de agentes infiltrados da Divisão de Informações (DI) do DEOPS/SP sobre as atividades de estudantes, sindicalistas, religiosos, políticos e de movimentos da sociedade civil. São investigadas a Convergência Socialista e as greves da Universidade de São Paulo (USP) e da Universidade Federal de São Carlos (UFSCAR).	-	1982 - 1982
200	Relatórios de agentes infiltrados da Divisão de Informações (DI) do DEOPS/SP sobre as atividades de estudantes, sindicalistas, religiosos, políticos e de movimentos da sociedade civil. São investigadas a Universidade de São Paulo (USP), a Universidade Federal de São Carlos (UFSCAR) e a greve dos funcionários públicos do Estado de São Paulo.	-	1982 - 1982
201	Relatórios de agentes infiltrados da Divisão de Informações (DI) do DEOPS/SP sobre as atividades de estudantes, sindicalistas, religiosos, políticos e de movimentos da sociedade civil. São investigados o curso Teoria do Socialismo, a missa em memória de Dom Oscar Romero na Catedral de São Paulo, os sindicatos do município de São Bernardo do Campo, a greve da Universidade de São Paulo (USP).	-	1982 - 1982
202	Relatórios de agentes infiltrados da Divisão de Informações (DI) do DEOPS/SP sobre as atividades de estudantes, sindicalistas, religiosos, políticos e de movimentos da sociedade civil. São investigados o Curso de Lutas Sociais do Centro de Cultura Operária (CCO) e a Universidade de São Paulo (USP).	-	1982 - 1982
203	Relatórios de agentes infiltrados da Divisão de Informações (DI) do DEOPS/SP sobre as atividades de estudantes, sindicalistas, religiosos, políticos e de movimentos da sociedade civil. São investigados o Sindicato dos Metalúrgicos de São Paulo e o Sindicato dos Condutores de Veículos Rodoviários do ABC, Mauá e Ribeirão Pires.	-	1982 - 1982
204	Relatórios de agentes infiltrados da Divisão de Informações (DI) do DEOPS/SP sobre as atividades de estudantes, sindicalistas, religiosos, políticos e de movimentos da sociedade civil. São investigadas as greves no Instituto Metodista de Ensino Superior, na Universidade de São Paulo (USP). Há informações sobre protestos de metalúrgicos no ABC e de bancários em São Paulo. Investiga-se ainda o lançamento do livro *Direitos Civis no Brasil, existem?*, da autoria de Hélio Bicudo.	-	1982 - 1982
205	Relatórios de agentes infiltrados da Divisão de Informações (DI) do DEOPS/SP sobre as atividades de estudantes, sindicalistas, religiosos, políticos e de movimentos da sociedade civil. É investigada uma palestra de representantes da Organização para Libertação da Palestina (OLP), no Centro de Cultura Árabe-brasileira. Há informações sobre jornais e revistas latino-americanas.	-	1982 - 1982
206	Relatórios de agentes infiltrados da Divisão de Informações (DI) do DEOPS/SP sobre as atividades de estudantes, sindicalistas, religiosos, políticos e de movimentos da sociedade civil. São investigadas uma homenagem a Diógenes Arruda realizada pelo Partido Comunista Brasileiro (PCB), a VII Conferência Nacional do Partido Comunista do Brasil (PC do B) e o jornal *A Classe Operária*.	-	1982 - 1982
207	Relatórios de agentes infiltrados da Divisão de Informações (DI) do DEOPS/SP sobre as atividades de estudantes, sindicalistas, religiosos, políticos e de movimentos da	-	1982 - 1982

DOSSIÊS/ PASTAS	ASSUNTO	ARQUIVAMENTO	PRODUÇÃO
	sociedade civil. São investigados o Sindicato dos Bancários, o Sindicato dos Metalúrgicos de Santos, os trabalhadores do Porto de Santos, o movimento estudantil no município de Taubaté - SP e o Movimento Revolucionário 8 de Outubro (MR-8).		
208	Relatórios de agentes infiltrados da Divisão de Informações (DI) do DEOPS/SP sobre as atividades de estudantes, sindicalistas, religiosos, políticos e de movimentos da sociedade civil. São investigadas a apreensão de panfletos e manifestações sobre a guerra das Malvinas, uma palestra realizada na Universidade de São Paulo (USP) sobre o Partido Comunista Brasileiro (PCB) e o Sindicato dos Metalúrgicos do ABC.	-	1982 - 1982
209	Relatórios de agentes infiltrados da Divisão de Informações (DI) do DEOPS/SP sobre as atividades de estudantes, sindicalistas, religiosos, políticos e de movimentos da sociedade civil. São investigados o Partido dos Trabalhadores (PT), a renúncia do Prefeito do município de Presidente Prudente - SP e o I Encontro de Professores da Pontifícia Universidade Católica de São Paulo (PUC).	-	1982 - 1982
210	Relatórios de agentes infiltrados da Divisão de Informações (DI) do DEOPS/SP sobre as atividades de estudantes, sindicalistas, religiosos, políticos e de movimentos da sociedade civil. São investigadas greves no município de Santos - SP, um comício do Partido dos Trabalhadores (PT) no município de Sorocaba - SP, a convenção do Partido do Movimento Democrático Brasileiro (PMDB) no município de Praia Grande - SP, e as convenções do Partido Popular (PP) e do Partido do Movimento Democrático Brasileiro (PMDB) no município de Araçatuba - SP.	-	1982 - 1982
211	Relatórios de agentes infiltrados da Divisão de Informações (DI) do DEOPS/SP sobre as atividades de estudantes, sindicalistas, religiosos, políticos e de movimentos da sociedade civil. São investigadas a Assembléia dos Aposentados, a Semana Mundial do Preso Desaparecido, o Sindicato dos Jornalistas e uma palestra de Jânio Quadros na Faculdade de Direito da Universidade de São Paulo (USP).	-	1982 - 1982
212	Relatórios de agentes infiltrados da Divisão de Informações (DI) do DEOPS/SP sobre as atividades de estudantes, sindicalistas, religiosos, políticos e de movimentos da sociedade civil. São investigadas as atividades do Ministério da Cultura da Nicarágua, reuniões nos Centros Acadêmicos da Universidade de São Paulo (USP) e o Partido dos Trabalhadores (PT)	-	1982 - 1982
213	Relatórios de agentes infiltrados da Divisão de Informações (DI) do DEOPS/SP sobre as atividades de estudantes, sindicalistas, religiosos, políticos e de movimentos da sociedade civil. São investigados o Sindicato dos Bancários, o Sindicato dos Jornalistas, um comício do Partido dos Trabalhadores (PT) no município de São Caetano - SP e a Associação Cultural José Martí.	-	1982 - 1982
214	Relatórios de agentes infiltrados da Divisão de Informações (DI) do DEOPS/SP sobre as atividades de estudantes, sindicalistas, religiosos, políticos e de movimentos da sociedade civil. São investigadas uma manifestação pública de palestinos em São Paulo, o Sindicato dos Bancários, o Sindicato dos Metalúrgicos e a Universidade de São Paulo (USP).	-	1982 - 1982
215	Relatórios de agentes infiltrados da Divisão de Informações (DI) do DEOPS/SP sobre as atividades de estudantes, sindicalistas, religiosos, políticos e de movimentos da sociedade civil. São investigados o II Seminário sobre Política Nacional de Informática, ocorrido no Rio de Janeiro, o Sindicato dos Bancários de São Paulo, o Sindicato dos Metalúrgicos de São Gonçalo, os jornais *Folha Bancária* e *O Metalúrgico* e a convenção do Partido dos Trabalhadores do município de Catanduva - SP.	-	1982 - 1982
216	Relatórios de agentes infiltrados da Divisão de Informações (DI) do DEOPS/SP sobre as atividades de estudantes, sindicalistas, religiosos, políticos e de movimentos da sociedade civil. São investigados o Partido do Movimento Democrático Brasileiro (PMDB), os jornais *Edição Extra*, do município de Rio Claro - SP, *Jornal da Cidade* e *Hora do Povo*, do município de Campinas - SP.	-	1982 - 1982
217	Relatórios de agentes infiltrados da Divisão de Informações (DI) do DEOPS/SP sobre as atividades de estudantes, sindicalistas, religiosos, políticos e de movimentos da sociedade civil. São investigadas a Universidade de São Paulo (USP), um periódico editado pela Pontifícia Universidade Católica de São Paulo (PUC), congressos católicos e um periódico editado pelo Sindicato dos Bancários de São Paulo.	-	1982 - 1982
218	Relatórios de agentes infiltrados da Divisão de Informações (DI) do DEOPS/SP sobre as atividades de estudantes, sindicalistas, religiosos, políticos e de movimentos da sociedade civil. São investigadas uma palestra sobre o desemprego na Igreja dos Santos Apóstolos, o II Encontro Estadual de Educação, a convenção do Partido Democrático Social (PDS) no município de Campinas e as atividades da Conferência Nacional dos Bispos do Brasil (CNBB).	-	1982 - 1982
219	Relatórios de agentes infiltrados da Divisão de Informações (DI) do DEOPS/SP sobre as atividades de estudantes, sindicalistas, religiosos, políticos e de movimentos da	-	1982 - 1982

DOSSIÊS/ PASTAS	ASSUNTO	ARQUIVAMENTO	PRODUÇÃO
	sociedade civil. São investigados o Partido do Movimento Democrático Brasileiro (PMDB) e as convenções estaduais do Partido dos Trabalhadores (PT) e do Partido Democrático Social (PDS).		
220	Relatórios de agentes infiltrados da Divisão de Informações (DI) do DEOPS/SP sobre as atividades de estudantes, sindicalistas, religiosos, políticos e de movimentos da sociedade civil. São investigadas as convenções do Partido dos Trabalhadores (PT), nos municípios de Catanduva - SP e de Marília - SP, a convenção do Partido Social Democrático (PDS) no município de Cubatão - SP, a convenção do Partido Democrático Trabalhista (PDT) no município de Santos - SP, uma entrevista de Dom Carlos Humes, Luiz Inácio Lula da Silva, um ato de solidariedade aos povos da América Central e o grupo Fé e Política, do município de Sorocaba - SP.	-	1982 - 1982
221	Relatórios de agentes infiltrados da Divisão de Informações (DI) do DEOPS/SP sobre as atividades de estudantes, sindicalistas, religiosos, políticos e de movimentos da sociedade civil. São investigados os cineclubes alternativos no município de Piracicaba - SP, a greve dos alunos da Faculdade de Medicina da Universidade Estadual Paulista (Unesp) no município de Botucatu - SP, o Partido Democrático Social (PDS), o Partido Trabalhista Brasileiro (PTB), o Partido do Movimento Democrático Brasileiro (PMDB) e o Partido dos Trabalhadores (PT).	-	1982 - 1982
222	Relatórios de agentes infiltrados da Divisão de Informações (DI) do DEOPS/SP sobre as atividades de estudantes, sindicalistas, religiosos, políticos e de movimentos da sociedade civil. São investigados o Partido dos Trabalhadores (PT), o Partido do Movimento Democrático Brasileiro (PMDB) e os metalúrgicos do município de São Bernardo do Campo - SP.	-	1982 - 1982
223	Relatórios de agentes infiltrados da Divisão de Informações (DI) do DEOPS/SP sobre as atividades de estudantes, sindicalistas, religiosos, políticos e de movimentos da sociedade civil. São investigados o Partido Democrático Social (PDS), o Partido Trabalhista Brasileiro (PTB), o Partido dos Trabalhadores (PT), atividades estudantis na Universidade Estadual Paulista (Unesp) e na Universidade de São Paulo (USP). Contém também relatórios sobre a expulsão de presos estrangeiros, em sua maioria argentinos e portugueses, sobre a Convergência Socialista e o Movimento Revolucionário 8 de Outubro (MR-8).	-	1982 - 1982
224	Relatórios de agentes infiltrados da Divisão de Informações (DI) do DEOPS/SP sobre as atividades de estudantes, sindicalistas, religiosos, políticos e de movimentos da sociedade civil. São investigações sobre o Partido Democrático Social (PDS) o Partido Trabalhista Brasileiro (PTB), o Partido do Movimento Democrático Brasileiro (PMDB) e o Partido dos Trabalhadores (PT). Contém também informações sobre atividades em teatros e sobre os sindicatos dos metalúrgicos e dos bancários.	-	1982 - 1982
225	Relatórios de agentes infiltrados da Divisão de Informações (DI) do DEOPS/SP sobre as atividades de estudantes, sindicalistas, religiosos, políticos e de movimentos da sociedade civil. São investigados o Partido dos Trabalhadores (PT), o Partido do Movimento Democrático Brasileiro (PMDB) e o Partido Democrático Social (PDS).	-	1982 - 1982
226	Relatórios de agentes infiltrados da Divisão de Informações (DI) do DEOPS/SP sobre as atividades de estudantes, sindicalistas, religiosos, políticos e de movimentos da sociedade civil. São investigadas a Universidade Estadual Paulista (Unesp) , a Universidade de Campinas (Unicamp), a Universidade de São Paulo (USP), o Partido do Movimento Democrático Brasileiro (PMDB), o Partido Democrático Trabalhista (PDT), o Partido Democrático Social (PDS) e o Partido dos Trabalhadores (PT).	-	1982 - 1982
227	Relatórios de agentes infiltrados da Divisão de Informações (DI) do DEOPS/SP sobre as atividades de estudantes, sindicalistas, religiosos, políticos e de movimentos da sociedade civil. São investigadas a Universidade Estadual Paulista (Unesp), a Universidade de Campinas (Unicamp), a Universidade de São Paulo (USP), o Partido do Movimento Democrático Brasileiro (PMDB), o Partido Democrático Trabalhista (PDT), o Partido Democrático Social (PDS) e o Partido dos Trabalhadores (PT).	-	1982 - 1982
228	Relatórios de agentes infiltrados da Divisão de Informações (DI) do DEOPS/SP sobre as atividades de estudantes, sindicalistas, religiosos, políticos e de movimentos da sociedade civil. São investigadas a Universidade Estadual Paulista (Unesp), a Universidade Federal de São Carlos (Ufscar) a Universidade de Campinas (Unicamp), a Universidade de São Paulo (USP), o Partido do Movimento Democrático Brasileiro (PMDB), o Partido Democrático Trabalhista (PDT), o Partido Democrático Social (PDS) e o Partido dos Trabalhadores (PT).	15/03/83 - 16/03/83	1982 - 1982
229	Relatórios de agentes infiltrados da Divisão de Informações (DI) do DEOPS/SP sobre as atividades de estudantes, sindicalistas, religiosos, políticos e de movimentos da sociedade civil. São investigados o Partido do Movimento Democrático Brasileiro (PMDB), o Partido Democrático Trabalhista (PDT), o Partido Democrático Social	16/03/83 -	1982 - 1982

DOSSIÊS/ PASTAS	ASSUNTO	ARQUIVAMENTO	PRODUÇÃO
	(PDS) e o Partido dos Trabalhadores (PT).		
230	Relatórios de agentes infiltrados da Divisão de Informações (DI) do DEOPS/SP sobre as atividades de estudantes, sindicalistas, religiosos, políticos e de movimentos da sociedade civil. São investigados o Partido do Movimento Democrático Brasileiro (PMDB), o Partido Democrático Trabalhista (PDT), o Partido Democrático Social (PDS) e o Partido dos Trabalhadores (PT).	-	1982 - 1982
231	Relatórios de agentes infiltrados da Divisão de Informações (DI) do DEOPS/SP sobre as atividades de estudantes, sindicalistas, religiosos, políticos e de movimentos da sociedade civil.	- 16/03/83	1982 - 1982
232	Relatórios de agentes infiltrados da Divisão de Informações (DI) do DEOPS/SP sobre as atividades de estudantes, sindicalistas, religiosos, políticos e de movimentos da sociedade civil. São investigados o Partido do Movimento Democrático Brasileiro (PMDB), o Partido Democrático Trabalhista (PDT), o Partido Democrático Social (PDS) e o Partido dos Trabalhadores (PT).	16/03/83 - 16/03/83	1982 - 1982
233	Relatórios de agentes infiltrados da Divisão de Informações (DI) do DEOPS/SP sobre as atividades de estudantes, sindicalistas, religiosos, políticos e de movimentos da sociedade civil. São investigados o Sindicato dos Metalúrgicos, a Central Única dos Trabalhadores (CUT), o Partido Democrático Social (PDS), o Partido dos Trabalhadores (PT), o Partido Comunista do Brasil (PC do B), a Universidade de São Paulo (USP) e a Universidade Mackenzie.	16/03/83 - 16/03/83	1982 - 1982
234	Relatórios de agentes infiltrados da Divisão de Informações (DI) do DEOPS/SP sobre as atividades de estudantes, sindicalistas, religiosos, políticos e de movimentos da sociedade civil. São investigados o Sindicato dos Metalúrgicos, a Central Única dos Trabalhadores (CUT), o Partido Democrático Social (PDS), o Partido dos Trabalhadores (PT) e o Partido Comunista do Brasil (PC do B).	16/03/83 - 16/03/83	1982 - 1982
235	Relatórios de agentes infiltrados da Divisão de Informações (DI) do DEOPS/SP sobre as atividades de estudantes, sindicalistas, religiosos, políticos e de movimentos da sociedade civil. São investigados o Sindicato dos Metalúrgicos, a Central Única dos Trabalhadores (CUT), o Partido Democrático Social (PDS), o Partido dos Trabalhadores (PT), o Partido Comunista do Brasil (PC do B), a Universidade de São Paulo (USP), a Universidade Mackenzie e a expulsão de estrangeiros (egípcios, portugueses, chilenos, paraguaios, argentinos e bolivianos).	16/03/83 - 16/03/83	1982 - 1982
236	Relatórios de agentes infiltrados da Divisão de Informações (DI) do DEOPS/SP sobre as atividades de estudantes, sindicalistas, religiosos, políticos e de movimentos da sociedade civil. São investigados o Sindicato dos Metalúrgicos, a Central Única dos Trabalhadores (CUT), o Partido Democrático Social (PDS), o Partido dos Trabalhadores (PT), o Partido Comunista do Brasil (PC do B), a Universidade de São Paulo (USP), a Universidade Mackenzie e a expulsão de estrangeiros (egípcios, portugueses, chilenos, paraguaios, argentinos, bolivianos).	16/03/83 - 16/03/83	1982 - 1982
237	Relatórios de agentes infiltrados da Divisão de Informações (DI) do DEOPS/SP sobre as atividades de estudantes, sindicalistas, religiosos, políticos e de movimentos da sociedade civil. São investigados o Partido Comunista Brasileiro (PCB), o Partido Comunista do Brasil (PC do B), Unidade Comunista (UC), os órgãos públicos estaduais, a União Nacional dos Estudantes (UNE), a União Municipal dos Estudantes Secundaristas (UMES), a expulsão de estrangeiros (coreanos, chineses, alemães, uruguaios, bolivianos, argentinos).	-	1982 - 1983
238	Relatórios de agentes infiltrados da Divisão de Informações (DI) do DEOPS/SP sobre as atividades de estudantes, sindicalistas, religiosos, políticos e de movimentos da sociedade civil. É investigada reunião da Sociedade Brasileira para o Progresso da Ciência (SBPC).	-	1983 - 1983
239	Relatórios de agentes infiltrados da Divisão de Informações (DI) do DEOPS/SP sobre as atividades de estudantes, sindicalistas, religiosos, políticos e de movimentos da sociedade civil. São investigados Encontros Paulistanos e o 34º Congresso da União Nacional dos Estudantes (UNE).	16/03/83 - 16/03/83	1983 - 1983
240	Relatórios de agentes infiltrados da Divisão de Informações (DI) do DEOPS/SP sobre as atividades de estudantes, sindicalistas, religiosos, políticos e de movimentos da sociedade civil. São investigados o Encontro Ecumênico dos Direitos Humanos e as relações diplomáticas.	16/03/83 - 16/03/83	1982 - 1983
241	Relatórios de agentes infiltrados da Divisão de Informações (DI) do DEOPS/SP sobre as atividades de estudantes, sindicalistas, religiosos, políticos e de movimentos da sociedade civil. São investigadas a Conferência Nacional dos Bispos do Brasil (CNBB) e a Ação Pastoral.	-	1982 - 1982
242	Relatórios de agentes infiltrados da Divisão de Informações (DI) do DEOPS/SP sobre as atividades de estudantes, sindicalistas, religiosos, políticos e de movimentos da	-	1982 - 1982

DOSSIÊS/ PASTAS	ASSUNTO	ARQUIVAMENTO	PRODUÇÃO
	sociedade civil. São investigadas a Conferência Nacional dos Bispos do Brasil (CNBB) e a Ação Pastoral.		
20-D-000	Os investigados são membros das Forças Armadas envolvidos em atividades políticas suspeitas.	01/12/43 - 02/09/46	1942 - 1951
20-D-001	Lista de oficiais das Forças Armadas.	12/12/43 - 23/11/45	1942 - 1944
20-D-002	Os investigados são o tenente coronel Leônidas Cardoso, reformado por envolvimento em conspiração, o Centro Paulista de Estudo e Defesa do Petróleo e de Economia Nacional, o Partido Comunista Brasileiro e a Liga de Emancipação Nacional contra o Imperialismo Norte-Americano.	31/03/44 - 23/08/65	1941 - 1965
20-D-003	Suspeita de atitude antinacional. O investigado é Naul de Azevedo, capitão do corpo de bombeiros de São Paulo, que teria incitado os seus colegas contra o governo estadual.	13/04/44 - 22/01/60	1940 - 1943
20-D-004	Suspeita de atitude antinacional e de atividade integralista. O investigado é o coronel Euclides Figueiredo.	13/04/44 - 18/03/46	1942 - 1949
20-D-005	Suspeita de atitude antinacional e de atividade eixista. O investigado é Othelo Rodrigues Franco, que teria criticado os países aliados e o governo de Getúlio Vargas.	28/04/44 - 24/08/45	1941 - 1944
20-D-006	O investigado é o coronel José de Lima Figueiredo, que teria criticado a interferência norte-americana no Brasil.	19/05/45 - 29/09/53	1945 - 1953
20-D-007	Movimento guerrilheiro. O investigado é o major Ducídio Caldeira, que teria articulado um movimento armado revolucionário.	16/06/44 - 05/07/47	1941 - 1944
20-D-008	Suspeita de atitude antinacional. O investigado é o general Estilac Leal, que teria criticado as diretrizes políticas do presidente Getúlio Vargas.	24/07/44 - 24/01/57	1944 - 1957
20-D-009	Os investigados são militares que teriam organizado um movimento revolucionário contra o governo federal.	25/07/44 - 16/05/46	1943 - 1945
20-D-010	O investigado é Alípio Corma Neto, professor da Faculdade de Medicina da Universidade de São Paulo (USP), que teria se filiado ao Partido Socialista Brasileiro (PSB).	17/07/45 - 09/09/70	1945 - 1970
20-D-011	O investigado é Felinto Müller.	03/05/45 - 08/03/46	1945 - 1945
20-D-013	Movimento político/partidário. O investigado é Flodoaldo Gonçalves Maia, major da reserva do Exército.	25/10/44 - 01/12/60	1943 - 1960
20-D-014	O investigado é o general Góes Monteiro.	07/11/44 - 01/10/45	1944 - 1945
20-D-015	O investigado é o tenente José Pedro Batista da Luz, que estaria articulando um movimento armado.	15/01/45 - 14/08/45	1945 - 1945
20-D-016	Trata-se de informações sobre o Brigadeiro Eduardo Gomes, e sua candidatura à presidência da República.	17/01/45 - 29/10/55	1945 - 1956
20-D-017	Suspeita de atitude antinacional. O investigado é o major Juracy Magalhães.	19/01/45 - 05/11/59	1944 - 1959
20-D-018	O investigado é Appel Netto, que teria presenciado no Rio de Janeiro uma conferência entre o presidente da República e oficiais do Exército sobre a política nacional.	27/01/45 - 27/01/45	1945 - 1945
20-D-019	O investigado é Silvio Magalhães Padilha, que teria feito um discurso inflamado sobre a situação política brasileira.	14/02/45 - 20/05/55	1945 - 1955
20-D-020	Suspeita de atividade eixista. O investigado é o brigadeiro Newton Braga.	21/02/45 - 17/09/45	1943 - 1945
20-D-021	Suspeita de atitude antinacional. O investigado é o capitão Antônio Petscher, reformado da força policial, que teria participado de reuniões conspirativas contra o regime.	10/03/45 - 23/05/45	1945 - 1945
20-D-022	O investigado é João Gomes, ex-ministro de guerra.	20/03/45 - 20/03/45	1945 - 1945
20-D-023	Suspeita de atitude antinacional. O investigado é o coronel Henrique Ricardo Holl, que estaria envolvido numa conspiração contra o governo federal.	21/03/45 - 21/03/45	1945 - 1945
20-D-024	O investigado é o general Esidoro Dias Lopes.	05/04/45 - 05/04/45	1945 - 1945
20-D-025	O investigado é o general reformado Ernani da Silveira.	05/04/45 - 05/04/45	1945 - 1945
20-D-026	O investigado é o general Olintho de Mesquita Vasconselos, que teria escrito um manifesto sobre a política nacional e sobre a sucessão presidencial.	09/04/45 - 28/06/45	1945 - 1954
20-D-027	Censura postal. Carta do coronel Silvestre Góes Monteiro, com referência à criação de um partido político socialista.	12/04/45 - 20/07/45	1942 - 1942
20-D-028	É investigada a visita de Eurico Gaspar Dutra a São Paulo.	24/04/45 - 24/10/45	1945 - 1945
20-E-000	Suspeita de atitude antinacional. Trata-se de um discurso do cônsul tchecoslovaco sobre Getúlio Vargas.	03/02/44 - 03/02/44	1944 - 1944
20-E-001	Movimento religioso e movimento político/partidário. O investigado é o Padre Deusdedit de Araújo, vigário da Igreja de São Geraldo, que seria membro do Partido da Representação Popular (PRP).	14/03/44 - 10/07/59	1941 - 1959
20-E-002	O investigado é João Alberto.	11/08/44 - 30/12/54	1943 - 1954
20-E-003	Movimento sindical. É investigado o Sindicato dos Ferroviários da Estrada de Ferro Sorocabana.	17/07/58 - 01/09/70	1961 - 1970

DOSSIÊS/ PASTAS		ASSUNTO	ARQUIVAMENTO	PRODUÇÃO
20-F-001		**O investigado é Adhemar de Barros.**	**28/04/44 - 03/07/69**	**1957 - 1963**
	001	O investigado é Adhemar de Barros.	28/04/44 - 29/09/54	0 - 0
	002	O investigado é Adhemar de Barros.	29/09/54 - 17/04/57	0 - 0
	003	O investigado é Adhemar de Barros.	17/04/57 - 04/12/57	1957 - 1957
	004	O investigado é Adhemar de Barros.	05/12/57 - 31/05/58	1957 - 1958
	005	O investigado é Adhemar de Barros.	31/05/58 - 18/08/58	1958 - 1958
	006	O investigado é Adhemar de Barros.	22/08/58 - 11/03/59	0 - 0
	007	O investigado é Adhemar de Barros.	23/09/58 - 11/11/63	1958 - 1963
	008	O investigado é Adhemar de Barros.	22/11/63 - 03/07/69	0 - 0
20-F-002		**Suspeita de atividade eixista e de posse de rádio transmissor. O investigado é o industrial Mário Audrá (ou Andrá), residente no município de Taubaté - SP e membro do Conselho de Expansão Comercial do Estado, amigo íntimo de Adhemar de Barros.**	**10/05/45 - 22/10/46**	**1941 - 1942**
20-G-001		**Conduta suspeita de padre que tinha atuação política.**	**14/04/44 - 14/04/44**	**1943 - 1943**
20-G-002		**O investigado é o padre Eliseu Murari, que teria criticado publicamente o governo de Getúlio Vargas.**	**07/02/45 - 07/02/45**	**1944 - 1945**
20-H-000		**Trata-se de comunicados ao delegado chefe do Serviço Secreto (SS) sobre declarações de Dr. Antônio Mendonça a respeito da crise do governo de São Paulo, em que faz menção à queda do presidente Getúlio Vargas e um outro sobre o afastamento do Dr. Fernando da Costa, da Interventoria do Estado de São Paulo.**	**-**	**1943 - 1963**
20-H-001		**Suspeita de atividade comunista e movimento estudantil. São investigados profissionais liberais e funcionários públicos.**	**12/04/44 - 08/08/62**	**1943 - 1962**
20-H-002		**Diagnóstico de atividades em municípios. É investigado o município de Araras - SP.**	**02/12/43 - 29/09/77**	**1943 - 1977**
	001	Diagnóstico de atividades em municípios. Trata-se do município de Araras - SP.	02/12/43 - 02/06/69	1943 - 1969
	002	Diagnóstico de atividades em municípios. Trata-se do município de Araras - SP.	04/07/69 - 11/10/72	1968 - 1971
	003	Diagnóstico de atividades em municípios. Trata-se do município de Araras - SP.	22/12/72 - 29/09/77	1972 - 1977
20-H-003		**O investigado é Egberto Monteiro de Barros, funcionário público e estudante de Direito, que teria feito críticas ao governo e ao Exército brasileiro.**	**12/02/43 - 12/02/43**	**1943 - 1943**
20-H-004		**Suspeita de atitude antinacional. O investigado é Atílio Amazuti, contador da Secretaria da Fazenda.**	**02/10/44 - 02/10/44**	**1944 - 1944**
20-H-005		**Distribuição de material subversivo.O investigado é o funcionário público João Pimenta, que teria distribuído panfletos da autoria de Armando de Salles Oliveira e de Octávio Magabeira.**	**26/06/44 - 26/06/44**	**1941 - 1941**
20-H-006		**O investigado é o funcionário público João Batista da Silva Azevedo.**	**26/06/44 - 17/08/44**	**1941 - 1941**
20-H-007		**O investigado é o funcionário municipal Carlos de Souza Queiróz, que teria feito propaganda contra o ministro João Alberto.**	**16/08/44 - 16/08/44**	**1943 - 1943**
20-H-008		**O investigado é o funcionário da Prefeitura Paulo Penteado.**	**16/08/44 - 24/04/45**	**1940 - 1941**
20-H-009		**Movimento sindical e suspeita de atividade comunista. O investigado é o líder sindical Dante Pelacani.**	**13/08/58 - 26/08/70**	**1960 - 1964**
	001	O investigado é o líder sindical Dante Pelacani.	13/08/58 - 09/04/65	1960 - 1964
	002	O investigado é o líder sindical Dante Pelacani..	26/07/65 - 26/08/70	0 - 0
20-H-010		**Conduta suspeita e movimento político-partidário. É investigada Ivete Vargas, bem como sua ligação com o PTB (Partido Trabalhista Brasileiro).**	**03/02/58 - 18/09/69**	**1957 - 1969**
	001	A investigada é Ivete Vargas e o Partido Trabalhista Brasileiro (PTB).	03/02/58 - 17/07/63	1957 - 1963
	002	Conduta suspeita. A investigada é Ivete Vargas e o Partido Trabalhista Brasileiro (PTB).	19/07/63 - 18/09/69	1963 - 1969
20-H-011		**O investigado é Oswaldo Mariano, funcionário do Departamento de Imprensa e Propaganda (DEIP) e redator do *Jornal da Manhã*.**	**10/10/44 - 26/08/58**	**1944 - 1958**
20-I-001		**Censura postal. A investigada é Cecília Vampré, que teria escrito para seus familiares do Canadá sobre as práticas do Estado Novo.**	**01/07/44 - 01/07/44**	**1944 - 1944**
20-J-000		**São investigadas as palestras realizadas no Instituto Histórico e Geográfico de São Paulo, Clube do Jogo e no Jóquei Clube, onde teriam sido feitas críticas ao governo de Getúlio Vargas.**	**19/11/43 - 03/06/58**	**1943 - 1946**
20-J-001		**Movimento da sociedade civil. São investigadas as associações e as entidades com influência na política nacional.**	**27/03/44 - 15/09/58**	**1940 - 1958**
20-J-002		**É investigada uma reunião promovida pelo Instituto Cultural Brasil-Estados Unidos.**	**17/05/44 - 17/05/44**	**1944 - 1944**
20-J-003		**É investigada a União Cívica Brasileira.**	**11/09/44 - 11/09/44**	**1944 - 1944**
20-J-004		**É investigada a Associação Paulista de Imprensa.**	**09/12/44 - 06/02/76**	**1944 - 1976**
20-J-005		**São investigados os discursos com teor político proferidos na Faculdade de Direito de São Paulo.**	**16/03/45 - 16/03/45**	**1945 - 1945**

DOSSIÊS/ PASTAS		ASSUNTO	ARQUIVAMENTO	PRODUÇÃO
20-J-006		**Movimento sindical. São investigados os funcionários públicos municipais, estaduais e federais, que atuavam em sindicatos e/ou envolvidos em greves.**	**27/03/45 - 10/07/72**	**1945 - 1972**
	001	São investigadas a Associação de Funcionários Extranuméricos de São Paulo, a União dos Servidores Públicos de São Paulo e a União dos Servidores Públicos Federais.	27/03/45 - 18/07/55	1945 - 1955
	002	São investigadas a Associação de Funcionários Extranuméricos de São Paulo, a União dos Servidores Públicos de São Paulo e a União dos Servidores Públicos Federais.	26/09/55 - 13/11/57	1955 - 1957
	003	São investigadas a Associação de Funcionários Extranuméricos de São Paulo, a União dos Servidores Públicos de São Paulo e a União dos Servidores Públicos Federais.	20/12/57 - 03/03/69	1957 - 1969
	004	São investigadas a Assembléia Geral da Cooperativa dos Funcionários Públicos do Estado e o I Congresso dos Servidores Públicos no Estado de São Paulo.	01/10/68 - 10/07/72	1968 - 1972
20-J-007		**Suspeita de atividade eixista. É investigado o Clube de Campo de São Paulo.**	**03/04/45 - 17/04/46**	**1942 - 1945**
20-J-008		**Movimento da sociedade civil. É investigado o Comitê Central Pró-Anistia.**	**11/04/45 - 22/04/45**	**1945 - 1945**
20-J-009		**São investigadas a Associação dos Negros Brasileiros e a Casa da Cultura Afro-Brasileira.**	**11/04/45 - 23/04/45**	**1945 - 1969**
20-J-010		**Movimento político/partidário. É investigado o PDC (Partido Democrata Cristão).**	**24/04/45 - 05/01/67**	**1945 - 1967**
	001	É investigado o Partido Democrata Cristão (PDC).	24/04/45 - 23/03/54	1945 - 1954
	002	São investigados o Partido Democrata Cristão (PDC) e o Partido Comunista Brasileiro (PCB).	29/03/59 - 05/01/67	1959 - 1967
20-J-011		**Movimento político/partidário. É investigada a União Democrática da Mocidade Livre.**	**11/06/45 - 11/06/45**	**1945 - 1945**
20-J-012		**Movimento político/partidário. É investigada a Liga Brasileira pelo Regime Parlamentar.**	**31/05/45 - 31/05/45**	**1945 - 1945**
20-J-013		**Movimento político/partidário. É investigado o Partido Popular Sindicalista.**	**05/07/45 - 06/10/47**	**1945 - 1947**
20-J-014		**Movimento religioso. São investigadas a Juventude Operária Católica (JOC), a Juventude Universitária Católica (JUC) e a Juventude Estudantil Católica (JEC).**	**06/07/45 - 02/10/73**	**1944 - 1973**
20-J-015		**Movimento político-partidário. É investigado o Partido Trabalhista Brasileiro (PTB).**	**27/07/45 - 26/01/70**	**1940 - 1970**
	001	Movimento político/partidário. É investigado o Partido Trabalhista Brasileiro (PTB).	27/07/45 - 14/02/46	1940 - 1946
	002	Movimento político/partidário. É investigado o Partido Trabalhista Brasileiro (PTB).	-	1945 - 1945
	003	Movimento político/partidário. É investigado o Partido Trabalhista Brasileiro (PTB).	21/03/46 - 20/02/58	1946 - 1958
	004	Movimento político/partidário. É investigado o Partido Trabalhista Brasileiro (PTB).	08/10/48 - 05/07/49	1947 - 1949
	005	Movimento político/partidário. É investigado o Partido Trabalhista Brasileiro (PTB).	-	1950 - 1950
	006	Movimento político/partidário. É investigado o Partido Trabalhista Brasileiro (PTB).	-	1950 - 1950
	007	Movimento político/partidário. É investigado o Partido Trabalhista Brasileiro (PTB).	19/08/51 - 23/04/51	1950 - 1951
	008	Movimento político/partidário. É investigado o Partido Trabalhista Brasileiro (PTB).	24/04/51 - 08/11/51	1951 - 1951
	009	Movimento político/partidário. É investigado o Partido Trabalhista Brasileiro (PTB).	14/11/51 - 09/12/52	1951 - 1952
	010	Movimento político/partidário. É investigado o Partido Trabalhista Brasileiro (PTB).	09/12/52 - 18/02/54	1952 - 1954
	011	Movimento político/partidário. É investigado o Partido Trabalhista Brasileiro (PTB).	18/02/54 - 09/11/54	1954 - 1957
	012	Movimento político/partidário. É investigado o Partido Trabalhista Brasileiro (PTB).	11/08/54 - 19/10/54	1954 - 1954
	013	Movimento político/partidário. É investigado o Partido Trabalhista Brasileiro (PTB).	20/10/54 - 18/05/55	1954 - 1955
	014	Movimento político/partidário. É investigado o Partido Trabalhista Brasileiro (PTB).	18/05/55 - 23/12/55	1955 - 1955
	015	Movimento político/partidário. É investigado o Partido Trabalhista Brasileiro (PTB).	26/12/55 - 05/02/58	1955 - 1958
	016	Movimento político/partidário. É investigado o Partido Trabalhista Brasileiro (PTB).	06/02/58 - 29/07/58	1958 - 1958
	017	Movimento político/partidário. É investigado o Partido Trabalhista Brasileiro (PTB).	28/07/58 - 22/03/60	1958 - 1960
	018	Movimento político/partidário. É investigado o Partido Trabalhista Brasileiro (PTB).	05/04/60 - 24/12/64	1960 - 1964
	019	Movimento político/partidário. É investigado o Partido Trabalhista Brasileiro (PTB).	28/12/64 - 26/01/70	1964 - 1970
20-J-016		**Movimento político/partidário. É investigada a Aliança Democrática Nove de Julho.**	**07/08/45 - 07/08/45**	**1945 - 1945**
20-J-017		**Movimento político/partidário. É investigada a Aliança Democrática Nove de Julho.**	**07/08/45 - 26/03/58**	**1945 - 1945**
20-J-018		**Movimento político/partidário. É investigado o Movimento Queremista no Brasil.**	**06/10/45 - 19/10/48**	**1945 - 1948**
20-J-019		**Movimento político/partidário. É investigado o Partido Proletário do Brasil (PPB).**	**20/08/46 - 28/07/49**	**1946 - 1949**
20-J-021		**Movimento político/partidário. São investigados Oswaldo de Oliveira Lima e o Partido Cristão Brasileiro.**	**08/05/48 - 14/06/49**	**1948 - 1948**
20-J-022		**Movimento político/partidário. É investigado o Partido Orientador Trabalhista (POT).**	**31/08/49 - 05/09/55**	**1947 - 1955**
20-J-023		**Movimento político/partidário. É investigado o Partido Trabalhista Nacional (PTN).**	**07/03/51 - 03/11/56**	**1950 - 1956**
	001	Movimento político/partidário. É investigado o Partido Trabalhista Nacional (PTN).	-	1950 - 1950

DOSSIÊS/ PASTAS		ASSUNTO	ARQUIVAMENTO	PRODUÇÃO
	002	Movimento político/partidário. E investigado o Partido Trabalhista Nacional (PTN).	-	1950 - 1950
	003	Movimento político/partidário. É investigado o Partido Trabalhista Nacional (PTN).	07/03/51 - 25/05/52	1950 - 1951
	004	Movimento político/partidário. É investigado o Partido Trabalhista Nacional (PTN).	04/07/51 - 27/04/55	1955 - 1955
	005	Movimento político/partidário. É investigado o Partido Trabalhista Nacional (PTN).	27/04/55 - 03/11/56	1955 - 1956
20-J-024		**Movimento político/partidário. É investigado o Partido Ruralista Brasileiro (PRB).**	**21/08/51 - 06/07/56**	**1950 - 1956**
20-J-025		**Movimento político/partidário. São investigadas as eleições municipais em cidades do Estado de São Paulo.**	**13/01/67 - 27/09/77**	**1968 - 1977**
	001	Movimento político/partidário. Trata-se do resultado das eleições realizadas em diversos municípios do Estado de São Paulo, com o predomínio da Aliança Renovadora Nacional (ARENA)	13/01/67 - 07/01/69	1968 - 1969
	002	Movimento político/partidário. É investigada a Aliança Renovadora Nacional (ARENA).	06/01/69 - 07/03/69	1968 - 1968
	003	Movimento político/partidário. É investigada a Aliança Renovadora Nacional (ARENA).	07/03/69 - 16/07/69	1968 - 1968
	003A	Movimento político/partidário. É investigada a Aliança Renovadora Nacional (ARENA).	18/08/70 - 27/11/68	1968 - 1970
	004	Movimento político/partidário. É investigada a Aliança Renovadora Nacional (ARENA).	04/07/69 - 05/07/69	1968 - 1968
	005	Movimento político/partidário. É investigada a Aliança Renovadora Nacional (ARENA).	05/07/69 - 29/08/69	1968 - 1969
	006	Movimento político/partidário. É investigada a Aliança Renovadora Nacional (ARENA).	29/08/69 - 18/08/70	1968 - 1969
	007	Movimento político/partidário. É investigada a Aliança Renovadora Nacional (ARENA).	26/08/71 - 15/12/75	1971 - 1975
	008	Movimento político/partidário. É investigada a Aliança Renovadora Nacional (ARENA).	27/02/76 - 27/09/77	1975 - 1977
	009	Movimento político/partidário. É investigada a Aliança Renovadora Nacional (ARENA).	-	1977 - 1977
20-K-000		**São investigados advogados e jornalistas que teriam conspirado contra o governo de Getúlio Vargas.**	**27/01/44 - 25/11/44**	**1940 - 1944**
20-K-001		**O investigado é o advogado Cid de Castro Prado, membro da Liga Nacional Pró-Mudança da Capital da República.**	**18/01/44 - 02/03/55**	**1943 - 1955**
20-K-002		**É investigado o jornal *O Estado de São Paulo.***	**31/01/44 - 26/07/66**	**1941 - 1965**
20-K-003		**O investigado é o francês Emanuel Barré, ex-funcionário do jornal *O Estado de São Paulo.***	**01/02/44 - 01/02/44**	**1943 - 1943**
20-K-004		**O investigado é o escritor José Bento Monteiro Lobato, proprietário da Editora Brasiliense.**	**14/02/44 - 25/10/63**	**1940 - 1962**
20-K-005		**O investigado é Hugo Borgui, deputado pelo Partido Trabalhista Brasileiro (PTB).**	**15/01/46 - 10/06/69**	**1945 - 1972**
20-K-006		**O investigado é Diógenes Ribeiro de Lima, professor normalista, bacharel em Direito, ex-vereador pelo Partido da Representação Popular (PRP) e secretário de Adhemar de Barros.**	**16/02/44 - 01/12/45**	**1941 - 1941**
20-K-007		**O investigado é Borges de Medeiros.**	**20/12/45 - 20/12/45**	**1941 - 1941**
20-K-008		**Suspeita de atitude antinacional. O investigado é o jornalista Júlio de Mesquita Filho.**	**16/02/44 - 16/02/44**	**1943 - 1943**
20-K-009		**O investigado é Alberto Whately, membro da sociedade rural brasileira e do Partido da Representação Popular (PRP) e superintendente brasileiro na construção da Estrada de Ferro Brasil-Bolívia.**	**01/03/44 - 15/12/45**	**1944 - 1945**
20-K-010		**O investigado é Cândido Mota Filho, professor de Direito Constitucional da Faculdade de Direito da Universidade de São Paulo (USP).**	**14/03/44 - 18/11/53**	**1940 - 1953**
20-K-011		**O investigado é Haroldo Teixeira Valadão, professor de Direito Internacional da Faculdade Nacional de Direito da Universidade do Brasil.**	**22/03/44 - 22/03/44**	**1944 - 1944**
20-K-012		**O investigado é o delegado de polícia Coriolano Goes.**	**29/03/44 - 13/08/70**	**1944 - 1970**
20-K-013		**O investigado é o general Flores da Cunha.**	**19/11/43 - 06/03/62**	**1938 - 1950**
20-K-014		**O investigado é Antônio Mendonça, advogado de Armando de Salles Oliveira.**	**31/03/44 - 09/12/45**	**1940 - 1945**
20-K-015		**O investigado é o ministro da Fazenda Souza Costa.**	**31/03/44 - 03/12/46**	**1944 - 1946**
20-K-016		**O investigado é Júlio de Mesquita Filho.**	**31/03/44 - 31/03/44**	**1943 - 1943**
20-K-017		**O investigado é Ibanez Salles, primo e representante legal de Armando de Salles Oliveira.**	**03/04/44 - 01/05/45**	**1939 - 1949**
20-K-018		**Escuta telefônica. São investigados Francisco Mesquita e a redação do jornal *O Estado de São Paulo.***	**04/04/44 - 05/04/44**	**1940 - 1943**
20-K-019		**O investigado é Jairo Franco, advogado e antigo deputado federal, amigo da família Mesquita.**	**10/04/44 - 21/02/45**	**1943 - 1945**

DOSSIÊS/ PASTAS	ASSUNTO	ARQUIVAMENTO	PRODUÇÃO
20-K-020	**O investigado é Ernesto Leme, advogado, professor de Direito da Universidade de São Paulo (USP) e membro do Partido Constitucionalista.**	**11/04/44 - 11/04/44**	**1940 - 1943**
20-K-021	**O investigado é o advogado Henrique Bayma, ex-deputado pelo Partido Constitucionalista.**	**14/04/44 - 11/03/52**	**1941 - 1952**
001	O investigado é o advogado Henrique Bayma, antigo deputado do Partido Constitucionalista, partidário de Armando de Salles Oliveira.	14/04/44 - 20/06/44	1941 - 1944
002	O investigado é o advogado Henrique Bayma, antigo deputado do Partido Constitucionalista, partidário de Armando de Salles Oliveira.	20/06/44 - 11/03/52	1941 - 1952
20-K-022	**O investigado é Plínio de Castro Prado, pessoa relacionada a Júlio de Mesquita.**	**14/04/44 - 14/04/44**	**1943 - 1943**
20-K-023	**O investigado é Francisco Morato, advogado e professor.**	**14/04/44 - 09/04/45**	**1940 - 1945**
20-K-024	**O investigado é Pedro Aleixo.**	**14/04/44 - 14/04/44**	**1943 - 1943**
20-K-025	**O investigado é Roberto da Costa Abreu Sodré.**	**17/04/44 - 26/07/66**	**1941 - 1965**
20-K-026	**Suspeita de atitude antinacional. Os investigados são políticos e advogados contrários a Getúlio Vargas.**	**17/04/44 - 08/05/44**	**1941 - 1944**
20-K-027	**Investigação sobre o advogado Alorico Caiuby , ex-deputado do Partido da Representação Popular (PRP).**	**17/04/44 - 17/04/44**	**1941 - 1943**
20-K-028	**Distribuição de material subversivo. Trata-se de exemplos do livro *Militarismo e República*, de Pedro Luís - pseudônimo do advogado Pedro Orlando Freire Pinto-, que estaria sendo distribuído por estudantes.**	**28/07/45 - 28/07/45**	**1945 - 1945**
20-K-029	**Movimento político/partidário. São investigados advogados, engenheiros e fazendeiros que teriam influência na política do Estado de São Paulo.**	**19/04/44 - 19/04/44**	**1944 - 1944**
20-K-030	**O investigado é o advogado Jaime Leonel, candidato à Câmara Federal em 1958.**	**20/04/44 - 12/11/58**	**1944 - 1958**
20-K-031	**O investigado é Henrique Richetti, funcionário público e deputado federal.**	**20/04/44 - 24/03/59**	**1944 - 1958**
20-K-032	**O investigado é José Martiniano de Alencar, proprietário do cartório e ex-membro do Partido da Representação Popular (PRP), que estaria ligado a Armando de Salles Oliveira.**	**25/04/44 - 25/04/44**	**1943 - 1944**
20-K-033	**O investigado é o advogado Paulo Nogueira Fillho, ex-deputado pelo Partido Constitucionalista e proprietário da Usina Ester, onde estariam sendo realizadas reuniões conspirativas.**	**02/05/44 - 28/11/45**	**1941 - 1949**
20-K-034	**O investigado é Christian Altenfelder Silva.**	**04/05/44 - 10/12/45**	**1944 - 1945**
20-K-035	**O investigado é o escritor Jorge Amado.**	**06/05/44 - 22/03/71**	**1944 - 1971**
20-K-036	**Censura postal. O investigado é o advogado Luiz de Azevedo Soares.**	**17/05/44 - 17/05/44**	**1944 - 1944**
20-K-037	**Censura postal. O investigado é José Paulino Nogueira.**	**02/06/44 - 05/12/45**	**1942 - 1944**
20-K-038	**O investigado é o engenheiro Eurico Gold, romeno, que teria ligação com Adhemar de Barros.**	**02/06/44 - 02/06/44**	**1941 - 1944**
20-K-039	**O investigado é o advogado Francisco de Paula Perniche, que teria oferecido um jantar ao qual compareceram pessoas suspeitas de oposição ao governo Getúlio Vargas.**	**07/06/44 - 07/06/44**	**1944 - 1944**
20-K-040	**O investigado é Cesar Lacerda de Vergueiro, que teria ligação com o Partido da Representação Popular (PRP).**	**01/08/44 - 27/04/45**	**1944 - 1945**
20-K-041	**O investigado é Antônio Sampaio Dória, professor da Faculdade de Direito, que teria criticado a Constituição.**	**26/06/44 - 28/10/58**	**1943 - 1944**
20-K-042	**Os investigados são Antônio Carlos de Abreu Sodré e Roberto da Costa Abreu Sodré.**	**20/06/44 - 15/05/57**	**1930 - 1957**
20-K-043	**Movimento Estudantil. É investigada uma reunião que seria realizada na casa de Virgílio dos Santos Magano.**	**20/06/44 - 20/06/44**	**1944 - 1944**
20-K-044	**Suspeita de atitude antinacional. O investigado é Otávio Mangabeira, ex-ministro das Relações Exteriores.**	**21/06/44 - 12/12/45**	**1944 - 1944**
20-K-045	**Suspeita de atitude antinacional. O investigado é Milton da Costa Medeiros, reitor da Universidade de São Paulo (USP).**	**04/06/44 - 12/10/44**	**1944 - 1964**
20-K-046	**Suspeita de oposição ao governo. O investigado é o ex-prefeito do município de Avaré - SP, membro do Partido Republicano Paulista (PRP).**	**27/04/45 - 27/04/45**	**1942 - 1942**
20-K-047	**Movimento político/partidário. O investigado é Silvio de Campos, chefe da ala dissidente do Partido Republicano Paulista (PRP).**	**24/06/44 - 25/05/56**	**1940 - 1956**
20-K-048	**Suspeita de atitude antinacional. O investigado é o advogado Bergamini, que teria sido convidado para realizar uma conferência sobre as restrições do Poder Judiciário com a Constituição de 1937.**	**28/06/44 - 28/06/44**	**1944 - 1944**
20-K-049	**Suspeita de atitude antinacional, com base em censura postal. O investigado é Fernando Peza, cujas cartas continham reclamações acerca dos resultados do Convênio dos Estados Cafeeiros.**	**17/07/44 - 20/04/56**	**1944 - 1944**
20-K-050	**Censura postal. O investigado é Gastão Moreira ,cuja carta pedia que seu filho fosse visitar o ex-presidente Washington Luís em Nova York.**	**28/07/44 - 11/07/44**	**1944 - 1944**
20-K-051	**Suspeita de atitude antinacional. São investigados Guilherme de Almeida, Rubens do Amaral, os jornais *Folha de São Paulo* (ou *Jornal de São Paulo*), *Fanfula*, *O Dia* e *Associação Brasileira dos Escritores*.**	**31/07/44 - 01/03/56**	**1944 - 1956**

DOSSIÊS/ PASTAS		ASSUNTO	ARQUIVAMENTO	PRODUÇÃO
20-K-052		Suspeita de atitude antinacional. O investigado é o engenheiro Flávio de Paula Souza Leite.	01/08/44 - 01/08/44	1944 - 1944
20-K-053		O investigado é Carlos Humberto Reis, ex-deputado federal pelo Maranhão.	02/08/44 - 02/08/44	1944 - 1944
20-K-054		O investigado é o médico João Soares Brandão Filho que, em viagem para São Paulo, teria travado contato com Armando de Salles Oliveira e alguns membros do Partido Socialista Brasileiro (PSB).	03/08/44 - 15/06/45	1941 - 1945
20-K-055		O investigado é Alfredo Monteiro, professor da Faculdade de Medicina.	03/08/44 - 03/08/44	1940 - 1941
20-K-056		Suspeita de atitude antinacional e de atividade integralista. O investigado é Telesforo Souza Lobo, funcionário da delegacia fiscal.	09/08/44 - 25/04/47	1944 - 1944
20-K-057		Suspeita de atitude antinacional. O investigado é Luiz Alberto Pannaim, que teria denunciado o perigo da aproximação do governo de Getúlio Vargas com o fascismo.	10/08/44 - 10/08/44	1940 - 1940
20-K-058		O investigado é Epitácio Pessoa Cavalcanti, vulgo "Epitacinho", líder trabalhista ligado ao movimento queremista e secretário de Getúlio Vargas.	11/08/44 - 15/07/49	1944 - 1949
20-K-059		Suspeita de atitude antinacional. O investigado é Ibrahim Nobre, que sofreu censura telefônica.	09/08/44 - 24/01/46	1940 - 1944
20-K-060		Suspeita de atitude antinacional. O investigado é Braz Revoredo, que teria ligações com o Automóvel Club.	16/08/44 - 28/09/45	1940 - 1942
20-K-061		Suspeita de atitude antinacional. O investigado é Rubens Pinto Lima, que teria sido armandista e fazia parte do Partido Constitucionalista do Rio Grande do Sul.	16/08/44 - 26/08/57	1940 - 1942
20-K-062		Suspeita de atitude antinacional. O investigado é Atílio Leonel, que teria feito parte da Associação dos Profissionais de Imprensa.	17/08/44 - 17/08/44	1940 - 1940
20-K-063		O investigado é José Armando.	17/08/44 - 17/08/44	1940 - 1940
20-K-064		O investigado é Julio de Salles Oliveira.	21/08/44 - 21/08/44	1944 - 1944
20-K-065		Suspeita de atitude antinacional. O investigado é o escritor Agrepino Grieco.	22/08/44 - 28/09/44	1944 - 1944
20-K-066		Escuta telefônica. Os investigados são o advogado Rui Calazans Araújo, armandista, membro do Partido Constitucionalista, e Marcos de Souza Campanha, os quais teriam tido um diálogo suspeito mencionando queima de documentos perigosos para eles.	29/08/44 - 05/09/53	1944 - 1953
20-K-067		Suspeita de atividade subversiva. Os investigados são Henrique de Souza Queiroz e Mário Pinto de Souza, os quais teriam praticado atividades subversivas.	14/09/44 - 26/10/53	1940 - 1953
20-K-068		Movimento político/partidário. O investigado é Honório de Sylos, secretário particular de Roberto Simonsen, que estaria candidatando-se a deputado estadual.	26/09/44 - 17/11/58	1944 - 1958
20-K-069		O investigado é Paulo Iacha.	28/09/44 - 28/09/44	1944 - 1944
20-K-070		Suspeita de atividade fascista. O investigado é Luciano Gualberto, que estaria ligado às Forças Armadas e ao Partido da Renovação Popular (PRP).	20/09/44 - 01/02/46	1940 - 1944
20-K-071		O investigado é Theotonio de Barros, estudante de Direito.	28/09/44 - 24/10/57	1941 - 1957
20-K-072		O investigado é João de Souza Costa.	28/09/44 - 28/09/44	1944 - 1944
20-K-073		O investigado é João Saraiva Nunes.	07/08/45 - 07/08/45	1945 - 1945
20-K-074		O investigado é o advogado Paulo Motta, que teria publicado documentos acerca da política externa e interna do Brasil na revista *Time*.	02/10/44 - 02/10/44	1944 - 1944
20-K-075		Suspeita de atitude antinacional. O investigado é Mario Rolim Telles, presidente da Comissão da Lavoura de São Paulo, que foi homenageado em 1945.	10/10/44 - 28/03/60	1945 - 1960
20-K-076		O investigado é Cesar Costa, acionista do jornal *Correio Paulistano*.	17/10/44 - 17/10/44	1944 - 1944
20-K-077		Suspeita de atividade comunista. O investigado é o professor Mário Schemberg.	23/10/44 - 05/06/74	1948 - 1974
	001	Suspeita de atividade comunista. O investigado é o professor Mário Schemberg.	23/10/44 - 05/07/60	1948 - 1959
	002	Suspeita de atividade comunista. O investigado é o professor Mário Schemberg.	08/07/60 - 04/10/65	1960 - 1965
	003	Suspeita de atividade comunista e movimento estudantil. O investigado é o professor Mário Schemberg.	27/09/65 - 05/06/74	1965 - 1974
20-K-078		Suspeita de atitude antinacional e movimento estudantil. O investigado é Altino Arantes, membro da Academia Paulista de Letras.	24/10/44 - 23/11/45	1944 - 1944
20-K-079		Suspeita de atitude antinacional. O investigado é Washington Luiz, que se encontrava exilado nos Estados Unidos.	28/10/44 - 06/06/45	1944 - 1945
20-K-080		O investigado é Brasil Ramos Caiado, médico e político.	06/11/44 - 27/12/44	1944 - 1944
20-K-081		Suspeita de atitude antinacional. O investigado é o engenheiro Augusto Lindemberg.	06/11/44 - 06/11/44	1943 - 1943
20-K-082		Suspeita de atitude antinacional. Os investigados são os irmãos Paulo, João e Renato Aranha.	14/11/44 - 14/11/44	1944 - 1944
20-K-083		Suspeita de atitude antinacional. O investigado é o advogado José Duarte Badaró.	18/11/44 - 21/12/44	1944 - 1944
20-K-084		Suspeita de atitude antinacional e movimento da sociedade civil. Os investigados são o médico Edgard Barrozo do Amaral, a União Cultural Brasil - URSS e a Cruzada Humanitária pela Proibição das Armas Atômicas.	20/11/44 - 08/07/60	1943 - 1957

DOSSIÊS/ PASTAS		ASSUNTO	ARQUIVAMENTO	PRODUÇÃO
20-K-085		**Suspeita de atitude antinacional. São investigados o professor João Bussil e a Sociedade Amigos do Brás.**	**05/07/45 - 05/07/45**	**1945 - 1956**
20-K-086		**O investigado é Antônio Gontijo de Carvalho, amigo de Adhemar de Barros e secretário da Educação e da Saúde Pública.**	**16/12/44 - 23/11/45**	**1942 - 1943**
20-K-087		**O investigado é Álvaro Moreira Lima, membro do Centro Acadêmico XI de Agosto da Faculdade de Direito da Universidade de São Paulo (USP).**	**18/12/44 - 18/12/44**	**1943 - 1943**
20-K-088		**Suspeita de atitude antinacional. O investigado é Virgílio de Melo Franco.**	**19/12/44 - 19/12/44**	**1944 - 1944**
20-K-089		**O investigado é o advogado Gastão de Araújo Jordão, freqüentador da Associação dos Lavradores.**	**19/12/44 - 19/12/44**	**1944 - 1944**
20-K-090		**Suspeita de atitude antinacional. O investigado é Targino Ribeiro.**	**21/12/44 - 21/12/44**	**1944 - 1944**
20-K-091		**Suspeita de atitude antinacional, com base em censura postal. Os investigados são Renato, Manuel e Josias Ferreira de Almeida, que enviaram cartas anônimas às autoridades.**	**07/01/46 - 15/04/46**	**1944 - 1945**
20-K-092		**Suspeita de atitude antinacional. O investigado é Gabriel Monteiro da Silva.**	**09/01/45 - 18/05/46**	**1945 - 1946**
20-K-093		**Suspeita de atitude antinacional. O investigado é Alípio Bastos, Juiz de Direito.**	**09/01/45 - 09/01/45**	**1943 - 1943**
20-K-094		**Suspeita de atitude antinacional. O investigado é Nehemias da Silva Queiroz.**	**16/01/45 - 16/01/45**	**1945 - 1945**
20-K-095		**O investigado é o embaixador José Carlos de Macedo Soares.**	**24/11/43 - 04/05/48**	**1943 - 1948**
20-K-096		**O investigado é Raul Pila, membro do Partido Constitucionalista do Rio Grande do Sul.**	**17/01/45 - 24/01/45**	**1945 - 1945**
20-K-097		**O investigado é Haroldo Bueno Magano, advogado do Partido Libertador e ligado ao Centro Acadêmico XI de Agosto.**	**27/01/45 - 19/07/63**	**1944 - 1958**
20-K-098		**O investigado é o engenheiro civil Celestino Malzoni.**	**27/01/45 - 27/01/45**	**1945 - 1945**
20-K-099		**Movimento da sociedade civil. Trata-se de uma palestra de Alberto Mourão com outros jornalistas, com referência às eleições no Brasil.**	**29/01/45 - 29/01/45**	**1945 - 1945**
20-K-100		**O investigado é Abelardo Conduru.**	**09/02/45 - 09/02/45**	**1945 - 1950**
20-K-101		**Suspeita de atividade comunista. O investigado é Maulo de Alencar, funcionário da Câmara Municipal de São Paulo.**	**21/02/45 - 28/01/70**	**1945 - 1970**
20-K-102		**Suspeita de atividade comunista. O investigado é João Mangabeira.**	**21/02/45 - 05/12/62**	**1945 - 1962**
20-K-103		**Os investigados são o médico Italo Martinori e Haroldo B. Majano.**	**22/02/45 - 22/02/45**	**1945 - 1945**
20-K-104		**O investigado é o professor Honório Monteiro, diretor da Faculdade de Direito.**	**26/02/45 - 03/03/58**	**1945 - 1958**
20-K-105		**O investigado é o advogado Deolindo Roberto Barboza, que veio a São Paulo para realizar um tratamento de saúde.**	**28/02/45 - 28/02/45**	**1945 - 1945**
20-K-106		**O investigado é Carlos Arillo Junior.**	**01/03/45 - 13/10/53**	**1945 - 1953**
20-K-107		**O investigado é Miguel Meira, advogado ligado ao Partido Solucionista.**	**02/03/45 - 23/09/60**	**1945 - 1960**
20-K-108		**O investigado é o advogado Edgard Batista Pereira.**	**20/03/45 - 20/03/45**	**1945 - 1945**
20-K-109		**Suspeita de atitude antinacional. O investigado é Benedito Valadares, governador do Estado de Minas Gerais.**	**13/03/45 - 04/04/45**	**1945 - 1945**
20-K-110		**Conduta suspeita. O investigado é o engenheiro Francisco Prestes Maia.**	**13/03/45 - 04/05/65**	**1944 - 1965**
	001	Suspeita de atitude antinacional. O investigado é Prestes Maia, que teria cogitado a possibilidade de lançar sua candidatura à presidência pelo Partido Comunista Brasileiro (PCB) ou pelo Partido Socialista Brasileiro (PSB).	13/03/45 - 29/04/54	1944 - 1954
	002	Movimento político/partidário. Trata-se de informações referentes à participação de Prestes Maia nas eleições para governador em 1954 e para prefeito em 1956.	21/05/54 - 14/03/57	1954 - 1957
	003	Movimento político/partidário e suspeita de atividade comunista. O investigado é o engenheiro Francisco Prestes Maia.	15/03/57 - 04/05/65	1957 - 1965
20-K-111		**O investigado é Tristão de Athaíde (Alceu Amoroso Lima) sobre a Conferência na União Brasileira de Escritores.**	**13/03/45 - 17/11/65**	**1945 - 1965**
20-K-112		**Movimento sindical. É investigado o Sindicato dos Jornalistas Profissionais.**	**13/03/45 05/09/49**	**1945 - 1945**
20-K-113		**São investigados Machado Coelho e a movimentação de políticos no Hotel Esplanada.**	**13/03/45 - 13/03/45**	**1945 - 1945**
20-K-114		**O investigado é o jornalista Gildasio de Oliveira, funcionário da *Folha da Noite*, que teria entrevistado membros do Partido Constitucionalista.**	**14/03/45 - 21/05/45**	**1945 - 1945**
20-K-115		**O investigado é o deputado Arthur Bernardes Filho.**	**14/03/45 - 07/03/46**	**1945 - 1950**
20-K-116		**O investigado é o jornalista Plínio Barreto.**	**14/03/45 - 02/07/58**	**1945 - 1958**
20-K-117		**O investigado é o advogado Fernando Melo Bueno.**	**15/03/45 - 15/03/45**	**1945 - 1945**
20-K-118		**O investigado é Heitor Teixeira Penteado.**	**15/03/45 - 15/03/45**	**1945 - 1945**
20-K-119		**Escuta telefônica. O investigado é Paulo Caio da Silva Prado.**	**16/03/45 - 16/03/45**	**1945 - 1945**
20-K-120		**Movimento político/partidário e suspeita de atividade comunista. São investigados Francisco Vieira, auxiliar de gabinete do governo do Rio de Janeiro, e as atividades do Partido Trabalhista Brasileiro (PTB) e do Partido Republicano Trabalhista (PRT).**	**21/05/45 - 03/12/58**	**1945 - 1958**

DOSSIÊS/ PASTAS		ASSUNTO	ARQUIVAMENTO	PRODUÇÃO
20-K-121		**Suspeita de atitude antinacional. Trata-se de um poema de Manuel Bandeira publicado no *Correio da Manhã*.**	**21/03/45 - 21/03/45**	**1945 - 1945**
20-K-122		**O investigado é Elias Machado, proprietário da firma Galia Industrial e Seda".**	**24/03/45 - 17/04/45**	**1945 - 1945**
20-K-123		**Movimento estudantil e movimento político/partidário. São investigados o Partido Social Democrático (PSD) e Arthur Bernardes.**	**23/03/45 - 20/11/45**	**1941 - 1941**
20-K-124		**Suspeita de atividade comunista e de atividade nazista. Os investigados são João Cardoso de Melo Neto, diretor da Faculdade de Direito, e o Partido Comunista Brasileiro (PCB)**	**03/05/45 - 14/08/45**	**1940 - 1945**
20-K-125		**Movimento Sindical. É investigado o Pacto da Unidade Intersindical, bem como o líder sindical Salvador Romano Lossaco.**	**07/02/58 - 23/10/69**	**1958 - 1969**
	001	Movimento Sindical. É investigado o Pacto da Unidade Intersindical.	07/02/58 - 24/04/59	1958 - 1959
	002	Movimento Sindical. O investigado é Salvador Romano Lossaco.	09/01/59 - 23/10/69	1959 - 1969
20-K-126		**Suspeita de atividade comunista. Os investigados são Segadas Vianna, ligado ao Departamento Nacional de Trabalho, e o Partido Trabalhista Brasileiro (PTB).**	**04/04/45 - 24/08/55**	**1945 - 1955**
20-K-127		**O investigado é Eugênio de Lima, ex-deputado do Partido da Representação Popular (PRP).**	**05/04/45 -**	**1945 - 1945**
20-K-128		**Suspeita de atividade subversiva. São investigadas as Forças Armadas.**	**05/04/45 - 08/04/45**	**1945 - 1945**
20-K-129		**O investigado é Nelson Fernandes, presidente do Instituto dos Comerciários do Brasil.**	**06/04/45 - 06/04/45**	**1945 - 1945**
20-K-130		**O investigado é Heitor Macedo Bittencourt, da Associação dos Profissionais da Imprensa.**	**09/04/45 - 09/04/45**	**1944 - 1944**
20-K-131		**Escuta telefônica. O investigado é o advogado Viana de Moraes, que estaria realizando reuniões suspeitas em sua casa.**	**09/04/45 - 09/04/45**	**1945 - 1945**
20-K-132		**O investigado é Cassiano Ricardo.**	**09/04/45 - 07/06/45**	**1942 - 1943**
20-K-133		**O investigado é Pires do Rio, ex-ministro.**	**10/04/45 - 10/04/45**	**1944 - 1944**
20-K-134		**Suspeita de atitude antinacional. O investigado é José Augusto, líder da oposição no Rio Grande do Norte.**	**11/04/45 - 11/04/45**	**1945 - 1945**
20-K-135		**Censura à imprensa. Os objetos de investigação são diversos jornais.**	**16/06/45 - 04/12/78**	**1963 - 1978**
	001	Suspeita de atividade comunista. É investigada a imprensa brasileira, dentre ela alguns jornais da grande divulgação como *O Estado de São Paulo*, *O Dia* e o *Diário de São Paulo*.	16/06/45 - 24/04/70	1963 - 1969
	002	Censura à imprensa. Trata-se de jornais estudantis, jornais de bairro e da Editora Verde-amarelo Ltda.	07/05/70 - 05/03/74	1970 - 1974
	003	Censura à imprensa. É investigado o jornal *Opinião*.	24/01/73 - 23/05/73	1973 - 1973
	004	Censura à imprensa. São investigados o jornal *Opinião* e outros jornais da imprensa alternativa.	01/05/74 - 31/05/74	1970 - 1974
	005	Censura à imprensa. São investigados o jornal *Opinião* e outros jornais da imprensa alternativa.	28/09/70 - 02/12/74	1970 - 1974
	006	Censura à imprensa. São investigados o jornal *Opinião* e outros jornais da imprensa alternativa.	22/01/71 - 13/01/75	1974 - 1975
	007	Censura à imprensa. São investigados o jornal *Opinião* e outros jornais da imprensa alternativa.	02/01/75 - 11/05/76	1970 - 1976
	008	Censura à imprensa. São investigados o jornal *Opinião* e outros jornais da imprensa alternativa.	08/10/75 - 07/07/76	1975 - 1976
	009	Censura à imprensa. São investigados o jornal *Opinião* e outros jornais da imprensa alternativa.	13/12/76 - 13/12/76	1976 - 1976
	010	Censura à imprensa. São investigados o jornal *Opinião* e outros jornais da imprensa alternativa.	14/12/76 - 16/09/77	1976 - 1977
	011	Censura à imprensa. São investigados o jornal *Opinião* e outros jornais da imprensa alternativa.	30/01/78 - 04/12/78	1977 - 1978
20-K-136		**Suspeita de atitude antinacional. O investigado é o advogado Heráclito Sobral Pinto.**	**12/04/45 - 12/04/45**	**0 - 0**
20-K-137		**Suspeita de atitude antinacional. Os investigados são o médico Cícero José, José Maria dos Santos e o desembargador Carvallosa.**	**16/04/45 - 18/03/56**	**1943 - 1956**
20-K-138		**O investigado é o advogado Aurélio Martins.**	**18/04/45 - 18/04/45**	**1945 - 1945**
20-K-139		**O investigado é Alfredo Cecílio Lopes, secretário geral da União Democrática Nacional (UDN).**	**19/04/45 - 29/10/47**	**1945 - 1949**
20-K-140		**O investigado é Nestor Alberto Macedo, advogado e político.**	**22/04/45 - 22/04/45**	**1945 - 1945**
20-K-141		**Suspeita de atividade comunista. O investigado é Cesar R. Alves, ligado ao Partido Comunista Brasileiro (PCB).**	**26/04/45 - 26/04/45**	**1945 - 1945**
20-K-142		**Movimento da sociedade civil. São investigadas as comemorações do 1º de Maio em São Paulo.**	**28/04/45 - 28/04/45**	**1945 - 1945**

DOSSIÊS/ PASTAS	ASSUNTO	ARQUIVAMENTO	PRODUÇÃO
20-K-143	**O investigado é o médico Ayres Netto.**	**28/04/45 - 05/05/45**	**1945 - 1945**
20-K-144	**O investigado é Mário Guimarães.**	**30/04/45 - 01/06/45**	**1945 - 1945**
20-K-145	**O investigado é o advogado Aprígio Guimarães.**	**03/05/45 - 03/05/45**	**1945 - 1945**
20-K-146	**O investigado é Raymundo Barbosa Lima, que desembarcou em São Paulo e pediu aos carregadores de suas malas que não informassem a ninguém para onde elas seriam levadas.**	**19/05/45 - 19/05/45**	**1945 - 1945**
20-K-147	**Compilação de material subversivo. Trata-se de um folheto da União Democrática do Distrito Federal**	**24/05/45 - 24/05/45**	**1945 - 1945**
20-K-148	**O investigado é Justo de Moraes.**	**22/05/45 - 22/05/45**	**1945 - 1945**
20-K-149	**Movimento da sociedade civil e de atividade subversiva. São investigados o Centro Parlamentarista Brasileiro e o comício pró-exilados políticos da Espanha e de Portugal na Praça da Sé.**	**04/07/45 - 15/05/61**	**1945 - 1961**
20-K-150	**O investigado é José Rodrigues Alves Sobrinho, secretário de Educação e Saúde Pública do Estado de São Paulo.**	**08/06/45 - 08/06/45**	**1942 - 1942**
20-K-151	**O investigado é Tancredo Vieira, Juiz de Direito do município de Monte Aprazível - SP.**	**11/06/45 - 11/06/45**	**1945 - 1945**
20-K-152	**O investigado é Eldino Brancante, que teria mantido contato com Adhemar de Barros.**	**28/06/45 - 23/09/70**	**1945 - 1970**
20-K-153	**Movimento político/partidário. O investigado é José Eduardo de Macedo Soares, ligado à União Democrática Nacional (UDN).**	**20/02/48 - 20/02/48**	**0 - 0**
20-K-154	**Movimento político/partidário. O investigado é Alcides Chagas da Costa, ligado à União Democrática Nacional (UDN).**	**20/02/48 - 20/02/48**	**0 - 0**
20-K-155	**Movimento político/partidário. O investigado é Francisco Carlos de Castro Neves.**	**26/05/49 - 04/09/61**	**1949 - 1961**
001	Movimento político/partidário e movimento da sociedade civil. Os investigados são deputados do Partido Trabalhista Brasileiro (PTB), deputados do Partido Socialista Brasileiro (PSB) e a Organização Brasileira de Defesa da Paz e da Cultura.	26/05/49 - 30/05/49	1949 - 1949
002	Movimentos da sociedade civil e suspeita de atividade comunista. É investigada a Organização Brasileira de Defesa da Paz e da Cultura.	02/06/49 - 04/09/61	1949 - 1961
20-K-156	**Suspeita de atividade comunista, movimento sindical e movimento político/partidário. São investigados João Goulart e suas ligações com partidos como o PCB (Partido Comunista Brasileiro) e o PTB (Partido Trabalhista Brasileiro).**	**17/02/54 - 23/09/76**	**1954 - 1976**
001	Suspeita de atividade comunista e movimento sindical. São investigados João Goulart e o Partido Trabalhista Brasileiro (PTB).	17/02/54 - 09/06/56	1954 - 1956
002	Movimento sindical e suspeita de atividade comunista. São investigados o Partido Trabalhista Brasileiro (PTB) e o Partido Comunista Brasileiro (PCB).	20/06/57 - 06/07/63	1956 - 1963
003	Movimento sindical e suspeita de atividade comunista. São investigados o Partido Trabalhista Brasileiro (PTB) e o Partido Comunista Brasileiro (PCB).	17/07/63 - 25/02/65	1963 - 1964
004	Movimento sindical e suspeita de atividade comunista. São investigados o Partido Trabalhista Brasileiro (PTB) e o Partido Comunista Brasileiro (PCB).	13/03/64 - 20/09/69	1964 - 1968
005	É investigado João Goulart.	15/06/70 - 23/09/76	1970 - 1976
20-K-157	**Conduta suspeita. O investigado é Orestes Quércia, bem como suas atividades políticas.**	**27/06/75 - 14/12/76**	**1972 - 1976**
001	É investigada a administração de Orestes Quércia na Prefeitura do município de Campinas - SP.	27/06/75 - 27/06/75	1972 - 1974
002	Movimento político/partidário. Os investigados são Orestes Quércia e o Partido do Movimento Democrático Brasileiro (PMDB).	08/07/75 - 14/12/76	1975 - 1976
20-Z-000	**Movimento político/partidário. São investigados diversos aspectos dentro do ambiente político durante o ano de 1945.**	**19/03/45 - 28/01/47**	**1940 - 1950**
001	Movimento da sociedade civil e movimento político/partidário. São investigados partidos políticos, passeatas e grupos de oposição.	- 14/05/45	1943 - 1945
002	Movimento da sociedade civil. São investigados partidos políticos, passeatas e grupos de oposição.	19/03/45 - 08/10/45	1940 - 1945
003	Movimento político/partidário. É investigada a União Democrática Nacional (UDN).	23/10/45 - 28/01/47	1940 - 1950
20-Z-001	**Suspeita de atitude antinacional. São investigados os setores que se opunham a Getúlio Vargas.**	**24/11/43 - 14/09/45**	**1940 - 1940**
20-Z-002	**Os investigados são parentes e amigos de Júlio Prestes.**	**10/02/43 - 10/02/43**	**1943 - 1943**
20-Z-003	**Suspeita de atividade comunista. É investigado o *Jornal Correio Paulistano*.**	**10/12/43 - 29/07/59**	**1944 - 1959**
20-Z-004	**Suspeita de atitude antinacional. É investigada a Estrada de Ferro Noroeste do Brasil.**	**10/12/43 - 10/12/43**	**1943 - 1943**
20-Z-005	**Movimento político/partidário e suspeita de atividade eixista. É investigado o assassinato do prefeito do município de Jundiaí - SP, cometido por um tenente do Exército.**	**15/12/43 - 08/08/45**	**1943 - 1942**

DOSSIÊS/ PASTAS		ASSUNTO	ARQUIVAMENTO	PRODUÇÃO
20-Z-006		**Suspeita de atividade integralista e de atividade eixista. A investigada é Mary (ou Nery) Comparato, que está sob suspeita de trabalhar para um serviço secreto do Estado Maior do Exército.**	**17/12/43 - 07/04/45**	**1943 - 1943**
20-Z-007		**Suspeita de atitude antinacional. São investigados Silvio Portugal e sua família.**	**17/12/43 - 17/12/43**	**1943 - 1943**
20-Z-008		**Suspeita de atividade integralista e de atitude antinacional. O investigado é Vicente Rod, professor da Faculdade de Direito da Universidade de São Paulo (USP).**	**20/12/43 - 28/05/71**	**1940 - 1970**
20-Z-009		**Suspeita de atividade comunista. São investigados Aureliano Leite, do Partido Comunista Brasileiro (PCB), e os funcionários do Instituto Histórico e Geográfico e da Academia Paulista de Letras.**	**21/12/43 - 20/09/58**	**1941 - 1944**
20-Z-010		**Distribuição de material subversivo. O investigado é Armando de Salles Oliveira.**	**09/02/44 - 07/03/46**	**1940 - 1945**
20-Z-011		**Movimento Sindical e movimento grevista. São investigadas as manifestações de trabalhadores no município de Pirajuí - SP e o jornal *Correio de Pirajuí.***	**27/07/45 - 16/09/76**	**1948 - 1975**
	001	Suspeita de atividade comunista. São investigados o município de Pirajuí - SP e o jornal *Correio de Pirajuí.*	27/07/45 - 17/10/60	1948 - 1960
	002	Diagnóstico de atividades em municípios. É investigado o município de Pirajuí - SP.	10/10/62 - 16/09/76	1965 - 1975
20-Z-012		**O investigado é Luiz Pavão, que teria criticado o ministro Oswaldo Aranha.**	**08/03/44 - 24/11/45**	**1944 - 1944**
20-Z-013		**Censura postal. A investigada é Ruth Gomes.**	**28/03/44 - 15/05/44**	**1943 - 1944**
20-Z-014		**O investigado é Cícero Marques.**	**31/03/44 - 12/04/49**	**1944 - 1949**
20-Z-015		**Escuta telefônica. A investigada é Maria Ana do Vale.**	**31/03/44 - 08/01/46**	**1941 - 1942**
20-Z-016		**Os investigados são Amadeu Narciso Pierrone e partidários de Armando de Salles Oliveira.**	**05/04/44 - 05/04/44**	**1940 - 1941**
20-Z-017		**Movimento da sociedade civil. Os investigados são Uam Queixa e Carlota Pereira de Queiros, amigos de Armando de Salles Oliveira.**	**10/04/44 - 15/04/45**	**1944 - 1945**
20-Z-018		**Suspeita de atividade integralista. As investigadas são Rachel Salles de Oliveira e Sylvia Vontual Marx.**	**14/04/44 - 03/12/45**	**1941 - 1945**
20-Z-019		**O investigado é Octacílio Fernandes.**	**14/04/44 - 14/04/44**	**1943 - 1943**
20-Z-020		**O investigado é Marcondes Filho, ministro do Trabalho, ligado ao Partido da Representação Popular (PRP).**	**29/10/46 - 29/10/46**	**1946 - 1946**
20-Z-021		**Relatório referente às visitas presidenciais a São Paulo: de Getúlio Vargas no período de 1944 a 1945, de Emílio Garrastazu Médici em 1973 e de Ernesto Geisel em 1976.**	**05/05/44 - 03/01/76**	**1944 - 1973**
20-Z-022		**Movimento da sociedade civil. É investigada a União de Resistência Nacional.**	**18/09/45 - 28/11/45**	**1945 - 1945**
20-Z-023		**Movimento da sociedade civil. É investigado o I Congresso da Brasilidade.**	**26/06/44 - 23/11/45**	**1941 - 1941**
20-Z-024		**O investigado é A. Cerqueira César.**	**01/07/44 - 01/07/44**	**1932 - 1932**
20-Z-025		**Suspeita de atitude antinacional. É investigado Amaral Peixoto.**	**05/07/44 - 05/07/44**	**1943 - 1943**
20-Z-026		**Distribuição de material subversivo. É investigado o panfleto "Manifesto ao Povo Mineiro".**	**13/07/44 - 13/07/44**	**1944 - 1944**
20-Z-027		**Relatório referente ao desembarque de políticos no Rio de Janeiro.**	**01/08/44 - 09/08/44**	**1944 - 1944**
20-Z-028		**Suspeita de atividade comunista. É investigada uma reunião de políticos que teriam ligações com Luiz Carlos Prestes, no município de Curitiba, Paraná.**	**11/08/44 - 11/08/44**	**1944 - 1944**
20-Z-029		**Suspeita de atividade comunista. São investigados Benedito Duarte, irmão de Paulo Duarte, e o Partido Comunista Brasileiro (PCB).**	**16/08/44 - 30/04/69**	**1940 - 1969**
20-Z-030		**Suspeita de atividade comunista. É investigada uma reunião do Partido Comunista Brasileiro (PCB).**	**28/09/44 - 28/09/44**	**1944 - 1944**
20-Z-031		**O investigado é Benjamim Vargas.**	**17/10/44 - 17/10/44**	**1944 - 1944**
20-Z-032		**São investigados o Ministério da Fazenda e a Receita Federal, notadamente em atividades relativas ao Estado de São Paulo.**	**06/11/44 - 28/09/77**	**1944 - 1977**
	001	Compilação de documentos de outros setores administrativos. Trata-se de material escrito produzido por órgãos públicos como o Ministério da Fazenda e a Secretaria da Receita Federal.	06/11/44 - 15/09/71	1944 - 1971
	002	São investigados o Ministério da Fazenda e a Secretaria da Receita Federal.	23/03/72 - 28/09/77	1971 - 1977
20-Z-033		**Relatório do Secretário de Segurança Pública sobre a situação política do Estado de São Paulo.**	**-**	**1944 - 1944**
20-Z-034		**Relatório de Plauto Gaspar dos Santos Pereira.**	**06/11/44 - 06/11/44**	**1943 - 1943**
20-Z-035		**Suspeita de atitude antinacional. A investigada é Marina Crípaldi.**	**16/11/44 - 16/11/44**	**1944 - 1944**
20-Z-036		**Movimento político/partidário. É investigado o manifesto da Liga Democrática Brasileira.**	**29/01/45 - 29/01/45**	**1944 - 1944**
20-Z-037		**Movimento político/partidário. É investigada a União Democrática Nacional (UDN).**	**20/02/45 - 30/06/70**	**1945 - 1966**
	001	Movimento político/partidário. São investigados o Partido Comunista Brasileiro (PCB), o Partido da Representação Popular (PRP), Partido Democrático (PD), a União Democrática Nacional (UDN), a candidatura de Eduardo Gomes, o Partido Social Democrático (PSD) e o Partido Social Progressista (PSP).	20/02/45 - 16/07/48	1945 - 1949

DOSSIÊS/ PASTAS		ASSUNTO	ARQUIVAMENTO	PRODUÇÃO
	002	Movimento político/partidário. É investigada a União Democrática Nacional (UDN).	19/01/49 - 26/10/49	1948 - 1950
	003	Movimento político/partidário. É investigada a União Democrática Nacional (UDN).	-	1950 - 1950
	004	Movimento político/partidário. São investigados a União Democrática Nacional (UDN) e o Partido Socialista Brasileiro (PSB).	17/08/51 - 10/08/53	1950 - 1950
	005	Movimento político/partidário e movimento sindical. São investigados a União Democrática Nacional (UDN), o Movimento Nacionalista e o Partido Trabalhador Brasileiro (PTB).	21/03/51 - 14/10/54	1951 - 1954
	006	Movimento político/partidário. É investigada a União Democrática Nacional.	01/12/54 - 15/03/61	1954 - 1958
	007	Movimento político/partidário. É investigada a União Democrática Nacional.	06/04/63 - 30/06/70	1962 - 1966
20-Z-038		**Distribuição de material subversivo. É investigado o semanário *Mundo Livre* de Armando de Salles Oliveira.**	**22/02/45 - 22/05/45**	**1945 - 1945**
20-Z-039		**Movimento estudantil e movimento político/partidário. Atividades políticas e eleitorais, comícios realizados por partidos e por entidades da sociedade civil na Capital e em cidades do interior do Estado de São Paulo.**	**08/03/45 - 05/02/70**	**1945 - 1970**
	001	Movimento estudantil. Os investigados são estudantes dos municípios de Campinas - SP, de São Paulo - SP, de Lins - SP, de Assis - SP e de Bauru - SP.	08/03/45 - 18/04/45	1945 - 1945
	002	Movimento da sociedade civil. São investigados o Movimento pró-anistia e a Coligação Democrática Radical.	18/04/45 - 11/07/45	1945 - 1945
	003	Movimento político/partidário. São investigados o Partido Progressista (PP), o Partido Comunista Brasileiro (PCB) e a Liga Eleitoral Católica.	11/07/45 - 03/10/45	1945 - 1945
	004	Movimento político/partidário e movimento estudantil. São investigados o Partido Socialista Brasileiro (PSB), a Liga de Defesa Nacional, o Partido Trabalhista Brasileiro (PTB) e o Comitê Popular Democrático.	03/10/45 - 18/10/45	1945 - 1945
	005	Suspeita de atitude antinacional, movimento político/partidário e suspeita de atividade comunista. São os investigados comícios de grupos de oposição nos municípios de Santos - SP e de São Paulo - SP e a União Democrática Nacional (UDN).	18/10/45 - 25/10/45	1945 - 1945
	006	Movimento político/partidário e suspeita de atividade comunista. São investigados os comícios nos municípios de São Paulo e de Santos - SP, o Partido Comunista Brasileiro (PCB), a União Democrática Nacional (UDN), o Partido Democrata Cristão (PDC), o Partido Trabalhista Brasileiro (PTB) e o Partido da Representação Popular (PRP).	25/10/45 - 20/11/45	1945 - 1945
	007	Movimento político/partidário e suspeita de atividade comunista. É investigado o Partido Comunista Brasileiro (PCB).	20/11/45 - 09/02/46	1945 - 1946
	008	Movimento político/partidário, suspeita de atividade comunista e movimento sindical. São investigados os comícios realizados pelo Partido Comunista Brasileiro (PCB) e o I Congresso Sindical dos Trabalhadores do Estado de São Paulo.	09/02/46 - 31/05/46	1946 - 1946
	009	Movimento político/partidário. É investigado o Partido Comunista Brasileiro (PCB).	31/05/46 - 02/12/46	1946 - 1946
	010	Movimento político/partidário. É investigado o Partido Comunista Brasileiro (PCB).	05/12/46 - 29/04/47	1946 - 1947
	011	Movimento político/partidário. É investigado o Partido Comunista Brasileiro (PCB).	30/04/47 - 08/10/47	1947 - 1947
	012	Movimento político/partidário. São investigadas as atividades de diversos partidos políticos no Estado de São Paulo.	10/10/47 - 23/10/47	1947 - 1947
	013	Movimento político/partidário. São investigadas as atividades de diversos partidos políticos no Estado de São Paulo.	23/10/47 - 07/11/47	1947 - 1947
	014	Movimento político/partidário. São investigadas as atividades de diversos partidos políticos no Estado de São Paulo.	07/11/47 - 24/12/47	1947 - 1949
	015	Movimento político/partidário. São investigadas as atividades de diversos partidos políticos no Estado de São Paulo.	16/03/51 - 08/07/54	1950 - 1954
	016	Movimento político/partidário. São investigadas as atividades de diversos partidos políticos no Estado de São Paulo.	12/08/54 - 27/09/54	1954 - 1954
	017	Movimento político/partidário. São investigadas as atividades de diversos partidos políticos no Estado de São Paulo.	28/09/54 - 22/08/55	1954 - 1955
	018	Movimento político/partidário. São investigadas as atividades de diversos partidos políticos no Estado de São Paulo.	22/08/55 - 07/04/56	1955 - 1956
	019	Movimento político/partidário. São investigadas as atividades de diversos partidos políticos no Estado de São Paulo.	12/06/56 - 14/08/58	1956 - 1958
	020	Movimento político/partidário. São investigadas as atividades de diversos partidos políticos no Estado de São Paulo.	11/08/58 - 13/09/58	1958 - 1958
	021	Movimento político/partidário. São investigadas as atividades de diversos partidos políticos no Estado de São Paulo.	10/09/58 - 29/09/59	1958 - 1959
	022	Movimento político/partidário. São investigadas as atividades de diversos partidos políticos no Estado de São Paulo.	05/10/59 - 03/07/62	1960 - 1962
	023	Movimento político/partidário. São investigadas as atividades de diversos partidos	28/06/62 - 05/02/70	1962 - 1970

DOSSIÊS/ PASTAS		ASSUNTO	ARQUIVAMENTO	PRODUÇÃO
		políticos no Estado de São Paulo.		
20-Z-040		**Movimento político/partidário. São investigados o Partido Agrário Nacional e a Coligação da Mocidade Brasileira.**	**28/03/45 - 01/08/57**	**1945 - 1945**
20-Z-041		**Movimento político/partidário. É investigada a Primeira Ala Moça do Brasil.**	**17/08/45 - 17/08/45**	**1945 - 1945**
20-Z-042		**Diagnóstico de atividades em municípios. É investigado o município de Taubaté - SP.**	**16/03/45 - 12/05/81**	**1945 - 1982**
	001	Diagnóstico de atividades em municípios. É investigado o município de Taubaté - SP	16/03/45 - 29/08/49	1945 - 1950
	002	Diagnóstico de atividades em municípios. É investigado o município de Taubaté - SP	15/03/51 - 09/05/52	1951 - 1952
	003	Diagnóstico de atividades em municípios. É investigado o município de Taubaté - SP	12/05/52 - 09/03/52	1952 - 1953
	004	Diagnóstico de atividades em municípios. É investigado o município de Taubaté - SP	11/03/53 - 08/06/54	1953 - 1954
	005	Diagnóstico de atividades em municípios. É investigado o município de Taubaté - SP	12/08/54 - 24/04/63	1954 - 1963
	006	Diagnóstico de atividades em municípios. É investigado o município de Taubaté - SP	24/05/63 - 25/11/65	1963 - 1965
	007	Diagnóstico de atividades em municípios. É investigado o município de Taubaté - SP	10/02/65 - 10/02/65	1964 - 1969
	008	Diagnóstico de atividades em municípios. É investigado o município de Taubaté - SP	23/06/69 - 22/07/70	1969 - 1970
	009	Diagnóstico de atividades em municípios. É investigado o município de Taubaté - SP	13/11/70 - 14/01/73	1969 - 1972
	010	Diagnóstico de atividades em municípios. É investigado o município de Taubaté - SP	24/02/72 - 15/02/74	1964 - 1974
	011	Diagnóstico de atividades em municípios. É investigado o município de Taubaté - SP	21/10/74 - 13/05/76	1974 - 1976
	012	Diagnóstico de atividades em municípios. É investigado o município de Taubaté - SP	09/04/76 - 29/03/78	1975 - 1978
	013	Diagnóstico de atividades em municípios. É investigado o município de Taubaté - SP	12/07/76 - 12/05/81	1977 - 1982
20-Z-043		**A investigada é Sarah Sarmanho, irmã de Darcy Vargas.**	**17/03/45 - 10/04/45**	**1945 - 1945**
20-Z-044		**Suspeita de atividade comunista. Os investigados são jornalistas do *Jornal de São Paulo*.**	**20/03/45 - 06/12/45**	**1944 - 1976**
20-Z-045		**Movimento político/partidário. São investigados os candidatos e os partidos políticos participantes da campanha eleitoral para a Presidência da República em 1945.**	**22/03/45 - 05/12/63**	**1945 - 1963**
	001	Movimento sindicalista e movimento político/partidário. É investigada a campanha eleitoral para a Presidência da República.	22/03/45 - 11/08/45	1945 - 1945
	002	Movimento político/partidário e suspeita de atividade comunista. São investigados a União Democrática Nacional (UDN), o Partido da Representação Popular (PRP) e o Queremismo.	14/08/45 - 18/08/48	1945 - 1957
	003	Movimento político/partidário e relatórios de observação dos meios de comunicação eletrônica. São investigados o programa A Voz de São Paulo, da Rádio Record, e o Partido Trabalhista Brasileiro (PTB).	11/05/51 - 21/01/52	1951 - 1952
	004	Movimento político/partidário e relatórios de observação dos meios de comunicação eletrônica. São investigados o programa A Voz de São Paulo, da Rádio Record, e o Partido Trabalhista Brasileiro (PTB).	09/03/51 - 14/10/52	1951 - 1952
	005	Movimento político/partidário. É investigado o Partido Trabalhista Brasileiro (PTB).	15/10/52 - 05/12/63	1952 - 1963
20-Z-046		**Movimento político/partidário. É investigado o Centro Democrático Gaspar Dutra.**	**11/04/45 - 15/04/46**	**1945 - 1946**
20-Z-047		**Movimento político/partidário e suspeita de atividade integralista. São investigados o Partido da Representação Popular (PRP), o antigo Partido Republicano Progressista (PRP) e Bruno Zaratin.**	**05/04/45 - 20/11/45**	**1941 - 1945**
20-Z-048		**Movimento político/partidário. São investigados a União Democrática Nacional (UDN) e o advogado Jacy de Assis, residente no Estado de Goiás.**	**05/04/45 - 21/03/47**	**1944 - 1944**
20-Z-049		**Movimento político/partidário. São investigadas as eleições presidenciais e o Partido Republicano Mineiro.**	**10/04/45 - 28/06/45**	**1945 - 1950**
20-Z-050		**Movimento político/partidário. São investigados a União Democrática Nacional (UDN) e o Partido da Representação Popular (PRP).**	**11/04/45 - 17/02/69**	**1945 - 1969**
20-Z-051		**Movimento político/partidário e movimento religioso. São investigados o Partido Comunista Brasileiro (PCB) e a Igreja Católica.**	**25/08/45 - 09/03/61**	**1945 - 1961**
20-Z-052		**Movimento político/partidário. São investigados o Partido Social Democrático (PSD), o Partido Trabalhista Brasileiro (PTB), a União Democrática Nacional (UDN) e o Partido Comunista Brasileiro (PCB).**	**01/05/45 - 27/01/65**	**1945 - 1965**
	001	Movimento político/partidário. São investigados o Partido Social Democrático (PSD), a Liga Popular Sindicalista, a União Democrática Nacional (UDN), o Partido Trabalhista Brasileiro (PTB) e o Partido Comunista Brasileiro (PCB).	01/05/45 - 01/05/45	1945 - 1949
	002	Movimento político/partidário. São investigados o Partido Social Democrático (PSD), a Liga Popular Sindicalista, a União Democrática Nacional (UDN), o Partido Trabalhista Brasileiro (PTB) e o Partido Comunista Brasileiro (PCB).	07/03/51 - 23/10/51	1949 - 1951
	003	Movimento político/partidário. São investigados o Partido Social Democrático (PSD), a Liga Popular Sindicalista, a União Democrática Nacional (UDN), o Partido Trabalhista Brasileiro (PTB) e o Partido Comunista Brasileiro (PCB).	13/11/51 - 01/07/55	1951 - 1955

DOSSIÊS/ PASTAS		ASSUNTO	ARQUIVAMENTO	PRODUÇÃO
	004	Movimento político/partidário. São investigados o Partido Social Democrático (PSD), a Liga Popular Sindicalista, a União Democrática Nacional (UDN), o Partido Trabalhista Brasileiro (PTB) e o Partido Comunista Brasileiro (PCB).	19/08/55 - 26/05/58	1955 - 1958
	005	Movimento político/partidário. São investigados o Partido Social Democrático (PSD), a Liga Popular Sindicalista, a União Democrática Nacional (UDN), o Partido Trabalhista Brasileiro (PTB) e o Partido Comunista Brasileiro (PCB).	26/05/58 - 27/01/65	1958 - 1965
20-Z-053		**Movimento político/partidário. É investigado o comunicado que anunciou a candidatura de Antônio Prado Júnior à Presidência da República pelo Partido Republicano Socialista (PRS).**	**30/08/45 - 30/08/45**	**1945 - 1945**
20-Z-054		**É investigada a Conferência de Potsdam, organizada por Cori Gomes do Amorim.**	**12/05/45 - 09/08/45**	**1945 - 1945**
20-Z-055		**Movimento político/partidário. São investigados a União Democrática Socialista (UDS), Adhemar de Barros e o Movimento Unificador dos Trabalhadores (MUT).**	**26/06/45 - 01/09/45**	**1945 - 1945**
20-Z-056		**Movimento político/partidário. São investigados os comitês democráticos populares, distritais e de categorias profissionais e o Partido Comunista Brasileiro (PCB).**	**14/06/45 - 04/12/47**	**1945 - 1963**
20-Z-057		**Suspeita de conduta ilegal. O investigado é Leandro Ribeiro de Meloque, que teria extorquido dinheiro para a campanha presidencial de Adhemar de Barros.**	**15/03/48 - 17/04/48**	**1947 - 1948**
20-Z-058		**Conduta suspeita. O investigado é o deputado federal pelo Partido Trabalhista Brasileiro (PTB) José Artur Frota Moreira.**	**27/11/53 - 29/09/58**	**1945 - 1963**
	001	Movimento político/partidário. São investigados Frota Moreira, deputado federal pelo Partido Trabalhista Brasileiro (PTB) e o Partido Comunista Brasileiro (PCB).	27/11/53 - 20/06/58	1945 - 1958
	002	Movimento político/partidário. São investigados Frota Moreira, deputado federal pelo Partido Trabalhista Brasileiro (PTB) e o Partido Comunista Brasileiro (PCB).	27/11/57 - 29/09/58	1957 - 1958
	003	Movimento político/partidário. São investigados Frota Moreira, deputado federal pelo Partido Trabalhista Brasileiro (PTB) e o Partido Comunista Brasileiro (PCB).	14/08/62 - 23/09/58	1958 - 1963
20-Z-059		**O investigado é o político e jornalista Carlos Lacerda.**	**26/05/54 - 29/03/78**	**1945 - 1974**
	001	O investigado é Carlos Lacerda.	26/05/54 - 12/11/64	1945 - 1964
	002	O investigado é Carlos Lacerda.	12/11/64 - 21/07/69	1964 - 1969
	003	O investigado é Carlos Lacerda.	21/07/69 - 29/03/78	1968 - 1974
20-Z-060		**Movimento político/partidário. São investigados Newton Santos e o Partido Trabalhista Brasileiro (PTB).**	**27/04/54 - 15/10/70**	**1955 - 1968**
21-A-001		**O investigado é Antonio Vieira Sobrinho, residente no município de Itapetininga - SP.**	**03/02/45 - 20/11/58**	**1942 - 1958**
21-B-001		**Suspeita de atitude antinacional. O investigado é o comerciário Adroaldo da Silveira Barros.**	**19/04/44 - 19/04/44**	**1944 - 1944**
21-B-002		**Suspeita de atitude antinacional, com base em censura postal. O investigado é Abel Cesar Torres, que remeteu uma carta para Armando de Salles Oliveira com referência à Revolução Constitucionalista de 1932.**	**04/10/44 - 04/10/44**	**1944 - 1944**
21-C-000		**Movimento estudantil. O investigado é Arrôbas Martins, membro do Centro Acadêmico XI de Agosto da Faculdade de Direito da Universidade de São Paulo (USP) e organizador da Frente Acadêmica pela Democracia.**	**22/11/43 - 17/12/43**	**1943 - 1943**
21-C-001		**O investigado é o estudante José Bonifácio da Silva Jardim.**	**02/02/44 - 21/06/44**	**1943 - 1944**
21-C-002		**Movimento estudantil. É investigado o Centro Acadêmico Oswald Cruz da Faculdade de Medicina da Universidade de São Paulo (USP).**	**08/05/44 - 01/09/64**	**1944 - 1964**
21-C-003		**Distribuição de material subversivo. É investigada a divulgação de um Manifesto distribuído pelo Grêmio Ginasial Ruy Barbosa.**	**07/12/44 - 07/12/44**	**1940 - 1940**
21-D-000		**O investigado é o alfaiate Alberto Gupe.**	**16/12/43 - 16/12/43**	**1943 - 1943**
21-D-001		**Movimento político/partidário. São investigados o Partido da Representação Popular (PRP), o Partido Constitucionalista e o Centro Acadêmico XI de Agosto da Faculdade de Direito da Universidade de São Paulo (USP).**	**18/10/44 - 18/10/44**	**1944 - 1944**
21-D-002		**Censura postal. O investigado é o jornalista Elias Debrehis Leoni, jornalista residente no Estado de Santa Catarina.**	**04/10/44 - 12/05/44**	**1944 - 1944**
21-G-001		**Movimento da sociedade civil e movimento religioso. É investigada a Liga Eleitoral Católica.**	**11/10/45 - 30/09/55**	**1945 - 1955**
21-H-000		**Movimento da sociedade civil. É investigado o secretariado do governo de São Paulo.**	**26/11/43 - 08/08/57**	**1941 - 1943**
21-H-001		**Suspeita de atividade nazista. São investigadas as atividades políticas do médico Miguel Coutinho, diretor da assistência pública da cidade de São Paulo, nas cidades servidas pela Estrada de Ferro Sorocabana.**	**30/11/43 - 31/01/46**	**1940 - 1943**
21-H-002		**Suspeita de atividade subversiva e de atitude antinacional. O investigado é Francisco D'Auria, secretário da Fazenda.**	**26/11/43 - 26/11/43**	**1943 - 1943**

DOSSIÊS/ PASTAS		ASSUNTO	ARQUIVAMENTO	PRODUÇÃO
21-H-003		O investigado é Ariovaldo Viana, diretor do Departamento de Estradas e Rodagem (DER).	13/03/44 - 13/03/44	1944 - 1944
21-H-004		Movimento político/partidário. O investigado é Oswaldo Leme Porchat, diretor de policiamento da rádio patrulha, partidário de Armando de Salles Oliveira.	16/03/44 - 16/03/44	1944 - 1944
21-H-005		Movimento político/partidário. O investigado é José de Carvalho Sobrinho, ex-prefeito do município de Santo André - SP e ex-deputado federal.	04/04/44 - 05/01/59	1944 - 1974
21-H-006		Movimento político. São investigadas as atividades políticas do Instituto do Café.	23/12/43 - 02/08/44	1944 - 1944
21-H-007		Escuta telefônica. Os investigados são pessoas relacionadas com Adhemar de Barros.	02/08/44 - 02/08/44	1944 - 1944
21-H-008		Movimento sindical, suspeita de atitude antinacional e movimento político/partidário. O investigado é Breno Brasiliensi, funcionário do Departamento Estadual do Trabalho.	08/08/44 - 08/08/44	1940 - 1941
21-H-009		A investigada é Atila Miranda Fernandes, funcionária pública, datilógrafa do Secretário de Segurança Pública.	25/08/44 - 25/08/44	1944 - 1944
21-J-001		Movimento político/partidário. É investigado o Partido Social Trabalhista (PST).	30/10/47 - 24/02/64	1947 - 1964
	001	Movimento político/partidário e suspeita de atividade comunista. Os investigados são os candidatos a cargos públicos pelo Partido Comunista Brasileiro (PCB) e pelo Partido Social Trabalhista (PST).	30/10/47 - 09/02/44	1947 - 1950
	002	Movimento político/partidário. O investigado é o Partido Social Trabalhista (PST).	04/10/50 - 14/11/58	1950 - 1958
	003	Movimento político/partidário. O investigado é o Partido Social Trabalhista (PST).	22/10/58 - 24/02/64	1960 - 1964
21-K-000		Movimento político/partidário. O investigado é Fernando Costa, membro do Partido da Representação Popular (PRP).	-	1944 - 1944
21-K-001		Movimento político/partidário. O investigado é o advogado Abelardo Vergueiro Cesar, dissidente do Partido da Representação Popular (PRP).	16/02/44 - 20/11/45	1943 - 1944
21-K-002		Suspeita de atividade subversiva. O investigado é Dolor Brito.	14/03/44 - 14/03/44	1944 - 1944
21-K-003		Censura postal. O investigado é o jornalista Otaviano Alves de Lima, funcionário da empresa Folha da Manhã, que teria escrito uma carta com referências políticas ao irmão residente na Argentina.	16/03/44 - 02/03/55	1943 - 1943
21-K-004		Movimento político/partidário. São investigados Sérgio Milliet, crítico de arte do jornal *O Estado de São Paulo*, e a Associação Brasileira de Escritores.	13/04/44 - 15/01/63	1943 - 1961
21-K-005		Escuta telefônica. O investigado é Genecy de Almeida.	14/04/44 - 01/02/46	1940 - 1943
21-K-006		Movimento político/partidário. São investigados Fernando Costa, Marrey Júnior, Luiz Carlos Prestes e o Partido Trabalhista Brasileiro (PTB).	17/04/44 - 04/03/58	1941 - 1958
21-K-007		Suspeita de atividade comunista e movimento sindical. São investigados o advogado Danton Vampré, a União Democrática Nacional (UDN) e o Partido Comunista Brasileiro (PCB).	24/03/45 - 25/05/49	1945 - 1959
21-K-008		Movimento sindical e movimento da sociedade civil. É investigado o mecânico Aldo Lombardi, diretor do Sindicato do Metalúrgicos.	25/06/58 - 27/04/67	1958 - 1968
21-K-009		Escuta telefônica e suspeita de atividade comunista. O investigado é Balduino ou Ubaldino, suspeito de ser membro do Partido Constitucionalista.	16/05/44 - 16/05/44	1944 - 1944
21-K-010		Solicitação de informação. Trata-se de Rubens Mariano da Rocha, ex-juiz federal substituto.	16/08/44 - 16/08/44	1941 - 1941
21-K-011		Suspeita de atividade eixista e movimento político/partidário. São investigados o advogado Antônio Feliciano, a Prefeitura do município de Santos - SP, o Partido Social Democrático (PSD), o Partido Republicano Trabalhista (PRT) e a Aliança Renovadora Nacional (ARENA).	26/12/44 - 14/11/69	1944 - 1970
21-K-012		O investigado é Júlio Prestes, ex-presidente do Estado de São Paulo pelo Partido Republicano Paulista (PRP).	17/10/44 - 01/05/45	1943 - 1945
21-K-013		Conduta suspeita e movimento político/partidário. São investigados o advogado e professor José Vergueiro Steidel, a Sociedade secreta Bucha, o separatismo, a Revolução Constitucionalista de 1932 e o Partido da Representação Popular (PRP).	26/12/44 - 26/12/44	1944 - 1944
21-K-014		Conduta suspeita, suspeita de atividade comunista e movimento político/partidário. São investigados José Ataliba Leonel, o Partido da Representação Popular (PRP) e a demissão do interventor federal Fernando Costa.	05/01/45 - 05/01/45	1942 - 1943
21-K-015		O investigado é o advogado Fábio da Silva Prado.	27/01/45 - 07/02/45	1945 - 1945
21-K-016		Movimento político/partidário. O investigado é o advogado Joaquim Moura Rezende, ex-secretário de Justiça de Adhemar de Barros.	29/01/45 - 29/01/45	1945 - 1945
21-K-017		Movimento político/partidário e movimento da sociedade civil, com base em censura postal. São investigados Luiz de Toledo Piza Sobrinho, os exilados políticos na Argentina, a União Democrática Nacional (UDN) e o Partido Constitucionalista.	23/05/45 - 24/02/56	1940 - 1956

DOSSIÊS/ PASTAS		ASSUNTO	ARQUIVAMENTO	PRODUÇÃO
21-Z-000		**São relatórios sobre as atividades políticas dos municípios do interior do Estado de São Paulo no período de 1959 a 1960 e boletins sobre a política nacional a partir de recortes de jornal.**	**26/11/43 - 15/12/69**	**1938 - 1969**
21-Z-001		**Movimento político/partidário. O investigado é João Sampaio, que deixou o antigo Partido Republicano Paulista (PRP) para filiar-se ao Partido da Renovação Popular (PRP).**	**26/11/43 - 13/06/45**	**1943 - 1945**
21-Z-002		**Movimento político/partidário. São investigados o Partido Comunista Brasileiro (PCB) do município de Sorocaba - SP, uma reunião no Palácio do Governo de São Paulo sobre a rendição do Japão na II Guerra Mundial e a substituição do interventor federal de São Paulo.**	**03/03/44 - 19/11/44**	**1940 - 1946**
21-Z-003		**Movimento político/partidário. São investigados o Partido Constitucionalista Brasileiro, o Partido Comunista Brasileiro (PCB), homenagem aos mortos da Revolução Constitucionalista de 1932, o Partido da Representação Popular (PRP) e uma homenagem ao general Euclides de Figueiredo.**	**12/04/44 - 05/01/70**	**1934 - 1952**
21-Z-004		**Diagnóstico de atividades em municípios. É investigado o município de Araraquara - SP**	**14/06/44 - 14/06/44**	**1942 - 1942**
21-Z-005		**O investigado é Jorge Duque Estrada, comissário da Delegacia Regional Militar no município de Campinas - SP .**	**29/07/44 - 08/03/61**	**1940 - 1961**
21-Z-006		**Escuta telefônica e suspeita de atividade integralista. O investigado é Francisco de Silva Moura.**	**18/04/45 - 18/04/45**	**1943 - 1944**
21-Z-007		**Movimento grevista. São investigados jornalistas e funcionários do Jóquei Clube de São Paulo.**	**08/11/44 - 02/04/71**	**1944 - 1971**
21-Z-008		**Movimento político/partidário. É investigado o Partido Republicano Paulista (PRP).**	**23/11/44 - 06/01/70**	**1944 - 1969**
	001	Movimento político/partidário. É investigado o Partido da Representação Popular (PRP).	23/11/44 - 06/04/63	1944 - 1962
	002	Movimento político/partidário. São investigados o Partido da Representação Popular (PRP) e o Partido Republicano Paulista (PR).	24/06/63 - 06/01/70	1963 - 1969
21-Z-009		**Movimento político/partidário. É investigado o Partido Social Progressista (PSP).**	**10/09/45 - 19/09/60**	**1945 - 1970**
	001	Movimento político/partidário. São investigados o Partido da Representação Popular (PRP), o Partido Social Progressista (PSP) e Adhemar de Barros.	10/09/45 - 09/04/49	1945 - 1949
	002	Movimento político/partidário. São investigados o Partido da Representação Popular (PRP), o Partido Social Progressista (PSP) e Adhemar de Barros.	22/04/49 - 06/04/53	1949 - 1951
	003	Movimento político/partidário. São investigados o Partido da Representação Popular (PRP), o Partido Social Progressista (PSP) e Adhemar de Barros.	-	1949 - 1950
	004	Movimento político/partidário. São investigados o Partido da Representação Popular (PRP), o Partido Social Progressista (PSP) e Adhemar de Barros.	- 07/11/51	1950 - 1951
	005	Movimento político/partidário. São investigados o Partido da Representação Popular (PRP), o Partido Social Progressista (PSP) e Adhemar de Barros.	09/11/51 - 02/02/52	1952 - 1952
	006	Movimento político/partidário. São investigados o Partido da Representação Popular (PRP), o Partido Social Progressista (PSP) e Adhemar de Barros.	04/02/52 - 11/04/53	1952 - 1953
	007	Movimento político/partidário. São investigados o Partido da Representação Popular (PRP), o Partido Social Progressista (PSP) e Adhemar de Barros.	15/04/53 - 29/09/54	1954 - 1954
	008	Movimento político/partidário. São investigados o Partido da Representação Popular (PRP), o Partido Social Progressista (PSP) e Adhemar de Barros.	05/03/54 - 12/05/55	1954 - 1955
	009	Movimento político/partidário. São investigados o Partido da Representação Popular (PRP), o Partido Social Progressista (PSP) e Adhemar de Barros.	13/05/55 - 10/04/54	1955 - 1957
	010	Movimento político/partidário. São investigados o Partido da Representação Popular (PRP), o Partido Social Progressista (PSP) e Adhemar de Barros	12/04/57 - 29/05/58	1957 - 1958
	011	Movimento político/partidário. São investigados o Partido da Representação Popular (PRP), o Partido Social Progressista (PSP) e Adhemar de Barros.	29/05/58 - 13/08/58	1958 - 1958
	012	Movimento político/partidário. São investigados o Partido da Representação Popular (PRP), o Partido Social Progressista (PSP) e Adhemar de Barros.	13/08/58 - 25/09/58	1958 - 1958
	013	Movimento político/partidário. São investigados o Partido da Representação Popular (PRP), o Partido Social Progressista (PSP) e Adhemar de Barros.	29/09/59 - 19/09/60	1958 - 1970
21-Z-010		**Movimento político/partidário. São investigados o Interventor Federal e o movimento antiintervencionista em São Paulo.**	**06/08/48 - 25/08/52**	**1948 - 1952**
21-Z-011		**Movimento político/partidário. Trata-se de um processo de cassação do mandato de Juvenal Sayon, deputado da União Democrática Nacional (UDN).**	**14/10/48 - 17/08/64**	**1948 - 1964**
21-Z-012		**Movimento polítco/partidário. São investigados o Partido Libertador e as campanhas eleitorais.**	**26/02/49 - 01/02/65**	**1948 - 1965**
21-Z-013		**Movimento político/partidário. É investigado o Movimento Democrático Popular (MDP).**	**............. - 12/03/51**	**1950 - 1951**

DOSSIÊS/ PASTAS		ASSUNTO	ARQUIVAMENTO	PRODUÇÃO
21-Z-014		**Relatórios de agentes infiltrados e súmulas de informações feitas pelo Serviço de Informações (SI) do DEOPS/SP sobre as atividades políticas e contestatórias da sociedade civil. São investigados partidos políticos, movimentos sociais (negros, mulheres, etc.), sindicatos, universidades, estudantes, setores da administração pública, a Imprensa e a Igreja Católica.**	**30/04/75 - 19/06/81**	**1972 - 1983**
	001	Relatórios de agentes infiltrados e súmulas de informações feitas pelo Serviço de Informações (SI) do DEOPS/SP sobre as atividades políticas e contestatórias da sociedade civil. São investigados partidos políticos, movimentos sociais (negros, mulheres, etc.), sindicatos, universidades, estudantes, setores da administração pública, a Imprensa e a Igreja Católica.	30/04/75 - 20/06/75	1975 - 1975
	002	Relatórios de agentes infiltrados e súmulas de informações feitas pelo Serviço de Informações (SI) do DEOPS/SP sobre as atividades políticas e contestatórias da sociedade civil. São investigados partidos políticos, movimentos sociais (negros, mulheres, etc.), sindicatos, universidades, estudantes, setores da administração pública, a Imprensa e a Igreja Católica.	25/05/75 - 30/06/75	1975 - 1975
	003	Relatórios de agentes infiltrados e súmulas de informações feitas pelo Serviço de Informações (SI) do DEOPS/SP sobre as atividades políticas e contestatórias da sociedade civil. São investigados partidos políticos, movimentos sociais (negros, mulheres, etc.), sindicatos, universidades, estudantes, setores da administração pública, a Imprensa e a Igreja Católica.	-	1975 - 1975
	004	Relatórios de agentes infiltrados e súmulas de informações feitas pelo Serviço de Informações (SI) do DEOPS/SP sobre as atividades políticas e contestatórias da sociedade civil. São investigados partidos políticos, movimentos sociais (negros, mulheres, etc.), sindicatos, universidades, estudantes, setores da administração pública, a Imprensa e a Igreja Católica.	15/07/75 - 12/08/75	1975 - 1975
	005	Relatórios de agentes infiltrados e súmulas de informações feitas pelo Serviço de Informações (SI) do DEOPS/SP sobre as atividades políticas e contestatórias da sociedade civil. São investigados partidos políticos, movimentos sociais (negros, mulheres, etc.), sindicatos, universidades, estudantes, setores da administração pública, a Imprensa e a Igreja Católica.	19/08/75 - 28/08/75	1975 - 1975
	006	Relatórios de agentes infiltrados e súmulas de informações feitas pelo Serviço de Informações (SI) do DEOPS/SP sobre as atividades políticas e contestatórias da sociedade civil. São investigados partidos políticos, movimentos sociais (negros, mulheres, etc.), sindicatos, universidades, estudantes, setores da administração pública, a Imprensa e a Igreja Católica.	28/08/75 - 11/09/75	1975 - 1975
	007	Relatórios de agentes infiltrados e súmulas de informações feitas pelo Serviço de Informações (SI) do DEOPS/SP sobre as atividades políticas e contestatórias da sociedade civil. São investigados partidos políticos, movimentos sociais (negros, mulheres, etc.), sindicatos, universidades, estudantes, setores da administração pública, a Imprensa e a Igreja Católica.	11/09/75 - 11/09/75	1975 - 1975
	008	Relatórios de agentes infiltrados e súmulas de informações feitas pelo Serviço de Informações (SI) do DEOPS/SP sobre as atividades políticas e contestatórias da sociedade civil. São investigados partidos políticos, movimentos sociais (negros, mulheres, etc.), sindicatos, universidades, estudantes, setores da administração pública, a Imprensa e a Igreja Católica.	11/09/75 - 06/10/75	1975 - 1975
	009	Relatórios de agentes infiltrados e súmulas de informações feitas pelo Serviço de Informações (SI) do DEOPS/SP sobre as atividades políticas e contestatórias da sociedade civil. São investigados partidos políticos, movimentos sociais (negros, mulheres, etc.), sindicatos, universidades, estudantes, setores da administração pública, a Imprensa e a Igreja Católica.	06/10/75 - 14/10/75	1975 - 1975
	010	Relatórios de agentes infiltrados e súmulas de informações feitas pelo Serviço de Informações (SI) do DEOPS/SP sobre as atividades políticas e contestatórias da sociedade civil. São investigados partidos políticos, movimentos sociais (negros, mulheres, etc.), sindicatos, universidades, estudantes, setores da administração pública, a Imprensa e a Igreja Católica.	08/10/75 - 30/10/75	1975 - 1975
	011	Relatórios de agentes infiltrados e súmulas de informações feitas pelo Serviço de Informações (SI) do DEOPS/SP sobre as atividades políticas e contestatórias da sociedade civil. São investigados partidos políticos, movimentos sociais (negros, mulheres, etc.), sindicatos, universidades, estudantes, setores da administração pública, a Imprensa e a Igreja Católica.	07/11/75 -	1975 - 1975
	012	Relatórios de agentes infiltrados e súmulas da Divisão de Informações (DI) do DEOPS/SP sobre as atividades políticas e contestatórias da sociedade civil. São investigados partidos políticos, movimentos sociais (negros, mulheres, etc.), sindicatos, universidades, estudantes, setores da administração pública, a Imprensa e a Igreja Católica.	- 18/11/75	1975 - 1975

DOSSIÊS/ PASTAS	ASSUNTO	ARQUIVAMENTO	PRODUÇÃO
013	Relatórios de agentes infiltrados e súmulas da Divisão de Informações (DI) do DEOPS/SP sobre as atividades políticas e contestatórias da sociedade civil. São investigados partidos políticos, movimentos sociais (negros, mulheres, etc.), sindicatos, universidades, estudantes, setores da administração pública, a Imprensa e a Igreja Católica.	-	1975 - 1975
014	Relatórios de agentes infiltrados e súmulas da Divisão de Informações (DI) do DEOPS/SP sobre as atividades políticas e contestatórias da sociedade civil. São investigados partidos políticos, movimentos sociais (negros, mulheres, etc.), sindicatos, universidades, estudantes, setores da administração pública, a Imprensa e a Igreja Católica.	- 05/02/76	1975 - 1976
015	Relatórios de agentes infiltrados e súmulas da Divisão de Informações (DI) do DEOPS/SP sobre as atividades políticas e contestatórias da sociedade civil. São investigados partidos políticos, movimentos sociais (negros, mulheres, etc.), sindicatos, universidades, estudantes, setores da administração pública, a Imprensa e a Igreja Católica.	05/02/76 - 05/02/76	1975 - 1975
016	Relatórios de agentes infiltrados e súmulas da Divisão de Informações (DI) do DEOPS/SP sobre as atividades políticas e contestatórias da sociedade civil. São investigados partidos políticos, movimentos sociais (negros, mulheres, etc.), sindicatos, universidades, estudantes, setores da administração pública, a Imprensa e a Igreja Católica.	05/02/76 - 05/02/76	1975 - 1975
017	Relatórios de agentes infiltrados e súmulas da Divisão de Informações (DI) do DEOPS/SP sobre as atividades políticas e contestatórias da sociedade civil. São investigados partidos políticos, movimentos sociais (negros, mulheres, etc.), sindicatos, universidades, estudantes, setores da administração pública, a Imprensa e a Igreja Católica.	05/02/76 -	1975 - 1975
018	Relatórios de agentes infiltrados e súmulas da Divisão de Informações (DI) do DEOPS/SP sobre as atividades políticas e contestatórias da sociedade civil. São investigados partidos políticos, movimentos sociais (negros, mulheres, etc.), sindicatos, universidades, estudantes, setores da administração pública, a Imprensa e a Igreja Católica.	05/02/76 - 17/02/76	1975 - 1975
019	Relatórios de agentes infiltrados e súmulas da Divisão de Informações (DI) do DEOPS/SP sobre as atividades políticas e contestatórias da sociedade civil. São investigados partidos políticos, movimentos sociais (negros, mulheres, etc.), sindicatos, universidades, estudantes, setores da administração pública, a Imprensa e a Igreja Católica.	17/02/76 - 17/02/76	1975 - 1975
020	Relatórios de agentes infiltrados e súmulas da Divisão de Informações (DI) do DEOPS/SP sobre as atividades políticas e contestatórias da sociedade civil. São investigados partidos políticos, movimentos sociais (negros, mulheres, etc.), sindicatos, universidades, estudantes, setores da administração pública, a Imprensa e a Igreja Católica.	17/02/76 - 17/02/76	1975 - 1975
021	Relatórios de agentes infiltrados e súmulas da Divisão de Informações (DI) do DEOPS/SP sobre as atividades políticas e contestatórias da sociedade civil. São investigados partidos políticos, movimentos sociais (negros, mulheres, etc.), sindicatos, universidades, estudantes, setores da administração pública, a Imprensa e a Igreja Católica.	17/02/76 - 18/02/75	1975 - 1975
022	Relatórios de agentes infiltrados e súmulas da Divisão de Informações (DI) do DEOPS/SP sobre as atividades políticas e contestatórias da sociedade civil. São investigados partidos políticos, movimentos sociais (negros, mulheres, etc.), sindicatos, universidades, estudantes, setores da administração pública, a Imprensa e a Igreja Católica.	18/02/76 - 15/03/76	1976 - 1976
023	Relatórios de agentes infiltrados e súmulas da Divisão de Informações (DI) do DEOPS/SP sobre as atividades políticas e contestatórias da sociedade civil. São investigados partidos políticos, movimentos sociais (negros, mulheres, etc.), sindicatos, universidades, estudantes, setores da administração pública, a Imprensa e a Igreja Católica.	12/03/76 - 24/03/76	1976 - 1976
024	Relatórios de agentes infiltrados e súmulas da Divisão de Informações (DI) do DEOPS/SP sobre as atividades políticas e contestatórias da sociedade civil. São investigados partidos políticos, movimentos sociais (negros, mulheres, etc.), sindicatos, universidades, estudantes, setores da administração pública, a Imprensa e a Igreja Católica.	29/03/76 - 07/04/76	1976 - 1976
025	Relatórios de agentes infiltrados e súmulas da Divisão de Informações (DI) do DEOPS/SP sobre as atividades políticas e contestatórias da sociedade civil. São investigados partidos políticos, movimentos sociais (negros, mulheres, etc.),	07/04/76 - 23/04/76	1976 - 1976

DOSSIÊS/ PASTAS	ASSUNTO	ARQUIVAMENTO	PRODUÇÃO
	sindicatos, universidades, estudantes, setores da administração pública, a Imprensa e a Igreja Católica.		
026	Relatórios de agentes infiltrados e súmulas da Divisão de Informações (DI) do DEOPS/SP sobre as atividades políticas e contestatórias da sociedade civil. São investigados partidos políticos, movimentos sociais (negros, mulheres, etc.), sindicatos, universidades, estudantes, setores da administração pública, a Imprensa e a Igreja Católica.	26/04/76 - 03/05/76	1976 - 1976
027	Relatórios de agentes infiltrados e súmulas da Divisão de Informações (DI) do DEOPS/SP sobre as atividades políticas e contestatórias da sociedade civil. São investigados partidos políticos, movimentos sociais (negros, mulheres, etc.), sindicatos, universidades, estudantes, setores da administração pública, a Imprensa e a Igreja Católica.	- 12/05/76	1976 - 1976
028	Relatórios de agentes infiltrados e súmulas da Divisão de Informações (DI) do DEOPS/SP sobre as atividades políticas e contestatórias da sociedade civil. São investigados partidos políticos, movimentos sociais (negros, mulheres, etc.), sindicatos, universidades, estudantes, setores da administração pública, a Imprensa e a Igreja Católica.	13/05/76 - 24/05/76	1976 - 1976
029	Relatórios de agentes infiltrados e súmulas da Divisão de Informações (DI) do DEOPS/SP sobre as atividades políticas e contestatórias da sociedade civil. São investigados partidos políticos, movimentos sociais (negros, mulheres, etc.), sindicatos, universidades, estudantes, setores da administração pública, a Imprensa e a Igreja Católica.	- 01/06/76	1976 - 1976
030	Relatórios de agentes infiltrados e súmulas da Divisão de Informações (DI) do DEOPS/SP sobre as atividades políticas e contestatórias da sociedade civil. São investigados partidos políticos, movimentos sociais (negros, mulheres, etc.), sindicatos, universidades, estudantes, setores da administração pública, a Imprensa e a Igreja Católica.	- 10/06/76	1976 - 1976
031	Relatórios de agentes infiltrados e súmulas da Divisão de Informações (DI) do DEOPS/SP sobre as atividades políticas e contestatórias da sociedade civil. São investigados partidos políticos, movimentos sociais (negros, mulheres, etc.), sindicatos, universidades, estudantes, setores da administração pública, a Imprensa e a Igreja Católica.	09/06/76 - 15/06/76	1976 - 1976
032	Relatórios de agentes infiltrados e súmulas da Divisão de Informações (DI) do DEOPS/SP sobre as atividades políticas e contestatórias da sociedade civil. São investigados partidos políticos, movimentos sociais (negros, mulheres, etc.), sindicatos, universidades, estudantes, setores da administração pública, a Imprensa e a Igreja Católica.	15/06/76 - 23/06/76	1976 - 1976
033	Relatórios de agentes infiltrados e súmulas da Divisão de Informações (DI) do DEOPS/SP sobre as atividades políticas e contestatórias da sociedade civil. São investigados partidos políticos, movimentos sociais (negros, mulheres, etc.), sindicatos, universidades, estudantes, setores da administração pública, a Imprensa e a Igreja Católica.	- 01/07/76	1976 - 1976
034	Relatórios de agentes infiltrados e súmulas da Divisão de Informações (DI) do DEOPS/SP sobre as atividades políticas e contestatórias da sociedade civil. São investigados partidos políticos, movimentos sociais (negros, mulheres, etc.), sindicatos, universidades, estudantes, setores da administração pública, a Imprensa e a Igreja Católica.	- 29/07/76	1976 - 1976
035	Relatórios de agentes infiltrados e súmulas da Divisão de Informações (DI) do DEOPS/SP sobre as atividades políticas e contestatórias da sociedade civil. São investigados partidos políticos, movimentos sociais (negros, mulheres, etc.), sindicatos, universidades, estudantes, setores da administração pública, a Imprensa e a Igreja Católica.	06/08/76 - 13/08/76	1976 - 1976
036	Relatórios de agentes infiltrados e súmulas da Divisão de Informações (DI) do DEOPS/SP sobre as atividades políticas e contestatórias da sociedade civil. São investigados partidos políticos, movimentos sociais (negros, mulheres, etc.), sindicatos, universidades, estudantes, setores da administração pública, a Imprensa e a Igreja Católica.	- 25/08/76	1976 - 1976
037	Relatórios de agentes infiltrados e súmulas da Divisão de Informações (DI) do DEOPS/SP sobre as atividades políticas e contestatórias da sociedade civil. São investigados partidos políticos, movimentos sociais (negros, mulheres, etc.), sindicatos, universidades, estudantes, setores da administração pública, a Imprensa e a Igreja Católica.	- 01/09/76	1976 - 1976
038	Relatórios de agentes infiltrados e súmulas da Divisão de Informações (DI) do DEOPS/SP sobre atividades políticas e contestatórias da sociedade civil. São	- 14/09/76	1976 - 1976

DOSSIÊS/ PASTAS	ASSUNTO	ARQUIVAMENTO	PRODUÇÃO
	investigados partidos políticos, movimentos sociais (negros, mulheres, etc.), sindicatos, universidades, estudantes, setores da administração pública, a Imprensa e a Igreja Católica.		
039	Relatórios de agentes infiltrados e súmulas da Divisão de Informações (DI) do DEOPS/SP sobre as atividades políticas e contestatórias da sociedade civil. São investigados partidos políticos, movimentos sociais (negros, mulheres, etc.), sindicatos, universidades, estudantes, setores da administração pública, a Imprensa e a Igreja Católica.	- 27/09/76	1976 - 1976
040	Relatórios de agentes infiltrados e súmulas da Divisão de Informações (DI) do DEOPS/SP sobre as atividades políticas e contestatórias da sociedade civil. São investigados partidos políticos, movimentos sociais (negros, mulheres, etc.), sindicatos, universidades, estudantes, setores da administração pública, a Imprensa e a Igreja Católica.	- 04/10/76	1976 - 1976
041	Relatórios de agentes infiltrados e súmulas da Divisão de Informações (DI) do DEOPS/SP sobre as atividades políticas e contestatórias da sociedade civil. São investigados partidos políticos, movimentos sociais (negros, mulheres, etc.), sindicatos, universidades, estudantes, setores da administração pública, a Imprensa e a Igreja Católica.	-	1976 - 1976
042	Relatórios de agentes infiltrados e súmulas da Divisão de Informações (DI) do DEOPS/SP sobre as atividades políticas e contestatórias da sociedade civil. São investigados partidos políticos, movimentos sociais (negros, mulheres, etc.), sindicatos, universidades, estudantes, setores da administração pública, a Imprensa e a Igreja Católica.	- 15/10/76	1976 - 1976
043	Relatórios de agentes infiltrados e súmulas da Divisão de Informações (DI) do DEOPS/SP sobre as atividades políticas e contestatórias da sociedade civil. São investigados partidos políticos, movimentos sociais (negros, mulheres, etc.), sindicatos, universidades, estudantes, setores da administração pública, a Imprensa e a Igreja Católica.	-	1976 - 1976
044	Relatórios de agentes infiltrados e súmulas da Divisão de Informações (DI) do DEOPS/SP sobre as atividades políticas e contestatórias da sociedade civil. São investigados partidos políticos, movimentos sociais (negros, mulheres, etc.), sindicatos, universidades, estudantes, setores da administração pública, a Imprensa e a Igreja Católica.	20/10/76 - 27/10/76	1976 - 1976
045	Relatórios de agentes infiltrados e súmulas da Divisão de Informações (DI) do DEOPS/SP sobre as atividades políticas e contestatórias da sociedade civil. São investigados partidos políticos, movimentos sociais (negros, mulheres, etc.), sindicatos, universidades, estudantes, setores da administração pública, a Imprensa e a Igreja Católica.	-	1976 - 1976
046	Relatórios de agentes infiltrados e súmulas da Divisão de Informações (DI) do DEOPS/SP sobre as atividades políticas e contestatórias da sociedade civil. São investigados partidos políticos, movimentos sociais (negros, mulheres, etc.), sindicatos, universidades, estudantes, setores da administração pública, a Imprensa e a Igreja Católica.	- 15/11/76	1976 - 1976
047	Relatórios de agentes infiltrados e súmulas da Divisão de Informações (DI) do DEOPS/SP sobre as atividades políticas e contestatórias da sociedade civil. São investigados partidos políticos, movimentos sociais (negros, mulheres, etc.), sindicatos, universidades, estudantes, setores da administração pública, a Imprensa e a Igreja Católica.	- 03/12/76	1976 - 1976
048	Relatórios de agentes infiltrados e súmulas da Divisão de Informações (DI) do DEOPS/SP sobre as atividades políticas e contestatórias da sociedade civil. São investigados partidos políticos, movimentos sociais (negros, mulheres, etc.), sindicatos, universidades, estudantes, setores da administração pública, a Imprensa e a Igreja Católica.	- 01/02/77	1976 - 1977
049	Relatórios de agentes infiltrados e súmulas da Divisão de Informações (DI) do DEOPS/SP sobre as atividades políticas e contestatórias da sociedade civil. São investigados partidos políticos, movimentos sociais (negros, mulheres, etc.), sindicatos, universidades, estudantes, setores da administração pública, a Imprensa e a Igreja Católica.	- 03/03/77	1977 - 1977
050	Relatórios de agentes infiltrados e súmulas da Divisão de Informações (DI) do DEOPS/SP sobre as atividades políticas e contestatórias da sociedade civil. São investigados partidos políticos, movimentos sociais (negros, mulheres, etc.), sindicatos, universidades, estudantes, setores da administração pública, a Imprensa e a Igreja Católica.	18/03/77 - 29/03/77	1977 - 1977
051	Relatórios de agentes infiltrados e súmulas da Divisão de Informações (DI) do	- 29/03/77	1977 - 1977

DOSSIÊS/ PASTAS	ASSUNTO	ARQUIVAMENTO	PRODUÇÃO
	DEOPS/SP sobre atividades políticas e contestatórias da sociedade civil. São investigados partidos políticos, movimentos sociais (negros, mulheres, etc.), sindicatos, universidades, estudantes, setores da administração pública, a Imprensa e a Igreja Católica.		
052	Relatórios de agentes infiltrados e súmulas da Divisão de Informações (DI) do DEOPS/SP sobre as atividades políticas e contestatórias da sociedade civil. São investigados partidos políticos, movimentos sociais (negros, mulheres, etc.), sindicatos, universidades, estudantes, setores da administração pública, a Imprensa e a Igreja Católica.	- 13/04/77	1977 - 1977
053	Relatórios de agentes infiltrados e súmulas da Divisão de Informações (DI) do DEOPS/SP sobre as atividades políticas e contestatórias da sociedade civil. São investigados partidos políticos, movimentos sociais (negros, mulheres, etc.), sindicatos, universidades, estudantes, setores da administração pública, a Imprensa e a Igreja Católica.	-	1977 - 1977
054	Relatórios de agentes infiltrados e súmulas da Divisão de Informações (DI) do DEOPS/SP sobre as atividades políticas e contestatórias da sociedade civil. São investigados partidos políticos, movimentos sociais (negros, mulheres, etc.), sindicatos, universidades, estudantes, setores da administração pública, a Imprensa e a Igreja Católica.	29/04/77 - 29/04/77	1977 - 1977
055	Relatórios de agentes infiltrados e súmulas da Divisão de Informações (DI) do DEOPS/SP sobre as atividades políticas e contestatórias da sociedade civil. São investigados partidos políticos, movimentos sociais (negros, mulheres, etc.), sindicatos, universidades, estudantes, setores da administração pública, a Imprensa e a Igreja Católica.	-	1977 - 1977
056	Relatórios de agentes infiltrados e súmulas da Divisão de Informações (DI) do DEOPS/SP sobre as atividades políticas e contestatórias da sociedade civil. São investigados partidos políticos, movimentos sociais (negros, mulheres, etc.), sindicatos, universidades, estudantes, setores da administração pública, a Imprensa e a Igreja Católica.	-	1977 - 1977
057	Relatórios de agentes infiltrados e súmulas da Divisão de Informações (DI) do DEOPS/SP sobre as atividades políticas e contestatórias da sociedade civil. São investigados partidos políticos, movimentos sociais (negros, mulheres, etc.), sindicatos, universidades, estudantes, setores da administração pública, a Imprensa e a Igreja Católica.	09/05/77 - 10/05/77	1977 - 1977
058	Relatórios de agentes infiltrados e súmulas da Divisão de Informações (DI) do DEOPS/SP sobre as atividades políticas e contestatórias da sociedade civil. São investigados partidos políticos, movimentos sociais (negros, mulheres, etc.), sindicatos, universidades, estudantes, setores da administração pública, a Imprensa e a Igreja Católica.	- 26/05/77	1977 - 1977
059	Relatórios de agentes infiltrados e súmulas da Divisão de Informações (DI) do DEOPS/SP sobre as atividades políticas e contestatórias da sociedade civil. São investigados partidos políticos, movimentos sociais (negros, mulheres, etc.), sindicatos, universidades, estudantes, setores da administração pública, a Imprensa e a Igreja Católica.	27/05/77 -	1977 - 1977
060	Relatórios de agentes infiltrados e súmulas da Divisão de Informações (DI) do DEOPS/SP sobre as atividades políticas e contestatórias da sociedade civil. São investigados partidos políticos, movimentos sociais (negros, mulheres, etc.), sindicatos, universidades, estudantes, setores da administração pública, a Imprensa e a Igreja Católica.	01/06/77 -	1977 - 1977
061	Relatórios de agentes infiltrados e súmulas da Divisão de Informações (DI) do DEOPS/SP sobre as atividades políticas e contestatórias da sociedade civil. São investigados partidos políticos, movimentos sociais (negros, mulheres, etc.), sindicatos, universidades, estudantes, setores da administração pública, a Imprensa e a Igreja Católica.	- 07/07/77	1977 - 1977
062	Relatórios de agentes infiltrados e súmulas da Divisão de Informações (DI) do DEOPS/SP sobre as atividades políticas e contestatórias da sociedade civil. São investigados partidos políticos, movimentos sociais (negros, mulheres, etc.), sindicatos, universidades, estudantes, setores da administração pública, a Imprensa e a Igreja Católica.	11/07/77 -	1977 - 1977
063	Relatórios de agentes infiltrados e súmulas da Divisão de Informações (DI) do DEOPS/SP sobre as atividades políticas e contestatórias da sociedade civil. São investigados partidos políticos, movimentos sociais (negros, mulheres, etc.), sindicatos, universidades, estudantes, setores da administração pública, a Imprensa e a Igreja Católica.	- 22/07/77	1977 - 1977

DOSSIÊS/ PASTAS	ASSUNTO	ARQUIVAMENTO	PRODUÇÃO
064	Relatórios de agentes infiltrados e súmulas da Divisão de Informações (DI) do DEOPS/SP sobre as atividades políticas e contestatórias da sociedade civil. São investigados partidos políticos, movimentos sociais (negros, mulheres, etc.), sindicatos, universidades, estudantes, setores da administração pública, a Imprensa e a Igreja Católica.	- 01/08/77	1977 - 1977
065	Relatórios de agentes infiltrados e súmulas da Divisão de Informações (DI) do DEOPS/SP sobre as atividades políticas e contestatórias da sociedade civil. São investigados partidos políticos, movimentos sociais (negros, mulheres, etc.), sindicatos, universidades, estudantes, setores da administração pública, a Imprensa e a Igreja Católica.	01/08/77 - 10/08/77	1977 - 1977
066	Relatórios de agentes infiltrados e súmulas da Divisão de Informações (DI) do DEOPS/SP sobre as atividades políticas e contestatórias da sociedade civil. São investigados partidos políticos, movimentos sociais (negros, mulheres, etc.), sindicatos, universidades, estudantes, setores da administração pública, a Imprensa e a Igreja Católica.	- 22/09/77	1977 - 1977
067	Relatórios de agentes infiltrados e súmulas da Divisão de Informações (DI) do DEOPS/SP sobre as atividades políticas e contestatórias da sociedade civil. São investigados partidos políticos, movimentos sociais (negros, mulheres, etc.), sindicatos, universidades, estudantes, setores da administração pública, a Imprensa e a Igreja Católica.	- 23/09/77	1977 - 1977
068	Relatórios de agentes infiltrados e súmulas da Divisão de Informações (DI) do DEOPS/SP sobre as atividades políticas e contestatórias da sociedade civil. São investigados partidos políticos, movimentos sociais (negros, mulheres, etc.), sindicatos, universidades, estudantes, setores da administração pública, a Imprensa e a Igreja Católica.	- 23/09/77	1977 - 1977
069	Relatórios de agentes infiltrados e súmulas da Divisão de Informações (DI) do DEOPS/SP sobre as atividades políticas e contestatórias da sociedade civil. São investigados partidos políticos, movimentos sociais (negros, mulheres, etc.), sindicatos, universidades, estudantes, setores da administração pública, a Imprensa e a Igreja Católica.	- 27/10/77	1977 - 1977
070	Relatórios de agentes infiltrados e súmulas da Divisão de Informações (DI) do DEOPS/SP sobre as atividades políticas e contestatórias da sociedade civil. São investigados partidos políticos, movimentos sociais (negros, mulheres, etc.), sindicatos, universidades, estudantes, setores da administração pública, a Imprensa e a Igreja Católica.	- 20/12/77	1977 - 1977
071	Relatórios de agentes infiltrados e súmulas da Divisão de Informações (DI) do DEOPS/SP sobre as atividades políticas e contestatórias da sociedade civil. São investigados partidos políticos, movimentos sociais (negros, mulheres, etc.), sindicatos, universidades, estudantes, setores da administração pública, a Imprensa e a Igreja Católica.	- 21/12/77	1977 - 1977
072	Relatórios de agentes infiltrados e súmulas da Divisão de Informações (DI) do DEOPS/SP sobre as atividades políticas e contestatórias da sociedade civil. São investigados partidos políticos, movimentos sociais (negros, mulheres, etc), sindicatos, universidades, estudantes, setores da administração pública, a Imprensa e a Igreja Católica.	- 23/12/77	1977 - 1977
073	Relatórios de agentes infiltrados e súmulas da Divisão de Informações (DI) do DEOPS/SP sobre as atividades políticas e contestatórias da sociedade civil. São investigados partidos políticos, movimentos sociais (negros, mulheres, etc.), sindicatos, universidades, estudantes, setores da administração pública, a Imprensa e a Igreja Católica.	-	1977 - 1977
074	Relatórios de agentes infiltrados e súmulas da Divisão de Informações (DI) do DEOPS/SP sobre as atividades políticas e contestatórias da sociedade civil. São investigados partidos políticos, movimentos sociais (negros, mulheres, etc.), sindicatos, universidades, estudantes, setores da administração pública, a Imprensa e a Igreja Católica.	26/12/77 - 27/12/77	1977 - 1977
075	Relatórios de agentes infiltrados e súmulas da Divisão de Informações (DI) do DEOPS/SP sobre as atividades políticas e contestatórias da sociedade civil. São investigados partidos políticos, movimentos sociais (negros, mulheres, etc.), sindicatos, universidades, estudantes, setores da administração pública, a Imprensa e a Igreja Católica.	27/12/77 - 27/12/77	1977 - 1977
076	Relatórios de agentes infiltrados e súmulas da Divisão de Informações (DI) do DEOPS/SP sobre as atividades políticas e contestatórias da sociedade civil. São investigados partidos políticos, movimentos sociais (negros, mulheres, etc.), sindicatos, universidades, estudantes e setores da administração pública, a Imprensa e a	- 30/01/78	1977 - 1977

DOSSIÊS/ PASTAS	ASSUNTO	ARQUIVAMENTO	PRODUÇÃO
	Igreja Católica.		
077	Relatórios de agentes infiltrados e súmulas da Divisão de Informações (DI) do DEOPS/SP sobre as atividades políticas e contestatórias da sociedade civil. São investigados partidos políticos, movimentos sociais (negros, mulheres, etc.), sindicatos, universidades, estudantes, setores da administração pública, a Imprensa e a Igreja Católica.	03/01/78 -	1977 - 1978
078	Relatórios de agentes infiltrados e súmulas da Divisão de Informações (DI) do DEOPS/SP sobre as atividades políticas e contestatórias da sociedade civil. São investigados partidos políticos, movimentos sociais (negros, mulheres, etc.), sindicatos, universidades, estudantes, setores da administração pública, a Imprensa e a Igreja Católica.	- 06/03/78	1978 - 1978
079	Relatórios de agentes infiltrados e súmulas da Divisão de Informações (DI) do DEOPS/SP sobre as atividades políticas e contestatórias da sociedade civil. São investigados partidos políticos, movimentos sociais (negros, mulheres, etc.), sindicatos, universidades, estudantes, setores da administração pública, a Imprensa e a Igreja Católica.	07/03/78 - 30/03/78	1978 - 1978
080	Relatórios de agentes infiltrados e súmulas da Divisão de Informações (DI) do DEOPS/SP sobre as atividades políticas e contestatórias da sociedade civil. São investigados partidos políticos, movimentos sociais (negros, mulheres, etc.), sindicatos, universidades, estudantes, setores da administração pública, a Imprensa e a Igreja Católica.	- 25/04/78	1978 - 1978
081	Relatórios de agentes infiltrados e súmulas da Divisão de Informações (DI) do DEOPS/SP sobre as atividades políticas e contestatórias da sociedade civil. São investigados partidos políticos, movimentos sociais (negros, mulheres, etc.), sindicatos, universidades, estudantes, setores da administração pública, a Imprensa e a Igreja Católica.	25/04/78 - 05/05/78	1978 - 1978
082	Relatórios de agentes infiltrados e súmulas da Divisão de Informações (DI) do DEOPS/SP sobre as atividades políticas e contestatórias da sociedade civil. São investigados partidos políticos, movimentos sociais (negros, mulheres, etc.), sindicatos, universidades, estudantes, setores da administração pública, a Imprensa e a Igreja Católica.	- 14/05/78	1978 - 1978
083	Relatórios de agentes infiltrados e súmulas da Divisão de Informações (DI) do DEOPS/SP sobre as atividades políticas e contestatórias da sociedade civil. São investigados partidos políticos, movimentos sociais (negros, mulheres, etc.), sindicatos, universidades, estudantes, setores da administração pública, a Imprensa e a Igreja Católica.	31/05/78 - 01/06/78	1978 - 1978
084	Relatórios de agentes infiltrados e súmulas da Divisão de Informações (DI) do DEOPS/SP sobre as atividades políticas e contestatórias da sociedade civil. São investigados partidos políticos, movimentos sociais (negros, mulheres, etc.), sindicatos, universidades, estudantes, setores da administração pública, a Imprensa e a Igreja Católica.	- 22/06/78	1978 - 1978
085	Relatórios de agentes infiltrados e súmulas da Divisão de Informações (DI) do DEOPS/SP sobre as atividades políticas e contestatórias da sociedade civil. São investigados partidos políticos, movimentos sociais (negros, mulheres, etc.), sindicatos, universidades, estudantes, setores da administração pública, a Imprensa e a Igreja Católica.	- 18/07/78	1978 - 1978
086	Relatórios de agentes infiltrados e súmulas da Divisão de Informações (DI) do DEOPS/SP sobre as atividades políticas e contestatórias da sociedade civil. São investigados partidos políticos, movimentos sociais (negros, mulheres, etc.), sindicatos, universidades, estudantes, setores da administração pública, a Imprensa e a Igreja Católica.	10/07/78 - 03/08/78	1978 - 1978
087	Relatórios de agentes infiltrados e súmulas da Divisão de Informações (DI) do DEOPS/SP sobre as atividades políticas e contestatórias da sociedade civil. São investigados partidos políticos, movimentos sociais (negros, mulheres, etc.), sindicatos, universidades, estudantes, setores da administração pública, a Imprensa e a Igreja Católica.	- 18/08/78	1978 - 1978
088	Relatórios de agentes infiltrados e súmulas da Divisão de Informações (DI) do DEOPS/SP sobre as atividades políticas e contestatórias da sociedade civil. São investigados partidos políticos, movimentos sociais (negros, mulheres, etc), sindicatos, universidades, estudantes, setores da administração pública, a Imprensa e a Igreja Católica.	18/08/78 - 30/08/78	1978 - 1978
089	Relatórios de agentes infiltrados e súmulas da Divisão de Informações (DI) do DEOPS/SP sobre as atividades políticas e contestatórias da sociedade civil. São investigados partidos políticos, movimentos sociais (negros, mulheres, etc.),	- 11/10/78	1978 - 1978

DOSSIÊS/ PASTAS	ASSUNTO	ARQUIVAMENTO	PRODUÇÃO
	sindicatos, universidades, estudantes, setores da administração pública, a Imprensa e a Igreja Católica.		
090	Relatórios de agentes infiltrados e súmulas da Divisão de Informações (DI) do DEOPS/SP sobre as atividades políticas e contestatórias da sociedade civil. São investigados partidos políticos, movimentos sociais (negros, mulheres, etc.), sindicatos, universidades, estudantes, setores da administração pública, a Imprensa e a Igreja Católica.	- 17/10/78	1978 - 1978
091	Relatórios de agentes infiltrados e súmulas da Divisão de Informações (DI) do DEOPS/SP sobre as atividades políticas e contestatórias da sociedade civil. São investigados partidos políticos, movimentos sociais (negros, mulheres, etc.), sindicatos, universidades, estudantes, setores da administração pública, a Imprensa e a Igreja Católica.	- 25/10/78	1978 - 1978
092	Relatórios de agentes infiltrados e súmulas da Divisão de Informações (DI) do DEOPS/SP sobre as atividades políticas e contestatórias da sociedade civil. São investigados partidos políticos, movimentos sociais (negros, mulheres, etc.), sindicatos, universidades, estudantes, setores da administração pública, a Imprensa e a Igreja Católica.	25/10/78 -	1978 - 1978
093	Relatórios de agentes infiltrados e súmulas da Divisão de Informações (DI) do DEOPS/SP sobre as atividades políticas e contestatórias da sociedade civil. São investigados partidos políticos, movimentos sociais (negros, mulheres, etc.), sindicatos, universidades, estudantes, setores da administração pública, a Imprensa e a Igreja Católica.	30/10/78 - 23/11/78	1978 - 1978
094	Relatórios de agentes infiltrados e súmulas da Divisão de Informações (DI) do DEOPS/SP sobre as atividades políticas e contestatórias da sociedade civil. São investigados partidos políticos, movimentos sociais (negros, mulheres, etc.), sindicatos, universidades, estudantes, setores da administração pública, a Imprensa e a Igreja Católica.	25/11/78 - 25/11/78	1978 - 1978
095	Relatórios de agentes infiltrados e súmulas da Divisão de Informações (DI) do DEOPS/SP sobre as atividades políticas e contestatórias da sociedade civil. São investigados partidos políticos, movimentos sociais (negros, mulheres, etc.), sindicatos, universidades, estudantes, setores da administração pública, a Imprensa e a Igreja Católica.	- 13/12/78	1978 - 1978
096	Relatórios de agentes infiltrados e súmulas da Divisão de Informações (DI) do DEOPS/SP sobre as atividades políticas e contestatórias da sociedade civil. São investigados partidos políticos, movimentos sociais (negros, mulheres, etc.), sindicatos, universidades, estudantes, setores da administração pública, a Imprensa e a Igreja Católica.	18/12/78 - 30/01/79	1978 - 1979
097	Relatórios de agentes infiltrados e súmulas da Divisão de Informações (DI) do DEOPS/SP sobre as atividades políticas e contestatórias da sociedade civil. São investigados partidos políticos, movimentos sociais (negros, mulheres, etc.), sindicatos, universidades, estudantes, setores da administração pública, a Imprensa e a Igreja Católica.	- 19/02/79	1972 - 1979
098	Relatórios de agentes infiltrados e súmulas da Divisão de Informações (DI) do DEOPS/SP sobre as atividades políticas e contestatórias da sociedade civil. São investigados partidos políticos, movimentos sociais (negros, mulheres, etc.), sindicatos, universidades, estudantes, setores da administração pública, a Imprensa e a Igreja Católica.	19/02/79 - 06/03/79	1979 - 1979
099	Relatórios de agentes infiltrados e súmulas da Divisão de Informações (DI) do DEOPS/SP sobre as atividades políticas e contestatórias da sociedade civil. São investigados partidos políticos, movimentos sociais (negros, mulheres, etc.), sindicatos, universidades, estudantes, setores da administração pública, a Imprensa e a Igreja Católica.	06/03/79 - 09/04/79	1979 - 1979
100	Relatórios de agentes infiltrados e súmulas da Divisão de Informações (DI) do DEOPS/SP sobre as atividades políticas e contestatórias da sociedade civil. São investigados partidos políticos, movimentos sociais (negros, mulheres, etc.), sindicatos, universidades, estudantes, setores da administração pública, a Imprensa e a Igreja Católica.	- 09/04/79	1979 - 1979
101	Relatórios de agentes infiltrados e súmulas da Divisão de Informações (DI) do DEOPS/SP sobre as atividades políticas e contestatórias da sociedade civil. São investigados partidos políticos, movimentos sociais (negros, mulheres, etc.), sindicatos, universidades, estudantes, setores da administração pública, a Imprensa e a Igreja Católica.	- 03/05/79	1979 - 1979
102	Relatórios de agentes infiltrados e súmulas da Divisão de Informações (DI) do DEOPS/SP sobre as atividades políticas e contestatórias da sociedade civil. São	- 20/06/79	1979 - 1979

DOSSIÊS/ PASTAS	ASSUNTO	ARQUIVAMENTO	PRODUÇÃO
	investigados partidos políticos, movimentos sociais (negros, mulheres, etc.), sindicatos, universidades, estudantes, setores da administração pública, a Imprensa e a Igreja Católica.		
103	Relatórios de agentes infiltrados e súmulas da Divisão de Informações (DI) do DEOPS/SP sobre as atividades políticas e contestatórias da sociedade civil. São investigados partidos políticos, movimentos sociais (negros, mulheres, etc.), sindicatos, universidades, estudantes, setores da administração pública, a Imprensa e a Igreja Católica.	- 10/05/79	1979 - 1979
104	Relatórios de agentes infiltrados e súmulas da Divisão de Informações (DI) do DEOPS/SP sobre as atividades políticas e contestatórias da sociedade civil. São investigados partidos políticos, movimentos sociais (negros, mulheres, etc.), sindicatos, universidades, estudantes, setores da administração pública, a Imprensa e a Igreja Católica.	- 23/05/79	1979 - 1979
105	Relatórios de agentes infiltrados e súmulas da Divisão de Informações (DI) do DEOPS/SP sobre as atividades políticas e contestatórias da sociedade civil. São investigados partidos políticos, movimentos sociais (negros, mulheres, etc.), sindicatos, universidades, estudantes, setores da administração pública, a Imprensa e a Igreja Católica.	- 24/05/79	1979 - 1979
106	Relatórios de agentes infiltrados e súmulas da Divisão de Informações (DI) do DEOPS/SP sobre as atividades políticas e contestatórias da sociedade civil. São investigados partidos políticos, movimentos sociais (negros, mulheres, etc.), sindicatos, universidades, estudantes, setores da administração pública, a Imprensa e a Igreja Católica.	- 02/07/79	1979 - 1979
107	Relatórios de agentes infiltrados e súmulas da Divisão de Informações (DI) do DEOPS/SP sobre as atividades políticas e contestatórias da sociedade civil. São investigados partidos políticos, movimentos sociais (negros, mulheres, etc.), sindicatos, universidades, estudantes, setores da administração pública, a Imprensa e a Igreja Católica.	09/07/79 - 09/07/79	1979 - 1979
108	Relatórios de agentes infiltrados e súmulas da Divisão de Informações (DI) do DEOPS/SP sobre as atividades políticas e contestatórias da sociedade civil. São investigados partidos políticos, movimentos sociais (negros, mulheres, etc.), sindicatos, universidades, estudantes, setores da administração pública, a Imprensa e a Igreja Católica.	09/07/79 - 10/08/79	1979 - 1979
109	Relatórios de agentes infiltrados e súmulas da Divisão de Informações (DI) do DEOPS/SP sobre as atividades políticas e contestatórias da sociedade civil. São investigados partidos políticos, movimentos sociais (negros, mulheres, etc.), sindicatos, universidades, estudantes, setores da administração pública, a Imprensa e a Igreja Católica.	- 24/08/79	1979 - 1979
110	Relatórios de agentes infiltrados e súmulas da Divisão de Informações (DI) do DEOPS/SP sobre as atividades políticas e contestatórias da sociedade civil. São investigados partidos políticos, movimentos sociais (negros, mulheres, etc.), sindicatos, universidades, estudantes, setores da administração pública, a Imprensa e a Igreja Católica.	24/08/79 - 24/08/79	1979 - 1979
111	Relatórios de agentes infiltrados e súmulas da Divisão de Informações (DI) do DEOPS/SP sobre as atividades políticas e contestatórias da sociedade civil. São investigados partidos políticos, movimentos sociais (negros, mulheres, etc.), sindicatos, universidades, estudantes, setores da administração pública, a Imprensa e a Igreja Católica.	11/09/79 - 14/11/79	1979 - 1979
112	Relatórios de agentes infiltrados e súmulas da Divisão de Informações (DI) do DEOPS/SP sobre as atividades políticas e contestatórias da sociedade civil. São investigados partidos políticos, movimentos sociais (negros, mulheres, etc.), sindicatos, universidades, estudantes, setores da administração pública, a Imprensa e a Igreja Católica.	29/10/79 - 16/11/79	1979 - 1979
113	Relatórios de agentes infiltrados e súmulas da Divisão de Informações (DI) do DEOPS/SP sobre as atividades políticas e contestatórias da sociedade civil. São investigados partidos políticos, movimentos sociais (negros, mulheres, etc.), sindicatos, universidades, estudantes, setores da administração pública, a Imprensa e a Igreja Católica.	29/10/79 - 28/01/80	1979 - 1979
114	Relatórios de agentes infiltrados e súmulas da Divisão de Informações (DI) do DEOPS/SP sobre as atividades políticas e contestatórias da sociedade civil. São investigados partidos políticos, movimentos sociais (negros, mulheres, etc.), sindicatos, universidades, estudantes, setores da administração pública, a Imprensa e a Igreja Católica.	28/01/80 - 30/01/80	1979 - 1979
115	Relatórios de agentes infiltrados e súmulas da Divisão de Informações (DI) do	30/01/80 - 07/02/80	1979 - 1979

DOSSIÊS/ PASTAS	ASSUNTO	ARQUIVAMENTO	PRODUÇÃO
	DEOPS/SP sobre as atividades políticas e contestatórias da sociedade civil. São investigados partidos políticos, movimentos sociais (negros, mulheres, etc.), sindicatos, universidades, estudantes, setores da administração pública, a Imprensa e a Igreja Católica.		
116	Relatórios de agentes infiltrados e súmulas da Divisão de Informações (DI) do DEOPS/SP sobre as atividades políticas e contestatórias da sociedade civil. São investigados partidos políticos, movimentos sociais (negros, mulheres, etc.), sindicatos, universidades, estudantes, setores da administração pública, a Imprensa e a Igreja Católica.	07/02/80 - 13/02/80	1979 - 1979
117	Relatórios de agentes infiltrados e súmulas da Divisão de Informações (DI) do DEOPS/SP sobre as atividades políticas e contestatórias da sociedade civil. São investigados partidos políticos, movimentos sociais (negros, mulheres, etc.), sindicatos, universidades, estudantes, setores da administração pública, a Imprensa e a Igreja Católica.	13/02/80 - 13/02/80	1979 - 1980
118	Relatórios de agentes infiltrados e súmulas da Divisão de Informações (DI) do DEOPS/SP sobre as atividades políticas e contestatórias da sociedade civil. São investigados partidos políticos, movimentos sociais (negros, mulheres, etc.), sindicatos, universidades, estudantes, setores da administração pública, a Imprensa e a Igreja Católica.	13/02/80 - 25/04/80	1980 - 1980
119	Relatórios de agentes infiltrados e súmulas da Divisão de Informações (DI) do DEOPS/SP sobre as atividades políticas e contestatórias da sociedade civil. São investigados partidos políticos, movimentos sociais (negros, mulheres, etc.), sindicatos, universidades, estudantes, setores da administração pública, a Imprensa e a Igreja Católica.	25/04/80 - 26/04/80	1980 - 1980
120	Relatórios de agentes infiltrados e súmulas da Divisão de Informações (DI) do DEOPS/SP sobre as atividades políticas e contestatórias da sociedade civil. São investigados partidos políticos, movimentos sociais (negros, mulheres, etc.), sindicatos, universidades, estudantes, setores da administração pública, a Imprensa e a Igreja Católica.	30/04/80 - 23/06/80	1980 - 1980
121	Relatórios de agentes infiltrados e súmulas da Divisão de Informações (DI) do DEOPS/SP sobre as atividades políticas e contestatórias da sociedade civil. São investigados partidos políticos, movimentos sociais (negros, mulheres, etc.), sindicatos, universidades, estudantes, setores da administração pública, a Imprensa e a Igreja Católica.	23/06/80 - 28/07/80	1980 - 1980
122	Relatórios de agentes infiltrados e súmulas da Divisão de Informações (DI) do DEOPS/SP sobre as atividades políticas e contestatórias da sociedade civil. São investigados partidos políticos, movimentos sociais (negros, mulheres, etc.), sindicatos, universidades, estudantes, setores da administração pública, a Imprensa e a Igreja Católica.	28/07/80 - 28/07/80	1980 - 1980
123	Relatórios de agentes infiltrados e súmulas da Divisão de Informações (DI) do DEOPS/SP sobre as atividades políticas e contestatórias da sociedade civil. São investigados partidos políticos, movimentos sociais (negros, mulheres, etc.), sindicatos, universidades, estudantes, setores da administração pública, a Imprensa e a Igreja Católica.	03/10/80 - 07/10/80	1980 - 1980
124	Relatórios de agentes infiltrados e súmulas da Divisão de Informações (DI) do DEOPS/SP sobre as atividades políticas e contestatórias da sociedade civil. São investigados partidos políticos, movimentos sociais (negros, mulheres, etc.), sindicatos, universidades, estudantes, setores da administração pública, a Imprensa e a Igreja Católica.	07/10/80 - 18/11/80	1980 - 1980
125	Relatórios de agentes infiltrados e súmulas da Divisão de Informações (DI) do DEOPS/SP sobre as atividades políticas e contestatórias da sociedade civil. São investigados partidos políticos, movimentos sociais (negros, mulheres, etc.), sindicatos, universidades, estudantes, setores da administração pública, a Imprensa e a Igreja Católica.	18/11/80 - 12/12/80	1980 - 1980
126	Relatórios de agentes infiltrados e súmulas da Divisão de Informações (DI) do DEOPS/SP sobre as atividades políticas e contestatórias da sociedade civil. São investigados partidos políticos, movimentos sociais (negros, mulheres, etc.), sindicatos, universidades, estudantes, setores da administração pública, a Imprensa e a Igreja Católica.	12/12/80 - 29/01/81	1980 - 1981
127	Relatórios de agentes infiltrados e súmulas da Divisão de Informações (DI) do DEOPS/SP sobre as atividades políticas e contestatórias da sociedade civil. São investigados partidos políticos, movimentos sociais (negros, mulheres, etc.), sindicatos, universidades, estudantes, setores da administração pública, a Imprensa e a Igreja Católica.	29/01/81 - 23/02/81	1981 - 1981

DOSSIÊS/ PASTAS	ASSUNTO	ARQUIVAMENTO	PRODUÇÃO
128	Relatórios de agentes infiltrados e súmulas da Divisão de Informações (DI) do DEOPS/SP sobre as atividades políticas e contestatórias da sociedade civil. São investigados partidos políticos, movimentos sociais (negros, mulheres, etc.), sindicatos, universidades, estudantes, setores da administração pública, a Imprensa e a Igreja Católica.	25/02/81 - 09/04/81	1981 - 1981
129	Relatórios de agentes infiltrados e súmulas da Divisão de Informações (DI) do DEOPS/SP sobre as atividades políticas e contestatórias da sociedade civil. São investigados partidos políticos, movimentos sociais (negros, mulheres, etc.), sindicatos, universidades, estudantes, setores da administração pública, a Imprensa e a Igreja Católica.	09/04/81 - 13/04/81	1981 - 1981
130	Relatórios de agentes infiltrados e súmulas da Divisão de Informações (DI) do DEOPS/SP sobre as atividades políticas e contestatórias da sociedade civil. São investigados partidos políticos, movimentos sociais (negros, mulheres, etc.), sindicatos, universidades, estudantes, setores da administração pública, a Imprensa e a Igreja Católica.	06/05/81 -	1980 - 1981
131	Relatórios de agentes infiltrados e súmulas da Divisão de Informações (DI) do DEOPS/SP sobre as atividades políticas e contestatórias da sociedade civil. São investigados partidos políticos, movimentos sociais (negros, mulheres, etc.), sindicatos, universidades, estudantes, setores da administração pública, a Imprensa e a Igreja Católica.	- 07/05/81	1981 - 1981
132	Relatórios de agentes infiltrados e súmulas da Divisão de Informações (DI) do DEOPS/SP sobre as atividades políticas e contestatórias da sociedade civil. São investigados partidos políticos, movimentos sociais (negros, mulheres, etc.), sindicatos, universidades, estudantes, setores da administração pública, a Imprensa e a Igreja Católica.	28/05/81 - 19/06/81	1981 - 1981
133	Relatórios de agentes infiltrados e súmulas da Divisão de Informações (DI) do DEOPS/SP sobre as atividades políticas e contestatórias da sociedade civil. São investigados partidos políticos, movimentos sociais (negros, mulheres, etc.), sindicatos, universidades, estudantes, setores da administração pública, a Imprensa e a Igreja Católica.	-	1981 - 1981
134	Relatórios de agentes infiltrados e súmulas da Divisão de Informações (DI) do DEOPS/SP sobre as atividades políticas e contestatórias da sociedade civil. São investigados partidos políticos, movimentos sociais (negros, mulheres, etc.), sindicatos, universidades, estudantes, setores da administração pública, a Imprensa e a Igreja Católica.	-	1981 - 1981
135	Relatórios de agentes infiltrados e súmulas da Divisão de Informações (DI) do DEOPS/SP sobre as atividades políticas e contestatórias da sociedade civil. São investigados partidos políticos, movimentos sociais (negros, mulheres, etc.), sindicatos, universidades, estudantes, setores da administração pública, a Imprensa e a Igreja Católica.	-	1981 - 1981
136	Relatórios de agentes infiltrados e súmulas da Divisão de Informações (DI) do DEOPS/SP sobre as atividades políticas e contestatórias da sociedade civil. São investigados partidos políticos, movimentos sociais (negros, mulheres, etc.), sindicatos, universidades, estudantes, setores da administração pública, a Imprensa e a Igreja Católica.	-	1981 - 1981
137	Relatórios de agentes infiltrados e súmulas da Divisão de Informações (DI) do DEOPS/SP sobre as atividades políticas e contestatórias da sociedade civil. São investigados partidos políticos, movimentos sociais (negros, mulheres, etc.), sindicatos, universidades, estudantes, setores da administração pública, a Imprensa e a Igreja Católica.	-	1981 - 1981
138	Relatórios de agentes infiltrados e súmulas da Divisão de Informações (DI) do DEOPS/SP sobre as atividades políticas e contestatórias da sociedade civil. São investigados partidos políticos, movimentos sociais (negros, mulheres, etc.), sindicatos, universidades, estudantes, setores da administração pública, a Imprensa e a Igreja Católica.	-	1981 - 1982
139	Relatórios de agentes infiltrados e súmulas da Divisão de Informações (DI) do DEOPS/SP sobre as atividades políticas e contestatórias da sociedade civil. São investigados partidos políticos, movimentos sociais (negros, mulheres, etc.), sindicatos, universidades, estudantes, setores da administração pública, a Imprensa e a Igreja Católica.	-	1982 - 1982
140	Relatórios de agentes infiltrados e súmulas da Divisão de Informações (DI) do DEOPS/SP sobre atividades políticas e contestatórias da sociedade civil. São investigados partidos políticos, movimentos sociais (negros, mulheres, etc.), sindicatos, universidades, estudantes, setores da administração pública, a Imprensa e a Igreja Católica.		1982 - 1982

DOSSIÊS/ PASTAS	ASSUNTO	ARQUIVAMENTO	PRODUÇÃO
141	Relatórios de agentes infiltrados e súmulas da Divisão de Informações (DI) do DEOPS/SP sobre as atividades políticas e contestatórias da sociedade civil. São investigados partidos políticos, movimentos sociais (negros, mulheres, etc.), sindicatos, universidades, estudantes, setores da administração pública, a Imprensa e a Igreja Católica.	-	1982 - 1982
142	Relatórios de agentes infiltrados e súmulas da Divisão de Informações (DI) do DEOPS/SP sobre as atividades políticas e contestatórias da sociedade civil. São investigados partidos políticos, movimentos sociais (negros, mulheres, etc.), sindicatos, universidades, estudantes, setores da administração pública, a Imprensa e a Igreja Católica.	-	1982 - 1982
143	Relatórios de agentes infiltrados e súmulas da Divisão de Informações (DI) do DEOPS/SP sobre as atividades políticas e contestatórias da sociedade civil. São investigados partidos políticos, movimentos sociais (negros, mulheres, etc.), sindicatos, universidades, estudantes, setores da administração pública, a Imprensa e a Igreja Católica.	-	1982 - 1982
144	Relatórios de agentes infiltrados e súmulas da Divisão de Informações (DI) do DEOPS/SP sobre as atividades políticas e contestatórias da sociedade civil. São investigados partidos políticos, movimentos sociais (negros, mulheres, etc.), sindicatos, universidades, estudantes, setores da administração pública, a Imprensa e a Igreja Católica.	-	1982 - 1982
145	Relatórios de agentes infiltrados e súmulas da Divisão de Informações (DI) do DEOPS/SP sobre as atividades políticas e contestatórias da sociedade civil. São investigados partidos políticos, movimentos sociais (negros, mulheres, etc.), sindicatos, universidades, estudantes, setores da administração pública, a Imprensa e a Igreja Católica.	-	1982 - 1982
146	Relatórios de agentes infiltrados e súmulas da Divisão de Informações (DI) do DEOPS/SP sobre as atividades políticas e contestatórias da sociedade civil. São investigados partidos políticos, movimentos sociais (negros, mulheres, etc.), sindicatos, universidades, estudantes, setores da administração pública, a Imprensa e a Igreja Católica.	-	1982 - 1982
147	Relatórios de agentes infiltrados e súmulas da Divisão de Informações (DI) do DEOPS/SP sobre as atividades políticas e contestatórias da sociedade civil. São investigados partidos políticos, movimentos sociais (negros, mulheres, etc.), sindicatos, universidades, estudantes, setores da administração pública, a Imprensa e a Igreja Católica.	-	1982 - 1983
148	Relatórios de agentes infiltrados e súmulas da Divisão de Informações (DI) do DEOPS/SP sobre as atividades políticas e contestatórias da sociedade civil. São investigados partidos políticos, movimentos sociais (negros, mulheres, etc.), sindicatos, universidades, estudantes, setores da administração pública, a Imprensa e a Igreja Católica.	-	1983 - 1983
21-Z-015	**Movimento político/partidário. O investigado é Benedito Rocha, ex-deputado estadual pelo Partido Social Trabalhista (PST).**	**12/08/63 - 28/08/69**	**1963 - 1969**
22-A-001	**Movimento político/partidário. Investigação sobre a agressão sofrida por um farmacêutico membro do diretório municipal da União Democrática Nacional (UDN), praticada pelo prefeito do município de Herculândia - SP.**	**29/11/45 - 29/11/45**	**1945 - 1945**
22-H-001	**Movimento político/partidário. Relatório sobre a situação política do município de Rio Preto - SP, com relação à animosidade popular contra o prefeito da cidade.**	**10/03/44 - 01/04/44**	**1944 - 1944**
22-H-002	**Movimento político/partidário. O investigado é o prefeito do município de Itu - SP, Tristão Bauer.**	**24/07/44 - 24/07/44**	**1944 - 1944**
22-H-003	**Movimento político/partidário. É investigada a insatisfação popular contra o prefeito do município de Lorena - SP, Fernando Costa.**	**17/05/44 - 17/05/44**	**1944 - 1944**
22-Z-000	**Movimento político/partidário. São investigados integralistas e integrantes do Partido Republicano Paulista (PRP).**	**02/12/43 - 01/11/47**	**1943 - 1950**
22-Z-001	**Movimento político/partidário e suspeita de atividade integralista. É Investigada a atuação política de elementos pertencentes ao Partido Constitucionalista e à Ação Integralista Brasileira no município de Ibitinga - SP.**	**26/11/43 - 26/11/43**	**1943 - 1943**
22-Z-002	**Movimento político/partidário. Investigações sobre políticos no município de São João da Boa Vista - SP, principalmente de membros do Partido da Representação Popular (PRP).**	**12/04/44 - 12/04/44**	**1944 - 1944**
22-Z-003	**É investigada a empresa de turismo Bureau International de Navigation Maritime et Aerienne, de Philippe-Georges de Theodorou Fahmé, General francês.**	**17/03/58 - 30/12/69**	**1958 - 1958**

DOSSIÊS/ PASTAS		ASSUNTO	ARQUIVAMENTO	PRODUÇÃO
22-Z-004		Movimento político/partidário. São investigadas as atividades políticas dos moradores do município de São João da Boa Vista - SP.	10/10/44 - 10/10/44	1944 - 1944
22-Z-005		Diagnóstico de atividades em municípios. É investigado o município de Araçatuba - SP.	22/11/44 - 06/02/79	1950 - 1979
	001	Diagnóstico de atividades em municípios. É investigado o município de Araçatuba - SP.	22/11/44 - 07/12/49	1950 - 1950
	002	Diagnóstico de atividades em municípios. É investigado o município de Araçatuba - SP.	19/03/51 - 23/09/52	1950 - 1952
	003	Diagnóstico de atividades em municípios. É investigado o município de Araçatuba - SP.	18/04/52 - 04/03/54	1952 - 1954
	004	Diagnóstico de atividades em municípios. É investigado o município de Araçatuba - SP.	10/03/54 - 22/01/60	1954 - 1959
	005	Diagnóstico de atividades em municípios. É investigado o município de Araçatuba - SP.	28/07/60 - 03/10/69	1960 - 1969
	006	Diagnóstico de atividades em municípios. É investigado o município de Araçatuba - SP.	13/10/69 - 05/01/73	1969 - 1972
	007	Diagnóstico de atividades em municípios. É investigado o município de Araçatuba - SP.	07/10/71 - 26/12/75	1971 - 1975
	008	Diagnóstico de atividades em municípios. É investigado o município de Araçatuba - SP.	12/01/76 - 19/12/77	1975 - 1977
	009	Diagnóstico de atividades em municípios. É investigado o município de Araçatuba - SP.	26/12/77 - 06/02/79	1977 - 1979
23-Z-000		Suspeita de atividade integralista. São investigados o escritor Lauro Teixeira Penteado e o funcionário público Wilson Nogueira Lapa, suspeitos de serem separatistas e de pertencerem à Ação Integralista Brasileira (AIB).	24/04/45 - 24/04/45	1940 - 1940
24-A-000		Suspeita de atividade integralista, solicitação de salvo-conduto permanente e suspeita de atividade antinacional. São investigados Victorio Baccam, italiano, industrial no município de Mirassol - SP e Gilberto Chaves, proprietário do Grande Hotel Guarujá.	14/09/45 - 11/12/44	1940 - 1943
24-A-001		Suspeita de atividade integralista. O investigado é o comerciante Francisco de Paula Machado da Luz.	07/02/44 - 02/10/45	1942 - 1943
24-A-002		Suspeita de atividade integralista e de posse ilegal de armas. O investigado é Wenceslau Mazzeu, ex-chefe integralista.	18/02/44 - 08/03/46	1942 - 1943
24-A-003		Suspeita de atividade integralista. O investigado é Ego Brás, pseudônimo de Emílio Bomeisel, tradutor e ex-proprietário de tipografia.	05/04/44 - 07/08/57	1943 - 1956
24-A-004		Suspeita de atividade integralista. O investigado é Milton Ferreira de Carvalho, corretor de imóveis.	05/07/44 - 11/04/45	1944 - 1944
24-A-005		Suspeita de atividade integralista. O investigado é Hélio Morganti, ex-sócio da sociedade Fanfula Limitada e agente consular da Itália no município de Araraquara - SP.	02/08/44 - 17/11/53	1944 - 1953
24-A-006		Suspeita de atividade integralista. O investigado é o farmacêutico José Bernadoni, italiano naturalizado brasileiro.	14/10/44 - 20/04/45	1938 - 1945
24-A-007		Suspeita de atividade integralista. O investigado é o professor Miguel Tavarone, italiano, que estaria auxiliando uma nova organização chamada "Essistas", formada por ex-integralistas.	25/10/44 - 25/10/44	1943 - 1943
24-A-008		Suspeita de atividade integralista. O investigado é o tabelião Antônio Pompeu de Camargo.	23/08/45 - 23/08/45	1940 - 1942
24-A-009		Suspeita de atividade integralista. São investigados Antonio Correia de Almeida, Olympio Ribeiro da Luz e Cicero de Barras, proprietários de estabelecimentos comerciais no município de Presidente Prudente - SP.	29/12/44 - 29/12/44	1941 - 1941
24-A-010		Suspeita de atividade integralista. O investigado é o empresário Emanuel Bianchi.	24/01/45 -	1941 - 1955
24-A-011		Suspeita de atividade integralista. O investigado é o empresário João Bravo Caldeira.	27/02/45 -	1943 - 1969
24-A-012		Suspeita de atividade integralista. O investigado é o proprietário da fábrica de explosivos Stall Telles e Cia.	26/07/45 - 11/12/45	1940 - 1945
24-B-000		Suspeita de atividade integralista. São investigados o vendedor Orlando Romano, o funcionário da Cia. Docas de Santos Walter Messiano Ianatano, o funcionário público Antonio Vênia, o mecânico alemão Erwin Hans Becker e o funcionário da empresa Light and Power Alcebiades Delamare.	13/06/45 - 26/11/45	1938 - 1945
24-B-001		Suspeita de atividade integralista. O investigado é Carlos Almeida, funcionário da Cia. Ítalo-Brasileira de Seguros e da empresa Light and Power.	05/02/04 - 05/02/44	1938 - 1943
24-B-002		Suspeita de atividade integralista. O investigado é Bernardino Amorim, funcionário da empresa Light and Power.	05/02/44 - 05/02/44	1943 - 1943
24-B-003		Suspeita de atividade integralista. O investigado é João Maringoni, funcionário da Estrada de Ferro Noroeste do Brasil.	04/04/44 - 04/04/44	1942 - 1942
24-B-004		Suspeita de atividade integralista. O investigado é Paulo Torres.	27/04/44 - 08/03/46	1942 - 1942
24-B-005		Suspeita de atividade integralista e de atividade nazista. O investigado é Carlos Rincon Lopes Cardoso, português.	15/05/44 - 15/05/44	1943 - 1944
24-B-006		Suspeita de atividade nazista. O investigado é Friederich Alfred Hering, ex-funcionário do Banco Alemão Transatlântico.	24/05/44 - 11/06/45	1943 - 1945
24-B-007		Suspeita de atividade integralista. O investigado é o farmacêutico Francisco Lopes, residente no município de Araraquara - SP.	03/06/44 - 09/06/44	1942 - 1942

DOSSIÊS/ PASTAS	ASSUNTO	ARQUIVAMENTO	PRODUÇÃO
24-B-008	Suspeita de atividade integralista. O investigado é o barbeiro Roque Tocci. A pasta traz referências aos municípios de Araraquara - SP e Ribeirão Bonito - SP e à pessoa de Plínio Salgado.	09/06/44 - 26/04/46	1942 - 1942
24-B-009	Suspeita de atividade integralista e de atividade nazista. O investigado é José Constante Barreto.	20/06/44 - 10/05/46	1941 - 1941
24-B-010	Suspeita de atividade subversiva. O investigado é Alberto Stein, ex-prefeito do município de Blumenau, Estado de Santa Catarina.	01/07/44 - 01/07/44	1942 - 1942
24-B-011	Suspeita de atividade integralista e de atividade eixista. O investigado é Carlos Comeli, acusado de articular elementos "eixistas" no Triângulo Mineiro.	11/07/44 - 11/07/44	1942 - 1944
24-B-012	Suspeita de atividade nazista e de atividade integralista. O investigado é Waldomiro Alves, acusado de realizar reuniões com nazistas.	02/08/44 - 02/08/44	1940 - 1940
24-B-013	Suspeita de atividade integralista e de compilação de material subversivo. São investigadas pessoas que apoiaram Plínio Salgado.	08/08/44 - 08/08/44	1940 - 1940
24-B-014	Suspeita de atividade integralista. O investigado é Bento Luiz de Almeida Prado, funcionário da coordenação econômica e membro da Ação Integralista Brasileira (AIB).	09/08/44 - 21/03/47	1941 - 1944
24-B-015	Suspeita de atividade integralista. O investigado é Domingos Bascgni, suspeito por participar de reuniões com elementos integralistas.	09/08/44 - 09/08/44	1940 - 1942
24-B-016	Suspeita de atividade integralista. O investigado é o comerciário José Leite da Silva Netto, representante de companhias de refrigeração, de fogões e de rádio.	28/08/44 - 28/04/44	1942 - 1944
24-B-017	Suspeita de atividade integralista. Os investigados são membros do movimento integralista no município de Piracicaba - SP.	06/09/47 - 06/09/47	1942 - 1942
24-B-018	Movimento político/partidário. O investigado é o radialista Luiz Carlos da Silveira.	17/02/45 - 06/08/62	1954 - 1954
24-B-019	Suspeita de atividade integralista. O investigado é Moacyr Vieira Martins, gerente da fábrica Byington.	03/11/44 - 03/11/44	1942 - 1944
24-B-020	Suspeita de atividade integralista. São investigados os elementos integralistas no município de Pirassununga - SP.	16/01/45 - 26/02/45	1945 - 1945
24-B-021	Suspeita de atividade integralista. O investigado é José Zacharias de Lima, membro do núcleo integralista do município de Monte Alto - SP.	22/02/45 - 22/03/45	1945 - 1945
24-B-022	Suspeita de atividade integralista. O investigado é o arquiteto Salvador Barabato, membro da Ação Integralista Brasileira (AIB).	04/04/45 - 29/03/46	1942 - 1945
24-B-023	Suspeita de atividade integralista. O investigado é Floriano Nunes Pereira, membro da Ação Integralista Brasileira (AIB).	14/04/45 - 14/04/45	0 - 0
24-B-024	Suspeita de atividade integralista. O investigado é Abdias do Nascimento.	12/05/45 - 14/04/61	1943 - 1978
24-B-025	Suspeita de atividade integralista. O investigado é Eurico Guedes, dirigente da Ação Integralista Brasileira (AIB).	24/05/45 - 20/11/45	1940 - 1941
24-B-026	Suspeita de atividade integralista. Os investigados são membros da Ação Integralista Brasileira (AIB) e Ruy de Arruda Camargo.	16/06/45 - 16/06/45	1945 - 1945
24-B-027	Suspeita de atividade integralista e de atividade nazista. O investigado é Rodolfo Armin Freudenfeld, alemão, gerente da Agfa Filme e genro do ministro Carlos Maximiliano.	29/08/45 - 01/02/46	1940 - 1942
24-B-028	Suspeita de atividade integralista. O investigado é Dalirio Caetano Siqueira, ferroviário, que pertencia à diretoria dos sindicatos dos ferroviários da São Paulo Railways.	-	1941 - 1949
24-C-001	Suspeita de atividade integralista. O investigado é Frederico Abranches Viotti, estudante da Faculdade de Direito da Universidade de São Paulo (USP).	21/07/44 -	1944 - 1944
24-D-000	Suspeita de atividade integralista. Os investigados são militares envolvidos com o integralismo.	24/04/45 - 04/01/46	1940 - 1943
24-D-001	Suspeita de atividade integralista. O investigado é Jayme Pereira da Silva, major reformado.	22/03/44 - 22/03/44	1944 - 1944
24-D-002	Suspeita de atividade integralista. O investigado é Darcy Raposo Bandeira, tenente do Exército envolvido no assalto ao Palácio Guanabara, promovido por integralistas.	04/04/44 - 20/04/44	1944 - 1944
24-D-003	Suspeita de atividade integralista. O investigado é Tharso Coimbra, oficial da reserva do exército e membro da Ação Integralista Brasileira (AIB).	26/06/44 - 26/06/44	1940 - 1941
24-D-004	Suspeita de atividade integralista. É investigado o 4º regimento de infantaria de Quintaúna.	13/07/44 - 13/07/44	1944 - 1944
24-D-005	Suspeita de atividade integralista. O investigado é o tenente Francisco das Chagas Prentes.	22/04/45 - 09/11/55	1940 - 1941
24-D-006	Suspeita de atividade integralista. O investigado é Odacto de Mello, tenente do 16º BCR, envolvido no levante integralista no 4º regimento de infantaria.	22/05/45 - 22/05/45	1940 - 1940
24-D-007	Suspeita de atividade comunista. Trata-se de um major do exército do 4º regimento de infantaria de Quintaúna.	19/05/45 - 19/05/45	1940 - 1940
24-D-008	Suspeita de atividade integralista. O investigado é o major Argemino Franco.	31/05/45 - 31/05/45	1945 - 1945

DOSSIÊS/ PASTAS	ASSUNTO	ARQUIVAMENTO	PRODUÇÃO
24-F-000	**Suspeita de atividade integralista. São investigados membros da Ação Integralista Brasileira (AIB), os proprietários Farmácia Richter Irmãos Ltda., Orestes Medeiros Pulin, proprietário de farmácia, e Clemente Richter, sócio da firma Richter Irmãos Ltda., pertencentes à Ação Integralista Brasileira (AIB).**	**13/06/45 - 16/06/45**	**1938 - 1943**
24-G-002	**Suspeita de atividade integralista e de atividade nazista. O investigado é o padre Clemente Antônio Bietmann, do município de Brodóski.**	**17/12/43 - 30/01/45**	**1942 - 1943**
24-H-000	**Suspeita de atividade integralista. O investigado é Bento Liper, ex-prefeito do município de Presidente Prudente - SP, suspeito de facilitar embarque de passageiros na Estrada de Ferro Sorocabana. A pasta traz também artigos de jornal noticiando movimentos integralistas na Bahia e o torpedeamento de navios brasileiros na costa baiana.**	**08/04/46 - 20/07/45**	**1942 - 1943**
24-H-001	**Suspeita de atividade integralista e de atividade eixista. O investigado é o funcionário público Paulino Batista Conti.**	**27/01/44 - 10/08/44**	**1944 - 1944**
24-H-002	**Suspeita de atividade integralista. Os investigados são funcionários públicos integralistas dos municípios de Itanhaém - SP, de Peruíbe - SP e de Iguape - SP.**	**25/04/44 - 22/10/46**	**1934 - 1934**
24-H-003	**Suspeita de atividade integralista. O investigado é Mário Cabral Júnior, ajudante de tráfego da Estrada de Ferro Sorocabana, acusado de fazer propaganda do integralismo.**	**23/05/44 - 16/05/45**	**1940 - 1947**
24-H-004	**Suspeita de atividade eixista. O investigado é Alcides Tomazetti, prefeito do município de Barra Bonita - SP.**	**20/06/44 - 30/06/44**	**1942 - 1942**
24-H-005	**Suspeita de atividade integralista. O investigado é Luís Patti.**	**28/04/44 - 28/04/44**	**1943 - 1943**
24-H-006	**Suspeita de atividade integralista. O investigado é João Precioso dos Santos, funcionário do Departamento de Assentamentos de Pessoal da Prefeitura de São Paulo e líder da Ação Integralista Brasileira (AIB) da Vila Mariana.**	**09/08/44 - 03/04/54**	**1938 - 1954**
24-H-007	**Suspeita de atividade integralista. O investigado é Nilo Braga, suspeito de ser da polícia de choque integralista.**	**10/08/44 - 10/08/44**	**1938 - 1938**
24-H-008	**Suspeita de atividade integralista. O investigado é Asdrubal Ferreira dos Santos, chefe da Seção de Entreposto de Gêneros da Prefeitura de São Paulo.**	**16/08/44 - 16/08/44**	**1940 - 1940**
24-H-009	**Suspeita de atividade integralista. A investigada é Iside Maria Bonini, filha de italianos, funcionária do Departamento de Expediente e Pessoal da Prefeitura de São Paulo.**	**04/09/44 - 24/11/45**	**1941 - 1942**
24-H-010	**O investigado é o italiano Lauro Ferrari, diretor da Viação Férrea Federal Leste Brasileiro.**	**06/09/44 - 06/09/44**	**1944 - 1944**
24-H-011	**Suspeita de atividade integralista. O investigado é José Conrado da Veiga, agente fiscal do imposto de consumo e ligado a Adhemar de Barros.**	**28/09/44 - 28/09/44**	**1941 - 1953**
24-H-012	**Suspeita de atividade integralista. São investigadas as atividades políticas de delegados da polícia do município de Itanhaém - SP, os membros do Partido da Representação Popular (PRP) e do Partido Constitucionalista e uma conferência dada por Plínio Salgado na Biblioteca Municipal de São Paulo em 1963.**	**03/10/44 - 05/12/63**	**1938 - 1963**
24-I-001	**Suspeita de atividade integralista. São investigadas reuniões realizadas por integralistas na casa de Pedro de Souza Pinto.**	**22/06/44 - 26/06/44**	**1941 - 1941**
24-I-002	**Suspeita de atividade integralista. O investigado é Sérgio da Rocha Miranda, negociante de gado do município de Itapetininga - SP.**	**02/08/44 - 02/08/44**	**1941 - 1942**
24-J-000	**Suspeita de atividade integralista. Trata-se do agrupamento das integralistas da Cruzada Juvenil da Boa Imprensa, no Rio de Janeiro.**	**13/06/45 - 13/06/45**	**1941 - 1941**
24-J-001	**É investigada a União Cultural Brasileira.**	**11/06/45 - 22/11/45**	**1942 - 1942**
24-J-002	**Movimento político/partidário. É investigado o Partido da Representação Popular (PRP).**	**23/11/45 - 19/02/71**	**1945 - 1964**
001	Suspeita de atividade integralista e movimento político/partidário. É investigado o Partido da Representação Popular (PRP).	23/11/45 - 08/07/48	1945 - 1948
002	Suspeita de atividade integralista e movimento político/partidário. É investigado o Partido da Representação Popular (PRP).	21/01/49 - 10/04/57	1949 - 1957
003	Suspeita de atividade integralista e movimento político/partidário. É investigado o Partido da Representação Popular (PRP).	- 12/10/49	1949 - 1950
004	Suspeita de atividade integralista e movimento político/partidário. É investigado o Partido da Representação Popular (PRP).	22/06/57 - 19/02/71	1957 - 1964
24-K-000	**Suspeita de atividade integralista. São investigados professores, políticos, industriais e profissionais liberais.**	**22/04/45 - 01/09/45**	**1938 - 1945**
24-K-001	**Suspeita de atividade integralista. O investigado é Domênico de Ducca, italiano, corretor de café e algodão.**	**12/02/44 - 20/11/45**	**1941 - 1943**
24-K-002	**Movimento político/partidário. O investigado é Menotti del Picchia, escritor e advogado.**	**03/04/44 - 23/12/56**	**1944 - 1946**

DOSSIÊS/ PASTAS	ASSUNTO	ARQUIVAMENTO	PRODUÇÃO
24-K-003	Suspeita de atividade integralista e de atividade fascista. O investigado é o estudante de Direito Almortante Manfrinati.	18/04/44 - 18/04/44	1943 - 1944
24-K-004	Suspeita de atividade integralista. São investigados João Pimenta de Castro e as atividades integralistas no município de Araraquara - SP.	24/05/44 - 09/06/44	1938 - 1942
24-K-005	Solicitação de procedimento e suspeita de atividade integralista. O investigado é o médico Francisco dos Santos Piragibe.	17/06/44 - 26/09/45	1944 - 1944
24-K-006	Suspeita de atividade integralista. O investigado é o médico Braz Reale, italiano.	17/06/44 - 17/06/44	1942 - 1944
24-K-007	Suspeita de atividade integralista. O investigado é Kenjiro Nishi, professor do Ginásio São Paulo, residente no município de Presidente Prudente - SP.	26/06/44 - 18/03/46	1935 - 1946
24-K-008	Suspeita de atividade integralista e de atividade nazista. O investigado é o advogado Álvaro Klein.	06/07/44 - 06/04/44	1941 - 1944
24-K-009	Suspeita de atividade integralista. O investigado é o médico Jayme Regalo Pereira.	07/07/44 - 07/11/60	1940 - 1960
24-K-010	Suspeita de atividade integralista. O investigado é Benedito Vaz.	01/08/44 - 01/08/44	1944 - 1944
24-K-011	Suspeita de atividade integralista. O investigado é o médico Ignácio Silva Telles.	02/08/44 - 02/08/44	1944 - 1964
24-K-012	Suspeita de atividade integralista. O investigado é o líder integralista Plínio Salgado.	02/08/44 - 10/12/75	1937 - 1975
24-K-013	Suspeita de atividade integralista. O investigado é o médico João Fairbanks.	02/08/44 - 02/08/44	1942 - 1942
24-K-014	Suspeita de atividade integralista. Os investigados são militantes integralistas do município de Santos - SP.	10/08/44 - 26/09/45	1938 - 1947
24-K-015	Suspeita de atividade integralista. O investigado é o médico Renato Rossati.	14/08/44 - 14/08/44	1943 - 1943
24-K-016	Suspeita de atividade integralista. O investigado é o advogado Armando de Arruda Pereira.	30/08/44 - 08/10/45	1942 - 1945
24-K-017	Suspeita de atividade integralista. O investigado é Múcio Drumond Gurgel, residente no município de Campinas - SP.	02/10/44 - 02/10/44	1942 - 1944
24-K-018	Suspeita de atividade integralista. O investigado é o advogado José Cyrillo, vereador pelo Partido da Representação Popular (PRP).	14/10/44 - 09/08/66	1943 - 1965
24-K-019	Suspeita de atividade integralista. O investigado é o advogado Alfredo Egydio de Souza Aranha.	17/10/44 - 20/11/45	1942 - 1945
24-K-020	Suspeita de atividade integralista. O investigado é o advogado José Loureiro Júnior.	17/10/44 - 25/04/58	1942 - 1958
24-K-021	Suspeita de atividade integralista. O investigado é Antônio Arrobas Martins, residente no município de Jaboticabal - SP.	17/10/44 - 04/07/62	1944 - 1962
24-K-022	Suspeita de atividade integralista. O investigado é o advogado Benedito Costa Neto, ex-ministro da justiça e ex-deputado federal pelo Partido Social Democrata (PSD).	20/11/44 - 05/09/53	1943 - 1953
24-K-023	Suspeita de atividade integralista e de atividade nazista. O investigado é Inocêncio Seráfico, ex-deputado estadual pelo Partido da Representação Popular (PRP), acusado de possuir um busto de Hitler em sua casa.	15/12/44 - 15/12/44	1942 - 1943
24-K-024	Suspeita de atividade integralista e de atividade comunista. São investigados o médico Joaquim Moraes Bannitz, residente no município de Marília – SP, João Lopes e Luiz Thomé.	16/12/44 - 28/06/45	1940 - 1945
24-K-025	Suspeita de atividade integralista e de atividade eixista. O investigado é o médico Carlos Reichert.	- 26/02/53	1943 - 1953
24-K-026	Suspeita de atividade integralista. O investigado é o advogado Alpínolo Lopes Casale.	17/01/45 - 22/11/45	1940 - 1945
24-K-027	Suspeita de atividade integralista. O investigado é Antônio Salem, descendente de sírios.	23/05/45 -	1938 - 1945
24-K-028	Suspeita de atividade integralista. O investigado é o médico Belmiro Valverde.	24/04/45 - 12/06/45	1940 - 1940
24-K-029	Suspeita de atividade integralista e movimento da sociedade civil. São investigados Paulo Mattoso, funcionário da Secretaria da Agricultura e editor de jornal *Folha Nacional*, editado no município de Poá ou no bairro de Itaquera, e uma conferência promovida pela Faculdade de Direito da Universidade de São Paulo (USP), com a participação do Movimento Afro-Brasileiro para a Libertação de Angola (MABLA).	22/05/45 - 01/09/61	1941 - 1961
24-K-030	Suspeita de atividade integralista. O investigado é o advogado Sebastião Portugal Gouvêa.	24/05/45 - 24/05/45	1938 - 1943
24-K-031	Suspeita de atividade integralista. O investigado é o médico Eduardo Graziano.	24/05/45 - 22/05/45	1943 - 1945
24-K-032	Suspeita de atividade integralista. O investigado é o médico Oswaldo Arton Varoli.	29/08/45 - 29/08/45	1940 - 1943
24-K-033	Suspeita de atividade integralista. O investigado é o advogado Ferdinando Martins Filho.	29/08/45 - 27/11/58	1943 - 1958

DOSSIÊS/ PASTAS		ASSUNTO	ARQUIVAMENTO	PRODUÇÃO
24-K-034		**Suspeita de atividade integralista. São investigados Luiz Emanoel Bianchi, sócio da firma Bianchi & Ltda., e Antonio Benedito Machado Florence, deputado do Partido da Representação Popular (PRP).**	**19/04/44 - 26/11/45**	**1942 - 1945**
24-K-035		**Suspeita de atividade integralista. O investigado é Rubens de Sá Benevides, chefe municipal do Partido Integralista no município de Santo Anastácio - SP.**	**05/12/45 - 28/05/46**	**1941 - 1942**
24-K-036		**Suspeita de atividade integralista. Os investigados são Henrique Brito Vianna e Francisco Stella.**	**............ - 12/06/45**	**1940 - 1942**
24-K-037		**Suspeita de atividade integralista e de atividade eixista. Os investigados são japoneses e italianos residentes no município de Avaré - SP.**	**07/05/46 - 07/05/46**	**1942 - 1942**
24-K-038		**Suspeita de atividade integralista. O investigado é Manuel Linhares de Lacerda, ex-militar integralista, ex-chefe de polícia do Estado do Paraná, e advogado no município de Itararé - SP.**	**17/05/46 -**	**1942 - 1957**
24-Z-000		**Suspeita de atividade integralista. Os investigados são as pessoas suspeitas de integralismo residentes nos municípios de Limeira - SP, de Bragança Paulista - SP, de Guarulhos - SP, de Itararé - SP e de São Paulo - SP.**	**25/11/43 - 13/10/77**	**1938 - 1945**
24-Z-001		**Suspeita de atividade integralista e de conduta ilegal. O investigado é Marcello de Miranda Torres, chefe de setor na Caixa Econômica Federal, suspeito de praticar transações ilegais de material bélico.**	**06/12/43 - 01/05/45**	**1942 - 1945**
24-Z-002		**Suspeita de atividade integralista. Os investigados são um professor e o prefeito do município de Agudos - SP.**	**15/12/43 - 15/12/43**	**1943 - 1943**
24-Z-003		**Suspeita de atividade integralista. O investigado é Miguel Reale.**	**18/12/43 - 09/05/59**	**1939 - 1959**
24-Z-004		**Suspeita de atividade integralista. O investigado é Alberto Iassi, ex-secretário do Partido Integralista de Pinheiros.**	**20/12/43 - 03/10/45**	**1943 - 1943**
24-Z-005		**Movimento político/partidário e suspeita de atividade integralista. É investigada a Ação Integralista Brasileira (AIB).**	**12/04/44 - 18/10/72**	**1934 - 1972**
	001	Suspeita de atividade integralista. Trata-se de uma lista de integralistas dos municípios de São Paulo - SP, de Marília - SP e Pindorama - SP.	12/04/44 - 01/06/45	1934 - 1946
	002	Suspeita de atividade integralista e de atividade eixista. Trata-se de uma lista de integralistas nos municípios de Itanhaém - SP, Botucatu - SP, Ipaussu - SP, Araraquara - SP e Bauru - SP.	01/06/45 - 04/01/46	1938 - 1950
	003	Suspeita de atividade integralista. Trata-se de lista de integralistas dos municípios de São Roque - SP, Sorocaba - SP, Bebedouro - SP, Ribeirão Preto – SP e Colina - SP.	07/01/46 - 21/06/46	1938 - 1958
	004	Suspeita de atividade integralista e de atividade eixista. Trata-se de listas de Integralistas, enviadas por várias delegacias do interior de São Paulo.	- 04/11/69	1938 - 1969
	005	Suspeita de atividade integralista e relatórios. Trata-se de relatórios trimestrais sobre as atividades da Ação Integralista Brasileira (AIB) e da Ação Patrianovista Brasileira.	05/01/70 - 05/01/70	1935 - 1936
	006	Suspeita de atividade integralista. Os investigados são pessoas pertencentes à extinta Ação Integralista Brasileira (AIB) e ao Partido Comunista Brasileiro (PCB).	18/02/70 - 18/10/72	1970 - 1972
24-Z-006		**Suspeita de atividade integralista. O investigado é Nestor Contreiras Rodrigues.**	**23/05/45 - 09/07/45**	**1938 - 1945**
24-Z-007		**Suspeita de atividade integralista. O investigado é Nicola Santelmo.**	**09/12/44 - 27/02/46**	**1942 - 1942**
24-Z-008		**Suspeita de atividade comunista. O investigado foi líder em Presidente Prudente - SP.**	**02/01/45 - 12/12/45**	**1938 - 1945**

Bibliografia

ALVES, Maria Helena M. *Estado e Oposição no Brasil (1964-1984)*. Petrópolis: Vozes, 1984.

AQUINO, Maria Aparecida de; MATTOS, Marco Aurélio V. Leme de; SWENSSON Jr., Walter Cruz (orgs.). *No Coração das Trevas: o DEOPS/SP visto por dentro*. São Paulo: Arquivo do Estado/ Imprensa Oficial do Estado, 2001.

AQUINO, Maria Aparecida de. Jornalistas/Militantes na mira do DEOPS/SP In: AQUINO, Maria Aparecida de; MATTOS, Marco Aurélio V. Leme de; SWENSSON Jr., Walter Cruz (org.). *No Coração das Trevas: o DEOPS/SP visto por dentro*. São Paulo: Arquivo do Estado/ Imprensa Oficial do Estado, 2001.

_____. *Censura, Imprensa, Estado Autoritário (1968-78). O exercício Cotidiano da dominação e da resistência. O Estado de S. Paulo e Movimento*. São Paulo, 1990. Dissertação (Mestrado) - Departamento de História da Faculdade de Filosofia, Letras e Ciências Humanas da Universidade de São Paulo.

ARAÚJO, Lucimar Almeida de et alii. O Acervo DEOPS/SP. AQUINO, Maria Aparecida de; MATTOS, Marco Aurélio V. Leme de; SWENSSON Jr., Walter Cruz (org.). *No Coração das Trevas: o DEOPS/ SP visto por dentro*. São Paulo: Arquivo do Estado/ Imprensa Oficial do Estado, 2001, p. 23-35.

ARENDT, Hannah. *Eichmann em Jerusalém: um relato sobre a banalidade do mal*. São Paulo: Diagrama & Texto, 1983.

ARQUIDIOCESE de São Paulo. *Brasil: Nunca Mais*. Petrópolis: Vozes, 1985.

BAFFA, Ayrton. *Nos Porões do SNI. O retrato do monstro de cabeça oca*. Rio de Janeiro: Objetiva, 1989.

BELOCH, Israel; ABREU, Alzira Alves de (coord.). *Dicionário Histórico Biográfico Brasileiro (DHBB)*, Rio de Janeiro: Forense - Universitária, 1984.

BENEVIDES, Maria Vitória M. *A UDN e o Udenismo. Ambigüidades do liberalismo brasileiro (1945-1965).* Rio de Janeiro: Paz e Terra, 1981.

CAMARGO, Ana Maria de Almeida; BELLOTTO, Heloísa Liberalli (coord.). *Dicionário de Terminologia Arquivística.* São Paulo: Associação dos Arquivistas Brasileiros (Núcleo Regional de São Paulo)/Secretaria de Estado da Cultura, 1996.

CANCELLI, Elizabeth. *O Mundo da Violência: A polícia na era Vargas.* Brasília: Editora UnB, 1994.

CARONE, Edgard. *A República Velha – Evolução Política.* São Paulo: Difusão Européia do Livro, 1971, p. 352-377.

D'ARAÚJO, Maria Celina et alii (org.). *A Volta aos Quartéis. A memória militar sobre a abertura.* Rio de Janeiro: Relume-Dumará, 1995.

_____. *Os anos de chumbo. A memória militar sobre a repressão.* Rio de Janeiro: Relume-Dumará, 1994.

DEBERT, Guita Grin. *Ideologia e Populismo: A. de Barros, M. Arraes, C. Lacerda, L. Brizola.* São Paulo: T.A. Queiroz, 1979.

DOSSIÊ *dos mortos e desaparecidos políticos a partir de 1964.* São Paulo: Imprensa Oficial do Estado, 1996.

DUARTE, Celina Rabello. *Imprensa e Redemocratização no Brasil: um estudo de duas conjunturas, 1945 e 1974-1978.* São Paulo, 1987. Dissertação (mestrado) – Pontifícia Universidade Católica de São Paulo.

FICO, Carlos. *Como Eles Agiam.* Rio de Janeiro: Record, 2001.

FRENCH, John D. *O ABC dos Operários. Conflitos e alianças de classe em São Paulo, 1900-1950.* São Caetano do Sul: Hucitec/Prefeitura de São Caetano do Sul, 1995.

HAYASHI, Marli G. *A Gênese do ademarismo (1938-1941*). São Paulo, 1996. Dissertação (mestrado) – Departamento de História da Faculdade de Filosofia, Letras e Ciências Humanas da Universidade de São Paulo.

HUGGINS, Martha K.. *Polícia e Política: relações Estados Unidos/América Latina.* São Paulo: Cortez, 1998.

IANNI, Octavio. *O colapso do populismo no Brasil.* Rio de Janeiro: Civilização Brasileira, 1978.

LEITÃO, Alfredo M.; SILVA, Débora C. S. da. Um Histórico do Fundo DEOPS/SP. *Quadrilátero* (Brasília), v.1, n.1, p. 59-70, 1998.

MARTINS, José de Souza. *O Poder do Atraso. Ensaios da Sociologia da História Lenta.* São Paulo: Hucitec, 1999.

MIRANDA, Nilmário; TIBÚRCIO, Carlos. *Dos filhos deste solo: Mortos e desaparecidos políticos durante a ditadura militar: a responsabilidade do Estado.* São Paulo: Boitempo, 1999.

MOISÉS, José Álvaro. *Reflexões sobre oEstudo do Populismo na América Latina.* São Paulo: [s.n.], 1976.

OS ARQUIVOS *das Polícias Políticas: reflexos de nossa história contemporânea.* Rio de Janeiro: Arquivo Público do Estado do Rio de Janeiro, FAPERJ, 1996.

PERAZZO, Priscila Ferreira. *O Perigo Alemão e a Repressão Policial no Estado Novo.* São Paulo: Arquivo do Estado, 1999.

PEREIRA, Arinos Tapajós Coelho. *Manual de Prática Policial,* 1962.

PIMENTA, João Paulo G. Os arquivos do DEOPS/SP: Nota Preliminar. In: *Revista de História,* 132. São Paulo, FFLCH/USP, 1995.

SAMPAIO, Regina. *O Partido Social Progressista em São Paulo.* São Paulo, 1979. Dissertação (mestrado) – Pontifícia Universidade Católica de São Paulo.

SKIDMORE, Thomas. *Brasil: de Getúlio a Castelo (1930-1964).* Rio de Janeiro: Paz e Terra, 1982.

SOMBRA, Luiz Henrique. Departamento Federal de Segurança Pública: ruptura ou permanência?. In: *DOPS: a lógica da desconfiança.*Rio de Janeiro: Secretaria de Estado da Justiça, Arquivo Público do Estado, 1996, p. 37-41.

STEPAN, Alfred. *Os Militares: da Abertura à Nova República.* Rio de Janeiro: Paz e Terra, 1986.

XAVIER, Marília. Antecedentes Institucionais da Polícia Política. In: *DOPS: a lógica da desconfiança.* Rio de Janeiro: Secretaria de Estado da Justiça/ Arquivo Público do Estado, 1996, p. 32-36.

WEFFORT, Francisco C. *O Populismo na Política Brasileira.* Rio de Janeiro: Paz e Terra, 1978.

PROJETO
"MAPEAMENTO E SISTEMATIZAÇÃO DO ACERVO DEOPS/SP"

Coordenação geral
Profa. Maria Aparecida de Aquino

Coordenação da equipe de bolsistas
Marco Aurélio Vannucchi Leme de Mattos
Walter Cruz Swensson Jr.

Equipe de bolsistas 1998-2000
Eduardo Ochi
Elen Cristina Dias Moura
Janaína de Almeida Teles
Luiz Lima Vailati
Sebastião Vargas Neto
Sidney de Oliveira Pires
Tatiana Carlotti

Equipe de bolsistas 2000-2002
Admar Mendes de Souza
Ana Elisa Peres
Ana Hutz
Camila Sampaio Chaves
Camila Lacreta Saraiva
Ivani Maia
Letícia Nunes de Góes Moraes
Lucimar de Almeida Araújo
Mariana Esteves Martins
Marystela Pinheiro de Oliveira
Orion Barreto da Rocha Klautau Neto
Patrícia Barlach
Renata Pedroso de Araújo
Ricardo Ishiyama Martins

Título: A constância do olhar vigilante: s preocupação com o crime político - Famílias 10 e 20
Coleção: DOSSIÊS DEOPS/SP: Radiografias do Autoritarismo Republicano Brasileiro
Projeto Gráfico: Fernando de Sousa Lima
Capa: Fernando de Sousa Lima
Editoração Eletrônica: Fernando de Sousa Lima e Paulo F. M. de Borgia
Formato: 170 x 24 cm – fechado
Mancha: 13 x 19,5
Tipologia: AGaramond 12
Papel: miolo – offset branco 75 g, capa – cartão 250 g revestido com orelhas
Número de páginas: 224
Fotolitos e Impressão: Imprensa Oficial do Estado
Data da Impressão: 11/2002